KB216023

성경으로 본 기독교상담

이 책이 출판됨에 있어서 후원해주신
박순희, 김태선, 조영숙, 손대형, 방도향, 박숙경, 김희숙
(그외 익명의 후원자들) 님들께 감사드립니다.

두 사람이 한 사람보다 나음은 그들이 수고함으로 좋은 상을 얻을 것임이라 혹시 그들이 넘어지면 하나가 그 동무를 붙들어 일으키려니와 홀로 있어 넘어지고 붙들어 일으킬 자가 없는 자에게는 화가 있으리라....한 사람이면 패하겠거니와 두 사람이면 맞설 수 있나니 세 겹 줄은 쉽게 끊어지지 아니하느니라(전 4:9-12).

성경으로 본 기독교상담

Christian Counseling in the Bible

이관직

지혜와 사랑

저자는 이 책에서 '위로부터의 접근'을 했다. 성경 말씀으로부터 출발해서 내담자들의 삶 및 성도들의 삶을 이해하며 기독교상담사들, 목회자들, 그리고 성도들에게 구체적인 적용을 하며 실제적인 도움을 주는데 초점을 맞추고자 했다. 부분적으로 필요한 부분에서는 '아래로부터의 접근,' 즉 삶의 컨텍스트에서 씨름한 것을 가지고 텍스트와 씨름하는 접근을 했다. 저자는 이 두 가지 접근이 배타적이기보다는 상보적이어야 한다고 생각한다.

저자는 기독교상담과 관련성이 있다고 여긴 본문을 선택한 후에 본문에 대해 저자의 주관적인 해석과 이해를 통하여 글쓰기를 하는 방법을 사용하였다. 글을 쓴 후에 관련된 몇 권의 주석들을 참고하여 저자의 주관적인 해석과 적용을 비교, 수정, 보완하였다.

저자는 기독교상담과 목회상담이라는 용어를 선택함에 있어서 고민했다. 그러나 최종적으로 독자들을 고려하여 기독교상담이라는 용어를 이 책에서 일관성 있게 사용하였다. 저자는 목회상담학자로서의 정체성을 갖고 있으며 지금까지 주로 목회상담학적인 접근을 해왔다. 그러나 독자층을 고려할 때 기독교상담이라는 용어가 더 적절하다고 판단해서 최종적으로 기독교상담이라는 용어를 사용했다.

이 책에서 기독교상담은 목회상담을 포괄하는 보다 넓은 의미의 '기독교적인' 상담을 의미한다. 기독교상담이란 "성경에 바탕을 두면서, 기독교적인 세계관과 기독교신학적인 관점을 견지하는 상담"으로서 정의될 수 있겠다.

이 책에 실린 내용 중에는 이미 논문 형식으로 또는 에세이 형식으로 게재된 내용이 포함되어 있다. 4장 "죄와 정신병리"와 6장 "상담사의 자질과 기술," 그리고 7장 "상담의 실제"의 소주제인 "외도상담"은 「신학지남」에 게재된 것을 수정 보완한 것임을 밝힌다.[1) 8장의 "위기상담"의 일부 내용은 「목회와 신학」에 게재된 글을 수정 보완한 것이다.[2) 나머지 장들은 출판을 위해서 새로 쓴 것이다. 비슷한 내용이 반복되는 부분들도 있을 것이다. 저자가 중요하게 생각하는 부분에서 반복적으로 표현한 것이라고 이해해주면 좋겠다.

저자는 다양한 상담상황에서 활동하는 기독교상담사들과 목회현장에서 성도들을 돕고 싶지만 상담학적인 지식과 임상적인 지혜가 부족해서 자신 없어 하는 목회자들과 목회를 준비하는 신학대학원생들, 그리고 상담대학원이나 상담수련센터에서 수련을 받고 있는 대학원생들을 위해서 이 책을 썼다. 아울러 신앙생활하면서 삶의 구체적인 위기와 고통으로 씨름하는 성도들에게 기독교상담학적인 지혜와 통찰을 주기 위해서 이 책을 썼다. 그래서 이 책은 양면성이 있다. 학문적인 접근을 하지만 실용적인 교양서로서도 유익할 수 있는 수준의 접근도 했기 때

---

1) "잠언에 나타난 상담자의 자질과 상담기술," 「신학지남」, Vol. 316 (2013 가을호), 244-83; "잠언에 나타난 정신 병리 증상들," 「신학지남」, Vol. 317 (2013 겨울호), 264-87; "잠언 5-7장에 대한 목회상담적 주석," 217-43.
2) "위기를 당한 성도를 돌보는 목회," 「목회와 신학」, Vol. 263 (2011년 11월호), 80-85.

문이다. 저자가 의도한 것은 '쎄미(semi) 학술서' 수준의 책이다. 그래서 참고 도서를 많이 사용하지 않았고 주로 저자의 개인적인 글을 쓰고자 했다. 학술적인 도움을 받기 위한 독자를 위해서 주석을 상세하게 달기는 했지만 많은 참고문헌을 사용하지 않은 점에서 아쉬운 점이 있을 것이다. 저자의 글쓰기 특징이지만 보다 폭넓은 독자층을 고려한 것임을 밝힌다.

이 책의 특징이자 한계는 성경 본문을 시가서에 해당되는 욥기, 시편, 잠언, 그리고 전도서에 제한하고 있다는 점이다. 시가서 중에서 아가서는 다루지 않았다. 저자는 시를 즐겨 읽는다든지 시를 쓰는 시인이 아니다. 따라서 시의 특성을 잘 이해하며 본문의 의미를 충분히 이해함에 있어서 한계가 있을 것이다. 뿐만 아니라 히브리어 원어에 매우 미숙한 저자의 한계로 인하여 히브리어 원문의 뜻까지 다 살려서 해석하고 적용하지 못한 점에 대해서 독자들의 양해를 구한다. 영어 번역본에서는 주로 NIV 성경을 참고했음을 밝힌다.

이 책은 기독교상담학에 대해서 완전하게 다룬 책이 아니다. 사용한 성경 말씀도 시가서로 제한했다는 점에서도 여전히 가야할 길이 멀다. 기독교상담학자들과 목회상담학자들이 성경말씀과 좀더 씨름해서 성경말씀이 제공하는 통찰이 풍부하게 담긴 상담학 책들을 저술하는데 이 책이 조그만 디딤돌과 자극제의 역할을 할 수 있게 되기를 기대한다. 저자도 기회가 닿는 한 다른 성경 본문들과 씨름하여 성도들과 상담사들에게 유익한 책을 계속 저술하고자 한다.

시편과 잠언의 주석들 중에서 총신대 신학대학원에서 구약학 교수로 오랫동안 재직해온 김정우 교수의 주석들에 크게 도움을 받았음을 밝힌다. 부산대 공대 학부 선배로서, 시가서의 전문가로서, 그리고 신대

원의 선배교수로서 존경하는 김 교수님의 주석들을 통하여 이 책의 저술에 큰 도움을 받게 된 것을 이 자리를 빌려 감사하게 생각한다. 교수 정년을 한 학기 남겨둔 김 교수님의 앞날에 하나님의 선하신 인도하심이 있으리라 믿는다. 아울러 4장 "죄와 정신병리"에서 고려신학대학원에서 기독교윤리를 가르치는 신원하 교수의 책의 도움을 받게 된 것을 기쁘게 생각한다. 미국 칼빈신학교에서 유학생활을 같이 했던 귀한 친구이자 존경하는 학자로서 신 교수의 저서의 통찰을 여러 곳에서 인용할 수 있었음에 감사를 표한다. 그리고 20년 넘게 관계를 맺어온 문희경 교수가 '지혜와 사랑' 출판사를 시작해서 저술서로서는 처음 저자의 책을 출간하게 됨을 기쁘게 생각한다. 저자가 1994년 가을학기에 총신대 신학대학원에서 첫 학기 강의를 했을 때 문 교수를 신학대학원생으로 만났다. 졸업 후 일반대학원 석박사 과정에서 목회상담학을 전공하게 된 첫 제자이며 나중에는 동료가 된 문희경 교수의 출판사역의 지경이 하나님의 도우심으로 놀랍게 넓혀지길 기도한다. 아울러 짧은 추천사를 기꺼이 써주신 손운산 교수, 하재성 교수, 그리고 손철우 교수에게 감사함을 표한다. 끝으로, 목회상담학자로서 지금까지 가르치고 연구할 수 있도록 저자에게 가장 큰 영향을 준 아내 원경화의 도움과 지혜가 이 책의 내용 곳곳에 스며들어 있음을 밝히며 진심으로 감사한 마음을 표한다.

2016년 2월 1일

이 관 직

| 차례 |

기독교상담의 과정에서 성경이 차지하는 기능과 역할에 대해서 서로
다른 접근들이 있어왔다. 소위 극단적인 '성경적 상담'(biblical
counseling)을 주장하는 이들은 모든 상담은 '성경만으로' 진행해야
하며 다른 어떤 형태의 인간적인 진리나 접근을 허용하는 것은 세속적
인 상담이라고 주장한다. 특별계시인 성경의 '계시종결' 교리를 지탱하
는 '성경의 충족성'(the sufficiency of Scripture) 교리를 잘못 적용하
여 상담 과정에서 성경만으로 충분히 상담할 수 있기 때문에 일반 심리
학적인 인간이해나 이론은 불필요하다고 주장한다. 또한 종교개혁자들
이 중세 가톨릭교회가 교황의 권위나 교회 전통의 권위를 성경에 버금
가거나 때로는 성경의 권위보다 더 높게 견지했던 입장에 항거하여 '오
직 성경으로'(sola Scriptura)의 원리를 주창한 것을 잘못 연결하여 기
독교상담은 '오직 성경으로만' 해야 하는 것이라고 주장해왔다.

또다른 극단적인 형태는 일반 상담이론의 접근을 무비판적으로 주로
사용하는 것이다. 기독교적인 인간관을 제공하며 신앙과 삶의 근본적
인 기초와 관점을 제공하는 성경의 가르침에 대해서 별 관심을 갖지 않
고 상담하는 접근들이다. 이미 저자가 지적한 바가 있지만 많은 목회

(기독교)상담학자들이 성경을 목회상담의 이론과 실제에 연결하며 적용하는데 있어서 구체적인 관심과 노력을 게을리해온 것이 사실이다.[1]

저자는 성경적 상담이 성경의 중요성에 대해서 강조해온 것에 대해서 긍정적으로 평가한다. 아울러 성경적 상담이 성경의 중요성을 지나치게 강조한 나머지 성경이 구체적으로 다루지 않은 많은 삶의 영역에 대해서 심리학과 사회학, 문학과 철학을 비롯한 일반 학문의 지혜와 통찰이 기여할 수 있는 영역을 애써 무시해왔다는 점에 대해서 비판적으로 평가한다. 이런 영역들은 특별계시인 성경의 권위와 조명 아래에서 평가하며 비판적으로 활용할 수 있는 일반은총의 영역에 속하는 것이기 때문이다. 개혁주의 신학적 전통은 특별은총을 강조하면서도 일반은총을 무시하지 않는다. 역사적으로 개혁주의 신학자들은 일반 학문에 대해서도 연구하며 접목하는 보다 적극적인 태도를 취하는 문화관을 유지해 왔다.[2]

개혁주의 신학적 입장을 취하는 저자는 성경의 가르침과 교훈에 바탕을 두면서도 일반 상담이론과 연결하고자 하는 접근을 시도하는 연

---

1) 이관직, 『개혁주의 목회상담학』, 개정증보판 (대서, 2012), 301.
2) 칼빈주의 문화관은 '하나님의 주권' 사상과 밀접한 관련이 있으며 이것을 지지하는 대표적인 성경 구절은 롬 11:36절이다: "이는 만물이 주에게서 나오고 주로 말미암고 주에게로 돌아감이라 그에게 영광이 세세에 있을지어다 아멘." 체코의 개혁주의 신학자이자 교육가였던 존 코메니우스(John Comenius)는 골 1:28절에 나오는 "모든 지혜로"라는 말씀에 기반을 두어 그의 교육철학을 세웠다: "우리가 그를 전파하여 각 사람을 권하고 모든 지혜로 각 사람을 가르침은 각 사람을 그리스도 안에서 완전한 자로 세우려 함이니." '모든 지혜'는 성경을 포함하는 하나님의 '모든 진리'를 의미하는 것으로 그는 이해하였다. 정일웅은 코메니우스의 '범지혜'(pansophia)에 대해서 다음과 같이 이해하였다: "범지혜는 모든 존재하는 것을 단순히 아는 지식, 그 자체가 아니라, 그것들이 어디서 와서, 왜 존재하며, 무엇을 위하여 사용되어야 할 것인지를 바르게 인지하고, 그 목적대로 사용하게 되는 지혜를 말하는 것이다." 따라서 범지혜는 하나님과 연결되어야만 하는 것이라고 볼 수 있다. 정일웅, "코메니우스의 범지혜와 교육," http://theos114.egloos.com/10018808 (2004).

구를 계속 해왔다.[3] 2007년에 출간된 『성경과 분노심리』가 그 결과물 중의 하나다.[4] 그 책에서 저자는 분노라는 주제를 성경 전체의 가르침으로부터 조명하면서도 일반 심리학의 인간이해와 어떻게 맞물리며 어떻게 구별되는지를 살펴보며 일반 분노 심리학과는 구별되는 성경적인 분노이해를 시도하였다. "분노하시는 하나님," "십계명과 분노," "분노의 원인," "분노와 방어기제," "분노와 역동성"을 소제목으로 해서 성경에서 각 주제를 어떻게 다루고 있는지를 살피고자 하였다. "어떻게 분노를 표현할까"와 "어떻게 분노에 대처할까"에서도 성경에 기반을 두면서도 일반 심리학의 통찰과 지혜를 아울러 활용하는 접근을 시도하였다. 또다른 저자의 저술은 『성경적 수퍼비전』이다. 이 책에서는 목회(기독교)상담 전문가가 되기 위하여 수련과정을 거치는 수련생들과 수퍼바이저들을 위하여 상담 수퍼비전 과정에 성경은 어떤 가르침과 통찰을 제공하는지를 드러내려고 시도하였다.[5] "수퍼비전이란?" "수퍼비전의 역동성," "수퍼비전 기술," "수퍼비전 원리," "기독교적 정체성," "수퍼바이저의 자질," "수퍼비전 기술," "평가," "수퍼비전 윤리," "자기인식과 자기성장," 그리고 "수퍼바이저의 영성"이라는 소제목들로 나누어 각 주제에 대해서 관련성이 있는 성경 본문들을 토대로 일반 수퍼비전 이론과 연결시키며 저자의 개인적인 생각을 덧붙이는 접근을 하였다.

---

3) 남침례교신학교의 목회상담학 교수인 에릭 존슨(Eric Johnson)은 '기독교심리학' (Christian Psychology) 운동의 핵심 학자인데 그의 방대한 책 첫 장에서 "기독교적인 영혼 돌봄에서 성경의 위치"라는 제목의 글을 씀으로써 목회상담에서 성경의 중요한 위치를 잘 부각시켰다. Eric L. Johnson, *Foundations for Soul Care: A Christian Psychology Proposal* (Downers Grove, IL: IVP Academic, 2007).

4) 이관직, 『성경과 분노심리』 (대서, 2007).

5) 이관직, 『성경적 수퍼비전』 (대서, 2010).

아직 책으로 출간하지는 않았지만 잠언 전체를 목회상담적 관점에서 주석하는 책을 출간하기 위해 잠언 1장부터 10장까지의 본문을 주석하여 4편의 논문 형식으로 「신학지남」을 통해 게재한 바 있다.[6] 그리고 예레미야 1장부터 3장까지의 말씀을 역시 목회상담적인 관점에서 주석하는 논문 세편을 동일한 신학 잡지에 게재하였다.[7] 욥기에 나타난 목회상담적 주제를 현상학적인 글쓰기 방식으로 정리한 논문을 쓰기도 했다.[8] 성경인물들인 사울과 암논, 아하수에로, 그리고 하만을 경계선 성격장애와 자기애성 성격장애의 관점에서 분석하는 논문을 쓰기도 했다.[9]

1장에서는 기독교상담의 정체성을 다루었다. 정체성 문제는 아무리 강조해도 지나치지 않는 것이다. 2장에서는 기독교상담의 핵심적인 관점과 지식을 제공하는 신론을 다루었다. 삼위 하나님이 누구시며 어떤 일을 하셨으며, 하시고 계시며, 하실 것인지를 아는 지식은 인간이 누구며 어떤 일을 해야 하는지에 대해 올바른 지식을 제공하는 '유일한' 안경이다. 3장은 성경이 말하는 인간은 어떤 존재인지에 대해서 주로

---

6) "잠언 1-2장에 대한 목회상담적 주석," Vol. 320 (2014 겨울호), 167-96; "잠언 3-4장에 대한 목회상담적 주석," Vol. 321 (2014 겨울호), 191-217; "잠언 8-10장에 대한 목회상담적 주석," Vol. 323 (2015 여름호), 135-75; "잠언 5-7장에 대한 목회상담적 주석," Vol. 325 (2015 겨울호), 217-43.

7) "예레미야 1장에 대한 목회상담적 주석," Vol. 307 (2011 여름호), 117-47; "예레미야 2장에 대한 목회상담적 주석," Vol. 308 (2011 가을호), 247-78; "예레미야 3장에 대한 목회상담적 주석," Vol. 310 (2012 봄호), 120-47. 이 세편의 논문은 필자의 『개혁주의 목회상담학』 개정증보판 제 16장, 제 17장, 제 18장에 수록되었다. 407-522 참조.

8) 이 논문은 이관직, 『개혁주의 목회상담학』 개정증보판 제 17장에 "욥기와 목회상담"이라는 제목으로 수록되었다. 523-87 참조.

9) Kwanjik Lee, "Understanding Saul, Amnon, Xerxes and Haman from the Perspective of Borderline and Narcissistic Personality Disorders," *Chongshin Theological Journal*, Vol. 20, No. 1 (2015), 186-211.

창조와 타락의 관점에서 간략하게 다루었다. 4장은 타락한 인간의 실상에 대해서 구체적으로 다루는 죄와 정신병리를 조명하였다. 이 책에서 가장 많은 지면을 차지하는 장이다. 특히 시편과 잠언은 인간의 죄성과 정신병리 문제를 가장 처절하게 드러내는 말씀이라고 저자는 생각한다. 후반부에서는 "악의 심리학"이라는 소제목으로 악인의 특성에 대해서 다양한 각도로 부각하였다. 5장은 예수 그리스도로 구속받은 성도에 초점을 맞추는 인간이해를 통하여 기독교상담의 목표가 어떤 것이 되어야 할지를 다루었다. 6장에서는 상담의 효과에 지대한 영향을 끼치는 상담사의 자질과 기술에 대하여 잠언이 제공하는 통찰을 접목하고자 했다. 7장은 상담의 실제를 다루었다. 인간의 핵심문제인 불안, 분노, 우울에 대한 상담과 부부관계, 자녀관계 및 부모관계에 초점을 맞추는 가족상담을 다루고 외도상담에 상당한 분량을 할애해서 다루었다. 그 밖의 몇몇 이슈에 대해서는 간략하게 언급하는 정도로 그쳤다. 8장은 목회자들과 기독교상담사들이 도와야 할 성도들과 내담자들이 겪는 위기경험을 어떻게 이해할 것인지에 대해서 다루었다. 위기의 특성과 의미에 대해서 초점을 맞추었다. 마지막 장은 주로 개인상담의 영역에 시각을 제한하기 쉬운 기독교상담사들에게 개인을 둘러싼 좀더 큰 시스템을 염두에 두는 기독교상담을 할 것을 도전하는 내용으로 이루어졌다.

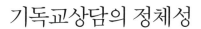

기독교상담의 정체성

정체성은 아무리 강조해도 지나치지 않다. 인간은 정체성이 분명해야 어떤 상황에서도 건강한 삶을 영위할 수 있다. 상담현장에서 만나는 내담자들의 다양한 문제들은 대부분 정체성과 밀접하게 연결되어 있다. 정체성은 인간의 삶의 핵심이기 때문이다.

정체성은 연결할 때 연결하며 구별할 때 구별할 줄 아는 능력과 관련된다. 예를 들면, 인간의 정체성은 하나님과 연결되며 동시에 하나님과 구별될 때 분명해진다. 한 개인의 정체성은 원가족과 연결되며 동시에 원가족과 구별될 때 분명해진다.

세상에 존재하는 모든 생물체와 무생물체는 고유한 이름을 갖고 있다. 이름은 '붙여진' 것이다. 피조물 아담이 한 중요한 일은 각 생물에게 이름을 붙이는 것이었다.[1] 이름은 다른 것들과 연결지으며 다른 것

---

1) "여호와 하나님이 흙으로 각종 들짐승과 공중의 각종 새를 지으시고 아담이 무엇이라고 부르나 보시려고 그것들을 그에게로 이끌어 가시니 아담이 각 생물을 부르는 것이 곧 그 이름이 되었더라 아담이 모든 가축과 공중의 새와 들의 모든 짐승에게 이름을 주니라"(창 2:19-20).

들과 구별하는 역할을 한다. 사람의 이름에서 성은 가족과 연결짓는 것이며 이름은 다른 가족들과 구별짓는 역할을 한다.

상담은 인간을 돕는 다른 활동들과 연결되는 동시에 구별된다. 심지어 같은 의미로 쓰이는 심리(정신)치료와 연결될 때가 있고 구별될 때가 있다. 기독교상담은 일반상담과 연결되는 동시에 구별되는 정체성을 갖고 있다. 기독교상담은 목회상담과 많은 부분을 공유한다는 점에서 목회상담과 연결된다. 그러나 목회상담이 교회의 사역이라는 점과 기독교상담보다는 오랜 역사를 갖고 있다는 점과 상담사의 신학적 관점과 신학교육 과정 이수를 요구한다는 점에서 기독교상담과 구별된다. 그러나 저자는 이 책에서 목회상담을 기독교상담이라는 보다 큰 우산 속에 포함되는 것으로 이해하고 기독교상담이라는 용어로 총칭하고자 한다. 문맥상 목회상담이 적합하다고 여겨질 때에는 목회상담이라는 용어를 사용할 것이다.

1. 하나님의 주권성을 강조함

> 땅과 거기에 충만한 것과 세계와 그 가운데에 사는 자들은 다 여호와의 것이로다(시 24:1).

상담사의 세계관은 중요하다. 개혁주의 신학에 바탕을 둔 세계관을

---

2) 구약의 이교들은 피조세계를 분할하여 이해하였다. 그래서 각기 다른 신이 특정 지역에 영향을 끼친다고 생각했다. 그러나 시편기자는 지구와 그 가운데 거하는 인간을 포함한 모든 것들이 하나님의 것이라고 노래하였다. Geoffrey W. Grogan, *Psalms* (Grand Rapids, MI: William B. Eerdmans Publishing Company, 2008), 76.

견지하는 기독교상담사는 만물의 주인이 하나님이라는 사실을 전제하고 상담한다.[2] 그래서 기독교적인 신본주의 관점에서 내담자를 이해한다. 하나님은 온 우주를 주권을 갖고 다스리시는 분이며 만물의 주인이시다. 기독교상담사는 이 사실을 기준점(reference point)으로 삼고 내담자의 삶과 이야기를 이해하며 해석한다. 내담자는 하나님의 주권성의 관점에서 자신의 삶을 바라보게 될 때 자신의 생각과 감정, 의지, 행동, 그리고 대인관계에서 긍정적인 변화를 경험할 수 있다.

내담자와의 만남은 우연하게 이루어지는 것이 아니다. 하나님이 예비하신 '섭리적 만남'(providential encounter)이다. 이 관점을 견지할 때 상담사는 하나님의 뜻이 무엇인지를 분별하고자 애쓰며 상담할 수 있다. 하나님이 그 내담자를 보내주셨다는 인식을 할 때 내담자를 무조건적으로 수용하며 환대할 수 있다.[3]

더 나아가 만물이 하나님으로부터 말미암았으며 하나님을 통하여 이루어져 가고 있으며 마침내 하나님께로 돌아갈 것이라는 개혁주의 신학적 패러다임(paradigm)을 통하여 인간을 이해할 때 올바른 인간이해를 할 수 있다(롬 11:36 참조). 이 패러다임을 갖지 않는다면 큰 숲을 보지 못한 채 나무 몇 그루들을 보고 마치 전체를 본 양 주장하는 어리석음을 피할 수 없다.

심리학적인 관점들은 하나님의 주권성과 창조질서 및 성경말씀의 빛 아래에서 조명될 때 크리스천들의 삶을 이해하고 치료하는데 도움을

---

3) "내가 주릴 때에 너희가 먹을 것을 주었고 목마를 때에 마시게 하였고 나그네 되었을 때에 영접하였고 헐벗었을 때에 옷을 입혔고 병들었을 때에 돌보았고 옥에 갇혔을 때에 와서 보았느니라"(마 25:35-36); "임금이 대답하여 이르시되 내가 진실로 너희에게 이르노니 너희가 여기 내 형제 중에 지극히 작은 자 하나에게 한 것이 곧 내게 한 것이니라 하시고"(마 25:40).

줄 수 있다. 심리학적 인간이해는 분명히 한계가 있다. 그리고 각 이론이 갖고 있는 한계와 단점이 있다. 그럼에도 불구하고 각 이론과 치료 방법은 인간이해와 치료에 도움을 주는 장점을 갖고 있다. 기독교상담사는 제2외국어 수준에서 심리학적 언어를 이해하고 구사할 수 있는 능력을 갖추어야 한다. 물론 모국어는 성경적 언어이자 신학적 언어이어야 한다. 특별은총이 강조되어야 하지만 일반은총이 무시되어서는 곤란하다.

개혁주의 신학은 일반은총 영역에 대해서 적극적이다. 세상을 이원론적으로 보지 않는다. 일반학문의 영역에도 하나님의 주권이 미치며 미쳐야 한다고 본다. 종교개혁자 멜랑히톤(Melanchthon, 1497–1560)은 무지(ignorance)와 미신(superstition), 그리고 미개(barbarism)가 교회가 직면해야 하는 세 가지 적수들이라고 가르쳤다. 인문교육을 받지 않은 신학자는 한쪽 눈만 가진 셈이며 인문학이라는 두 번째 눈을 갖지 않은 신학자는 결국 실책을 저지르게 될 것이라는 주장을 견지했다.[4] 화란의 개혁주의 신학자였던 카이퍼(A. Kuyer, 1837–1920)도 "신자들은 학문(science)을 불신자들의 손에 맡겨서는 안 되며 학문적인 연구에 적극적으로 참여함으로써 하나님과 피조 세계에 나타난 하나님의 모든 솜씨들을 알고자 노력해야 한다"고 역설하였다.[5] 만약 심리학을 기독교와 배치되는 학문으로서 가치절하거나 기독교인들은 심리학을 공부하지 않거나 대학원에 진학하지 않는다면 불신자들만이

---

4) James R. Beck, "Collaboration between Biblical Studies and Counseling: Five Crucial Questions," *Journal of Psychology and Christianity*, Vol. 25, No. 2 (2006), 106 재인용.

5) Beck, "Collaboration," 109 재인용. Abraham Kuyper, *Lectures on Calvinism* (Grand Rapids, MI: Wm. B. Eerdmans, 1953) 참조할 것.

심리학을 발달시키게 되어 결국 하나님과 관련이 없는 심리학으로 전락하게 될 것이다. 고무적인 것은 미국심리학협회(American Psychological Association)의 하위학회인 CAPS(Christian Association for Psychological Studies)에 많은 기독교심리학자들이 소속하여 심리학 연구와 임상 현장에서 상당한 영향을 끼치고 있으며 독자적인 학회지를 발간해오고 있다는 사실이다.[6] 한국의 경우에는 대표적으로 한국목회상담협회와 한국기독교상담심리치료학회 그리고 한국복음주의상담학회가 기독교적인 정체성을 부각하면서도 심리학의 유용성을 인정하며 학회지 발간과 자격증 발급 및 임상사례연구 모임 등으로 활동하고 있다.[7]

2. 신전의식과 참 기쁨

> 내가 여호와를 항상 내 앞에 모심이여 그가 내 우편에 계시므로 내가 흔들리지 아니하리로다(시 16:8); 주께서 생명의 길을 내게 보이시리니 주의 앞에는 충만한 기쁨이 있고 주의 오른쪽에는 영원한 즐거움이 있나이다(시 16:11).

위의 두 본문은 대구절로서 연결될 수 있다. 하나님은 시인의 앞에

---

6) 홈페이지는 http://caps.net이다. 1954년에 발족한 이 협회는 현재 2000명 이상의 회원이 가입하여 활동하고 있으며 발간되는 저널은 *Journal of Psychology and Christianity*이다.

7) 한국목회상담협회는 1982년에 창립되었으며 홈페이지는 http://www.kapc.or.kr 이다. 한국기독교상담심리치료학회는 1999년에 창립되었으며 홈페이지는 http://www.kaccp.org이다.

계시며 우편에 계신다.[8] 시인은 흔들리지 않으며[9] 충만한 기쁨과 영원한 즐거움을 경험한다. '충만한 기쁨'과 '영원한 즐거움'은 하나님 앞에서 살아가는 인간이 경험할 수 있는 기쁨의 너비와 길이, 그리고 높이와 깊이가 잘 표현된 것이다.[10] 웨스트민스터 대요리문답의 첫 항은 "사람의 중요하면서도 최고의 목적이 무엇입니까?"라는 질문과 "사람의 중요하고도 최고의 목적은 하나님을 영화롭게 하며 그를 영원히 충분히 기뻐하는 것입니다"라는 대답을 통해 인간의 핵심적인 정체성과 의미를 잘 표현하였다.[11] 이것은 또한 장차 하나님의 나라에서 그의 백성들이 누리게 될 환희를 잘 표현한 것이다.[12]

영혼의 닻[13]을 하나님께 깊이 내린 사람이라도 인생이라는 항해 과

---

8) 바이저(Weiser)는 "내가 내 하나님을 내 앞에 항상 모심이여"라고 노래한 부분에 대해서 시인은 그 자신의 생각을 지속적으로 하나님에게 집중하는 모습을 표현했다고 주석하였다. Authur Weiser, Herbert Hartwell (trans.), *The Psalms* (Philadelphia: The Westminster Press, 1962), 176. 이 표현은 바울이 위기와 고난 가운데서 "우리가 주목하는 것은 보이는 것이 아니요 보이지 않는 것이니"(we fix our eyes not on what is seen, but on what is unseen) (고후 4:18)라고 고백한 것을 연상케 한다.

9) '흔들리다'는 수동태의 동사로서 죽음의 위협으로부터 삶이 흔들리는 것을 의미한다. 즉 삶의 실존적 기반이 흔들림으로써 두려워할 수 있는 상황에서 하나님이 시편 기자의 우편에서 도우셨기 때문에 근본적으로 흔들리지 않을 수 있었다는 것이다. Peter C. Craigie, *Psalms 1–50*, Word Biblical Commentary, Vol. 19 (Waco, TX: Word, 1983), 157. 김정우도 이 동사를 죽음과 연결시켜 주석하였다. 김정우, 『시편주석 I』(총신대학교출판부, 1998), 453.

10) "능히 모든 성도와 함께 지식에 넘치는 그리스도의 사랑을 알고 그 너비와 길이와 높이와 깊이가 어떠함을 깨달아 하나님의 모든 충만하신 것으로 너희에게 충만하게 하시기를 구하노라"(엡 3:18-19).

11) "What is the chief and highest end of man? Man's chief and highest end is to glorify God and fully to enjoy him forever."

12) 그로건(Grogan)은 11절의 '생명'은 분명히 죽음 저편의 삶과 관련되어 있는 것으로 보인다고 주석하였다. Grogan, *Psalms*, 63.

13) "우리가 이 소망을 가지고 있는 것은 영혼의 닻 같아서 견고하여 휘장 안에 들어가나니"(히 6:19).

정에서 풍랑을 만나면 '흔들릴' 수 있다. 그러나 그는 파선되지 않고 견뎌낸다. 하나님의 임재의식을 포기하지 않는다. 두 마음을 품지 않는다. 역경 속에서 믿음을 더욱 견고히 하면서 견뎌낸다. 마침내 소망의 항구에 입항한다.

상담 현장에서 성령의 임재와 역사(役事)를 사모하는 기독교상담사는 신전의식을 잃지 않는다.[14] 모든 삶을 하나님 앞에서 해석하며 조명하는 훈련이 된 상담사는 내담자로부터 듣는 모든 삶의 이야기들을 하나님과 연결하며 해석하고자 노력한다. 기독교상담사는 내담자의 삶의 여정에서 하나님이 과연 '어디에 계셨으며' 현재 '어디에 계시는지'에 대하여 질문을 던지면서 내담자를 이해하려고 해야 한다. 그래야 위기에 봉착하여 신전의식을 상실한 내담자의 시선을 하나님께 고정할 수 있도록 위로하고 격려하며 도전할 수 있다.

프로이트가 간파했듯이 인간은 쾌락을 추구하며 고통은 회피하며 경감시키려는 마음의 원리에 따라 행동할 가능성이 높은 존재이다. 문제는 인간이 추구하는 즐거움은 오래 가지 않는다는데 있다. 그리고 그 기쁨도 진정한 것이 아니라는데 있다. 세상에서 인간이 경험하는 기쁨과 즐거움은 영원한 하나님의 나라에게 경험할 기쁨과 즐거움의 예고편에 지나지 않는다. 다양한 종류의 중독과 씨름하는 사람들은 예고편에 지나지 않는 즐거움을 '이상화'(idealization)한다. 그래서 쾌락에 '애착'(attachment)한다. 금방 목마르며 금방 '지나가며'(transitory) '잠정적인'(temporary) 쾌락 경험이나 대상(object)을 포기하지 못한

---

14) 그로건은 8절을 주석하면서 하나님을 '신적인 상담사'(divine counselor)라고 표현하면서 이 상담사는 시편기자를 안정스럽고도 안전하게(stable and secure) 지키시기 위하여 그의 옆에 서시는 분이라고 보았다. Grogan, *Psalms*, 63. 성령을 지칭하는 헬라어 단어 '파라클레테'는 바로 이런 뜻이다.

다. 잠시 누리는 죄악의 낙을 추구하다가 현세에서도 중독자로 전락하는 자기파괴적인 삶을 살게 된다. 더 나아가 하나님을 통해서만 누릴 수 있는 진정한 기쁨이나 영원한 즐거움을 맛보지 못한 채 영원한 파멸과 심판에 떨어질 가능성이 매우 높다.

단기적인 만족 추구가 장기적인 만족 추구보다 미성숙하며 비합리적이라는 것을 '머리'로는 알면서도 '가슴'으로 경험하지 못하는 현대인들이 너무나 많다. 이들을 상담 현장에서 만날 때 기독교상담사는 하나님 안에서만, 예수 그리스도 안에서만, 그리고 성령 하나님 안에서만 누릴 수 있는 진정한 안식과 기쁨을 그들이 경험하며 선택할 수 있도록 도와야 할 것이다. 그들이 씨름하는 중독적인 삶을 충분히 공감하면서도 논박하며 도전하고 직면하여 중독적인 삶을 '내려놓을'(letting go) 수 있도록 해야 할 것이다.

수가성에 살던 사마리아 여인의 이야기는 관계중독의 모습을 잘 드러낸다. 그녀는 남편이 다섯 명이나 있었지만 현재 있는 남편도 자신의 남편이라고 부를 수 없었던 '갈급한 삶'을 살고 있었다. 야곱의 우물은 금방 목마를 수밖에 없으며 다시 우물물을 마셔야 하는 그녀의 삶을 잘 상징하는 것이었다. 예수님은 그녀에게 '생수'(living water)를 소개하셨다. 하나님께 진리와 성령으로 예배하는 때가 왔다고 복음을 소개하셨다. 그러자 그녀는 메시야를 만난 기쁨과 즐거움에 자신이 가져왔던 물동이를 버려두고 마을로 돌아가 마을 사람들에게 자신이 만난 예수를 소개하였다(요 4:3-42 참조)

하나님 안에서만 채울 수 있는 참된 영적 욕구를 알지 못한 채 저급한 다른 욕구들로 채우려는 내담자들이 많이 있다. 기독교상담사는 그들이 경험해왔던 내적 공허감과 갈급함을 충분히 공감해주어야 한다.

그리고 그들이 어리석게 반복하고 있는 삶의 모습을 잘 인식할 수 있도록 도와야 할 것이다. 사마리아 여인의 이야기는 크리스천 내담자들에게 통찰을 가져다 줄 수 있는 탁월한 상담 자료다.

3. 역사적 전통

> 청하건대 너는 옛 시대 사람에게 물으며 조상들이 터득한 일을 배울지어다 우리는 어제부터 있었을 뿐이라 우리는 아는 것이 없으며 세상에 있는 날이 그림자와 같으니라 그들이 네게 가르쳐 이르지 아니하겠느냐 그 마음에서 나오는 말을 하지 아니하겠느냐(욥 8:8-10).

수아 사람 빌닷이 욥에게 한 말이다. 빌닷의 말 자체는 통찰을 담고 있다. 왜냐하면 오늘날 우리가 갖고 있는 지식은 옛 지식의 토대위에 세워진 것이기 때문이다. 새로운 것 같지만 사실은 이미 다루어진 것이 대부분이기 때문이다. 전도서 기자도 이 사실을 잘 지적하였다: "이제 있는 것이 옛적에 있었고 장래에 있을 것도 옛적에 있었나니 하나님은 이미 지난 것을 다시 찾으시느니라"(전 3:15). 하틀리는 욥기 이 본문이 모세의 노래 중의 일부인 신명기 32장 7절과 연결될 수 있다고 보았다:[15] "옛날을 기억하라 역대의 연대를 생각하라 네 아버지에게 물으라 그가 네게 설명할 것이요 네 어른들에게 물으라 그들이 네게 말하리로다."

오든(Oden)은 기독교역사에 존재 했던 풍부한 목회적 돌봄의 자료

---

15) John E. Hartley, *The Book of Job* (Grand Rapids, MI: William B. Eerdmans Publishing Company, 1988), 158.

들과 저술들을 현대 목회상담학자들이 별로 활용하지 않았음을 잘 지적한 바 있다. 저자는 그의 견해에 전적으로 동의하는 글을 다음과 같이 기술한 바 있다:

> 정체성은 과거의 토대 위에서 현재의 자신을 바라보며 미래를 지향할 때 선명해질 수 있기 때문이다. 만약 목회상담이 2천년의 기독교의 역사에서 주어진 풍부한 토양에 뿌리를 내리지 않고 현대에 개발된 심리학 및 심리치료 이론의 토양에 뿌리를 내린다면 그 줄기와 나뭇잎이 일반 심리치료 분야에서 주로 영양분을 섭취함으로써 맺히는 열매가 '목회적인' 색깔이 분명하지 못한 다른 과일들의 '아류'로 전락할 가능성이 높아질 것이다....따라서 목회상담은 역사적인 뿌리에 대한 인식과 과거 기독교 역사와 교회역사의 유산들을 잘 유지하며 사용하는 동시에 현재 속에서 새로운 변화에 적절하게 반응하며 미래를 조망하며 창의성 있는 상담이론과 상담방법들을 계발해나갈 책임이 있다.[16)

근시안적인 시각으로 현대의 지식만을 추구할 때 역사적 전통 속에 숨겨진 많은 지혜와 통찰을 활용하지 못하는 우를 범하기 쉽다. 특히 목회상담사는 기독교역사의 흐름 속에서 사용되었던 많은 목회적 자원들과 통찰들을 현대를 살아가는 크리스천 내담자들의 삶에 잘 연결하여 활용하는 지혜를 발휘해야 할 것이다.

욥기 본문 후반부에서 빌닷은 인간 실존의 잠정성과 지식의 한계성에 대해서 현대인들에게 겸손하게 인정할 것을 도전한다: "우리는 어제부터 있었을 뿐이라 우리는 아는 것이 없으며 세상에 있는 날이 그림자

---

16) 이관직, 『개혁주의 목회상담학』, 40-41.

와 같으니라." 영원하신 하나님과 연결해서 볼 때 이 땅에서의 삶은 참으로 잠정적이다. 아울러 인간이 안다고 하는 것이 얼마나 지엽적인 것인지를 인정하는 것이 피조물로서의 인간이 취해야 하는 겸손의 모습이다. 근시안적으로 현재의 지식만 추구하며 현재의 지식만 이상화하는 것은 학문적인 교만이다. 원시안적으로 지나온 시대를 조망하면서 현재의 지식을 추구할 때 현재의 지식을 객관적으로 평가할 수 있는 겸손한 자세를 유지할 수 있다.

네 선조가 세운 옛 지계석을 옮기지 말지니라(잠 22:28).

구약시대에서 지계석(boundary stone)을 옮기는 경우는 두 경우다.[17] 첫째는 분배받은 자신의 땅을 값을 주고 파는 경우다. 둘째는 주인 몰래 지계석을 옮기는 경우다. 이것은 탐욕에 눈이 먼 사람이 자신의 땅과 인접한 땅의 지계석을 몰래 옮겨 자신의 땅이라고 주장하는 경우다. 율법은 이와 같은 행위를 엄금하였다. 위의 본문에서는 문맥상 첫째 경우를 의미한다. 빚보증으로 말미암아 "네 누운 침상까지 빼앗길"(잠 22:27) 수 있고 땅까지 빼앗길 수 있다는 경고를 하는 맥락에서 한 말씀이기 때문이다.

아무튼 지계석은 소유한 땅의 경계를 확인해주는 경계선(boundary)이다. 신앙적인 의미에서 적용한다면 지계석은 조상 적부터 물려받은 신앙의 경계선이다. 이 경계선은 반드시 지켜내야 한다. 세월이 흘러도

---

17) 지계석을 옮기는 것을 금하는 구약의 본문들은 다음과 같다: 신 19:14, 27:17, 욥 24:2, 잠 23:10, 호 5:10. Tremper Longman, *Proverbs* (Grand Rapids, MI: Baker Academic, 2006), 419. 특히 본문 22편과 이어지는 23편 10절 말씀은 고아들의 재산 보호와 연결해서 금지하였다: "옛 지계석을 옮기지 말며 고아들의 밭을 침범하지 말지어다."

절대적 진리는 변해서 안 된다. 절대적 진리를 상대적 진리로 바꾸는 것은 진리의 지계석을 옮기는 배교 행위다. 하나님은 이것을 결코 기뻐하지 않으신다.

포스트모더니즘 사회에서 기독교 신앙인들은 구약과 신약 그리고 교회역사를 관통해서 전수되어온 '역사적 기독교'의 진리를 다음 세대에 그대로 물려주어야 한다. 핵심적인 교리와 신앙고백, 그리고 신구약 성경 66권은 더해져서도 빼서도 안 되는 지계석이다.

기독교상담은 옛 것과 새 것이 조화롭게 사용될 때 아름다움을 발휘할 수 있다. 신앙의 조상들로부터 물려받은 역사적 기독교 신앙과 신학의 경계선을 사수하는 동시에 각 시대와 문화의 요청에 대하여 창의적으로 대응해야 한다. 이것이 개혁주의 신학의 장점이며 유산이다. 그럴 때 기독교상담사는 신학적으로 건전하면서도 임상적으로 효과적인 상담을 제공할 수 있다.

4. 영원성을 믿는 세계관

> 하나님을 잊어버리는 자의 길은 다 이와 같고 저속한 자의 희망은 무너지리니 그가 믿는 것이 끊어지고 그가 의지하는 것이 거미줄 같은즉 그 집을 의지할지라도 집이 서지 못하고 굳게 붙잡아 주어도 집이 보존되지 못하리라(욥 8:13-15).

빌닷은 '하나님을 잊어버리는 자'와 '저속한 자'(the godless) 즉 하나님과 성경 말씀을 의도적으로 무시하고 살아가는 사람들이 나름대로 의지하는 재물이나 건강이나 가족을 '거미줄'에 비유하였다. 하틀리는 거미줄은 세상에 존재하는 것들 중에 가장 취약한 것을 상징한다고 주석하였다.[18] 빌닷은 하나님 없이 살아가는 사람들은 '썩은 동아줄'을 잡고 있는 것과 같이 어리석다고 보았다.

에릭슨(Erikson)은 인간이 발달단계에 따라 성장한다고 이해한 심리사회적(psychosocial) 발달단계이론을 제시한 바 있다. 그는 심리발달의 가장 중요한 기초가 되는 심리적 과제를 '기본 신뢰감'(basic trust)이라고 주장하였다. 엄마를 통해 세상을 접하면서 아기가 타인과 세상에 대한 기본적인 신뢰감을 형성한다고 파악한 것이다. 엄마는 아기에게 의존하며 의지할 수 있는 절대적 대상이다. 아기가 엄마가 아닌 그 어떤 것을 믿고 의지한다면 그것은 아기와 엄마 사이에 문제가 있다는 사실을 드러낸다.

아기와 엄마와의 신뢰할 수 있는 관계는 인간이 하나님과 맺는 신앙관계에 평행과정(parallel process)으로서 연결될 수 있다. 인간은 하나님과 '기본 신뢰감'을 가져야 이 세상을 두려움 없이 헤쳐 나갈 수 있는 능력과 소망을 가질 수 있다. 이 세상 뿐 아니라 영원한 하나님의 나라에서 살 수 있으려면 예수 그리스도를 통하여 하나님을 믿는 믿음이 반드시 있어야 한다. 인간에게는 그 믿음과 하나님의 은총이 꼭 필요하다. 인간이 하나님이 아닌 그 무엇에 의존하거나 의지한다면 그것은 '잠정적 대상'(transitory object)에게 지속적으로 애착하는 병리적인 증상이자 죄다. 빌닷은 그 잠정적 대상이 거미줄과 같이 매우 취약하며 그 대상을 믿고 애착하면 '믿는 것이 끊어질' 날이 곧 올 것이라는 것을 잘 간파하였다.

---

18) Hartley, *The Book of Job*, 161.

기독교상담사는 내담자가 애착하는 모든 것들이 다 '잠정적인' 것들임을 깨닫게 해야 한다. 이 세상에 존재하는 모든 것들은 다 지나가는 것이며 내일을 기약할 수 없는 잠정적인 것을 깨닫는 통찰이 일어날 수 있도록 도와야 한다. "세상에 믿던 모든 것 끊어질 그날 되어도 구주의 언약 믿사와 내 소망 더욱 크리라 주 나의 반석이시니 그 위에 내가 서리라 그 위에 내가 서리라"는 찬송가 가사가 참으로 진리임을 아멘으로 받아들이도록 눈과 귀를 열어주어야 한다. 예수 그리스도와 맺은 언약만이 항구적이며 예수 그리스도만이 성도들의 반석이 되신다는 사실을 믿을 때 잠정적인 세상에서 불안을 극복하며 중독적인 관계를 청산할 수 있는 힘과 소망이 생길 수 있다.

5. 친구관계

> 많은 친구를 얻는 자는 해를 당하게 되거니와 어떤 친구는 형제보다 친밀하니라(잠 18:24); 기름과 향이 사람의 마음을 즐겁게 하나니 친구의 충성된 권고가 이와 같이 아름다우니라 네 친구와 네 아비의 친구를 버리지 말며 네 환난 날에 형제의 집에 들어가지 말지어다 가까운 이웃이면 형제보다 나으니라(잠 27:9-10).

친구가 많다는 것은 지지 시스템이 강하다는 것을 의미한다. 스마트폰에 '연락처'로 전화번호가 입력된 사람들이 많다는 것은 사회성이 있다는 면에서 볼 때 좋은 것이다. 그러나 18장 본문은 친구가 많은 것의 단점을 부각시킨다. 시스템적인 관점에서 볼 때 친구가 많다는 것은 친구들의 삶의 변화에 같이 얽혀 영향을 주고받을 가능성이 높다는 것을 의미한다. 예를 들면, 친구를 위해서 재정보증을 해주었다가 친구의 실패로 인하여 자신이 파산 상태가 되는 경우이다. 친구가 많다는 것의 또 다른 단점은 자칫 표면적인 관계로 친구관계를 유지할 가능성이 높다는 것이다. 이런 사람이 어려운 일을 만나면 마음을 터놓을 수 있는 친구가 거의 없다.

"홀로 있어 넘어지고 붙들어 일으킬 자가 없는 자에게는 화가 있으리라"(전 5:10)는 말씀처럼 위기에 처했을 때 도움을 청할 수 있는 친구가 없는 사람은 불행하다. 탕자의 비유에서 명시적으로 등장하지는 않지만 탕자가 상속받은 재산을 방탕한 삶에 낭비하면서 사귀었던 친구들(혹은 여자들)은 그가 궁핍하게 되었을 때 전혀 도움이 되지 않았다(눅 15:13-16 참조). 심지어 "돼지 먹는 쥐엄 열매로 배를 채우고자 하되 주는 자가 없는지라"(눅 15:16)고 표현될 만큼 그들은 그에게 진정한 친구가 아니었던 것이다.

오늘날 한국 교회는 우정 관계에 대해서는 별 관심을 갖고 있지 않는 것 같다. 있으면 좋지만 굳이 꼭 있어야 하는 것은 아니라는 생각이 저자를 포함한 많은 현대 크리스천들에게 있는 것 같다. 성경은 다윗과 요나단과 같은 귀한 친구의 모델을 보여주며 친구를 위하여 생명을 내어놓는 사랑보다 더 큰 사랑이 없다고 말씀한다(요 15:13 참조). 그런데 한국교회는 성도들에게 믿음 안에서 좋은 친구관계를 맺도록 적극적으로 권면하지 못하고 있다고 저자는 생각한다. 핵가족 중심적인 문화가 형성됨으로 인하여 교회가 성도들의 행복한 결혼생활을 강조하는 만큼 지속적인 친구관계의 중요성은 강조하지 못하고 있는 실정이다. 예수님은 우리를 '친구'라고 불러주셨는데 신뢰할 수 있고 흉허물을 나눌 수 있는 친구들과 관계하는 것은 한국교회가 회복해야 할 성경적인 삶

의 방식이라고 생각한다.[19]

상담 관계는 '독특한' 친구관계다.[20] 표피적인 친구 관계가 아니다. 친족보다 더 가까이 다가설 수 있는 친구관계가 상담관계다. 가족에게 털어놓지 못한 이야기조차 마음을 열고 할 수 있는 관계다. 그러나 이 친구관계는 한시적이며 주로 일방적이다. 내담자의 유익과 성장에 초점을 맞추는 관계이기 때문이다.[21] 이 친구관계 경험을 토대로 내담자는 세상 속에서 타인과 친밀한 관계를 맺는 능력을 갖출 수 있다.

성도들에게는 예수님이 가장 친한 친구다. 예수님은 가족보다 더 가까운 좋은 친구다.[22] 세상의 그 누구보다 친밀하게 관계할 수 있는 친

---

19) 놀랍게도 성경에서 하나님과 그의 백성과의 관계 또는 하나님과 지도자들과의 관계를 친구관계로 묘사한 말씀을 많이 찾아볼 수 있다: "사람이 자기의 친구와 이야기함 같이 여호와께서는 모세와 대면하여 말씀하시며"(출 33:11); "주께서 사랑하시는 아브라함(Abraham your friend)의 자손에게 영원히 주지 아니 하셨나이까"(대하 20:7); "나의 벗 아브라함(Abraham my friend)의 자손아"(사 41:8); "인자는 와서 먹고 마시매 말하기를 보라 먹기를 탐하고 포도주를 즐기는 사람이요 세리와 죄인의 친구로다 하니"(마 11:19); "아브라함이 하나님을 믿으니 이것을 의로 여기셨다는 말씀이 이루어졌고 그는 하나님의 벗이라 칭함을 받았나니"(약 2:23); "사람이 친구를 위하여 자기 목숨을 버리면 이보다 더 큰 사랑이 없나니 너희는 내가 명하는 대로 행하면 곧 나의 친구라 이제부터는 너희를 종이라 하지 아니하리니 종은 주인이 하는 것을 알지 못함이라 너희를 친구라 하였노니 내가 내 아버지께 들은 것을 다 너희에게 알게 하였음이라"(요 15:13-15).

20) 서다드(Southard)는 "기독교 상담은 친구관계라는 맥락에서 제시되는 하나님의 지혜"라고 말했다. Samuel Southard, *Theology and Therapy: The Wisdom of God in a Context of Wisdom* (Dallas, TX: Word Publishing, 1989), xiii. 그는 성경적인 의미에서의 친구관계는 현대 상담에서 찾아 볼 수 없는 것이라고 말하면서 그것은 그리스도의 십자가에서 나타난 '희생적인 죽음'이라고 보았다. Southard, *Theology and Therapy*, xxii.

21) 상담자와 내담자가 서로 도움이 되고 서로 성장하는 관계가 되는 것을 강조하는 상담 모델도 있지만 그런 모델의 경우에는 전문성이 떨어지는 한계가 있다. 평신도상담이 대표적인 예다.

22) 요한은 예수님의 말씀에서 이 부분을 주목하였다: "너희는 내가 명하는 대로 행하면 곧 나의 치구라 이제부터는 너희를 종이라 하지 아니하리니 종은 주인이 하는 것을 알지 못함이라 너희를 친구라 하였노니 내가 내 아버지께 들은 것을 다 너희에게 알게 하였음이라"(요 15:14-15).

구다. 이 친밀함과 애착은 일시적이거나 가변적이지 않다. 항구적인 친구관계다. 더 나아가 삼위 하나님은 어떤 이야기라도 털어놓을 수 있고 비밀보장이 확실한 친구이자 최고의 상담사다. 24시간 접근할 수 있으며 우리 안에 거하시며(residing) 세상의 그 누구보다 가깝게 관계하며 동행하는 '레지던트' 상담사다. 신비주의적인 관점에서 표현하자면 그는 우리와 '공생'(symbiosis)하신다.[23]

> 지혜로운 자와 동행하면 지혜를 얻고 미련한 자와 사귀면 해를 받느니라(잠 13:20); 노를 품는 자와 사귀지 말며 울분한 자와 동행하지 말지니 그의 행위를 본받아 네 영혼을 올무에 빠뜨릴까 두려움이라(잠 22:24-25).

한 사람의 인격 또는 성격은 "누구와 시간을 보내며 누구에게 영향을 받는가"에 따라 그 양상이 달라진다. 따라서 잠언 교사는 스승을 선택하거나 친구를 선택함에 있어서 신중할 필요성을 강조한다.[24] 혼자 가는 인생은 없다. 여정에서 누군가와 '동행'(同行)을 하게 되어 있다. 부모, 친구, 직장동료, 상담사, 또는 수퍼바이저 등과 같이 중요한 인물들과 일정한 기간 동안 동행을 하면서 영향을 주고받으며 인생 여정을 마치는 것이다. 더 나아가 성도는 인생 여정에서 보이지 않는 하나님과 동행하면서 성화되는 존재다.

잠언 기자는 지혜로운 자와 동행하면 지혜로워지며 유익을 얻는 반면 미련한 자와 동행하면 해를 입는다고 지적한다. 김정우는 '사귀다'

---

23) 예수님의 감람산 기도에서 공생적인 '신비적 연합'의 삶이 잘 표현되었다: "아버지여, 아버지께서 내 안에, 내가 아버지 안에 있는 것 같이 그들도 다 하나가 되어 우리 안에 있게 하사 세상으로 아버지께서 나를 보내신 것을 믿게 하옵소서"(요 17:21).

24) 김정우, 『성서주석: 잠언』(대한기독교서회, 2007), 424.

(ra'a)라는 동사가 잠언에서는 탐식자(28:7), 창녀(29:3), 분노를 품은 자(22:24)와 함께 어울리는 것을 말할 때 사용되었다는 점을 지적하였다. 아울러 본문에서 실제 사용된 '사귀다'(ro'e)와 '해를 받는다'(yero'a)라는 단어 사이에 음성학적인 유희(phonetic play)가 발견된다고 주석하였다.[25]

'근주자적 근묵자흑'(近朱者赤 近墨者黑)이라는 말이 있다. 붉은 것에 가까이 하면 붉게 되고 묵(벼루 묵)을 가까이 하면 검어진다는 말이다. "까마귀 싸우는 골에 백로야 가지 말라"는 상징적인 의미를 담은 시가 생각난다. 백로(흰색을 띤 왜가리)가 까마귀 떼와 어울리기 시작하면 백로가 검게 물들 수 있다는 의미다.

성도는 세상 속에서 많은 사람들과 더불어 살지만 그들과 '동행'하는 삶을 살아서는 안 된다.[26] 비록 세상에서 살지만 세상에 속한 자가 아니라 하나님의 나라에 속한 자이기 때문이다. 만약 성도가 믿지 않는 자들과 멍에를 같이 질 정도로 동행한다면 자신도 모르는 사이에 그들의 영향을 받게 될 것이다.[27] 극단적인 경우에는 '해를 입고' 생명의 길에서 벗어나서 멸망하는 인생이 될 위험성이 있다. 반면에 하나님에 대한 신앙을 고백하는 신앙인들과 동행하면 신앙적으로 성장하며 지혜로

---

25) 김정우, 『성서주석: 잠언』, 424.
26) 바울 사도는 성도가 세상과 분리된 삶을 사는 자가 아님을 잘 지적하였다: "내가 너희에게 쓴 편지에 음행하는 자들을 사귀지 말라 하였거니와 이 말은 이 세상의 음행하는 자들이나 탐하는 자들이나 속여 빼앗는 자들이나 우상 숭배하는 자들을 도무지 사귀지 말라 하는 것이 아니니 만일 그리하려면 너희가 세상 밖으로 나가야 할 것이니라"(고전 5:9-10).
27) 바울 사도는 다음과 같이 권면하였다: "너희는 믿지 않는 자와 멍에를 함께 메지 말라 의와 불법이 어찌 함께 하며 빛과 어둠이 어찌 사귀며 그리스도와 벨리알이 어찌 조화되며 믿는 자와 믿지 않는 자가 어찌 상관하며 하나님의 성전과 우상이 어찌 일치가 되리요 우리는 살아 계신 하나님의 성전이라"(고후 6:14-16).

운 삶을 살 수 있다.

하나님과 동행하면 하나님의 말씀을 순종하며 살 수 있다. 그러면 반석 위에 집을 세운 지혜로운 건축자의 삶을 살 수 있다. 바람이 불고 홍수가 나도 그 집은 무너지지 않으며 구원을 얻을 수 있다(마 7:24-25 참조). 반면 마귀와 동행하는 자는 자신이 마귀와 동행하는 줄도 모른다. 이런 자는 하나님의 말씀을 순종할 수 없다. 하나님의 말씀에 대해서 알지도 못한다. 결국 모래 위에 집을 세운 어리석은 건축자가 된다. 위기가 올 때 또는 인생의 종말이 올 때 무너짐이 심한 심판을 받게 될 것이다.

지혜가 있고 확실한 기독교신앙을 가진 상담사와 만나는 내담자는 상담이라는 '동행' 과정을 통하여 하나님과 세상에 대한 지혜가 자라며 신앙이 견고하게 성장할 수 있다. 반면 자신에게 맹인이며 통찰력이 없고 실력이 없거나 기독교 신앙이 흐릿한 상담사와 동행하는 내담자는 어리석게 될 것이다. 결국 세상적인 지혜가 참 지혜인줄 알고 살다가 함께 파국적인 멸망을 당할 수 있다.

대상관계이론의 관점에서 볼 때 심리적으로 어느 정도 성숙한 '비교적 괜찮은'(good enough) 부모와 성장기를 보내며 부모와 동행한 자녀는 '비교적 괜찮은' 사람이 될 가능성이 높다. 반면 미련하고 미성숙하며 공격적인 부모와 동행한 자녀는 미련하고 미성숙하며 공격적인 자녀가 될 가능성이 높다. 항상 그런 것은 아니다. 그러나 "사람이 무엇으로 심든지 그대로 거두리라"(갈 6:7)는 말씀대로 될 때가 많다. 왜냐하면 자기(self)는 대상(object)으로부터 생기기 때문이다. 취약한 대상인 부모에게서 취약한 자기를 가진 자녀가 성장할 가능성이 높다.

두 사람이 한 사람보다 나음은 그들이 수고함으로 좋은 상을 얻을 것임
이라 혹시 그들이 넘어지면 하나가 그 동무를 붙들어 일으키려니와 홀로
있어 넘어지고 붙들어 일으킬 자가 없는 자에게는 화가 있으리라 또 두
사람이 함께 누우면 따뜻하거니와 한 사람이면 어찌 따뜻하랴[28] 한 사람
이면 패하겠거니와 두 사람이면 맞설 수 있나니 세 겹 줄은 쉽게 끊어지
지 아니하느니라(전 4:9-12).

바톨로뮤(Bartholomew)는 전도자가 "둘은 하나보다 낫다"는 말씀
을 할 때 창 2:18절을 의도적으로 염두에 두었을 것이라고 주석하였
다.[29] "사람이 혼자 사는 것이 좋지 아니하니 내가 그를 위하여 돕는 배
필을 지으리라 하시니라." 인간은 더불어 사는 존재이며 우정이나 결혼
이 필요한 존재다. 또한 공동체 속에서 살아가는 존재다.

인생 여정에서 혹시 넘어질 때 붙들어 줄 수 있는 친구나 가족 또는
공동체가 있는 사람은 행복한 사람이다. 교회의 존재 의미 중의 하나도
여기에 있다. 유기체적인 교회 공동체에 소속이 될 때 함께 웃고 함께
울 수 있다(롬 12:15 참조). 이런 사람은 넘어졌을 때에도 다시 일어설
수 있다.

상담관계에서 내담자가 힘을 얻는 것은 상담자가 자기의 편이 되어
일정한 기간 동안 자신의 삶에 동행해주기 때문이다. 혼자 변화를 시도

---

28) 롱맨은 두 사람이 함께 눕는 이미지가 결혼 관계를 의미한다고 하기 보다는 여행자
들이 광야의 여정에서 밤을 지낼 때 추위를 이기기 위해 몸을 서로 붙여서 체온을
유지하는 친구 관계를 의미한다고 주석하였다. Tremper Longman, *The Book of
Ecclesiastes* (Grand Rapids, MI: William B. Eerdmans Publishing Company,
1998), 142. 바톨로뮤는 서양사회에서 잠자리를 같이 한다는 것은 성적인 의미를 내
포하는 것을 의미하지만 고대 근동지역이나 오늘날도 많은 비서구권 사회에서는 그
렇지 않다고 주석하였다. Craig G. Bartholomew, *Ecclesiastes* (Grand Rapids,
MI: Baker Academic, 2009), 190.
29) Bartholomew, *Ecclesiastes*, 189.

하기 보다는 의미 있는 대상인 상담사와 함께 상담 작업을 할 때 변화를 경험할 가능성이 높다.

지치고 쓰러진 내담자의 경우에는 일으켜주며 무너지지 않도록 지탱하는 지지상담이 필요하다. 특히 위기상담의 경우에 내담자가 넘어지더라도 다시 일어날 수 있도록 격려해주어야 한다. 연약해진 무릎을 강하게 하며 오른팔로 붙들어 일으켜주어야 한다.[30] 그럴 때 내담자는 그위기 경험을 견뎌내며 삶을 지속해나갈 수 있다. 주변에 자신을 도울수 있는 사람이 없고 희망이 없다고 여겨질 때 자살하는 것이다.

상담사는 외로움과 씨름하는 내담자에게 친구가 될 수 있다. 삶의 도전에 맞설 수 있는 힘을 실어줄 수 있다. 특히 기독교상담사는 하나님의 임재와 역사를 표상할 수 있는 좋은 '치료적 도구'가 될 수 있다. 상담사와의 만남을 통하여 내담자는 하나님과 만나는 경험을 할 수도 있기 때문이다.

외롭게 활동하는 상담사는 넘어질 위험성이 높다. 넘어져도 다시 일어나지 못할 위험성이 높다. 상담사도 인간이다. 따라서 함께 나누며짐을 나누어질 수 있는 동료 그룹이 필요하다. 필요할 때에는 자신을상담해줄 수 있는 상담사가 있어야 한다. 자신의 정체성과 방향성에 부합하는 상담사협회에 소속되어 책임성 있게 상담활동을 할 때 덜 지치며 덜 문제를 야기할 수 있다. 비슷한 처지에 있는 상담사들끼리 지지하고 격려하며 서로의 이야기를 나눌 수 있는 공동체 경험을 제공하기때문이다. 특히 기독교상담사는 신앙공동체에 소속되어 성도의 교제를원활하게 경험함으로써 탈진을 예방할 수 있다는 점에서 일반상담사들

---

30) "그러므로 피곤한 손과 연약한 무릎을 일으켜 세우고 너희 발을 위하여 곧은 길을만들어 저는 다리로 하여금 어그러지지 않고 고침을 받게 하라"(히 12:12-13).

보다 더 유익한 지지시스템을 갖고 있다.

> 철이 철을 날카롭게 하는 것 같이 사람이 그의 친구의 얼굴을 빛나게 하느니라(잠 27:17).

이 잠언은 잠언 전체 말씀에서 자주 인용되는 잠언들 중의 하나다. 교육학에서 인용되며 상담 수퍼비전에서도 인용되는 잠언이다. '날카롭게 하는 것'이 무엇을 의미하는가는 이 잠언이 사용되는 맥락에 따라 달라질 수 있을 것이다. 일반적으로 말하자면 '성숙'과 '변화'를 위하여 훈련하며 단련하는 것이다. 마라톤 선수가 훈련할 때 도와주기 위해 함께 뛰어주는 '페이스메이커'(pacemaker)가 있다. 권투 선수에게는 스파링 상대가 되어 주는 동료가 있다. 올림픽 경기에서 금메달을 따는 선수 뒤에는 그 선수의 얼굴빛이 나도록 훈련시킨 훌륭한 감독과 코치와 드러나지 않는 조력자들이 있다.

상담사는 내담자와 만나며 부딪침(encountering)으로써 내담자의 얼굴을 빛나게 할 수 있다. 우울한 얼굴, 슬픈 얼굴, 화난 얼굴, 불안한 얼굴을 변하게 할 수 있다. 심지어 얼굴에 빛이 나게 할 수 있다. 수련과정에 있는 상담사에게는 수퍼바이저가 있다. 특히 수퍼바이저는 수퍼비전을 제공함으로써 '그의 친구'인 수퍼바이지의 얼굴에서 빛이 나도록 도와줄 수 있다. 달은 해의 빛을 받아 빛을 낸다. 마찬가지로 수퍼바이지는 수퍼바이저로부터 영향을 받아 내담자에게 영향을 끼칠 수 있는 것이다.

성도는 '고독'(solitude) 경험을 통하여 성장한다. 아울러 '헬퍼' 역할을 하는 "두 세 사람이 주님의 이름으로 모이는 공동체" 경험을 통해서 성장한다. 사람이 변화와 치료를 경험하려면 다른 사람과 부딪혀야 한다. 사람은 사람을 필요로 한다. 특히 치료적인 대상을 필요로 한다. 하나님과의 수직적인 관계만 중시하고 사람과의 수평적인 관계를 무시하는 성도들이 간혹 있다. 이것은 균형을 잃은 것이며 성경적인 삶이 아니다. 사도 요한은 이 진리를 다음의 말씀으로 잘 표현하였다: "누구든지 하나님을 사랑하노라 하고 그 형제를 미워하면 이는 거짓말하는 자니 보는 바 그 형제를 사랑하지 아니하는 자는 보지 못하는 바 하나님을 사랑할 수 없느니라"(요일 4:20).

나가는 글

저자는 본 장에서 기독교상담의 정체성을 크게 다섯 가지 범주로 나누어 부각하고자 했다. 첫째, 하나님의 주권성을 높이는 것이다. 상담은 인간을 위한 것이지만 인간을 돕는 과정에서 하나님의 주권성을 높일 때 성경적으로 정체성이 분명한 상담이 될 수 있다. 둘째, 신전의식과 참 기쁨을 갖는 것이다. 상담사나 내담자 모두 '코람 데오'(coram Deo) 의식을 갖고 상담에 임하는 자세가 필요하다. 그리고 하나님과 연결되는 것이 인생의 참 기쁨과 참 행복이라는 것을 내담자가 발견하도록 돕는 것이 필요하다. 셋째, 역사적 전통이다. 전문화된 기독교상담은 20세기의 산물이지만 목회적 돌봄을 포함하는 의미에서의 기독교상담은 역사적 뿌리가 구약시대로 거슬러 올라간다. 풍부한 역사적 전통과 유산을 자랑스러워하며 충분히 활용하는 자세가 필요하다. 넷째, 영원성을 믿는 세계관을 견지할 때 기독교상담의 정체성이 부각된다.

현세의 잠정성, 고난과 고통의 잠정성, 그리고 세상적인 쾌락과 행복의 잠정성을 깨닫는 것이 지혜다. 마지막으로, 성경이 말하는 친구관계가 기독교상담의 특징이다. 상담사와의 친구 경험을 통하여 내담자는 삶에서 예수 그리스도와 친구관계를 제대로 맺으며, 이웃들과 균형 잡힌 친밀감을 유지하는 관계로 나아갈 수 있다.

신론과 기독교상담

인간은 '연결짓기'와 '구별짓기'라는 기본적인 작업만 잘 해도 지혜로운 삶을 살 수 있다. 학문의 작업도 이 두 가지 작업에 기초한다. 인간은 하나님과 연결되어야 진정한 정체성을 확립한다. 하나님과 연결되어야 삶의 목적과 목표를 바로 설정할 수 있다. 인간은 하나님과 구별되는 존재임을 알아야 겸손하게 살 수 있다. 더 나아가 인간은 타인들과 연결되어야 인간다운 삶을 살 수 있다. 그리고 타인들과 자신을 구별할 수 있어야 정체성을 확립할 수 있다. 인간은 다른 피조물과 연결되며 아울러 구별된다.

기독교상담은 '기독교 신학적'인 관점으로 내담자의 삶을 연결하며 해석하며 처방할 수 있는 상담이라는 점에서 다른 상담과 구별된다. 신학이라고 할 때 구약학과 신약학, 교회사, 조직신학, 실천신학, 선교신학 등으로 구별될 수 있다. 좁은 의미에서 신학적 관점이라고 말할 때에는 조직신학의 관점을 말한다. 조직신학은 일반적으로 신학서론, 신

제2장_ 신론과 기독교상담 **43**

론, 인간론, 기독론, 구원론(성령론), 교회론, 그리고 종말론으로 나뉘어진다. 신학서론은 주로 성경관을 다루며 특별계시와 일반계시, 특별은총과 일반은총을 다루는 조직신학 분야다. 신학서론을 제외한 여섯 분야의 조직신학은 모두 목회상담에 풍부한 신학적 관점과 통찰을 제공한다. 기독교(목회)상담사는 이 풍부한 신학적 언어를 모국어로 유창하게 구사할 수 있는 능력을 가진 자가 되어야 이름에 걸맞는 상담사가 될 수 있다. 저자는 여섯 분야 중에서 대표적으로 신론(doctrine of God), 즉 삼위하나님의 속성과 사역(personhood and works)에 대한 교리적 진리를 주로 욥기와 시편과 잠언의 말씀 속에서 드러내고자 했다. 이 신론은 상담과정에 빛을 비추며 방향을 제시하며 구체적인 치료책을 제시하는데 탁월하게 효과적이며 유익한 진리이자 지혜를 제공해 준다.

하나님을 경외하는 삶을 사는 것이 인간의 본분이다. 상담사나 내담자가 하나님을 경외하는 삶을 살려면 하나님이 누구신지 제대로 알아야 한다. 그리고 하나님이 어떤 일을 행하시는지, 어떤 삶을 원하시는지를 알아야 한다. 하나님에 대한 지식이 분명할 때 인간은 정체성을 분명히 갖게 되며 의미 있는 삶을 살 수 있다. 기독교상담사가 '기독교적인' 상담을 잘 하려면 삼위 하나님이 어떤 분이며 어떤 일을 하시는지를 잘 알고 믿어야 한다.

1. 하나님의 속성

성경의 초점은 하나님이 성도에게 어떤 분이신지를 계시하는데 있다. 하나님의 성품과 속성을 알면 알수록 구원의 감격이 커진다. 하나님의 사랑과 은혜의 너비와 길이와 깊이와 높이를 점점 더 깨닫게 된다 (엡 3:18-19 참조). 하나님의 속성을 알게 될수록 성도는 자신의 내면이 하나님의 속성과 얼마나 다른 상태에 있는지를 자각하게 된다. 다른 인간과 비교할 때에는 괜찮은 사람이라고 여기던 자가 하나님의 성품을 깨닫게 될 때 "오호라 나는 곤고한 사람이로다 이 사망의 몸에서 누가 나를 건져내랴"(롬 7:24)라고 외치게 될 것이다. 더 나아가 하나님을 더욱 사모하며 사랑할 것이다.

1) 영존하시는 하나님

> 주여 주는 대대에 우리의 거처가 되셨나이다 산이 생기기 전, 땅과 세계도 주께서 조성하시기 전 곧 영원부터 영원까지 주는 하나님이시니이다 (시 90:1).

삼위일체(Trinity)이신 하나님은 영존하시는(eternal) 분이시다.[1] "하나님의 사람 모세의 기도"라는 부제가 달린 이 시편에서 모세는 하나님이 대대에 우리의 거처(dwelling place)가 되신다고 고백하였다. '거처'는 하나님의 성막 또는 성소를 의미한다.[2] 성소는 하나님이 인간을 만나주시는 장소다. 그리고 인간이 회복되는 장소다. 친히 성소가 되신

---

1) "오직 여호와는 참 하나님이시요 살아 계신 하나님이시요 영원한 왕이시라"(렘 10:10). 예레미야는 멸망을 앞둔 유다 왕국은 멸망을 당할 '잠정적인' 왕국이지만 하나님은 그의 나라를 '영원히' 통치하시는 왕임을 잘 고백하였다.
2) 김정우는 '거처'(maon)라는 단어는 야생동물이 거처하는 높은 바위 산을 의미하는 단어라고 주석하면서 피난처, 또는 반석으로 이해될 수 있다고 보았다. 김정우, 『시편강해 III』 (엠마오, 1998), 159. '보금자리'라는 표현은 좀 더 정겹게 다가온다. 김정우, 『시편강해 III』, 30 참조. 대상관계이론의 용어로 표현하자면 '품어주는 환경' (holding environment)이 연결될 수 있겠다.

예수님은 요한의 표현처럼 태초부터 계셨던 "말씀이 육신이 되어 우리 가운데 거하"셨다(요 1:14).[3] '임마누엘' 하나님은 세대가 바뀌어도 신실하게 그의 자손들과 함께 하신다. 그리고 그는 그의 자녀들이 전적으로 의지할 수 있는 '영존' 하시는 분이다.

모세는 하나님을 창조주로서 고백하였다. 본문에서 하나님은 산과 땅과 세계를 조성하신 분으로 표현되었다. 김정우는 이 본문에 대해서 다음과 같이 아름답게 표현하였다:

> 주님은 높은 산의 반석처럼, 대대로 계신 분입니다. 이 세상 모든 것이 다 변해도 변하지 않고, 대대로 서 있는 반석 같은 분입니다. 또한 주님은 산이 생기기 전부터 계셨던 분입니다. 삼각산이 있기 전에, 북한산이 있기 전에, 이미 주님은 계셨습니다. 땅과 세계도 조성하[되]기 전부터 주님은 하나님이십니다. 견고하게 영원히 서 있는 듯이 보이는 산, 그 이전에 주님이 계셨습니다.[4]

하나님은 자연 만물뿐 아니라 인간을 지으신 창조주시다. 인간은 유한하며 매우 잠정적이다. 그러나 하나님은 영원 전부터 영원 후까지 존재하신다. 그리고 인간을 창조하시고 그냥 무관심하게 버려두지 않으신다. 그냥 살아서 숨만 쉬는 분이 아니다. 오늘도 내일도 영원토록 생명력을 발휘하시며 만물을 새롭게 하시며 우주 만물을 주관하시며 다스리시며 역사하신다.

영존하신 하나님과 연결이 될 때 잠정적인 존재인 우리의 삶이 의미가 있다. 그리고 우리는 영원한 생명을 누릴 수 있는 존재가 된다. 세상

---

3) "The Word became flesh and made his dwelling among us" (NIV).
4) 김정우, 『시편강해 III』, 159-60.

에서 믿는 모든 것들은 다 한시적이며 유효기간이 정해져 있다.

현재의 쾌락은 너무나 짧은 쾌락임을 깨달을 때, 그리고 그 쾌락이 영원한 사망으로 이끄는 것임을 깨닫고 영생을 선택하기로 작정하면 잠시 누리는 죄의 쾌락을 포기할 수 있는 힘을 갖게 된다(히 11:24-26 참조). 알파와 오메가가 되신 하나님을 바라볼 때 인간은 겸손해지며 절대적으로 하나님을 의지할 수 있다. 그리고 자기중심적인 세계관을 내려놓고 하나님 중심적인 세계관으로 살아갈 수 있다. 기독교상담사는 내담자에게 하나님은 영원하시며 영존하시며 전적으로 의지할 수 있는 분임을 가슴으로 깨달아 알 수 있도록 '대상항상성' 경험을 제공해주는 것이 중요하다. 상담사와의 관계는 잠정적이지만 하나님은 내담자의 영원한 상담사가 되심을 깨닫게 해줄 때 내담자는 분리불안을 극복하고 상담관계를 종결하고 세상으로 나아갈 수 있다.

2) 하나님의 무소부재성(無所不在性)과 전지성(全知性)

> 내가 주의 인자하심을 기뻐하며 즐거워할 것은 주께서 나의 고난을 보시
> 고 환난 중에 있는 내 영혼을 아셨으며(시 31:7).

하나님이 감찰하신다는 사실은 우리에게 큰 위로가 된다. 요셉의 삶은 부모와 형제들로부터 잊혀졌지만 하나님은 그를 결코 잊지 않으셨다. 하나님은 요셉의 삶을 보고 계셨고 알고 계셨고 그의 삶을 역경 속에서도 형통하게 하셨다.[5] 결과론적인 이야기지만 형제로부터 거절당

---

5) "여호와께서 요셉과 함께 하시므로 그가 형통한 자가 되어 그의 주인 애굽 사람의 집에 있으니 그의 주인이 여호와께서 그와 함께 하심을 보며 또 여호와께서 그의 범사에 형통하게 하심을 보았더라"(창 39:2-3); "간수장은 그의 손에 맡긴 것을 무엇이든지 살펴보지 아니하였으니 이는 여호와께서 요셉과 함께 하심이라 여호와께서 그를 범사에 형통하게 하셨더라"(창 39:23).

하고 버림받는 경험이 없었더라면 요셉은 야곱과의 애착된 안정된 환경을 벗어날 모험을 하지 않았을 것이다. 하나님은 요셉의 역경을 감찰하셨고 그 역경을 빚으셔서 요셉의 이야기가 아름다운 예술이 되게 하셨다.

하나님이 내담자의 고통을 보고 계신다는 말씀은 내담자에게 큰 위로가 된다. 하나님은 고통과 스트레스 상황에서 씨름하는 내담자의 마음 상태를 잘 알고 계신다. 온 세상 사람들이 모른다고 할지라도 하나님 한 분만이 보고 계시고 알고 계시면 좌절하지 않을 수 있다. 우리는 종종 보이는 현실과 현상만 보고 좌절하기도 하지만 현실과 현상을 넘어서서 보이지 않는 세계가 있으며 보이지 않는 하나님이 존재하시며 역사하신다는 것을 믿을 때 소망을 잃지 않을 수 있다.

> 여호와여 주께서 나를 살펴보셨으므로 나를 아시나이다 주께서 내가 앉고 일어섬[6]을 아시고 멀리서도 나의 생각을 밝히 아시오며 나의 모든 길과 내가 눕는 것을 살펴보셨으므로 나의 모든 행위를 익히 아시오니 여호와여 내 혀의 말을 알지 못하시는 것이 하나도 없으시니이다 주께서 나의 앞뒤를 둘러싸시고 내게 안수하셨나이다 이 지식이 내게 너무 기이하니 높아서 내가 능히 미치지 못하나이다 내가 하늘에 올라갈지라도 거기 계시며 스올에 내 자리를 펼지라도 거기 계시니이다 내가 새벽 날개를 치며 바다 끝에 가서 거주할지라도 거기서도 주의 손이 나를 인도하시며 주의 오른손이 나를 붙드시리이다....주에게서는 흑암이 숨기지 못하며 밤이 낮과 같이 비추이나니 주에게는 흑암과 빛이 같음이니이다(시 139:1-12).

---

6) 김정우는 히브리인들에게 '앉고 일어섬'이란 '쉬는 것과 일하는 것'을 의미한다고 주석하였다. 김정우, 『시편주석 III』 (총신대 출판부, 2010), 694.

이성훈은 4절 "여호와여 내 혀의 말을 알지 못하시는 것이 하나도 없으시니이다"를 "나의 혀에 말이 없을지라도 당신께서는 그것 모두를 아시나이다"로 번역할 수 있다고 보았다. 이어서 그는 "이는 시인이 무슨 말을 하기 이전에 시인이 하려는 말을 이미 다 알고 계신다는 의미로 이해할 수 있으며, 혹은 비록 아무 말을 하지 않고 침묵한다 하더라도 시인의 은밀한 의도를 완전히 파악하고 계신다는 의미로 이해할 수도 있다"라고 주석하였다.[7] 이 사실은 하나님께 부르짖을 의욕조차 상실한 자의 마음조차 하나님은 헤아리며 아시는 분임을 깨닫게 해준다. 바울은 이 사실을 성령의 사역과 연결하였다: "이와 같이 성령도 우리의 연약함을 도우시나니 우리는 마땅히 기도할 바를 알지 못하나 오직 성령이 말할 수 없는 탄식으로 우리를 위하여 친히 간구하시느니라 마음을 살피시는 이가 성령의 생각을 아시나니 이는 성령이 하나님의 뜻대로 성도를 위하여 간구하심이니라"(롬 8:26-27).

하나님이 성도들의 삶을 세밀하게 다 보고 계시며 알고 계신다는 사실은 성도들에게 큰 위로가 된다. 하나님은 약속의 자손이 아니었지만 아브라함의 집에서 쫓겨나 브엘세바 광야에서 방황하는 하갈과 그녀의 아들 이스마엘을 보고 계셨고 알고 계셨다: "하나님이 그 어린 아이의 소리를 들으셨으므로 하나님의 사자가 하늘에서부터 하갈을 불러 이르시되 하갈아 무슨 일이냐 두려워하지 말라 하나님이 저기 있는 아이의 소리를 들으셨나니"(창 21:17). 아무도 없는 광야에서 가죽부대의 물이 떨어지고 죽음이 임박한 상황에 처한 하갈과 이스마엘을 하나님은 보

---

7) 이성훈, "시 139편: 주의 앞에서 어디로 피하리이까,"『시편 3: 어떻게 설교할 것인가』, 두란노 How 주석 시리즈 19, 목회와 신학 편집부 편 (두란노 아카데미, 2008), 370.

고 계셨다. 그리고 "일어나 아이를 일으켜 네 손으로 붙들라 그가 큰 민족을 이루게 하리라"고 말씀하시고 하갈의 눈을 밝히셔서 샘물을 발견하게 하셨다(창 21:18-19).

기독교상담사는 내담자가 이미 갖고 있는 하나님의 속성에 대한 이해와 믿음을 활성화 시켜야 한다. 그가 현재 겪고 있는 위기나 고통을 의미 있게 해석할 수 있는 신지식(knowledge of God)을 갖고 있어야 한다. 본문에 나타난 하나님의 전지성(全知性, omniscience)과 편재성(偏在性, omnipresence/ubiquity)은 인간의 지혜로 다 측량할 수 없는 하나님의 성품이자 능력이다.

여호와의 눈은 어디서든지 악인과 선인을 감찰하시느니라(잠 15:3).

NIV 성경은 본문을 "하나님의 눈은 어디에나 있다"라고 번역하였다. 하나님의 전지성과 편재성을 잘 표현하는 말씀이다. 본문은 하나님은 악인들과 선인들을 모두 관심 있게 보신다고 말씀한다. 하나님은 의인의 삶을 은밀한 중에 보고 계신다. 그리고 억울하게 고난을 당하는 선인들의 억울함을 반드시 갚아주신다. 이 사실은 믿는 자들에게 큰 위로와 용기를 준다. 세상에 있는 사람들은 몰라준다고 할지라도 하나님 한 분만은 보고 계시며 듣고 계신다.

하나님은 거짓말하는 분이 아니다. 보신다고 말씀하시면 보시는 것이 확실하다. 하나님은 악인의 삶도 은밀한 중에 보고 계신다. 때가 되면 하나님이 악인을 심판하시며 정의를 행하신다. 하나님은 참으로 의로운 재판장이시다. 특히 과부와 고아를 옹호하는 재판장이시다. 약자를 긍휼히 여기는 재판장이시다.

하나님의 눈이 어디에나 있다는 사실은 선인에게는 위로가 된다. 그러나 악인에게는 두려움과 불안을 야기할 것이다. 다행스럽게도 하나님이 선인이나 악인의 눈에 보이지 않아서 인간은 정신건강을 유지하고 살 수 있다. 하나님의 눈이 자신을 지켜보고 있는 것을 인간이 실제로 볼 수 있다면 두려워서 죄를 지을 수 없을 것이다. 뿐만 아니라 땅에 엎드러지고 압도적인 두려움 때문에 정신병에 걸리거나 심장마비에 걸릴 것이다. 가는 곳곳마다 하나님의 눈이 보고 있는 것을 환시 경험 속에서 경험한다면 사람들은 두려움 때문에 정신적으로 망가질 것이다.

하나님의 편재성과 전지성은 양날의 칼과 같은 신지식이다. 위로가 되지만 두려움을 야기하기 때문이다. 욥은 이 하나님의 속성이 자신의 삶에 얼마나 고통을 주고 있는지를 다음과 같이 잘 묘사했다: "아침마다 권징하시며 순간마다 단련하시나이까 주께서 내게서 눈을 돌이키지 아니하시며 내가 침을 삼킬 동안도 나를 놓지 아니하시기를 어느 때까지 하시리이까 사람을 감찰하시는 이여 내가 범죄하였던들 주께 무슨 해가 되오리까"(욥 7:18-20a). 죄를 범하는 현장에 하나님의 눈이 있고, 수치스러운 행동을 할 때 하나님이 보고 계시며 그 자리에 함께 계신다는 사실을 모든 인간들은 인식하고 싶어하지 않는다. 사실 하나님이 우리의 눈에 보이지 않는다는 것이 얼마나 큰 은총인지 모른다. 남몰래 죄를 지을 때, 남에게 상처 주는 말을 할 때, 또는 부부싸움을 할 때 에스겔 선지자가 환상 중에 보았던 네 바퀴 둘레에 눈들이 촘촘히 박혀 있는 모습처럼 하나님의 눈이 전후좌우에서 수없이 보인다면 공포심 때문에 온전한 정신을 제대로 유지할 수 있는 사람은 거의 아무도 없을 것이다.[8]

---

8) "그 둘레는 높고 무서우며 그 네 둘레로 돌아가면서 눈이 가득하며"(겔 1:18).

과학기술의 발달로 하나님의 눈이 어디에나 있고 얼마나 정확하게 보시는지를 좀 더 설득력 있게 말할 수 있는 세상이 되었다. 인간의 눈의 기능을 놀랍게 만드신 하나님이 어찌 보지 않겠느냐는 말씀이 연결된다: "귀를 지으신 이가 듣지 아니하시랴 눈을 만드신 이가 보지 아니하시랴"(시 94:9). 인간이 발명한 CCTV가 거리와 건물 곳곳에 설치되어 있어서 우리의 일거수일투족을 감시하는 세상에서 우리는 살고 있다. 뿐만 아니라 인공위성을 통하여 실시간으로 찍어 전송하는 카메라 기술은 지상의 물체를 가로 세로 30센티미터까지 선명하게 확인할 수 있을 정도까지 놀랍게 발전하고 있다. 과장해서 말하자면, 지상에서 움직이는 개미 새끼 한 마리의 움직임까지 관찰할 수 있는 세상이 되었다. 지구를 돌고 있는 수많은 인공위성들이 그 먼 곳에서 카메라로 매 순간 지상을 찍음으로써 기술을 지배하는 사람이나 기관이 마음만 먹는다면 개인의 사생활까지 다 감시할 수 있는 세상에 현대인들이 살고 있다. 인간이 만든 과학기술 문명이 상상할 수 없을 만큼 이렇게 발달하고 있다면 하물며 하나님의 능력과 기술은 감히 비교할 수 없을 만큼 '놀라운'(amazing and wonderful) 것이다. 자신이 만든 놀랄만한 기술은 믿으면서도 자신을 창조하신 하나님의 능력을 믿지 못하는 자는 참으로 어리석은 자가 아닐 수 없다.

　하나님의 편재성과 전지성[9]을 믿음으로 고백하는 것은 내담자에게 큰 힘이 된다. 상담의 현장에서도 하나님의 눈과 귀가 '머물러 있으며' 보고 들으신다는 사실을 '의식화' 해야 한다. 그런 점에서 기독교상담은 '양자 대화'(dialogue)가 아니라 '삼자 대화'(trialogue)가 분명하다.

---

9) 롱맨은 본문이 하나님의 무소부재성과 전지성을 지지하는 본문이라고 주석하였다. Longman, *Proverbs*, 313.

내담자는 위기 상황에서 이 사실을 의식하지 못할 때가 많다. 불안과 두려움이 이 인식을 차단하기 때문이다. 특히 악인으로 인하여 고통하는 내담자의 경우에 하나님의 눈이 악인의 삶을 감찰하고 있다는 사실을 깨닫게 하는 것은 인지치료적인 접근의 장점을 잘 활용하는 것이다. 하나님의 속성과 능력을 이와 같이 재인식하는 것은 내담자에게 위로를 주며 인내할 수 있는 힘을 부여한다.

> 스올과 아바돈도 여호와의 앞에 드러나거든 하물며 사람의 마음이리요 (잠 15:11).

스올은 죽은 자들이 있는 곳을 의미한다. 스올을 개역성경에서는 '음부'라고 번역하였다. 아바돈은 개역성경에서는 '유명'(幽冥)이라고 번역하였다. 幽는 '그윽할 유'이며 冥은 '어두울 명'이다. 모두 저승을 나타내는 한자어로 사용된다. 아바돈은 NIV 성경에서 'Destruction'이라고 번역한 히브리 단어이다.[10]

본문은 하나님 앞에는 죽은 자들과 파멸의 장소조차 '어둡고' 닫혀져 볼 수 없는 곳이 아니라 명약관화(明若觀火)하게 열려져 있다고 표현한다. 즉, 잠언 기자는 '하물며' 살아있는 인간의 마음의 경우 하나님의 눈앞에 더 분명하게 보이지 않겠느냐고 논박하고 있는 것이다. 진실로 하나님 앞에서는 빛과 어둠 사이에 구별이 없다. 어둠 속에서도 하나님은 빛 가운데 보듯이 보실 수 있는 분이시다.

---

10) 롱맨은 스올의 어원학적인 의미는 불분명하지만 '아바돈'은 '아바드'(abad)라는 동사에서 온 것이 확실하며 '파괴하다'는 의미를 갖고 있다고 주석하였다. Longman, *Proverbs*, 316.

현대전은 빛과 어둠을 가리지 않는다. 어둠 속에서도 상대방의 움직임을 식별할 수 있는 야간투시경이 개발되어 있기 때문이다. 심지어 체온의 차이로 어둠 속에서도 어두운 숲 속에 숨어 있는 사람을 헬기나 전투기 조종사가 찾아낼 수 있는 시대가 되었다. 사람이 타지 않는 무인소형기인 드론을 활용해서 어둠 속에서도 공격목표물을 정확하게 구별해서 저격할 수 있는 시대가 되었다. 인간의 능력도 이와 같은데 하물며 하나님의 능력은 얼마나 놀라운 능력일 것인가! 참으로 하나님의 능력이 놀랍다. 이 놀라운 신지식을 이사야는 다음과 같이 잘 표현했다:

거룩하신 이가 이르시되 그런즉 너희가 나를 누구에게 비교하여 나를 그와 동등하게 하겠느냐 하시니라 너희는 눈을 높이 들어 누가 이 모든 것을 창조하였나 보라 주께서는 수효대로 만상[the starry host]을 이끌어내시고 그들의 모든 이름을 부르시나니 그의 권세가 크고 그의 능력이 강하므로 하나도 빠짐이 없느니라 야곱아 어찌하여 네가 말하며 이스라엘아 네가 이르기를 내 길은 여호와께 숨겨졌으며 내 송사는 내 하나님에게서 벗어난다 하느냐(사 40:26-27).

하나님이 각 사람의 마음의 비밀과 생각을 다 아신다는 것은 인간의 지혜로는 도저히 측량할 수 없는 지혜다. 이것은 옛날 사람들에게 엄지손가락 크기보다 작은 USB 저장장치에 수천 권 분량의 정보가 입력이 될 수 있다는 현실 자체를 상상한다는 것이 불가능했을 것이라는 사실과 조금은 비견할 수 있다.

하나님의 전지성을 상담 상황에 연결해본다면, 상담사는 족집게 도사처럼 내담자의 인상이나 몇 가지 기초적인 정보를 가지고 그 사람의 삶의 이야기나 비밀들을 알아내는 사람이 아니다. 이와 같은 능력은 초자연적인 현상으로서 드물게 있을 수도 있다.[11] 상대방의 마음을 직관적으로 아는 경우가 간혹 있을 수 있다. 설령 이렇게 하는 초자연적인 능력을 가진 자라고 해서 다 성령의 능력으로 행하는 것이 아니다. 악한 마귀도 그와 같은 능력을 행할 수 있기 때문이다. 마귀의 힘을 의지하는 자들도 그런 능력을 통하여 사람들을 미혹할 수 있기 때문이다. "거짓 그리스도들과 거짓 선지자들이 일어나 큰 표적과 기사를 보여 할 수만 있으면 택하신 자들도 미혹하리라"(마 24:24)고 예수님이 친히 경고하셨기 때문이다.

감사하게도 하나님은 인간에게 상대방의 지나온 과거의 삶을 다 꿰뚫어 알거나 현재의 모습을 다 볼 수 있는 초자연적인 능력을 주시지 않았다. 현대 과학기술의 발달로 특수 안경을 쓰면 상대방에 대한 정보를 제공받고 상대방의 마음까지 읽어내는 시대가 도래하고 있다. 인간 스스로 정신적인 건강성을 망가뜨리는 시대에 점점 접어들고 있다. 참으로 두려운 시대에 우리는 살고 있다. 하지만 하나님은 에덴동산에서 죄를 범한 후에 자신의 벌거벗은 것에 대한 수치심이 생긴 아담과 하와에게 가죽옷을 지어 입히셨다. 하나님은 인간들이 정신적인 건강을 유지하면서 살 수 있도록 인간의 눈의 기능에 한계를 부여하셨다. 인간의 시야와 시각의 제한이 갖고 있는 은총이다. 미래를 미리 알 수 없는 것과 사람의 속마음을 눈으로 보듯이 볼 수 없는 것은 인간의 정신건강을 지켜주시는 하나님의 은총이다.

---

11) 베드로는 자신의 땅을 팔아 일부를 감추고 전부를 바친 것처럼 거짓말을 했던 아나니아와 삽비라의 상태를 성령의 능력을 통해 알고 그들을 직면하였다: "아나니아야 어찌하여 사탄이 네 마음에 가득하여 네가 성령을 속이고 땅 값 얼마를 감추었느냐"(행 5:3). 이것은 사도 베드로에게 주신 성령의 기사와 표적이었다. 베드로의 개인적인 경건의 능력 때문이 아니었다(행 3:12 참조).

3) 인자와 긍휼의 하나님

> 여호와여 주의 긍휼하심과 인자하심이 영원부터 있었사오니 주여 이것들
> 을 기억하옵소서(시 25:6).

다윗은 6절과 7절에서 하나님의 긍휼하심과 인자하심이 영원부터 있
었다는 사실[12]을 하나님께서 '기억하시며' 자신의 젊은 시절의 죄와 허
물은 '기억하지 마시고' 자신을 '기억해' 달라고 간청하였다. 시인 자
신이 이 사실을 잊지 말고 기억할 수 있도록 도와달라고 간청한 것으로
이 표현을 해석할 수도 있다.

하나님은 분명히 기억하시겠다고 하는 부분을 기억하시며 기억하지
않겠다고 하신 부분을 기억하지 않으시는 분이다. 오히려 기억하지 않
아야 할 부분을 기억하고 기억해야 할 부분을 기억하지 못하는 것이 시
인 자신과 오늘을 살아가는 우리의 자화상이다.[13]

기독교상담 과정에서 내담자에게 꼭 필요한 통찰은 하나님께서 자신
의 긍휼과 인자[14]를 내담자가 인식하기도 전부터 내담자를 향하여 베
풀어주셨음을 깨닫는 것이다. 영원 전부터 내담자를 향한 하나님의 계
획과 예정 속에 그의 긍휼과 인자가 포함되어 있었다는 사실을 깨닫게

---

12) 그로건은 6절과 7절에 등장하는 '인자하심'(love)이라는 히브리어 '헤세드'(hesed)
   는 언약관계 안에서의 사랑을 의미하는 단어이기 때문에, '영원부터' 라는 표현은
   아브라함과 맺은 언약과 모세와 맺은 언약, 그리고 사무엘하 7장에 나타나는 다윗
   과 맺은 언약을 포함할 수도 있다고 주석하였다. Grogan, *Psalms*, 77.
13) 이렇게 이해한다면 시편기자는 사실 자신의 이슈를 하나님께 투사해서 기도한 것이
   라고 볼 수 있다.
14) 김정우는 '주의 긍휼하심과 인자하심' 은 한 쌍으로 성경에서 자주 나타나는 하나님
   의 속성임을 지적하면서 관련 구절을 제시하였다: 시 40;11, 51:1, 69:16, 103:4, 사
   63:7, 렘 16:6, 애 3:22. 인간관계에서는 단 1:9, 호, 2:21, 슥 7:9에서 사용되었다고
   보았다. 김정우, 『시편주석 I』, 663.

하는 것이 중요하다. 이 인식과 믿음은 내담자의 정체성과 자존감 확립에 중요한 영향을 끼칠 수 있다. 상담사가 하나님의 긍휼과 인자를 내담자의 미래 이야기와 연결시킬 때 내담자는 영생에 대한 확신과 미래에 대한 소망을 가질 수 있다.

> 여호와는 긍휼이 많으시고 은혜로우시며 노하기를 더디 하시고 인자하심이 풍부하시도다 자주 경책하지 아니하시며 노를 영원히 품지 아니하시리로다(시 103:8-9); 아버지가 자식을 긍휼히 여김 같이 여호와께서는 자기를 경외하는 자를 긍휼히 여기시나니 이는 그가 우리의 체질을 아시며 우리가 단지 먼지뿐임을 기억하심이로다(시 103:13-14).

김정우는 시편 103편에 표현된 하나님의 속성이 어떤 역사적 맥락에서 드러났는지를 다음과 같이 잘 표현하였다:

> 이 시편의 향기는 따뜻한 봄날에 피는 라일락 같지 않고, 엄동설한을 이기고 첫 봄의 향기를 터뜨리는 매화와 같다. 이스라엘 백성들은 바빌론에 포로로 잡혀 감으로써 비로소 자신과 하나님의 진정한 모습을 발견할 수 있었다. 그들은 출애굽과 가나안 입성을 통하여 나라를 세울 때 참된 인생의 가치를 느꼈다. 그러나 나라를 잃음으로써 인생의 무상함을 느꼈다. 그들에게 가장 큰 숙제는 그들이 하나님께 지은 죄를 용서 받을 수 있는가에 있었다. 본 시편의 시인은 그들의 모든 죄를 용서해주시는 자비로운 아버지 하나님을 만난다. 이리하여 시인은 애통을 찬양으로 승화시킨다. 이스라엘은 죄악에 빠지고 죽을 병에 걸려 파멸에 던져졌지만, 주님은 죄를 용서하고 병을 고치시며, 새 생명을 주고 명예를 회복하게 하신다.[15]

---

15) 김정우, 『시편주석 III』, 195.

시편 기자의 노래처럼 하나님은 긍휼을 베푸시는 분이다. 은혜로우며 은총을 베푸시는 분이다. 그는 더디 분노하신다. 쉽게 분노하지 않으신다(고전 13:5 참조). 그리고 인자, 즉 사랑을 넘치도록 베푸신다. 모자람이 없는 사랑을 하신다. 하나님은 사랑 그 자체시다. 사랑하는 자들이 잘못할 때 종종 징계하시며 책망하신다. 그러나 항상 징계하거나 책망하지 않으신다. 항상 매로 때리지 않으신다. 분노할 때 분노하시지만 회개할 때 분노를 돌이키신다. 한번 화를 내면 끝까지 내시며 용서할 줄 모르는 분이 결코 아니다. 이 속성은 노아의 홍수 사건에서 잘 드러났다. 하나님은 물로써 세상을 완전히 심판하는 일은 결코 없을 것이라고 노아에게 약속하시며 무지개를 보여주셨다(창 9:8-17 참조).

하나님은 부모가 자식을 긍휼히 여기듯이 당신의 자녀들을 불쌍히 여기신다. 그는 '긍휼'(compassion)의 하나님이시다. 공감하실 수 있는 능력이 탁월하신 분이다. 특히 인간의 체질과 한계를 잘 아신다. 인간이 질그릇과 같이 연약한 존재임을 잘 아신다. 우리가 흙으로 지음받은 취약한 존재임을 잘 아신다. 이 사실은 완벽주의적이며 강박적인 특성을 가진 내담자들에게 도전과 위로가 된다. 있는 모습 그대로 하나님께 나아가는 것이 하나님이 원하시는 모습이다. 이 사실을 내담자가 충분히 인식하고 경험할 때 하나님과 치료적 관계를 맺으며 신앙생활을 할 수 있다.

> 주는 선하사 사죄하기를 즐거워하시며 주께 부르짖는 자에게 인자하심이 후하심이니이다(시 86:5); 주여 주는 긍휼히 여기시며 은혜를 베푸시며 노하기를 더디 하시며 인자와 진실이 풍성하신 하나님이시오니(시 86:15).

하나님은 '좋으신' 분이다. 용서하시는 분이다. 그리고 자신을 찾는 자에게 사랑을 풍성하게 베푸시는 분이다. 긍휼히 여기는 분이다. 은혜로운 분이다.[16] 쉽게 분노하거나 과도하게 분노하는 분이 아니다. 분노하는 것을 늦추는 분이다. 사랑과 신실함이 넘치는 분이다. 이 모든 하나님의 속성들을 포함하는 속성이 '사랑'이다(고전 13:4-7 참조).

기독교상담사는 내담자에게 하나님의 속성을 '표상'(representation)[17] 하는 특권을 갖고 있다. 목회적이며 치료적인 상담사가 되려면 부족하지만 하나님의 속성을 내담자에게 경험시킬 수 있어야 한다. 실패한 이야기나 죄를 범한 이야기라고 할지라도 그 이야기를 경청하며 수용하며 용서하며 재해석할 수 있는 능력이 있어야 한다. 즉 상담사는 내담자에게 '좋은 대상'(good object)이 되어야 한다. 내담자의 잔에 하나님의 사랑이 채워지도록 사랑을 풍성하게 베풀 수 있어야 한다. 내담자를 공감하며 그와 함께 울어줄 수 있는 마음을 가져야 한다(롬 12:15 참조). 내담자를 너그럽게 수용하며 넓은 마음으로 품어야 한다. 내담자가 때로 보일 수 있는 공격성을 감당할 수 있는 심리적인 맷집을 키워야 한다. 그리고 분노를 적절하게 조절하며 표현하는 능력이 있어야 한다. 상

---

16) 그로건은 이 본문이 출 34:6-7에 표현된 하나님의 성품을 분명하게 반향하고 있다고 주석하였다: "여호와라 여호와라 자비롭고 은혜롭고 노하기를 더디 하고 인자와 진실이 많은 하나님이라 인자를 천대까지 베풀며 악과 과실과 죄를 용서하리라 그러나 벌을 면제하지는 아니하고 아버지의 악행을 자손 삼사 대까지 보응하리라." Grogan, *Psalms*, 152.

17) '표상'이라고 번역된 representation은 're-presentation'으로 이해될 수 있다. 달은 자체가 발광체는 아니지만 해의 빛을 받아 달빛을 비춘다. 마찬가지로 심리적으로 '자기'(self)는 '대상'(object)으로부터 '대상 이미지'를 '내면화'(internalization)하여 '자기-대상 이미지'들로 구성된 '자기 구조물'(self structure)을 형성한다. 자기화된 구조물이 밖으로 나타나는 모습이 '자기-표상'(self-representation)인데 이 때 자기-표상은 자기가 내면적으로 소화했던 대상 이미지의 일부가 밖으로 '다시-제시되는'(re-present) 것이다.

담사가 충동적으로 분노하거나 쉽게 화를 내면 내담자는 어릴 적 경험했던 나쁜 부모 대상을 재경험함으로써 부정적인 전이(transference)를 겪는다. 이 전이가 잘 다루어지지 않으면 치료적인 관계로 진전되기가 어렵다.

상담사를 신뢰하는 경험은 사람들을 믿지 못하는 편집적인 내담자들에게 상담실 밖에서 접하는 타인들을 어느 정도 신뢰할 수 있게 하는 힘이 생기게 하는데 도움을 준다. 더 나아가 위에서 언급한 하나님의 여러 속성들이 상담사를 통하여 내담자에게 경험될 때 내담자는 하나님에 대한 구체적인 '하나님 이미지'를 가슴으로 경험할 수 있다. 그리고 하나님과 '좋은 대상관계,' 즉 화목한 관계를 맺는 복을 누릴 수 있다.

4) 지혜와 능력의 하나님

> 대저 하나님은 지혜를 주시며 지식과 명철을 그 입에서 내심이며(잠 2:6); 내게는 계략과 참 지식이 있으며 나는 명철이라 내게 능력이 있으므로(잠 8:14).

첫 본문에서 하나님은 자신에게 있는 것을 주시는 분임을 알 수 있다. 지혜를 주시며 지식과 명철을 그 입으로부터 드러내신다는 것은 하나님이 지혜와 지식과 명철이 있는 분이심을 말해준다.

두 번째 본문을 NIV 성경은 "Counsel and sound judgment are mine; I have understanding and power"라고 번역하였다. 삼위 하나님은 상담 능력과 명쾌한 판단력을 가지신 분이다. 상담 능력은 치료적인 능력을 포함한다. 예수 그리스도는 기묘한 상담사(Wonderful Counselor)이시다(사 9:6 참조). 성령 하나님은 지혜와 치료적인 능력

이 있는 보혜사이시다.[18)]

상담 능력과 균형 잡힌 판단력은 효과적인 상담자가 갖추어야 할 필수적인 자질이다. 따라서 기독교상담사는 하나님이 최고의 상담사시며 자신은 하나님의 상담 능력과 명철과 판단력에 전적으로 의존하는 상담사임을 되새겨야 한다. '보편적인 지혜'(universal wisdom)로 어느 정도 상담을 할 수 있다. 그러나 궁극적인 의미에서 치료의 능력은 상담사에게 있는 것이 아니다. 치료적 능력은 '위로부터'(from above), 즉 능력을 가지신 하나님으로부터 오는 것임을 늘 인식하고 상담할 때 하나님은 그 상담사를 사용하실 것이다.

5) 좋은 대상이신 하나님

> 여호와는 나의 목자시니 내게 부족함이 없으리로다 그가 나를 푸른 풀밭에 누이시며 쉴 만한 물 가로 인도하시는도다(시 23:1-2).

다윗은 하나님을 부족함이 없는 목자라고 노래하였다.[19)] 하나님은 다윗에게 '좋은 대상'이셨다. 신학적으로 말하면 하나님은 우리의 '완벽한' 대상이다. 하나님 한 분만으로 충분한 대상이다. 하나님 외에는

---

18) 롱맨은 이 본문에서 '능력'(strength or power)이라는 히브리어 *gebura*는 '변화를 일으킬 수 있는 능력'을 의미한다고 주석하였다. Longman, *Proverbs*, 202. 참으로 하나님은 인간의 마음에 변화를 일으킬 수 있는 능력 있는 상담자이시다.

19) 크레이기(Craigie)는 목자의 메타포는 하나님을 표현하는 성경적인 메타포 중에서 가장 오랜 것들 중의 하나라고 지적하면서 창세기 49:24절을 예로 언급하였다. Craigie, *The Psalms 1-50*, 206. 김정우는 '내게 부족함이 없다'는 동사의 시제가 미완료형이라는 점을 지적하면서 이 "표현 속에 과거와 현재와 미래가 만나며, 하나로 어우러진다. 즉 목자이신 주님 때문에, '그동안 정말 부족함이 없었으며, 지금도 없으며, 앞으로도 없을 것이다.' 따라서 이 표현 속에는 과거에 대한 감사와 현재에 대한 만족과 미래에 대한 확신이 담겨 있다"고 통찰력 있게 주석하였다. 김정우, 『시편주석 I』, 614.

다른 구원의 대상이 없다는 점에서 부족함이 전혀 없는 대상이다. 그러나 이 세상 현실에서 하나님은 우리에게 '완벽한' 대상으로 다가오지 않을 때가 많다. 특히 어느 정도 성장한 신앙인들에게는 때로 침묵하시며 때로 버려두시는 것처럼 보이는 분으로 경험된다. 좌절할 때에 금방 응답하시거나 공감해주지 않으실 때가 있다. 그런 점에서 볼 때 하나님은 상담학적인 표현을 사용하자면 '충분히 좋은 대상'(good enough object)이 되신다. 선한 목자로서 양들이 성장하는데 필요한 충분한 공감과 적절한 수준의 좌절을 경험하도록 이끄시기 때문이다. 일시적인 침묵과 거절을 통해서 하나님과의 관계에서 감내할 수 있는 좌절을 경험하도록 함으로써 통합적인 대상관계를 할 수 있는 성숙함으로 이끄시기 때문이다.

다윗에게 그 누구보다 중요한 '일차적 대상'(primary object)은 여호와 하나님이셨다. 그가 목양했던 양들에게 그 자신이 가장 중요한 일차적 대상이었던 것처럼 하나님이 그에게 일차적 대상이 되신다는 사실을 고백하였다. 왕으로서 백성들에게 자신이 목자로서 기능하고 있음을 인식했듯이 자신 또한 하나님의 목양을 받아야 살 수 있는 양으로서 인식하였던 것이다.

양에게 목자는 양 자신과 분리해서 생각할 수 없는 대상이다. 마찬가지로 하나님의 자녀에게 하나님은 자신과 분리하여 생각할 수 없는 대상이시다. 뿐만 아니라 하나님에게 그의 자녀들은 눈동자같이 아끼시는 '좋은 대상들'이다.

예수 그리스도는 우리의 '선한 목자'다. 예수님은 우리의 죄를 위하여 자기 목숨을 버린 선한 목자다. 성도에게 예수님은 좋은 대상이다: "나는 내 양을 알고 양도 나를 아는 것이 아버지께서 나를 아시고 내가 아버지를 아는 것 같으니"(요 10:14-15). 예수님은 성도들의 모든 형편과 사정을 잘 아시는 좋은 대상이다. "내 진정 사모하는 친구가 되시는 구주 예수님은 아름다워라"라는 찬송 가사처럼 성도들에게 예수님은 사모하는 친구 대상이다.

> 내 부모는 나를 버렸으나 여호와는 나를 영접하시리이다(시 27:10).

다윗은 거절감의 이슈를 본문에서 표현하였다. 9절에서 "나의 구원의 하나님이시여 나를 버리지 마시고 떠나지 마소서"라고 기도하는 내용에서 하나님이 자신을 결코 버리지 않으실 분이라는 사실을 믿고 있음을 표현하였다. 1절에서 그는 이 사실을 선언하였다: "여호와는 나의 빛이요 나의 구원이시니 내가 누구를 무서워하리요 여호와는 내 생명의 능력이시니 내가 누구를 무서워하리요." 13절에서 이 사실을 확언하였다: "내가 산 자들의 땅에서 여호와의 선하심을 보게 될 줄 확실히 믿었도다."

10절의 말씀은 성장기에 부모를 잃었거나 부모로부터 양육 경험이 거의 없었던 내담자들에게 큰 위로가 되는 말씀이다.[20] 불완전한 육신의 부모는 자녀를 정서적으로나 실제적으로 유기하거나 떠나는 경우가 가끔 있다. 그러나 하나님은 결코 그런 분이 아니시라는 사실은 이들에게 큰 힘이 된다.[21] 하나님이 제공하는 품어주는 환경은 참으로 신뢰할

---

20) 이성훈은 "내 부모는 나를 버렸으나"라는 표현을 문자 그대로 해석하기보다는 "인간에게 가장 친밀한 관계라[고] 할 수 있는 부모 자식 간이라 할지라도 한계가 있다고 보는 것이 바람직할 것이다"라고 주석하였다. 이성훈, "시편 27편: 구원을 향한 절대적인 신뢰," 『시편 1: 어떻게 설교할 것인가』, 262.

21) 김정우는 "내 부모는 나를 버렸으나"라는 표현을 다음과 같이 주석하였다: " '버릴지라도' 는 사실로서가 아니라, 가능성으로 말한다. 어떻게 부모가 자식을 버릴 수 있

수 있는 환경이다. 깨어지는 환경이 결코 아니다. 포기하는 환경이 절대 아니다. 하나님이 두르시는 울타리는 절대 무너지지 않는다.

부모로부터 거절당한 트라우마를 겪은 내담자는 자신이 하나님으로부터 구원받은 자녀임을 확신하는데 어려움이 있다. 기독교상담사는 하나님이 이런 내담자를 결단코 버리지 않으시고 붙들고 계신다는 사실을 상담 과정을 통해 경험시켜야 한다. 그것은 상담사의 태도를 통해서 경험될 수 있다. 상담자가 내담자에게 보여주는 일관성 있는 사랑의 태도를 보일 때 내담자는 하나님의 끝까지 포기하지 않는 사랑을 맛보며 점점 수용할 수 있게 된다.

본문을 좀 확장해서 이해한다면, 부모는 이 땅에서 자녀들에게 영원히 함께 할 수 있는 대상이 아니다. 유효기간이 정해져 있는 '잠정적인 대상' 일 뿐이다. 부모조차 자녀들이 항구적으로 애착할 수 있는 대상이 아니다. 우리가 영원히 애착할 수 있는 분은 '하늘에 계신 우리의 아버지' 다. 육신의 부모가 여러 이유로 세상을 먼저 떠나는 경우에도 하나님은 내담자에게 영원한 아버지가 되신다는 점은 큰 위로가 아닐 수 없다.

> 여호와를 의뢰하는 자는 시온 산이 요동치 아니하고 영원히 있음 같도다
> 산들이 예루살렘을 두름과 같이 여호와께서 그의 백성을 지금부터 영원
> 까지 두르시리로다(시 125:1-2).

겠는가? 이것은 불가능한 전제이다. 따라서 이 세상에서 결코 있을 수 없는 일이 벌어진다 하더라도, 주님은 '나를 영접하실 것이다 '라는 말을 하고 있다." 김정우, 『시편주석 I』, 703. 김정우는 부모가 자식을 버린다는 것이 불가능한 전제라고 보았지만 현실적으로 자녀들을 실제적으로 유기하는 부모들이 있다. 정서적으로 버리거나 거절하는 부모는 더 많이 있다는 현실이 가슴 아프다.

하나님은 우리가 항구적으로 의존할 수 있는 유일한 대상이다. 하나님은 충분히 신뢰할 수 있는 분이다. 그는 불안정하게 대상관계 하는 분이 아니다. 자신의 기분에 따라 왔다 갔다 하는 불안정한 분이 아니다. '대상항상성'(object constancy)을 제공하시는 좋은 하늘 아버지다. 이 하나님과 관계할 때 심리적인 발달이 채 일어나지 않았던 성도들조차 심리적인 발달을 경험할 수 있다. 그런 점에서 하나님은 성도들의 최고의 심리치료사다.

시인은 마치 시온 산이 흔들리지 않고 영원히 버티고 있는 것과 같이 하나님께서는 그를 의지하는 자에게 대하신다고 노래하였다. 참으로 하나님은 자기 백성을 지금부터 영원까지 품어주시며 보호하신다. 하나님의 울타리는 견고하며 안정감이 있다. 하나님이 두르시는 울타리는 마귀가 함부로 넘나들지 못하는 울타리이다. 하나님은 예수 그리스도의 피 공로를 의지하는 개인과 교회를 오늘날도 보호하시며 지키신다.

품어주는 환경이 안정적일 때 아기는 심리적 발달을 이룰 수 있다. 역으로 품어주는 환경이 불안정하면 아기는 불안에 취약하게 되며 따라서 심리적으로 정체되거나 퇴행한다. 불안정한 대상관계를 맺고 자란 사람은 성인이 되면 경계선 성격장애(borderline personality disorder)를 가진 사람이 될 가능성이 높다. 이상화(idealization) 또는 가치절하(devaluation)의 극단적인 대상관계가 특징적인 이 성격장애를 가진 사람은 사고와 감정 및 의지에서 불안정하며 취약한 특성을 보인다. 특히 대인관계에서 불안정한 특징을 보인다. 경계선 성격장애의 특징을 한 마디로 표현하라면 '불안정성'(instability)이다.

경계선 성격장애를 가진 내담자를 치료하는 중요한 방법은 상담사가 일관성이 있으며 안정된 대상관계를 제공하는 것이다. 치료자가 내담자의 감정기복에 크게 영향을 받지 않고 일관성 있게 대해 주는 것이 중요하다. 그리고 내담자가 드러내는 이상화와 공격성을 견뎌내는 것이 필요하다. 마치 시온 산이 요동하지 않고 있는 것처럼 상담사는 언제나 그 자리에서 적절한 '치료적 거리'(therapeutic distance)를 유지하면서 내담자를 견뎌낼 수 있어야 한다.

하나님은 당신의 자녀들이 보이는 불안정한 대상관계를 '흔들리지 않고 항구적으로 견뎌낼' 수 있는 엄청난 맷집을 갖고 계신다. 그의 사랑은 '오래 참는' 사랑이다(고전 13:4 참조). 따라서 불안정한 내담자가 하나님과의 관계에서 이상화나 거절감, 유기감 및 분노감을 경험할 때 기독교상담사는 내담자를 포기하지 않으시고 품으시는 하나님의 사랑을 표상하는 특권을 갖고 있다는 사실을 인식하고 도와야 할 것이다.

2. 하나님의 사역

성경은 하나님이 하신 놀라운 일들로 가득 차 있다. 인간의 머리로는 도저히 믿기 어려운 일들도 수없이 행하셨고 지금도 행하고 계시는 분이다. 그 중에서도 가장 아름답고 귀한 일은 성자 하나님이 자신을 비워 인간의 비천한 몸으로 이 땅에 찾아오셔서 십자가에서 죽으심으로써 인간의 가장 핵심 문제인 죄를 용서해주신 구속 사역을 이루신 일이다(빌 2:6-8 참조). 하나님은 오늘도 살아계셔서 역사하시는 분이다. 수십 억의 사람들이 이 땅에 살고 있지만 하나님은 한 사람 한 사람의 발걸음을 세시며 아시며 인도하시는 분이다. 특히 하나님의 자녀로 인 친 성도들을 눈동자 같이 보호하시며(시 17:8 참조) 죽음의 순간까지 그의 강한 오른팔로 이끄시는 분이다. 그의 넓은 품으로 성도를 품으시며 업으시며 구원을 성취하시는 분이다(사 46:3-4 참조).

1) 창조주 하나님

> 그가 해를 명령하여 뜨지 못하게 하시며 별들을 가두시도다 그가 홀로 하늘을 펴시며 바다 물결을 밟으시며 북두성과 삼성과 묘성과 남방의 밀실을 만드셨으며 측량할 수 없는 큰 일을, 셀 수 없는 기이한 일을 행하시느니라(욥 9:7-10); 이는 그가 땅 끝까지 감찰하시며 온 천하를 살피시며 바람의 무게를 정하시며 물의 분량을 정하시며 비 내리는 법칙을 정하시고 비구름의 길과 우레의 법칙을 만드셨음이라(욥 28:24-26); 여호와께서는 지혜로 땅을 세우셨으며 명철로 하늘을 굳게 펴셨고 그 지식으로 해양이 갈라지게 하셨으며 공중에서 이슬이 내리게 하셨느니라(잠 3:19-20).

욥은 창조주 하나님의 놀라운 능력과 섭리를 아름답게 고백하였다. 해와 달과 별을 지으시며 운행을 주관하시는 분이 하나님이다. 여호수아의 기도에 응답하셔서 해가 중천에 머물게 하시는 놀라운 능력을 행하시는 분이 하나님이다(수 10:12-14 참조). 뭇 별들과 우주를 창조하시고 섭리하시는 분이 하나님이다.

잠언 3장 본문은 지혜를 창조 사건과 연결하는 첫 본문이다.[22] 하나님은 '말씀으로' 그리고 그의 측량할 수 없는 지혜로 천지만물을 질서 있게 창조하셨다. 반면 인간과 사회에서 나타나는 무질서와 장애(disorder)는 죄의 결과다. 창조의 섭리를 거스른 결과다.

하나님은 인간이 발을 딛고 사는 땅의 기초를 든든하게 하셨다. 그리

---

22) 잠 8:22-31절은 구체적으로 지혜를 창조 사건과 다시 연결 짓는다.

고 땅을 둘러싼 모든 공간을 '품어주는 환경'으로 만드시고 지탱하고 계신다. 창조하신 후에 방임하거나 유기하시지 않으셨다. 땅에 거주하는 모든 동식물들이 호흡할 수 있는 공기를 제공하신다. 대기오염 때문에 어려움을 겪을 때도 있지만 하나님은 여전히 그의 은총으로 인간과 동식물이 숨 쉴 수 있는 공기를 공급하고 계신다. 인간과 동식물에게 '숨'을 공급하시며 '쉼'을 제공하신다. 그리고 바람과 비, 천둥과 번개로 공기를 정화시키는 지혜를 베푸신다.[23] 공중에서 이슬이 내리도록 하여 초목이 수분을 빨아들여 자랄 수 있게 하는 '잔잔한 은총'과 '밀양'(secret sunshine)을 베푸신다. 동식물이 번식하여 생명을 이어가게 하신다.

기독교상담사는 하나님이 천지만물을 창조하시고 내담자도 가치 있는 피조물로 빚으시고 이 땅에 보내셨다는 사실을 믿도록 상담해야 한다. "창세 전에 그리스도 예수 안에서 우리를 택하사 우리로 사랑 안에서 그 앞에 거룩하고 흠이 없게 하시려고 그 기쁘신 뜻대로 우리를 예정하사 예수 그리스도로 말미암아 자기의 아들들이 되게 하셨으니"(엡 1:4-5)라는 복음의 진리가 내담자에게 그대로 적용됨을 믿고 상담해야 한다. 내담자가 "그가 만드신 바"(God's workmanship) 하나님의 작품이며 "그리스도 안에서 선한 일을 위하여 지으심을 받은 자"(엡 2:10)

---

23) 부스 사람 바라겔의 아들 엘리후는 하나님이 자연세계를 섭리하시는 모습을 다음과 같이 표현했다: "그가 물방울을 가늘게 하시며 빗방울이 증발하여 안개가 되게 하시도다 그것이 구름에서 내려 많은 사람에게 쏟아지느니라 겹겹이 쌓인 구름과 그의 장막의 우렛소리를 누가 능히 깨달으랴 보라 그가 번갯불을 자기의 사면에 펼치시며 바다 밑까지 비치시고 이런 것들로 만민을 심판하시며 음식을 풍성하게 주시느니라 그가 번갯불을 손바닥 안에 넣으시고 그가 번갯불을 명령하사 과녁을 치시도다 그가 우레가 다가오는 풍우를 알려 주니 가축들도 그 다가움을 아느니라"(욥 36:27-33).

임을 자각하도록 함으로써 성경적인 정체성을 확립할 수 있도록 도와야 할 것이다.

2) 하나님의 주권성

> 마음의 경영은 사람에게 있어도 말의 응답은 여호와께로부터 나오느니라[24](잠 16:1); 사람이 마음으로 자기의 길을 계획할지라도 그의 걸음을 인도하시는 이는 여호와시니라(잠 16:9); 제비는 사람이 뽑으나 모든 일을 작정하기는 여호와께 있느니라(잠 16:33); 사람의 마음에는 많은 계획이 있어도 오직 여호와의 뜻만이 완전히 서리라(잠 19:21);

사람은 생각하는 존재다. 또한 미래를 계획하며 준비하는 존재다. 비록 내일 일을 알 수 없지만 스케줄을 잡고 미래를 계획한다. 그러나 계획대로 삶이 다 진행되지 않는다는 것을 우리는 잘 안다. 인생의 걸음이 하나님께 있다는 것을 겸손히 인정하고 인도하심을 구하는 자가 지혜롭다. 자신의 삶이 하나님의 뜻과 목적에 따라 진행된다는 사실을 믿고 사는 자가 지혜롭다.

야고보 사도는 하나님의 뜻과 목적을 염두에 두지 않고 미래를 계획하며 구상하는 사람들의 어리석음을 다음과 같이 잘 지적하였다:

> 들으라 너희 중에 말하기를 오늘이나 내일이나 우리가 어떤 도시에 가서 거기서 일 년을 머물며 장사하여 이익을 보리라 하는 자들아 내

---

24) 김정우는 '말의 응답'이란 표현이 "어떤 일이 최종적으로 이루어지는 상태"를 의미하는 것이 아니라 '마음 속에 있는 생각'이 '적절하고 효과적인 말'로 표현되는 것을 의미한다고 주석하였다. 따라서 본문의 의미는 "사람이 마음 속에 계획을 세우지만 그 계획을 '가장 적절하고 효과적인 말'로 표현할 수 있는 능력은 하나님께서 주신다"는 뜻으로 이해할 수 있다. 김정우, 「성서주석: 잠언」, 479.

일 일을 너희가 알지 못하는도다 너희 생명이 무엇이냐 너희는 잠깐 보이다가 없어지는 안개니라 너희가 도리어 말하기를 주의 뜻이면 우리가 살기도 하고 이것이나 저것을 하리라 할 것이거늘 이제도 너희가 허탄한 자랑을 하니 그러한 자랑은 다 악한 것이라(약 4:13-16).

예수님의 비유에 나오는 부자는 하나님의 뜻을 염두에 두지 않고 계획을 세운 어리석은 자였다: "내가 이렇게 하리라 내 곳간을 헐고 더 크게 짓고 내 모든 곡식과 물건을 거기 쌓아 두리라"(눅 12:18). 하나님은 그에게 "어리석은 자여 오늘 밤에 네 영혼을 도로 찾으리니 그러면 네 준비한 것이 누구의 것이 되겠느냐"고 말씀하셨다(눅 12:20).

인간은 미래를 염두에 두고 준비하며 계획할 수 있는 이성과 지혜를 가진 존재로 지음 받았다. 어느 정도 범위에서는 미래에 대해서 예측하며 준비할 수 있다. 미래학이라는 학문까지 등장할 정도이다. 과학기술의 엄청난 발달로 인하여 몇 주 후의 날씨가 어떤 날씨가 될 것인지를 거의 정확하게 예측할 수 있는 시대가 되었다. 그럼에도 불구하고 여전히 인간은 내일 무슨 일이 일어날지 알 수 없는 존재로 살고 있다.[25] 따라서 하나님이 궁극적으로 개인과 세상과 온 우주를 운행하고 계신다는 사실을 믿지 못할 때 인간은 불안을 경험할 수밖에 없다. 미래를 이끄시는 분이 하나님이심을 인정하고 맡길 때 우리는 불안을 극복할 수 있다. 그리고 하루하루를 의미 있게, 생동력 있게 살 수 있다.

인간은 일을 구상하고 계획하고 추진할 수 있는 자유의지를 갖고 있

---

25) 롱맨은 잠언 16장 1절을 주석하면서 잠언 기자의 의도는 인간의 계획을 부정적인 것으로 가치절하 하는데 있는 것이 아니라 인간의 계획은 하나님의 섭리와 인도하심이 없이는 성취될 수 없다는 것을 인간이 깨닫도록 하는데 있다고 잘 주석하였다. Longman, *Proverbs*, 328.

다. 그리고 그 의지를 사용해야 한다. 그러나 크리스천들에게는 자신의 계획이 구체적으로 이루어지도록 역사하시는 하나님의 주권성을 철저하게 믿고 의지하는 겸손함이 필요하다.[26] 따라서 기독교상담사는 궁극적인 주권성이 하나님께 있음을 내담자가 믿음으로 받아들일 수 있도록 도와야 할 것이다.

잠언 16장은 하나님의 주권과 섭리를 언급하는 1절로 시작하여 33절로 끝맺는 특성을 갖고 있다.[27] 마음으로 계획하는 일과 제비를 뽑는 것은 사람의 몫이다. 그러나 계획한 일을 입으로 말한다고 할지라도 그 말의 성취 여부는 하나님께 달려 있다. 제비뽑기의 결과는 하나님께 달려 있다. 제비뽑기의 놀라운 결과가 요나의 이야기에서 대표적으로 나타난다(욘 1:7 참조).[28] 인간의 자유의지와 하나님의 주권과 섭리가 모순되거나 상충되지 않는 것이 신비로우면서도 성경적이다.

악한 자들이 세상 일을 계획하며 주도해가는 것처럼 보여 안타까움을 느낄 때가 많다. 그러나 악인들은 결코 하나님의 큰 섭리를 거스를 수 없다. 이 성경적인 진리를 믿을 때 성도는 큰 위로를 받을 수 있다. 애굽 왕 바로는 이스라엘이 강대해지는 것을 두려워한 나머지 "자, 우

---

26) 롱맨은 잠언 16:1절과 9절은 "하나님의 주권성과 인간의 자유에 대한 신학적인 주제들의 한계범위를 설정하고 있다"고 주석한 밴루웬(Van Leeuwen)의 글에 동의하였다. Longman, *Proverbs,* 331 재인용.

27) 김정우는 1절과 9절, 33절이 비슷한 관점에서 표현되었음을 지적하였다. 김정우, 『성서주석: 잠언』, 499.

28) 제비(lots)라는 단어는 구약에서 약 70번 정도 신약에서 7번 등장한다. 아간의 죄를 드러낼 때에 제비를 뽑았고 사울 왕이 선택될 때에도 제비를 뽑았다. 열두 지파가 기업을 분배할 때 제비뽑기 방법을 사용하였고 성전에서 섬기는 직책과 기능을 맡을 때 제비뽑기가 행해졌다(대상 24:5, 31; 25:8-9; 26:13-14 참조). 신약의 경우에는 가룟 유다를 대체하기 위하여 제비를 뽑아 맛디아를 사도로 삼은 경우에 한번 등장한다. Herbert Lockyer (ed.), *Nelson's Illustrated Bible Dictionary* (Nashville: Thomas Nelson Publishers, 1986), 655.

리가 그들에게 대하여 지혜롭게 하자"라고 말하고 그들에게 힘든 노역을 시켰다. 심지어 산파들에게 명령을 내려 남자 아기가 태어나면 무조건 죽이라고 명령했다. 그것도 통하지 않자 모든 백성에게 명령을 내려 남자 아기가 태어나면 나일 강에 던져 죽게 하라고 명령했다(출 1:10-22 참조). 밤이 깊을수록 새벽이 밝아오는 법이다. 때가 차매 요셉의 예언대로 하나님은 이스라엘을 애굽의 학정에서 해방시키는 출애굽이라는 놀라운 역사적 사건을 성취하셨다(창 50:24-25). 사백년의 애굽 생활을 끝낸 이스라엘 백성들은 요셉이 "당신들은 여기서 내 해골을 메고 올라가겠다 하라"(창 5:25)고 부탁한 그 말씀을 잊지 않고 실행하였다(출 13:19 참조). 이사야는 하나님의 섭리와 인도하심을 다음과 같이 노래하였다:

> 너희 민족들아 함성을 질러 보라라 그러나 끝내 패망하리라
> 너희 먼 나라 백성들아 들을지니라 너희 허리를 동이라 그러나 끝내
> 패망하리라
> 너희 허리에 띠를 띠라 그러나 끝내 패망하리라
> 너희는 함께 계획하라 그러나 끝내 이루지 못하리라
> 말을 해 보아라 끝내 시행되지 못하리라
> 이는 하나님이 우리와 함께 계심이니라(사 8:9-10).

하나님이 삶의 계획과 행동의 결과를 궁극적으로 인도하신다는 사실을 믿음으로 받아들일 때 우리는 불안이나 두려움을 극복할 수 있다. 그리고 인생의 도전에 직면해서 앞으로 나아갈 수 있다. 실수하거나 실패할까봐 두려워서 계획이나 실행을 하지 못한다면 어리석은 일이다. 심지어 악한 일이다. 미성숙한 삶의 모습이다. 불안장애를 갖고 있는

사람은 하나님의 뜻을 분별하지 못할 뿐 아니라 실천하지 못한다. 하나님이 원하시는 삶을 살지 못한다. 한 달란트 받았던 종은 주인의 마음을 오해했다. 그리고 실패에 대한 두려움 때문에 받은 한 달란트 전부를 땅에 감추어두는 어리석고도 악한 행동을 했다: "당신은 굳은 사람이라 심지 않은 데서 거두고 헤치지 않은 데서 모으는 줄을 내가 알았으므로 두려워하여 나가서 당신의 달란트를 땅에 감추어 두었나이다"(마 25:24-25). 기독교상담사는 하나님의 주권적인 섭리와 인도하심을 믿지 못해 삶에서 불안해하며 두려워하는 내담자에게 불안과 두려움이 '디딤돌'이 되는 것이 아니라 '걸림돌'이 된다는 사실에 대해서 통찰이 생기도록 도와야 한다. 그리고 서서히 불안을 극복하도록 불안의 골짜기를 통과할 때 동행해주어야 한다.

실패하는 것조차 하나님이 사용하시며 빚으시고 인도하신다는 사실을 믿을 때 내담자는 용기 있게 앞으로 나아갈 수 있다. "내일 일은 난 몰라요 하루하루 살아요 불행이나 요행함도 내 뜻대로 못해요 험한 이 길 가고 가도 끝은 없고 곤해요 주님 예수 팔 내미사 내 손 잡고 가소서"라는 찬송은 이 진리를 잘 표현한다. 상담과정을 통해 내담자가 실패와 좌절, 거절과 상처, 상실과 고통, 심지어 죽음조차 하나님의 큰 섭리 속에서 일어나며 허용되는 것임을 겸손히 인정할 때 '너무 오래' 분노하지 않고 앞으로 나아갈 수 있다.

위기와 고난에 대한 궁극적인 해답에 대해서 성경은 침묵한다. 그러나 성도들은 어떤 상황에서도 '하나님은 선하신 분'이라는 근본적인 성경적 진리의 토대 위에서 흔들리지 않고 앞으로 나아가야 한다. 걸림돌에 걸려 다시 일어나지 못하는 자가 되면 마귀가 기뻐한다. 마귀에게 노략당할 위험성이 높아진다. 하나님의 선하심을 믿는 성도들을 세상

은 감당할 수 없다. 마귀가 무너뜨릴 수 없다. '이래도 감사, 저래도 감
사' 라는 태도를 가진 자, 자족의 비결을 배운 자는 마귀가 감당하지 못
한다(빌 4:12 참조). "주신 이도 여호와시요 거두신 이도 여호와시오니
여호와의 이름이 찬송을 받으실지니이다"(욥 1:21)라고 고백한 욥의 태
도를 가진 성도들은 심리적으로나 영적으로 '회복탄력성'(resilience)
이 강한 자들이다.[29]

> 여호와는 온갖 것을 그 쓰임에 적당하게 지으셨나니 악인도 악한 날에
> 적당하게 하셨느니라(잠 16:4).

하나님은 모든 것을 빚으셔서 자신의 목적과 목표를 이루어 가는 분
이다. 심지어는 악한 자들조차 활용하셔서 자신의 뜻을 이루시는 분이
다.[30] 바울 사도는 "우리가 알거니와 하나님을 사랑하는 자 곧 그의 뜻
대로 부르심을 입은 자들에게는 모든 것이 합력하여 선을 이루느니라"
(롬 8:28)는 귀한 진리를 드러냈다. 위의 잠언 본문과 이 로마서 본문은
NIV 성경에서 비슷한 표현으로 번역되었다: "The Lord works out

---

29) 종족 학살(genocide)의 위기 앞에서 모르드개가 에스더에게 회답한 말에서 하나님
의 섭리하심에 대한 그의 믿음을 엿볼 수 있다: "이 때에 네가 만일 잠잠하여 말이
없으면 유다인은 다른 데로 말미암아 놓임과 구원을 얻으려니와 너와 네 아버지 집
은 멸망하리라 네가 왕후의 자리를 얻은 것이 이 때를 위함이 아닌지 누가 알겠느냐
하니"(에 4:14). 김주환은 회복탄력성을 "인생의 역경을 얼마든지 이겨낼 잠재적인
힘" 또는 "자신에게 닥치는 온갖 역경과 어려움을 오히려 도약의 발판으로 삼는 힘"
이라고 정의하였다. 김주환, 『회복탄력성』(위즈덤하우스, 2011), 17, 18.
30) 롱맨은 악한 자는 심판의 날을 위하여 지음을 받았다는 것으로 이해하는 대부분의
주석가들과 달리 대안적인 해석을 제안하였다. 하나님은 "인간의 사악한 행위를 통
제하시며 인간의 악을 선을 위해 사용하신다"는 해석이다. 그 예로서 창세기의 요셉
이야기에서 형들의 배신을 통해 애굽으로 이끄시는 하나님의 섭리가 이루어졌으며
신약의 예수 그리스도의 구원 사역이 무시무시한 악의 행위인 십자가형을 통하여
이루어진 것을 예로 들었다. Longman, *Proverbs*, 329.

everything for his own ends"(잠언); "in all things God works for the good of those who love him"(로마서). 이 본문을 비교해보면 하나님의 목적과 목표는 하나님의 뜻대로 부르신 자, 즉 하나님을 사랑하는 자의 선(善)을 이루는 것임을 알 수 있다. 성경과 기독교역사는 이 말씀이 진리임을 간증하는 수많은 이야기들로 가득 차 있다.

예수님의 열두 제자들 중의 하나였던 가룟 유다는 예수님을 배반하여 은 삼십을 받고 파는 죄를 범했다. 그는 자발적으로 선생을 배반한 악인이었다. 예수님은 그를 마귀라고 지칭하셨다(요 6:70 참조). 그는 돈 가방을 맡은 제자였다. 그러나 그는 돈 가방에서 돈을 습관적으로 훔쳤던 도둑이었다(요 12:6 참조). 그러나 그를 통해서도 하나님은 십자가의 고난과 부활이라는 아름다운 구속 사역을 성취하셨다.[31]

하나님의 주권과 섭리를 믿음으로 받아들이면 열악한 환경 속에서도 좌절하지 않고 견딜 수 있다. 악한 사람들이 선한 사람들을 지속적으로 괴롭히면서 오히려 더 건강하고 형통한 삶을 사는 것처럼 보일 수 있다. 시편 기자도 이 문제로 씨름하였고 다음과 같이 자신의 고민을 잘 표현하였다:

하나님이 참으로 이스라엘 중 마음이 정결한 자에게 선을 행하시나
나는 거의 넘어질 뻔하였고 나의 걸음이 미끄러질 뻔하였으니 이는
내가 악인의 형통함을 보고 오만한 자를 질투하였음이로다 그들은
죽을 때에도 고통이 없고 그 힘이 강건하며 사람들이 당하는 고난이

---

31) 롱맨은 잠언 16:4절에 대해서 대부분의 주석가들과는 다른 관점에서 "하나님은 인간의 악한 행동들에 대한 통제권을 갖고 계시며 인간의 악을 선을 위해서 사용하신다"라고 주석하였다. 그러면서 롱맨도 요셉이 형들에게 팔린 사건에 대해서 언급하면서 십자가에 못박는 공포스러운 악의 행동을 통해서도 그리스도의 구속사건을 이루신 하나님의 섭리를 예로 들었다. Longman, *Proverbs*, 329.

그들에게는 없고 사람들이 당하는 재앙도 그들에게는 없나니....볼지어다 이들은 악인들이라도 항상 평안하고 재물은 더욱 불어나도다 내가 내 마음을 깨끗하게 하며 내 손을 씻어 무죄하다 한 것이 실로 헛되도다 나는 종일 재난을 당하며 아침마다 징벌을 받았도다.... 내가 어쩌면 이를 알까 하여 생각한즉 그것이 내게 심한 고통이 되었더니 하나님의 성소에 들어갈 때에야 그들의 종말을 내가 깨달았나이다 주께서 참으로 그들을 미끄러운 곳에 두시며 파멸에 던지시니 그들이 어찌하여 그리 갑자기 황폐되었는가 놀랄 정도로 그들은 전멸하였나이다(시 73:1-19).

이와 같이 이해할 수 없는 악한 상황을 목도할 때에도 하나님께서 역사하고 계신다는 큰 그림을 믿음의 눈으로 볼 수 있으면 끝까지 인내할 수 있다. 더 나아가 악한 자들을 긍휼히 여길 수 있는 마음의 여유까지 가질 수 있다. 악한 자들은 하나님의 시간표에서 유효한 시점까지 날뛸 수 있는 기회가 주어진 '범 무서운 줄 모르는 하룻강아지'일 뿐이다. 그들은 결국 하나님의 큰 뜻을 이루는데 기여한 후에 영원한 심판을 자발적으로 선택한 자들로 드러날 것이다.

요셉의 이야기는 성경에서 '재구성(재해석)'(reframing)의 의미를 탁월하게 드러내는 대표적인 이야기다. 요셉을 죽이려고 했고 곧 애굽으로 가는 장사꾼들에게 종으로 팔아넘기고 아버지 야곱에게는 요셉이 짐승에게 물려 죽었다고 속였던 요셉의 형들은 하나님의 손에 사용된 도구였다. 보디발의 아내가 억울하게 누명을 씌운 바람에 요셉은 오랫동안 감옥에 갇혀 지냈다. 자신의 삶에 소망이 없는 것처럼 느꼈을 수 있다. 그러나 하나님은 그 감옥에서 바로의 권좌로 직행하도록 이끄셨다. 마침내 야곱의 온 가족들을 흉년에서 구원하는 아름다운 사건을 이루셨다. 요셉은 두려워하는 형들에게 그들의 이야기를 재구성하여 다음과 같이 아름답게 표현하였다: "당신들이 나를 이 곳에 팔았다고 해서 근심하지 마소서 한탄하지 마소서 하나님이 생명을 구원하시려고 나를 당신들보다 먼저 보내셨나이다....그런즉 나를 이리로 보낸 이는 당신들이 아니요 하나님이시라"(창 45:5-8 참조). 하나님은 악역을 한 형들을 회개시켜 이스라엘의 열두 지파가 그들의 이름으로부터 시작되도록 하는 놀라운 일을 행하셨다. 기독교상담사는 내담자의 시각을 열어주어 악한 상황이나 악한 사람들을 재구성하도록 돕는 신앙과 지혜가 있어야 한다.

3) 기적을 행하시는 하나님

> 여호와 나의 하나님이여 주께서 행하신 기적이 많고 우리를 향하신 주의
> 생각도 많아 누구도 주와 견줄 수가 없나이다 내가 널리 알려 말하고자
> 하나 너무 많아 그 수를 셀 수도 없나이다(시 40:5).

하나님은 '놀라운'(Wonderful) 분이다. 하나님은 놀라운 일들을 헤아릴 수 없이 많이 행하셨고 행하시고 계신다. 온 우주는 하나님의 신비스러운 솜씨와 능력으로 꽉 차 있다.

시인 다윗은 위의 본문 앞에 나오는 40편 1-2절에서 하나님의 기적적인 도우심을 구체적으로 표현하였다. "나를 기가 막힐 웅덩이와 수렁에서 끌어올리시고 내 발을 반석 위에 두사 내 걸음을 견고하게 하셨도다"는 표현에서 '기가 막힐 웅덩이와 수렁'은 다윗이 겪었던 많은 위기 경험을 잘 상징한다. '기가 막히면' 죽을 수밖에 없다. 이런 수렁에서 건짐을 받는다는 것은 참으로 기적이다. 인간적인 노력과 방법으로는

도저히 헤어 나올 수 없는 수렁에서 건짐을 받았다는 것은 하나님이 놀랍게 개입하셨기 때문이었다.

다윗은 그의 삶의 여정에서 이 기적적인 경험을 수없이 체험하였다.[32] "수많은 재앙이 나를 둘러싸고…죄가 나의 머리털보다 많으므로 내가 낙심하였음이니이다"(14절)라는 본문에서 시인은 수많은 위기 상황에 봉착했으며 여러 번 낙심했음을 잘 표현하였다. 그러나 "주께서 행하신 기적이 많고 우리를 향하신 주의 생각도 많고" "널리 알려 말하고자 하나 너무 많아 그 수를 셀 수도 없나이다"라고 고백할 정도로 시인은 기적적인 신앙의 체험을 수없이 했다고 노래했다.

시인의 삶 뿐 아니라 현대를 살아가는 성도들의 삶에서도 사소한 것에서부터 주님의 기적적인 도우심이 없이 살아온 것은 하나도 없다. 밤에 잠을 잘 때 우리의 의지와 상관없이 자율신경계가 작동하여 허파가 호흡하도록 움직이며 심장이 지속적으로 뛰어 피를 순환시킨다는 것 자체가 기적이다. 문제는 기적이 너무나 당연시되는데 있다. 우리의 삶에서 감사와 감동을 수시로 느끼지 못하는데 있다.

하나님은 하나님의 자녀들에게 개별적으로, 집단적으로 놀라운 기적들을 베푸셨고 지금도 베풀고 계신다. 그리고 비록 믿음이 부족하고 연약하지만 믿는 자들을 하나님의 나라로 인도하시는 '놀라운' 기적을 행하실 것이다. 우리를 향하신 하나님의 계획은 인간의 지혜로 다 헤아릴 수 없다.

기독교상담사는 내담자의 삶 속에서 하나님께서 내담자를 깜짝 놀라

---

32) 이성훈은 하나님이 행하신 기적이 '많다'는 의미가 단순히 수적으로 많다는 뜻도 있지만 "시간적으로도 '길게 계속하여'라는 의미를 지님으로써 헤아릴 수 없이 많은 하나님의 역사가 지속되었음을 말하는 것"이라고 주석하였다. 이성훈, "시편 40편: 기도하고 인내할 줄 아는 신앙인,"『시편 1: 어떻게 설교할 것인가』, 328.

게 하셨던 사건들과 기억들을 재생시켜(re-vitalize) 현재의 고난과 연결시킬 수 있도록 도와야 한다. 무의식화된 이야기들을 부활시켜 의식화할 때 현재의 위기를 신앙적으로 해석할 수 있는 눈이 열릴 수 있다. 하나님의 신비스러운 인도하심 앞에 내담자가 설 때 내담자는 겸손해진다. 그리고 자신의 미래를 신비스럽게 인도하실 하나님에 대한 신뢰와 소망을 갖게 된다.

> 하나님은 헤아릴 수 없이 큰 일을 행하시며 기이한 일을 셀 수 없이 행하시나니(욥 5:9).

하나님이 베푸신 위대한 일들에 대한 많은 이야기들이 성경에 기록되어 있다. 이스라엘 백성들을 구원하실 때 애굽에 내렸던 열 가지 재앙(기적)들, 진퇴양난의 위기 가운데서 구원을 받았던 홍해 이야기, 먹을 것이 없는 광야에서 만나로 사십년 동안 살아남은 이야기, 칠십년간 바벨론 포로 생활에서 기적적으로 예루살렘으로 돌아오게 된 귀환 이야기, 수태하지 못하던 엘리사벳이 세례요한을 출산한 이야기, 처녀 마리아의 몸에서 예수님이 탄생된 이야기, 예수님의 많은 치유 이야기와 기적 이야기, 베드로를 옥에서 기적적으로 끌어낸 이야기, 바울과 배에 탄 자들이 유라굴로 광풍을 만났지만 한 명의 생명도 다치지 않고 살아남은 이야기 등은 오늘을 살아가는 성도들의 삶의 이야기와 연결될 수 있으며 또한 연결되어야 한다. 성경 이야기는 과거의 역사 이야기로 끝난 이야기가 아니다. 오늘을 살아가는 하나님의 자녀들의 실존적인 삶을 위하여 기록된 이야기다. 성경 이야기들과 내담자의 삶의 이야기를 연결시킬 때 내담자는 어려운 현실과 고난에 대하여 새로운 인식을 할 수 있다.

하나님은 '큰 일'을 이전에도, 현재에도, 장래에도 헤아릴 수 없이 많게 행하셨고, 행하시며, 행하실 분이다. '브리스톨 고아의 아버지'로 알려진 독일 태생 영국인 목회자 뮬러(George Muller, 1805-1989)가 평생에 걸쳐 5만 번 이상 기도 응답받았다는 이야기는 기독교 역사에 있어서 수많은 신앙인들의 간증 이야기들 중에 하나에 지나지 않는다.

저자는 내담자들과의 상담 과정 중에 하나님께서 놀랍게 개입하시며 변화를 일으키시는 것을 종종 목도한다. 상담자나 내담자가 만들어낼 수 없는 변화, 놀라운 변화라고 말할 수 밖에 없는 변화가 일어나는 경우다.[33] 상담자와 내담자가 함께 변화의 조그만 노력을 시도할 때 하나님은 내담자의 환경에 간섭하시고 상담실 밖에서 예기치 못했던 변화가 일어나게 하시는 것이다. 마침내 내담자가 기대할 수 없었던 놀라운 변화를 개인의 삶이나 가정에 일으키시는 것이다. 상담에 참여하지 않았던 가족의 마음에 갑작스러운 심경의 변화가 일어나서 거의 해결의 실마리가 보이지 않았던 관계가 회복되는 경우가 한 예다. 때로는 꿈을 통해서 내담자의 내면세계에 간섭하신다. 또는 일상적인 삶의 사건을 통해서도 내담자가 민감하게 느끼며 반응하도록 역사하신다. 이와 같은 경험은 하나님의 은총과 섭리라는 관점에서만 이해될 수 있는 놀라운 경험이다.

---

33) 로이드 존스(M. Rloyd-Jones)는 이와 같은 변화가 교회의 특성이라고 설교한 바 있다. 교회는 단지 인간들의 모임이 아니라 초자연적인 역사가 나타나는 특성을 갖는다는 것이다: "교회가 '모일' 때는 언제나 보이지 않는 능력이 임합니다. 인간의 말로는 도저히 설명할 수 없는 이상한 일들이 일어납니다." 마틴 로이드 존스, 『담대한 기독교』, 사도행전 강해설교 2 (복있는 사람, 2011), 418.

4) 선지(先知)하시며 섭리하시는 하나님

> 내 형질이 이루어지기 전에 주의 눈이 보셨으며 나를 위하여 정한 날이
> 하루도 되기 전에 주의 책에 다 기록이 되었나이다(시 139:16).

다윗은 139편 13절에서 "주께서 내 내장을 지으시며 나의 모태에서 나를 만드셨나이다"라고 노래한 후에 16절 본문에서는 자신이 모태에서 형체를 갖추기도 전에 하나님의 눈이 자기를 보셨으며, 태어나기도 전에 하나님의 책에 그가 살아가도록 결정된 모든 날들이 기록되었다고 고백하였다. 이성훈은 "태어나기도 전, 형태를 갖추기도 전에 하나님께서 알고 계셨다면 그 이후에는 얼마나 더 깊은 관심을 가지며 철저하고 완벽하게 아시겠느냐는 의미를 함축적으로 전달하는 표현인 것이다"라고 이 본문에 대해서 주석하였다.[34] 이 신지식 역시 인간의 지혜로는 측량할 수 없다. 믿음으로 이 진리를 '아멘'으로 받아들이는 것이 귀하다.

하나님은 다윗의 삶뿐 아니라 지구상에 태어나는 모든 인간들의 날들을 정하시고 그 걸음을 정하신 분이다.[35] 인간의 자유 의지와 충돌되지 않으면서도 한 인간의 시작과 과정과 결과를 이루어가는 분이다. 인간이 볼 때에는 충동적으로, 우연히 이 땅에 태어난 것처럼 보일 때가 있다. 그러나 특히 믿는 자는 자신이 하나님의 놀라운 구원섭리와 계획 속에서 태어난 존재라는 사실을 믿음으로 받아들여야 한다. 그럴 때 존재감과 가치감, 그리고 사명의식을 분명하게 가질 수

---

34) 이성훈, "시편 139편: 주의 앞에서 어디로 피하리이까," 『시편 3: 어떻게 설교할 것인가』, 372-73.
35) 욥은 이 사실을 다음과 같이 표현했다: "모든 생물의 생명과 모든 사람의 육신의 목숨이 다 그의 손에 있느니라"(욥 12:10).

있다.[36]

하나님의 책에 기록되었다는 사실은 구원의 확실성을 보장해주는 것을 의미한다. 태어난 후의 행동에 의해서 구원이 결정되는 것이 아니라 태어나기도 전에 하나님의 예정하심을 입어 은혜로 구원받기로 정해진 (ordained and predestined) 존재라는 사실을 깨닫게 될 때 크리스천 내담자는 새 힘을 얻을 수 있다. 바울은 이 구원의 진리와 하나님의 예정하심을 에베소서에서 아름답게 표현하였다:

> 곧 창세 전에 그리스도 안에서 우리를 택하사 우리로 사랑 안에서 그 앞에 거룩하고 흠이 없게 하시려고 그 기쁘신 뜻대로 우리를 예정하사 예수 그리스도로 말미암아 자기의 아들들이 되게 하셨으니 이는 그가 사랑하시는 자 안에서 우리에게 거저 주시는 바 그의 은혜의 영광을 찬송하게 하려는 것이라....모든 일을 그의 뜻의 결정대로 일하시는 이의 계획을 따라 우리가 예정을 입어 그 안에서 기업이 되었으니(엡 1:4-11) (밑줄은 강조된 것임).

밑줄 친 표현들은 하나님의 예정하심과 선택하심이 하나님의 기뻐하시는 뜻 가운데 이루어졌음을 잘 말해준다. 억지로 하시거나 충동적으로 하신 것이 아니다. 하나님의 완벽한 지혜 속에서 '계획을 따라' 성도는 예정함을 받은 것이다.

기독교상담사는 하나님이 내담자를 창세 전에 선택하셨고, 계획을 따라 예정하셨다는 사실을 재확인시켜야 한다. 예수님을 믿는 성도들 중에 삶의 상황이나 성장 환경 또는 외적 조건 때문에 열등감을 갖고

---

36) 김정우는 이 사실을 부각하여 다음과 같이 주석하였다: "주님의 보심은 단지 태아의 성장 과정에 대한 임상적이고 객관적인 관찰에 대한 묘사가 아니라, 목적을 가지고 돌보고 있었음을 강조해 준다"(밑줄은 추가된 것임). 김정우, 『시편주석 III』, 703.

있는 이들이 많다. 이들을 상담하게 된다면 상담사는 우주의 주권자가 되신 하나님이 세상이 지어지기도 전에 내담자를 선택하시고 예수 그리스도를 십자가에서 죽게 하심으로써 내담자를 구원하려고 작정하셨다는 성경적인 진리를 가슴에 새겨주어야 한다. 머리로 이해해왔던 이 진리를 가슴으로 받아들일 수 있도록 심리적인 걸림돌들을 제거해주어야 할 것이다.[37] 그 마음을 옥토로 기경함으로써 삼십배, 육십배, 백배의 결실을 얻는 마음이 되도록 도와야 할 것이다.

5) 붙드시는 하나님

> 내가 누워 자고 깨었으니 여호와께서 나를 붙드심이로다(시 3:5); 내가 평안히 눕고 자기도 하리니 나를 안전히 살게 하시는 이는 오직 여호와시니이다(시 4:8).

시편 3편과 4편은 "다윗의 시"라는 제목을 달고 있다. 특히 시편 3편

---

37) 씨 뿌리는 비유에서서 돌이나 가시덤불을 제거해주어야 결실할 수 있는 좋은 땅이 된다는 진리를 발견할 수 있다(마 13:3-24 참조). 가시떨기에 떨어진 말씀의 씨는 '세상의 염려'와 '재물의 유혹'으로 대표되는 여러 심리적 장애들과 핵심 문제 또는 핵심 감정에 의하여 '질식되어'(suffocated) 결실할 수 없다. 최근 EBS에서 인기리에 방영되는 "달라졌어요"라는 상담코칭 프로그램에 출연하는 부부들 중에는 크리스천들이 종종 눈에 띈다. 거의 지옥에서 살고 있다고 해도 과언이 아닐 정도로 심한 폭언과 갈등으로 거의 이혼 직전에 도움을 받아 회복되는 모습을 보여주는 귀한 프로그램이다. 아무튼 카메라가 집 안에 성구가 적힌 액자나 성경이 놓여 있는 모습, 또는 십자가 모습을 보여줄 때 시청자들에게 기독교에 대한 부정적인 이미지가 비춰질까봐 염려될 때가 있다. 크리스천 부부들도 불신자 부부들과 마찬가지로 갈등과 역기능성으로 인하여 고통을 겪고 있는 것이 현실이다. 하지만 신앙과 거의 별개의 모습으로 살고 있는 크리스천 부부들의 갈등을 방송을 통해서 보는 것은 그렇게 유쾌한 일이 아니다. 이런 부부들이 각자가 가진 심리적인 상처나 성장기의 이슈들을 해결하지 못하면 말씀 따로, 삶 따로의 결혼생활을 하다가 결국 이혼에 이르게 되는 것이다. 부부들의 심각한 갈등 속에서 자라나는 자녀들은 또 다른 피해자들이다. 이런 가정에서 자란 크리스천 자녀들은 낮은 자존감으로 인하여 하나님이 부여하신 삶을 자신 있게 살기가 어렵다.

은 "다윗이 그의 아들 압살롬을 피할 때에 지은 시"라는 부제를 달고 있어서 위의 3편 5절의 맥락을 이해하는데 도움을 준다.[38] 압살롬의 군대가 반란 당일 밤에 추격해올 수 있는 위협적인 상황 속에서 다윗이 잠을 잘 수 있었고 평안하게 잠에서 깰 수 있었던 것은 하나님이 그를 붙드셨기 때문이었다. 다윗은 왕이 되기 전에 사울왕의 잦은 추격 때문에 두 다리를 뻗고 평안히 잘 수 있는 환경에서 살지 못했던 적이 한두 번이 아니었다. 다윗은 자신의 생명이 하나님께 달려 있으며 하나님의 허락이 없이는 그 누구도 자신의 생명을 해할 수 없음을 반복되는 경험을 통해 확신하고 고백할 수 있었던 것이다.

안전하지 못한 환경에서도 잠들 수 있는 것은 자신의 생명이 하나님께 속했음을 믿고 신뢰할 때 가능하다. 두 마리가 한 앗사리온에 팔리는 참새조차 하나님이 허락하지 않으시면 땅에 떨어지지 않는다는 예수님의 말씀을 기억하고 믿을 때 불안이나 두려움을 극복하고 평안히 잘 수 있다(마 10:29 참조). 예수님은 "너희에게는 머리털까지 다 세신 바 되었나니 두려워하지 말라 너희는 많은 참새보다 귀하니라"고 분명히 말씀하셨다(마 10:30-31). 참되신 예수님의 말씀에 대하여 '아멘'으로 고백하고 순종하는 것은 우리의 몫이다. 순종하면 잠을 잘 수 있는 은총을 누릴 수 있다. 불순종하면 수면장애로 고통을 겪게 될 것이다.

많은 현대인들이 겪는 심리적 고통들 중의 하나는 수면 장애이다. 불

---

38) 보이스(Boice)는 시편 3편이 시편에서는 처음으로 제목을 달고 있다는 것에는 의미가 있다고 보았다. 3편이 다윗이 쓴 시로서는 처음 등장하는 것이며 역사적인 상황을 언급한 첫 시라는 점을 주목하였다. James M. Boice, *Psalms I: Psalms 1-41*, Vol. 1 (Grand Rapids, MI: Baker Books, 1994), 29. 보이스는 시편 3편의 제목을 '아침의 시편,' 시편 4편의 제목을 '저녁의 시편'이라고 붙였다. Boice, *Psalms I*, 28, 36.

면증(insomnia)은 우울증의 증상이며 불안 장애의 증상이기도 하다. 여러 원인들로 인하여 생길 수 있다. 아무튼 불면증에 시달리는 사람의 고통은 이루 말할 수 없다. 쉽게 지치며 의욕이 상실되며 정신적인 건강성을 유지하기가 어렵다. 그런 점에서 매일 잠을 잘 자는 사람들은 일반은총을 입은 자들이다.

잠자리에 들 때 자는 동안 자신이 죽을까봐 불안을 느끼는 사람은 깊이 잠들 수 없다. 잠자다가 돌연사하는 이들이 간혹 있는 것이 사실이다. 그럼에도 불구하고 다윗이 고백한 것처럼 자신의 생사화복을 주관하시는 하나님이 자신을 붙들고 있으며 잠자는 동안도 보호하심을 믿는 성도는 단잠을 잘 수 있다. 죽음을 각오하면 살고, 살고자 하면 죽는 역설적인 진리가 수면과도 연관이 있다. 죽을까봐 불안을 느끼면 잠을 자지 못해서 생명력 있는 삶을 살 수 없다. 그러나 하나님의 붙드심을 믿고 자다가 심장마비로 죽는 한이 있더라도 하나님의 붙드심을 믿는 믿음과 천국에 대한 확신과 소망이 있을 때 성도는 평안감과 안전감을 누리며 잠을 청할 수 있다. "영혼의 햇빛 예수님"이라는 제목의 찬송가 2절 가사는 이 모습을 시적으로 잘 표현한다: "이 눈에 단잠 오기 전 고요히 주를 그리며 구주의 품에 안기니 한없이 평안합니다."

성도들은 하나님의 붙드심이 없이는 단 한 순간도 살 수 없는 '취약한'(vulnerable) 존재들임을 고백하며 사는 자들이다. 인간은 밤중에 지진이 나면 자다가 콘크리트 더미 속에 묻힘으로써 죽는지도 모르고 죽음을 맞이할 수도 있는 연약한 존재다. 언제 어디서 무슨 일이 벌어질지 알 수 없는 세상에서 하나님의 붙드심에 대한 확신이 없으면 성도들은 불안과 두려움과 공포 때문에 기쁘고 자유로운 삶을 살 수 없을 것이다. 신자들을 포함해서 대부분의 사람들은 주로 '부인'(denial)의 방어기제를 사용해서 불안을 억압하기 때문에 일상생활을 영위하며 사는 것이다.

불안장애를 호소하는 크리스천 내담자의 경우에 하나님의 붙드심에 대한 인지치료적인 접근이 효과적이다. 불안장애의 특징은 불안에 대한 불안이다. 일이 벌어지지 않았음에도 불구하고 불안할 수 있는 상황을 미리 예견하여 그 상황에 대해서 불안해하는 것이 특징이다. 실제로 그 불안한 상황이 발생할 확률은 매우 낮음에도 불구하고 평상시의 삶에서 불안을 너무 느끼면 생동력이 있는 삶을 살아갈 수 없다. 활동반경이 점점 줄어들며 제일 안전하다고 여기는 자신의 집 안에 갇혀 살아간다. 밖으로 나가지 못하고 스스로 감옥을 만들고 살게 된다. 감옥 안에서 자신의 불안을 통제하는 삶을 산다. 따라서 불안 장애와 씨름하는 사람은 자신의 삶을 스스로 통제할 수 없다는 사실을 겸손히 인정해야 변화를 시도할 수 있다. 자신보다 비교할 수 없이 광대하시고 능력 많으신 하나님께 자신의 삶의 통제권을 넘겨드릴 때 불안 장애의 증상은 점점 사라질 것이다.

> 여호와여 주의 이름을 아는 자는 주를 의지하오리니 이는 주를 찾는 자들을 버리지 아니하심이니이다(시 9:10).

하나님이 믿는 자들을 결코 버리지 않을 것이라는 약속은 성도들에게 안전감(sense of security)을 제공한다. 하나님은 자신을 찾는 자들을 결코 내치거나 불안정하게 대하지 않으신다. 예측할 수 있게, 일관성 있게 지키신다. 끝까지 품어주는 환경을 제공하실 것이라는 하나님의 약속은 참으로 믿을 만한 것이다. 이사야 선지자는 이 진리를 다음

의 말씀에서 잘 표현하였다:

> 야곱의 집이여 이스라엘 집에 남은 모든 자여 내게 들을지어다 배에
> 서 태어남으로부터 내게 안겼고 태에서 남으로부터 내게 업힌 너희
> 여 너희가 노년에 이르기까지 내가 그리하겠고 백발이 되기까지 너
> 희를 품을 것이라 내가 지었은즉 내가 업을 것이요 내가 품고 구하
> 여 내리라(사 46:3-4).

예수님께서도 제자들에게 "내가 세상 끝날까지 너희와 항상 함께 있
으리라"(마 28:20)고 약속해주셨다. 바울 사도는 "내가 확신하노니 사
망이나 생명이나 천사들이나 권세자들이나 현재 일이나 장래 일이나...
다른 어떤 피조물이라도 우리를 우리 주 그리스도 예수 안에 있는 사랑
의 줄에서 끊을 수 없으리라"(롬 8:38-39)고 이 진리를 분명히 드러내
었다. 이 진리를 믿는 성도들은 "주 예수 그리스도의 은혜와 하나님 아
버지의 사랑과 성령의 교통하시며 위로하시는 역사가 지금과 '영원히'
함께 계실지어다"라고 '선한 말'(bene-diction)을 하는 목사의 축도에
아멘으로 화답하는 것이다. 하나님은 성도들의 귀에 못이 박히도록 축
도 순서를 통하여 이 진리를 재확인해주신다는 사실을 성도들은 새롭
게 인식해야 할 것이다.

6) 돌보시는 하나님

> 그가 네 모든 죄악을 사하시며 네 모든 병을 고치시며 네 생명을 파멸에
> 서 속량하시고 인자와 긍휼로 관을 씌우시며 좋은 것으로 네 소원을 만
> 족하게 하사 네 청춘을 독수리 같이 새롭게 하시는도다(시 103:3-5).

시인은 하나님의 사역을 다섯 개의 동사로 표현하였다. 하나님은 '용서하시며' '고치시며' '속량하시며' '관을 씌워주시며' '만족하게 하시는' 분이다. 김정우는 시인이 이 동사들을 통하여 하나님은 전인적으로, 총체적으로 '돌보시는 분' 임을 표현했다고 주석하였다. 특히 그는 102편에서 시인이 우울한 상태에서 동일시했던 '올빼미와 부엉이' 와 대조적으로 103편에서는 하늘로 새롭게 비상하는 '독수리' 와 동일시하고 있음을 잘 지적하였다.[39]

참으로 하나님은 당신의 양들에게 좋은 목회적 돌봄을 전인적으로, 총체적으로 제공하시는 '선한 목자' 다. 첫째, 그는 당신의 양들의 모든 죄를 기꺼이 용서하시는 분이다. 그는 회개하고 돌아오는 탕자를 기쁨으로 맞아들이고 잔치를 베푸는 아버지다(눅 15:11-32 참조). 그는 양들의 죄를 용서하기 위하여 성자 예수 그리스도를 십자가에 죽게 하심으로써 죄를 속량하신 분이다. 그리고 복음을 받아들이는 자에게 무조건적인 은혜를 베푸시는 분이다.

둘째, 하나님은 모든 병을 고칠 수 있는 분이다. 인간이 자동차를 만들었기 때문에 고장 나면 매뉴얼에 따라 고장 난 어떤 부분도 수리할 수 있다. 마찬가지로 하나님은 인간을 만드셨기 때문에 인간의 모든 영역에서의 질병을 치료하실 수 있다. 하나님은 전인격적으로 치유하시는 의사다. 성자 하나님은 병든 자에게 의사가 필요하듯이 죄인을 불러 회개시키려고 이 땅에 찾아오신 최고의사(Great Physician)다. 실제로 예수님은 그의 지상 사역에서 다양한 형태의 병자들을 치료해주셨다. 더 나아가 하나님은 잠정적으로 유효한 치료가 아니라 영원토록 유효

---

39) 김정우, 「시편주석 III」, 198.

한 치료, 즉 구원을 베푸시며 거듭남과 성화의 삶을 살도록 하는 치료를 베푸시는 영혼의 의사다.

셋째, 하나님은 인자와 긍휼로 관을 씌우시는 분이다. 하나님의 사랑과 자비로 꾸며진 관을 씌워주셔서 양들을 존귀하게 하신다. 그리고 구원의 투구를 씌워주시며 보호하신다(엡 6:17 참조).

넷째, 하나님은 양들의 소원을 잘 아시며 그 소원을 만족시키시는 분이다. 아기의 필요를 잘 알아차리고 만족시켜주는 좋은 엄마와 같은 분이다. 양들의 작은 신음에도 응답하시는 참 '좋은 대상'이다. 다윗의 고백처럼 하나님은 부족함이 없는 목자다(시 23:1 참조).

마지막으로, 하나님은 장정이라도 넘어지며 자빠지지만 여호와를 앙망하는 자에게 독수리가 날갯짓을 하면서 하늘로 비상하듯이 그의 영혼을 새롭게 하시는 분이다. 영혼의 자유를 주신다. 마음껏 하나님의 영광을 위하여 날개를 펴고 비상할 수 있도록 도우신다. 새장 안에 갇혀 있는 새가 아니라 창공을 마음껏 나는 새처럼 우리가 자유롭게 날 수 있도록 자유케 하신다. 믿음의 눈으로 진리이신 예수 그리스도를 고백할 때 우리를 죄로부터, 마귀로부터 자유하게 하신다(요 8:32 참조). 율법의 정죄와 영원한 심판의 정죄로부터 우리를 자유하게 하신다. 그리고 우리를 의롭다고 선언하신다(롬 8:33-34 참조).

기독교상담사는 위에서 언급된 하나님이 가지신 '좋은 목자'의 자질들을 내담자가 경험할 수 있도록 도와야 한다. 내담자가 잘못한 부분에 대해서 고백할 때 하나님의 용서를 선포하며 용서 경험을 하도록 도와야 한다. 전인격적인 영역에서 치료가 일어나서 하나님을 영화롭게 하며 이웃과 교회와 사회를 유익하게 하는 사람이 되도록 도와야 한다. 수렁에 빠져서 절망감과 무력감으로 고통 받는 내담자에게 창의적인 대안책이 있음을 깨닫게 해야 한다. 그래서 소망을 갖게 해야 한다. 내담자를 사랑과 긍휼의 태도로 대하며 축복하는 말과 태도로 그의 머리에 관을 씌워주어야 한다. 성장과정에서 채워지지 않았던 기본적인 욕구들을 알아주며 채워주어야 한다. 그래서 내담자의 '심리적 나이'(psychological age)가 발달단계에 맞게 자라도록 도와야 한다. 그렇게 할 때 내담자는 눌려 있던 젊음과 생명력이 독수리가 창공을 치고 비상하듯이 갱신되는 변화를 경험할 수 있다. 날개가 부러져 날갯짓을 할 수 없는 독수리(내담자)가 돌봄을 잘 받아 재충전해서 다시 하늘을 솟구치며 비상할 수 있게 된다면 그 독수리가 자유롭게 날아갈 수 있게 하는데 조금이라도 기여한 기독교상담사는 보람을 느낄 것이다. 디킨슨(Emily Dickinson, 1830-1886)의 시는 기독교상담사들에게 위로와 도전을 준다:

> 내가 만일 애타는 한 가슴을 달랠 수 있다면
> 내 삶은 정녕 헛되지 않으리
> 내가 만일 한 생명의 고통을 덜어주거나
> 또한 한 괴로움을 달래주거나
> 또는 할딱이는 로빈새 한 마리를 도와서
> 보금자리로 돌아가게 해 줄 수 있다면
> 내 삶은 정녕 헛되지 않으리.

7) 가까이 하시는 하나님

> 여호와는 마음이 상한 자를 가까이 하시고 중심으로 통회하는 자를 구원하시는도다(시 34:18).

NIV성경은 '중심에 통회하는 자'를 '영혼이 깨어지고 짓밟힌 자'로 번역하였다. 기가 꺾인 자, 좌절한 자, 또는 재기할 희망이 없는 자를 의미한다. 자신감이 없고 우울에 빠져 있는 자를 의미한다. 하나님은 희망을 상실한 자를 포기하지 않고 구원하신다. 꺼져가는 등불을 마저 끄지 않으시고 상한 갈대를 마저 꺾지 않으신다(사 42:3 참조). 끝까지 견디게 하셔서 구원하신다.

'중심에 통회하는 자'라는 의미로 본다면 진정한 의미의 구원은 진심으로 통회하며 회개하는 자에게 임하는 은총이다. 마음이 근본적으로 거듭나지 않으면 일시적으로 구원받은 자처럼 살 수 있지만 옛 모습으로 되돌아갈 위험성이 높다. 상담적으로 표현하자면 증상을 감소시키는 수준에서의 변화는 잠정적일 수 있기 때문이다. 언제든지 재발(relapse)의 위험성이 있기 때문이다. 핵심문제와 핵심적인 역동성이 다루어지며 인식하지 못했던 부분들이 인식되어질 때 내담자는 아픔과 고통을 제대로 느낄 수 있다. 그리고 내면적인 삶의 재구조화를 경험할 수 있다. 내담자의 삶의 태도와 방식에서 근본적인 변화가 일어날 때 삶의 패러다임이 바뀔 수 있다.

상담을 요청하는 대부분의 사람들은 '마음이 상한 자'(the brokenhearted)들이다. 자신이 마음이 상한 자인 줄도 모른 채 상담에 임하는 내담자들도 많다.

마음이 상한 자는 특징적으로 생각과 인식의 기능에 어려움이 있다. 감정을 인식하거나 표현하는데 어려움을 겪는다. 충동을 조절하지 못한다. 의지를 제대로 발휘하지 못한다. 대인관계에서 위축되거나 의존적이다. 폐쇄적이거나 공격적이다. 아픔을 지나치게 느끼거나 아픔을 거의 느끼지 못한다. 문제가 모두 환경에 있다고 탓하거나 자신에게 모든 문제가 있다고 자신을 비난한다. 이들에게 무엇보다 하나님이 필요하다. 이들에게 예수님이 필요하다. 그들의 마음에 성령이 임하셔야 한다.

사람들은 마음이 상한 자를 대하기를 싫어한다. 부담스럽기 때문이다. 어떻게 대해야 할지 모르기 때문이다. 그들 자신의 아픔과 상처를 생각나게 하기 때문에 마음이 상한 자를 피한다.

그러나 하나님은 마음이 상한 자에게 가까이 다가오신다. 하나님은 마음이 상한 자와 관계하실 수 있는 충분한 맷집이 있다. 상한 마음을 치료해주시기를 원하신다. 원죄와 자범죄로 인하여 깨어진 마음을 싸매길 원하신다. 역기능적인 환경에 의하여 깨어진 마음을 회복시켜주길 원하신다.

구원역사의 관점에서 보면 하나님은 전인격적으로 타락하여 스스로 하나님께 나아갈 수 없는 인간들을 구원하기 위하여 친히 이 땅에 찾아오셨다. 가까이 다가오셨고 자신이 상처 입는 것을 두려워하지 않으셨다. 십자가 고난을 당하시며 사람들로부터 멸시와 조롱을 당하시며 침 뱉음을 당하셨다. 그리고 십자가에서 의인으로서 죽으심으로 인간의 죄를 속량해주시고 구원의 길을 여셨다. 우리 대신 죽으심으로 죄의 삯인 사망의 문제를 해결하시고 부활과 영생의 길을 열어주셨다. "그를 믿는 자마다 멸망하지 않고 영생을 얻게" 하셨다(요 3:16). 믿는 자마다 중생한 자로서 살 수 있도록 하셨다. 죄와 사망의 권세로부터 자유하게 하셨다(롬 8:2 참조). 이 세상에서는 비록 마음이 상하며 슬픔과 고통을 당해도 환경을 뛰어넘는 평강과 위로와 소망을 갖고 살아갈 수 있도록 성령께서는 성도의 마음에 내주하시고 위로하시며 격려하신다. 하나님은 참으로 가장 탁월한 상담사시다.

기독교상담사는 내담자가 하나님과의 관계에서 죄의 문제를 다룰 때 회개가 복음에 기초한 것인지 아니면 개인의 일시적인 감정이나 양심에 의하여 회개하는 것인지를 잘 구별할 필요가 있다. 자신의 잘못을 인정하면서 눈물까지 흘리지만 새로운 행동과 사고로 이어지는 삶을 살지 못하는 내담자들이 적지 않다. 따라서 기독교상담사는 일시적으로 호전되다가 이전보다 더 악화되는 내담자들이 적지 않다는 사실을 잘 알고 분별력 있게 접근해야 할 것이다.[40]

8) 보호하시는 하나님

> 그는 정직한 자를 위하여 완전한 지혜를 예비하시며 행실이 온전한 자에 게 방패가 되시나니 대저 그는 공평의 길을 보호하시며 그 성도들의 길 을 보전하려 하심이니라(잠 2:7-8); 대저 여호와는 너의 의지할 자이시 라 네 발을 지켜 걸리지 않게 하시리라(잠 3:26).

NIV 성경은 첫 본문의 앞 부분을 "정직한 자를 위하여 승리를 예비 하신다"(holds victory in store)라고 번역하였다. 잠시 패배하는 것 같 지만 하나님은 궁극적으로 정직한 자가 승리하도록 역사하신다. 그리 고 '행실이 온전한 자'(those whose walk is blameless)에게 방패 역 할을 하신다.

'행실이 온전한' 사람에게 하나님이 방패가 되셨던 성경적인 예를

---

40) 베드로 사도는 이 역동성에 대해서 다음과 같이 말씀하였다: "만일 그들이 우리 주 되신 구주 예수 그리스도를 앎으로 세상의 더러움을 피한 후에 다시 그 중에 얽매이 고 지면 그 나중 형편이 처음보다 더 심하리니 의의 도를 안 후에 받은 거룩한 명령 을 저버리는 것보다 알지 못하는 것이 도리어 그들에게 나으니라 참된 속담에 이르 기를 개가 그 토하였던 것에 돌아가고 돼지가 씻었다가 더러운 구덩이에 도로 누웠 다 하는 말이 그들에게 응하였도다"(벧후 2:20-22).

다니엘에게서 발견할 수 있다. 다리오 왕 시절 다니엘에 대해서 시기했던 총리들과 방백들이 "국사에 대하여 다니엘을 고소할 틈을 얻고자 하였으나 능히 아무 틈, 아무 허물을 얻지 못하였으니 이는 그가 충성되어 아무 그릇함도 없고 아무 허물도 없음이었더라"(단 6:4)라고 기록될 만큼 그는 '행실이 온전한'(blameless) 사람이었다. 그는 왕의 도장이 찍힌 칙령에 대해서 알고 있었다. 그러나 "전에 행하던 대로 하루 세 번씩 무릎을 꿇고 기도하며 그 하나님께 감사"(단 6:10)하였다. 마침내 그 행동으로 인하여 올무에 빠져 사자 굴에 던져졌다. 그러나 하나님은 사자 굴에서 다니엘을 보호해주셨다. 사자들이 그를 해치지 못하도록 방패 역할을 해주셨다: "나의 하나님이 이미 그 천사를 보내어 사자들의 입을 봉하셨으므로 사자들이 나를 상해치 아니하였사오니"(단 6:22).

본문 8절은 같은 표현을 반복함으로써 강조한다. '공평의 길'을 NIV 성경에서는 '의로운 자의 길'로 번역하였다. '의로운 자의 길'은 뒤에 이어지는 '그 성도들의 길'과 같은 의미이다. '보호하시며'(guard)와 '보전하는'(protect) 하나님의 행위 역시 동일한 의미를 나타낸다.[41]

하나님은 그의 자녀들을 보호하신다. 고린도전서 13장 7절에서 사랑은 '항상 보호한다'(always protects)라고 NIV 성경은 번역하였다. 그렇다. 사랑이신 하나님은 항상 자기 자녀를 보호하신다. 의롭게, 신실하게 살아가려고 애쓰는 그의 자녀들에게 '방패가 되시며'(잠 2:7) 울타리가 되신다. 어떤 환경에서도 그들을 결코 버리지 않으시며 품어주신다. 암탉이 병아리를 품듯이 보호해주신다(마 23:37 참조).

---

41) 잠언 2장 11절에서는 근신과 명철이 보호하는 기능을 한다고 표현하였다: "근신(discretion)이 너를 지키며 명철(understanding)이 너를 보호할 것이다." 근신과 명철은 하나님의 속성이다

하나님이 우리의 길을 감찰하시며 보호하시며 악과 파멸로부터 보호하신다는 사실을 기억하고 믿어야 한다. 그럴 때 이 세상을 담대하게 살아갈 수 있다. 하나님의 허락 없이는 그 어느 것도 우리의 머리털 하나 상하게 할 수 없다. 실제로 하나님은 다니엘의 세 친구를 극렬히 타는 풀무 불 속에서 머리털 하나도 그슬리지 않도록 보호해주셨다(단 3:27 참조). 하나님은 사울 왕의 끊임없는 공격에도 불구하고 다윗의 생명을 보호해주셨고 지켜주셨다. 하나님은 오늘날도 동일하게, 신실하게 성도들의 발걸음을 지켜주시며 보호해주신다. 이 사실을 기억할 때 성도들은 안전감을 갖고 살아갈 수 있다. 이 사실을 믿을 때 두려움이 없이 인생 길을 걸어갈 수 있다.

본문 3장 26절에서 "여호와는 너의 의지할 자이시라"는 표현을 NIV 성경은 "The Lord will be your confidence"라고 번역하였다. 이것은 24–25절에 나오는 "네가 누울 때에 두려워하지 아니하겠고 네가 누운즉 네 잠이 달리로다 너는 창졸간의 두려움이나 악인의 멸망이 임할 때나 두려워하지 말라"는 말씀과 연결된다. 우리가 자신감을 갖고 불안을 극복하고 평강 가운데 살 수 있는 것은 하나님이 우리의 생사화복을 지키신다는 것을 믿기 때문이다. 하나님이 우리의 길을 인도하는 목자가 되신다는 것을 믿기 때문이다.[42]

> 여호와는 나의 반석이시요 나의 요새시요 나를 건지시는 이시요 나의 하
> 나님이시요 내가 그 안에 피할 나의 바위시요 나의 방패시요 나의 구원

---

42) 영어 단어 'confidence'의 어근은 라틴어 'fides'에서 왔는데 이것은 믿음 또는 신뢰감이란 뜻을 가지고 있다. 상담사가 내담자에게 지키겠다고 약속하는 비밀보장을 'confidentiality'라고 하는데 비밀보장에는 상담사에 대한 믿음과 신뢰감의 뜻이 담겨져 있다.

의 뿔이시요 나의 산성이시로다(시 18:2).

시편 18편은 사무엘하 22장과 일부 표현의 차이가 있지만 같은 내용을 담고 있다.[43] 18편의 제목은 다윗이 모든 원수들과 사울의 손에서 건짐을 받은 후에 지은 시라고 18편을 소개한다. 이 시는 다윗의 실제 삶의 경험에서 고백된 하나님에 대한 인식을 담고 있다는 점에서 의미가 있다.

이 본문에서 다윗은 하나님의 이미지를 다양하게 표현하였다. 반석, 요새, 구원자, 바위, 방패, 구원의 뿔, 그리고 산성이다.[44] 이 모든 이미지들이 상징하는 것은 안정(stability)과 안전(safety, security)이다. 하나님은 성도들에게 안정스럽고 안전한 환경, 즉 품어주는 환경을 제공하신다.

기독교상담사는 내담자에게 안정과 안전을 제공하는 대상 이미지를 경험시켜주어야 한다. 흔들리지 않는 바위의 이미지, 외부의 침입과 공격으로부터 내담자를 보호해주는 요새와 산성의 이미지, 내담자의 편이 되어주며 보호해주는 방패의 이미지는 내담자의 불안과 두려움을 몰아내는 치료적인 이미지들이다. 이런 이미지들을 상담 환경에서 경험할 때 내담자는 자기를 탐색하며 자기를 개방하며 새로운 관점과 새 힘을 얻을 수 있다.

---

43) Craigie, *Psalms 1–50*, 171.
44) 크레이기는 하나님에 대한 메타포들은 마치 음악의 스타카토 형식으로 점점 그 강도를 더해가는 식으로 표현되었다고 주석하였다. 그는 이 메타포들은 크게 두 가지 그룹으로 나눌 수 있는데 하나는 군사적인 이미지(요새, 방패, 구원자)이며 다른 하나는 바위가 있는 광야의 이미지(반석, 바위, 산성)라고 보았다. Craigie, *Psalms 1–50*, 173. 다윗은 실제 광야에서 사울의 군대로부터 여러 번의 위협을 받았다.

9) 은혜를 베푸시는 하나님

> 진실로 그는 거만한 자를 비웃으시며 겸손한 자에게는 은혜를 베푸시나
> 니(잠 3:34).

하나님은 교만한 자를 낮추신다. 반면 겸손한 자[45]에게 은혜를 베푸
신다. 교만은 패망의 선봉이며 넘어짐의 앞잡이다(잠 16:18). 교만한 자
는 하나님을 경외하지 않는다. 왜냐하면 그는 자기과대성(self-grandiosity)과 자기충족성(self-sufficiency)을 갖고 있기 때문이다.

하나님은 교만한 자를 비웃으신다. 시편 기자는 "하늘에 계신 이가
웃으심이여 주께서 그들을 비웃으리시로다"(시 2:4)라고 이 사실을 시
적으로 표현하였다. 사무엘의 어머니 한나는 "심히 교만한 말을 다시
하지 말 것이며 오만한 말을 너희 입에서 내지 말지어다....여호와는 가
난하게도 하시고 부하게도 하시며 낮추기도 하시고 높이기도 하시는도
다"(삼상 2:3-7)라고 기도하였다. 하나님은 교만한 자를 낮추시며 겸손
한 자를 높이시는 분이다. 예수님께서도 겸손한 자에게 은혜를 베푸시
는 하나님의 마음과 뜻을 제자들에게 다음과 같이 말씀하셨다: "너희
중에 누구든지 크고자 하는 자는 너희를 섬기는 자가 되고 너희 중에
누구든지 으뜸이 되고자 하는 자는 너희의 종이 되어야 하리라"(마
20:26-27). 예수님 자신이 "섬김을 받으려 함이 아니라 도리어 섬기려"
이 땅에 오셨다고 말씀하셨다(마 20:28).

---

45) 김정우는 '겸손한 자' ('ani)는 원래 사회경제학적인 용어로 사용된 것인데 ' 가난하
고 착취를 당한 사람 '을 지칭하는 것이었다고 주석하였다(출 22:25 참조). 김정우,
『성서주석: 잠언』, 187.

나가는 글

저자는 이 장에서 하나님이 어떤 분이시며 어떤 일을 하시는 분이신지에 대해서 14가지의 특징들을 중심으로 서술하고 목회상담과 연결하고자 하였다. 하나님의 속성으로서 영존하심, 놀라운 분이심, 무소부재하심과 전지하심, 인자하심과 긍휼하심, 지혜와 능력이 충만하심, 좋은 대상이신 하나님에 대하여 살펴보았다. 그리고 창조주이심, 주권성을 가지심, 기적을 행하심, 선지하시며 섭리하심, 붙드심, 돌보심, 가까이하심, 보호하심, 은혜를 베푸심과 같은 사역을 행하시는 하나님에 대해서 소개하였다. 삼위 하나님의 속성과 사역을 내담자의 삶의 이야기와 연결하여 이해하며 처방하는 것은 기독교상담사의 특권이자 책임이다. 하나님은 자기 백성을 붙드시며, 돌보시며, 가까이하시며, 보호하시며, 은혜를 베푸시는 사역을 오늘날도 신실하게 하고 계신다. 하나님이 친히 목자장이 되셔서 양들을 목양하시며 먹이시며 입히시고 돌보시며 보호하신다. 이 사실을 믿음으로 고백하고 받아들이는 내담자는 광야에서 불기둥과 구름기둥으로 이스라엘 백성들을 40년동안 신실하게 인도하셨던 하나님이 그의 삶에도 인도자가 될 것임을 믿고 소외와 유기와 싸울 수 있는 용기와 소망을 갖게 된다. 광야에서 식탁을 매일 제공하신 하나님이 그의 삶에도 일용할 양식을 공급하시는 분임을 믿고 실존적인 불안을 극복할 수 있다.

그렇다면 우리는 하나님과 어떤 관계를 맺으면서 살아야 할까? 이 질문에 대해서 다음의 말씀이 잠언에서 핵심적인 대답을 제공한다:

너는 마음을 다하여 여호와를 의뢰하고 네 명철을 의지하지 말라 너는 범사에 그를 인정하라 그리하면 네 길을 지도하시리라(잠 3:5-6).

전심으로(with all your heart) 하나님을 신뢰하는 것은 3절에 나오는 "인자와 진리를 네 마음 판에 새기는 것"과 연결된다. 하나님의 사랑과 하나님의 신실하심을 마음에 새기는 것은 이 속성이 자기-구조물(self-structure)의 일부가 되게끔 하는 것이다. 이 구조물이 있는 사람은 하나님은 충분히 믿을만한 분임을 고백하며 전적으로 그를 신뢰하는 삶을 살 수 있다. 안정적으로 하나님을 신뢰할 수 있다. 그리고 삶의 모든 영역에서 하나님을 인정하는 '하나님 중심적인' 삶을 살 수 있다.

전심으로 하나님을 사랑하며 신뢰하며 인정하는 사람은 잠언 2장에서 언급한 음녀의 유혹에 빠지지 않는다. 구부러진 길과 사망의 길로 빠지지 않는다. "네 명철을 의지하지 말라"는 말씀은 "네 감정이 동하는대로 따르지 말라," "왜곡된 이성적 판단을 믿지 말라"는 의미로 해석할 수 있다. 세상에서 통하는 진리는 "자연스럽게 살라," "감정에 충실하라," "너 자신을 신뢰하라"는 것이다. 그러나 하나님으로부터 온 진리는 "자연스러운 것 자체가 타락한 것일 수 있다," "감정은 가변적일 수 있으며 감정으로 인하여 속임을 당할 수 있다," "하나님을 신뢰하라"는 것이다. 이어지는 7절에서 이 사실을 알 수 있다: "스스로 지혜롭게 여기지 말찌어다." NIV 성경에서 직역한다면 "네 눈으로 보기에 지혜로우면 안 된다"라는 것이다. 포스트모더니즘이 판을 치는 현대 사회는 각자가 보는 관점은 다 나름대로 의미가 있으며 진실을 담고 있다고 주장한다. 그러나 참 진리는 하나님이 보시기에 지혜로운 것이다.

하나님은 하나님의 주권성을 범사에 인정하고 순종하는 자를 인도하신다. 흑암 가운데에도 빛의 길로 인도하신다. 사망의 음침한 골짜기를 통과할 때에도 당신의 막대기와 지팡이로 위로하시며 좌로나 우로나 치우치지 않게 하신다. 실족하지 않게 하신다.

인간론과 기독교상담

인간을 어떻게 이해하느냐라는 질문은 하나님을 어떻게 이해하느냐라는 질문만큼 기독교상담에서 중요하다. 인간을 자연주의적이며 물질주의적이며 진화론적인 관점에서 이해한다면 기독교적이며 성경적인 상담이 아니다. 조직신학에서 신론 다음에 다루는 것이 인간론인데 기독교 신학적인 인간론은 기독교상담사가 바라보는 인간관을 교정해준다. 기독교적인 인간론은 인간은 하나님의 형상으로 지음받은 피조물이며 다른 피조물들과 구별되며 하나님과 관계할 수 있는 존재라고 선언한다. 아울러 인류의 대표자였던 아담과 하와의 죄로 말미암아 모든 인간은 하나님과 관계가 단절되었으며 스스로의 힘으로는 결코 하나님과 화해할 수 없는 모태 죄인이라고 선언한다. 그리고 인간은 예수 그리스도를 통해서 하나님과 화해할 수 있으며 그리스도와 함께 죽고 그리스도와 함께 부활하는 중생과 칭의와 성화가 필요한 존재라고 선언한다. 죄의 결과로 인하여 이 땅에서는 죽음을 반드시 겪지만 그리스도 안에서 영원한 생명을 소유한 자가 될 수 있다고 선언한다. '창조-타락-구속'이라는 관점 속에서 인간을 이해할 때 인간은 자신이 어디에서부터 왔고 어디로 가야하는 존재인지를 바로 알 수 있다.

본 장은 인간이 하나님의 형상으로 창조된 자라는 축과 죄로 인하여 하나님과 연결이 끊어진 자라는 축으로 이해하는데 초점을 맞춘다. 이 두 축에 대해서는 간략하게 언급하였다. 타락한 인간의 구체적인 현상에 대해서 상당한 분량을 할애해서 4장에서 다룰 것이다. 타락한 인간의 자화상을 구체적으로 규명하는 것은 기독교상담에서 내담자가 병식을 갖는데 도움을 줄 것이다. 예수 그리스도를 통해 구원받은 자의 삶의 특징과 방향성을 상담의 목표와 연결해서 5장에서 다룰 것이다.

1. 가치 있는 인간

> 사람이 무엇이기에 주께서 그를 생각하시며 인자가 무엇이기에 주께서
> 그를 돌보시나이까 그를 하나님보다 조금 못하게 하시고 영화와 존귀로
> 관을 씌우셨나이다(시 8:4-5); 주의 손으로 만드신 것을 다스리게 하시
> 고 만물을 그의 발 아래 두셨으니(시 8:6); 여호와여 사람이 무엇이기에
> 주께서 그를 알아주시며 인생이 무엇이기에 그를 생각하시나이까(시
> 144:3).

보이스는 시편 8편의 중심 주제는 피조세계 속에서의 인간의 위치에 있지만 그 인간에 대한 이해를 하나님의 놀라운 영화로움을 찬양함으로써 시작하고 있음을 주목해야 한다고 주석하였다.[1] 인간이 창조주

---

1) Boice, *Psalms I*, 67.

하나님의 피조물로서 특별한 책임을 띠고 있는 존재임을 인정하지 않는 인간이해는 올바르지 못함을 시편 8편은 잘 지적한다. 칼빈이 잘 표현하였듯이 하나님에 대한 올바른 지식을 제공하는 안경을 쓰지 않고 인간을 이해하려는 노력은 바른 인간관을 제공할 수 없다.[2)]

인간이 가치가 있는 것은 하나님이 지으셨기 때문이다. 하나님은 "쓰레기를 만들지 않으셨다."[3)] 인간을 창조하셨고 지금도 인간을 모태에서 조성하고 계시며 관심을 가지고 돌보신다. 하나님이 관심을 가지는 대상은 소중하며 존귀한 존재다. 하나님에게 속한 '영광과 존귀'의 형상을 반영하도록 지음 받은 인간은 '영화와 존귀로 관을 쓴' 존재다.

인간은 존재 자체로서 가치가 있다. 지적 능력이나 피부 색깔이나 성별로 그 가치를 차별해서는 안 된다. 아이와 어른, 외모와 키, 경제적 능력, 사회적 지위로 차별해서는 안 된다. 사회적인 기능을 제대로 할 수 없는 정신질환자나 신체적인 장애자라고 차별해서는 안 된다. 미개인이라고 해서 무시하거나 특정 종족을 말살하거나 학살하는 것은 인륜적인 범죄일 뿐 아니라 하나님의 뜻을 거스르는 범죄다.

하나님은 인간을 가치 있게 만드셨을 뿐 아니라 인간에게 가치 있는 일을 하도록 만물을 '다스리는' 권위를 부여하셨다(창 1:28 참조). 하나님의 권위의 일부를 인간에게 위임하셨다는 점에서 인간은 가치와 책

---

2) John T. McNeill (ed.), Ford Lewis Battles(trans.), *Calvin: Institutes of The Christian Religion*, The Library of Christian Classics, Vol. XX (Louisville, KY: Westminster John Knox Press, n.d.), 37-38.

3) 존스(Jones)와 버트만(Butman)은 "인간은 하나님의 작품이며 하나님의 모든 작품은 가치가 있다"고 주장하면서 "'하나님은 쓰레기를 만들지 않으신다' 라는 격언은 의미가 있다"고 덧붙였다. 스탠턴 L. 존스 & 리차드 E. 버트만, 이관직 역, 『현대심리치료와 기독교적 평가』, 개정번역판 (대서, 2009), 61.

임을 동시에 지고 있다. 은사를 받았으며 그 은사에 따라 하나님을 영화롭게 할 때 인간은 더욱 가치 있는 삶을 산다.

특히 사람의 생명은 세상의 그 어떤 것보다 더 가치가 있다. 그래서 사람의 피는 함부로 흘려서는 안 되는 것이다. 하나님이 십계명 중에서 "살인하지 말지니라"는 제 6계명을 주신 것은 사람의 생명이 하나님께 속했으며 다른 동물들의 생명보다 구별되게 가치가 있기 때문이다. 기독교적 인간관은 인간의 가치를 균형 있게 평가한다. 비록 죄로 인하여 타락했지만 여전히 가치가 있다. 인간의 가치를 높인 나머지 하나님처럼 이상화하거나 벌레 보다 못한 존재로 가치절하 하는 것은 성경적인 인간관이 아니다.

다윗은 인간의 잠정성에 대하여 144편 4절에서 다음과 같이 표현하였다: "사람은 헛것 같고(like a breath) 그의 날은 지나가는 그림자 같으니이다." 이렇게 잠시 스쳐가는 그림자 같은 인간을 하나님이 관심을 갖고 생각하신다는 사실은 '잔이 넘치는' 은총이 아닐 수 없다. 김정우는 시편 8장 4절에 대한 그의 주석에서 이 사실을 잘 지적하였다:

> 인간은 하나님을 떠나서는 자신의 존재에 대한 참된 이해를 할 수 없다. 이 크신 하나님을 직면할 때, 우리는 인간 존재가 철저하게 무의미함을 느끼게 된다. 무한과 유한, 일시적인 것과 영원한 것, 인간의 불안과 하늘의 평화가 강한 대조를 이룬다. 이 모든 것이 "인간이 무엇이길래"로 집약된다. "인간은 도대체 무엇인가?" 즉, 아무 것도 아니다! 이 넓은 우주를 볼 때, 인간 존재는 아무 것도 아니다. 그는 아주 미약한 존재이다.[4]

---

4) 김정우, 『시편주석 I』, 310.

그럼에도 불구하고 구속받은 백성을 향한 하나님의 사랑은 '알아주는'(care for) 것으로 나타난다. 김정우가 잘 지적하였듯이, "주님은 끝없는 우주를 만드신 분이지만, 너무나 작은 개인을 돌보시는 분이시다."[5] 하나님이 "아무개야, 나는 너에 대해서 관심을 갖고 있단다"라고 말씀해주시는 것 자체가 성도에게 큰 위로다. 이 세상을 이별하는 날 주님 앞에 설 때에 "아무개야, 잘 왔구나 그간 고생이 많았구나 어서 오너라"고 말씀하시며 천국 문에서 우리를 알아주시고 영접하신다면 그보다 더 큰 위로가 없을 것이다.

하나님은 우리의 형편과 처지를 잘 알고 계신다. 그리고 우리에 대하여 생각하신다. '무엇이기에'라고 말할 수밖에 없을 만큼 부족한 우리에게 하나님이 관심을 가져주신다는 자체가 큰 은총이다. "온 세상 날 버려도 주 예수 안 버려 끝까지 나를 돌아보시니(care for)"라는 찬송 가사는 참으로 위로와 힘을 주는 진리를 담고 있다.

열등감이나 자기과대성과 씨름하는 성도들이 너무나 많다. 이들에게 필요한 것은 자신이나 타인을 과장하거나 축소하지 않으면서 있는 그대로 보는 관점이다. 더 나아가 이들에게 필요한 것은 하나님이 성도들을 바라보는 관점이다.

성도는 하나님이 창조하신 가치 있는 모든 피조물들을 다스리며 돌볼 수 있는 권위와 능력을 자신에게 부여해주셨으며 만물보다 더 존귀한 존재로 이 땅에 보내셨다는 사실을 아멘으로 받아들여야 한다. 그럴 때 기독교 신앙에 기초한 자긍심을 가진 사람으로 이 땅을 당당히 살아갈 수 있다. 내담자가 이런 자존감을 갖게 될 때 자신이 왜 사는지, 무엇

---

5) 김정우, 『시편주석 I』, 311.

을 위해서 살아야하는지에 대한 분명한 정체성과 목적의식을 갖고 살
수 있다.

> 그런즉 하나님 앞에서 사람이 어찌 의롭다 하며 여자에게서 난 자가
> 어찌 깨끗하다 하랴 보라 그의 눈에는 달이라도 빛을 발하지 못하고
> 별도 빛나지 못하거든 하물며 구더기 같은 사람, 벌레 같은 인생이랴(욥
> 25:4-6).

수아 사람 빌닷의 말이다. 조물주인 하나님의 영광과 존귀함은 피조
물인 인간과 비교할 때 상대적으로 인간이 구더기나 벌레와 같은 존재
로 비유될 만큼 광대하며 높다. 그런 점에서 빌닷이 사용한 메타포
(metaphor)인 '구더기'와 '벌레'는 의미가 있다.

그러나 빌닷의 인간이해는 자칫 오용될 위험이 있다. 하나님의 형상
으로 창조된 인간을, 그리고 그리스도의 피로 값을 지불하고 구속한 하
나님의 자녀인 자신을 스스로 구더기나 벌레에 비유하는 것은 '겸손'
(humility)이 아니라 '굴욕'(humiliation)이 될 수 있다. 속칭 '벌레신
학'(worm theology)은 균형 잡힌 신학이 아니다.

존귀한 백성이 되었으면 존귀한 태도로 자신을 바라보고 타인을 바
라보는 것이 중요하다. 자신을 가치 있게 볼 수 있는 사람은 타인을 가
치 있게 볼 수 있다. 자기를 가치 있게 여기는 사람은 이웃을 가치 있는
존재로 여기는 이웃 사랑을 실천할 수 있다. 성경적인 정체성이 분명한
사람은 균형 잡힌 자존감을 갖는다. 예수 그리스도 안에서 하나님과 좋
은 대상관계가 형성됨으로써 생겨난 '새 자기'(new self) 인식을 가진
성도는 자신을 가치 있는 존재로서 수용하며 그렇게 행동한다. 자신을
하나님의 '새로운 피조물'(new creation)로 인식하며 그 인식에 따라

목적이 이끄는 삶을 살 수 있다.

2. 타락한 인간

> 사람이 어찌 깨끗하겠느냐 여인에게서 난 자가 어찌 의롭겠느냐 하나님
> 은 거룩한 자들을 믿지 아니하시나니 하늘이라도 그가 보시기에 부정하
> 거든 하물며 악을 저지르기를 물 마심 같이 하는 가증하고 부패한 사람
> 을 용납하시겠느냐(욥 15:16); 하나님이 하늘에서 인생을 굽어 살피사 지
> 각이 있는 자와 하나님을 찾는 자가 있는가 보려 하신즉 각기 물러가 함
> 께 더러운 자가 되고 선을 행하는 자 없으니 한 사람도 없도다(시 14:2-
> 3; 시 53:2-3); 선을 행하고 전혀 죄를 범하지 아니하는 의인은 세상에
> 없기 때문이로다(전 7:20).

"의인은 없나니 하나도 없도다"(롬 3:10a)라는 말씀과 연결되는 본문
들이다.[6] 정신분석학적 인간 이해는 이 성경적인 진리를 역설적으로
지지한다. 의식적인 차원에서는 의로운 사람이 혹 있을지 모르지만 무
의식적인 차원을 고려할 때 하나님 앞에서 죄 없다고 말할 수 있는 인
간은 단 한 명도 없기 때문이다. 이 세상에 사는 모든 인간은 성격장애
적 증상으로부터 완전히 자유롭지 못하다. 성격장애라고 부르지만 성
격장애의 삶을 사는 것 자체가 죄를 짓는 삶을 사는 것이다. 의식적인

---

6) 롱맨은 이 구절에서의 코헬렛(Qohelet, 전도자)의 말은 특히 시편에서 여러 말씀을
인용하여 표현한 바울의 말(롬 3:9-20)과 비슷한 분위기를 갖고 있다고 주석하였다.
Longman, *The Book of Ecclesiastes*, 198. 그는 코헬렛이 의인의 존재를 부인하지
는 않는다고 말하며 의로운 사람들이 있기는 하지만 그들조차 일관성 있게 선하지는
않으며 최소한 이따끔 죄를 범할 때가 있다고 주석하였다. Longman, *The Book of
Ecclesiastes*, 199.

차원에서는 심리적으로 매우 성숙하며 성격장애적 요소가 다 치료된 것처럼 보이는 사람들도 간혹 있을 수 있다. 그러나 그들조차 무의식적인 영역을 탐색해보면 내면의 질서가 여전히 깨어져 있는 부분이 있을 수밖에 없다. 따라서 "의인은 없나니 하나도 없다"는 말씀은 성경적인 진리다.

다윗은 하나님을 찾는 자가 하나도 없고 선을 행하는 자가 하나도 없다고 과장법을 사용하여 표현하였다. 다윗 자신을 포함하여 하나님을 찾는 자들이 당시에도 많이 있었을 것이다. 나단 선지자와 같이 귀한 하나님의 종들이 있었던 것에서도 이 사실을 확인할 수 있다.

그러나 과장법으로 표현된 이 말씀은 문자 그대로 인간의 실존을 꿰뚫고 있다. 즉 인간은 모두 다 치우쳤으며 하나님의 율법으로 볼 때 선한 자가 한 사람도 없기 때문이다. 아담 이후의 모든 인간은 다 죄 아래 있으며 죄인이 되었기 때문이다. 아담과 연결된 모든 인간은 언약적으로도 다 죄인이 되었다. 시편은 인간은 '모태 죄인'이라고 선언한다(시 51:5 참조). 스스로의 의로써 하나님께 의롭다 칭함을 받을 인간은 한 명도 없다는 말씀은 놀라운 성경적인 진리다.[7]

성경은 타락한 인간이 자력으로 의로우신 하나님께 나아갈 수 없는 존재라고 선언한다. 모든 인간이 다 치우쳤으며 장애가 있다고 말한다. 모든 인간이 다 죄인이라고 주장한다. 고전적인 정신분석학은 인

---

7) "로마서 3:10-18에서 사도 바울은 이 시에 대한 이해에 적절한 배경을 제공한다.... 바울은 아무런 신학적 의심 없이 인간의 보편적인 악과 어리석음을 확증하기 위해 이 시를 사용한다." 이성훈, "시 14편: 우매한 자들,"『시편 1: 어떻게 설교할까』, 195. 김정우는 본문의 '선'(히브리어 *tob*)은 구약에서 언약적인 차원에서 선을 행하는 것을 의미하는 것이며 우리 문화에서 말하는 '착한 일'로 이해하는 것은 원래의 의미에서 벗어나는 것이라고 주석하였다. 그는 "시인은 창조 언약이 깨어진 관점에서 말하고 있다"고 보았다. 김정우,『시편주석 I』, 417.

간의 무의식의 영역에는 각자가 인정하고 싶지 않은, 인식하지 못하는 더러움과 공격성의 역동성이 있다는 사실을 명료하게 밝혔다. 방어기제를 통하여 인식을 하지 못해서 혹 의롭다고 생각할 수 있겠지만 무의식의 차원에서 볼 때 의로운 인간은 하나도 없다는 말은 진실로 성경적 진리다.

자신이 참으로 죄인이라는 사실에 대하여 병식이 없거나 병식이 약한 내담자를 대할 때 정신분석학적인 접근이 이해력을 도울 수 있다. 의식적인 차원에서 설령 의롭다고 생각하며 죄를 지은 적이 없다고 여기는 내담자가 있다면 무의식적인 차원에서, 꿈의 세계에서도 깨끗하고 의롭다고 주장할 수 있을지에 대하여 그에게 논박할 수 있을 것이다.

3. 잠정적이며 취약한 존재

> 하나님은 그의 종이라도 그대로 믿지 아니하시며 그의 천사라도 미련하다 하시나니 하물며 흙 집에 살며 티끌로 터를 삼고 하루살이 앞에서라도 무너질 자이겠느냐 아침과 저녁 사이에 부스러져 가루가 되며 영원히 사라지되 기억하는 자가 없으리라(욥 4:18-20); 나는 썩은 물건의 낡아짐 같으며 좀 먹은 의복 같으니이다 여인에게서 태어난 사람은 생애가 짧고 걱정이 가득하며 그는 꽃과 같이 자라나서 시들며 그림자 같이 지나가며 머물지 아니하거늘(욥 13:28-14:2).

이 진술은 욥이 한 것이다. 앞 본문에서 욥은 "아침과 저녁 사이에 부스러져 가루가 되"는 인생의 잠정성과 취약성을 잘 표현하였다. 특히

"하루살이 앞에서라도 무너"지는 인생의 취약함이 잘 표현되었다. 아무리 건강한 사람도 눈에 보이지도 않는 바이러스에 감염이 되어 무너질 수 있다는 점에서 인간은 참 취약한 존재다. 뒤의 본문에서 욥이 '썩은 물건'과 '좀 먹은 의복'이라는 메타포로 표현한 인간의 실존은 참으로 연약하며 잠정적이다. 이와 같은 인간의 실존을 제대로 인식하는 것은 기독교상담 과정에서 매우 중요하다. 내담자가 자신이 제한된 존재이며 시간과 공간의 제한을 받는 존재라는 사실을 인식할 때 당면한 문제를 새롭게 해석할 수 있는 눈이 그에게 열릴 수 있다. 건강하게 살아도 팔십 또는 구십년이라는 짧은 세월밖에 살 수 없는 존재임을 인정할 때 겸손해질 수 있다. 욥은 이 사실을 다음과 같이 표현하였다: "나의 날이 경주자보다 빨리 사라져 버리니 복을 볼 수 없구나 그 지나가는 것이 빠른 배 같고 먹이에 날아 내리는 독수리와도 같구나"(욥 9:25-26); "사람이 누우면 다시 일어나지 못하고 하늘이 없어지기까지 눈을 뜨지 못하며 잠을 깨지 못하느니라"(욥 14:12). 매일 밤에 잠을 자고 아침에 일어나지만 어떤 날은 잠에서 영영 일어나지 못할 수 있는 연약성을 가진 존재가 인간이다.

이와 같은 잠정성은 아담과 하와의 타락의 결과다. 인간은 원래 하나님과 더불어 영생하도록 지음 받았다. 그러나 선악과를 "먹는 날에는 정녕 죽으리라"는 하나님이 금지하신 명령에 불순종한 죄악의 결과로 모든 인류는 죽는 존재가 되었다. 모세의 표현처럼 칠십이요 강건하면 팔십인 잠정적인 인생을 이 땅에서 살다가 죽는 존재가 된 것이다. 문제는 잠정적인 존재로만 끝나지 않는다는데 있다. 죄의 결과로 두 번째 사망이 기다리고 있는 것이다. 죄를 대속해주시기 위해서 오신 구속주 예수 그리스도와 연결되지 않는 사람에게는 영원한 지옥 심판이 기다리고 있다는데 있다. 그러나 믿는 자에게는 영화로운 영원한 하나님의 나라의 삶이 기다리고 있다.

이 글을 쓰고 있는데(2012년 8월 4일) 총신대학교 영어교육과의 전임강사인 마크 호기(Marc Hogi) 교수가 새벽에 소천했다는 문자 메세지를 받았다. 평소에 안면이 전혀 없는 분이어서 조문은 가지 못했지만 학교 홈페이지에서 그의 얼굴을 확인할 수 있었다. 20-30대의 나이로 보이는 흑인교수였다. 저자보다 한참 어린 젊은 교수가 심장마비로 이국에서 죽음을 맞이한 것을 생각하면서 다시 한 번 인생의 잠정성을 느꼈다.

> 그들은 육체이며 가고 다시 돌아오지 못하는 바람임을 기억하셨음이라 (시 78:39); 주께서 사람을 티끌로 돌아가게 하시고 말씀하시기를 너희 인생들은 돌아가라 하셨사오니 주의 목전에는 천 년이 지나간 어제 같으며 밤의 한 순간 같을 뿐임이니이다 주께서 그들을 홍수처럼 쓸어가시나이다 그들은 잠깐 자는 것 같으며 아침에 돋는 풀 같으니이다....우리의 연수가 칠십이요 강건하면 팔십이라도 그 연수의 자랑은 수고와 슬픔뿐이요 신속히 가니 우리가 날아가나이다(시 90:4-10); 사람은 헛것 같고 그의 날은 지나가는 그림자 같으니이다(시 144:4).

시편 78편 39절의 배경은 38절에서 잘 나타난다: "오직 하나님은 긍휼하시므로 죄악을 덮어 주시어 멸망시키지 아니하시고 그의 진노를 여러 번 돌이키시며 그의 모든 분을 다 쏟아 내지 아니하셨으니." 하나님은 반역하고 불순종하며 불신앙적인 이스라엘 백성들을 긍휼의 눈으로 보셨다. 그들이 육체의 연약성을 지닌 피조물이라는 사실을 반복적으로 기억하셨기 때문에 그들을 완전히 멸망시키지 않으셨다.

시인 아삽은 78편에서 인간 실존의 잠정성과 연약성을 '육체'[8]와 되돌아오지 못하는 '지나가는 바람'에 비유하였다. 모세는 90편에서 인간의 연수가 신속히 날아가는 것에 비유하였다. 그리고 아침에 돋는 풀이 저녁에 시들어 마르는 것과 같다고 비유하였다. 과장법을 썼지만 천년이 지나간 어제와 같고 밤의 한 순간과 같다고 표현하였다.[9] 다윗은 144편에서 인생은 '헛 것'(a breath)이며 '지나가는 그림자'(a fleeting shadow)에 비유하였다. 욥도 "내 생명이 한낱 바람(a breath) 같음을 생각하옵소서"(욥 7:7)라고 이 사실을 잘 드러냈다.[10] 참으로 인간의 삶은 긴 것 같지만 참으로 짧다는 것을 나이가 들수록 더 실감하게 된다.

인간의 삶이 매우 잠정적이라는 사실을 깨닫는 것이 지혜이다. 인간의 삶은 유한하며 잠정적이라는 사실을 깨달을 때 문제를 인식하는 틀이 달라질 수 있다. 인생은 궁극적인 의미에서 '헛 것'이며 '지나가는 그림자'이라는 사실을 인정할 때 많은 애착들을 내려놓을 수 있는 용기가 생긴다. 삶의 잠정성을 뼈저리게 인식할 때 많은 이슈들로부터 자유해질 수 있다. 그리고 시선을 영원한 하나님께 고정하고 하나님의 나라

---

8) '육체 뿐'(개역)이라는 표현을 공동번역에서는 '한낱 고깃덩어리'로 번역하였으며 표준번역에서는 '단지 살덩이'로 번역하였다. 김정우, 『시편주석 II』(총신대 출판부, 2005), 576 재인용. 욥은 "나의 기력이 어찌 돌의 기력이겠느냐 나의 살이 어찌 놋쇠겠느냐"(욥 6:12)라고 인간의 취약성을 잘 표현했다.

9) 김정우는 티끌 같은 우리의 인생을 1절에 나오는 '영원한 반석'과 대조하여 주석하였다: "티끌처럼 부수어지고 날려가는 우리의 시간은 1절의 '영원한 반석'(거처)과 강한 대조를 이룹니다. 주님은 반석이나 우리는 티끌입니다. 대대에 우리의 반석이 되신 하나님과 대조적으로, 우리는 티끌로 돌아가고 이 세상을 떠나야 할 존재입니다. 우리가 잘난 체 하지만, 사실 티끌 같은 우리의 실체가 무엇입니까?" 김정우, 『시편강해 III』, 160-61.

10) 욥은 인간의 잠정성을 다음과 같이 표현하기도 했다: "여인에게서 태어난 사람은 생애가 짧고 걱정이 가득하며 그는 꽃과 같이 자라나서 시들며 그림자 같이 지나가며 머물지 아니하거늘"(욥14:1-2).

를 소망하면서 현재의 문제점들을 새로운 각도로 해석할 수 있게 된다. 인식의 지평이 넓혀지면 용서할 수 없을 것 같은 사람들도 용서할 수 있는 마음이 생긴다.

하나님은 인간들을 대하실 때 진토임을 기억하시며 되돌아갈 수 없는 '지나가는 바람'임을 기억하신다. 불신자들이나 악행하는 자들 역시 매우 잠정적인 존재들이기 때문에 하나님은 우리가 기대하는 것만큼 그들을 이 땅에서 정죄하거나 심판하시지 않으신다. 우리가 자취도 남기지 않고 지나가는 바람임을 겸손히 인정할 때 "한번 가고 안 오는 빠른 광음 지날 때 귀한 시간 바쳐서 햇빛 되게 하소서"라고 찬송할 수 있다.

> 우리에게 우리 날 계수함을 가르치사 지혜로운 마음을 얻게 하소서(시 90:12).

"우리의 연수가 칠십이요 강건하면 팔십이라도 그 연수의 자랑은 수고와 슬픔뿐이요 신속히 가니 우리가 날아가니이다"(90:10)라고 고백한 모세는 부여된 날을 셈할 수 있도록 깨우쳐 달라고 기도하였다. 남아 있는 날들과 지나온 날들을 셈하는 것은 지혜로운 마음을 가진 자의 삶의 습관이다. 시간이 날아가는 것처럼 신속하다는 것을 느낄수록 삶의 유한성을 깨달아야 한다. 아직 세월이 많이 남아 있는 것으로 생각하면 게으르기 쉬우며 자행자지(自行自止)할 위험성이 있다. 자신의 삶이 유한하며 잠정적이라는 사실을 뼈저리게 인식하는 자는 사소한 일에 목숨 거는 행동을 하지 않는다. 큰 그림을 볼 줄 아는 눈이 열린 자, 사랑하기에도 짧은 세월임을 인식하는 자는 화내며 슬퍼하는데 자신의 평생을 소모하지 않는다.

바울은 "너희가 어떻게 행할지를 자세히 주의하여 지혜 없는 자 같이 하지 말고 오직 지혜 있는 자 같이 하여 세월을 아끼라 때가 악하니라"라고 권면하였다(엡 5:15). "세월을 아끼라"는 말씀을 NIV성경은 "making the most of every opportunity"로 번역하였다. 주어지는 기회를 최선을 다하여 활용하는 사람은 지혜의 마음을 소유한 자다.

본문을 상담사의 삶에 적용해본다면 기독교상담사는 자신에게 주어진 삶을 예상 수명, 즉 "칠십이요 강건하면 팔십"이라는 세월 속에서 조명할 수 있어야 한다. 동시에 내일이라는 삶이 주어지지 않을 수 있다는 '실존적인' 삶의 자세를 견지하는 지혜를 가져야 한다. 내담자와 몇 회기를 하겠다고 상담을 구조화하고 진행하지만 예정대로 그 회기를 채우지 못하고 자신의 삶이 끝날 수 있다는 사실을 인식하고 늘 겸손하게 상담해야 한다. 설교자는 자신의 설교가 이 세상에서 마지막 설교가 될 수 있다는 사실을 인식하고 설교할 때 좀 더 진지한 태도로 책임성 있는 설교할 것이다.

> 너는 내일 일을 자랑하지 말라 하루 동안에 무슨 일이 일어날는지 네가
> 알 수 없음이니라(잠 27:1).

모든 인간에게 적용되는 만고불변의 진리이다. 하나님은 인간에게 내일 일을 알지 못하도록 창조하셨다. 본문은 인간이 내일에 대해서 자랑하는 것을 경계한다. 어리석은 부자처럼 내일 일을 자랑하는 것을 경계한다(눅 12:16-21 참조).

본문을 다른 관점에서 이해한다면 "너는 내일 일을 염려하지 말라"

는 것이다(마 6:34 참조). 주어지지 않은 내일에 대해서 염려하는데 오늘이라는 시간을 다 써버리는 삶을 산다면 주어진 현재의 삶을 충실하게 살 수 없다.

나가는 글

시편 기자는 창조된 인간의 아름다움과 존귀함을 매우 긍정적으로 노래했다: "사람이 무엇이기에 주께서 그를 생각하시며 인자가 무엇이기에 주께서 그를 돌보시나이까 그를 하나님보다 조금 못하게 하시고 영화와 존귀로 관을 씌우셨나이다 주의 손으로 만드신 것을 다스리게 하시고 만물을 그의 발 아래 두셨으니"(시 8:4-6). 인간의 정체성은 자신의 시작점을 잘 인식할 때 확립될 수 있다. 자신이 원래 다른 그 어떤 피조물들과 구별되는 존귀와 영광이 있었던 아름다운 존재였다는 사실을 깨달을 때 탕자처럼 아버지의 집으로 돌아가고자 하는 욕구가 생길 것이다. 변화하고 싶은 욕구와 죄로부터 구원받고 싶은 열망을 갖게 될 것이다. 자신을 원래 짐승 수준에서 인식한다면 개나 돼지 수준의 삶으로 만족하며 살 것이다.

아울러 시편 기자는 죄로 타락하여 어리석게 된 인간의 모습을 매우 부정적으로 고발했다: "어리석은 자는 그의 마음에 이르기를 하나님이 없다 하는도다 그들은 부패하고 그 행실이 가증하니 선을 행하는 자가 없도다"(시 14:1). 하나님과 연결되지 않은 인간은 불행하다. 아버지의 품을 떠나 탕자의 삶을 살고 있음에도 불구하고 자신이 탕자라는 사실을 깨닫지 못하고 자신을 기다리는 아버지가 있다는 사실을 모른 채 살아가는 인간들은 진정한 자기를 상실한 자들이다. 진정한 대상이 되시는 하나님 아버지를 상실했기 때문이다.

성도나 믿지 않는 자나 이 세상을 잠시 살다 간다는 사실을 인식할 때 겸손해질 수 있다. 내일을 기약할 수 없는 인생 길을 가는 존재라는 사실을 잘 인식할 때 하나님 앞에서 인간다운 삶을 살 수 있다. 이 사실을 겸손히 인정할 때 불안과 분노, 쾌락과 중독으로부터 자유해질 수 있다.

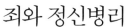

Chapter 4

죄와 정신병리

아담과 하와의 선악과 사건을 통하여 인간은 태어나면서부터 죄성을 가진 존재로서 살게 되었다. 그리고 모든 인간은 죄의 결과로서 죽음을 피할 수 없는 존재가 되었다. 신학적으로 볼 때 모든 인간은 죄성을 갖고 있다. 원죄의 영향을 받는 존재로서 죄성을 갖고 출생한다. 뿐만 아니라 개인적인 죄를 범하며 살고 있다. 집단적으로도 죄를 범하며 살고 있다. 더 나아가 집단적인 죄의 영향권 아래에서 살아간다. 그래서 종종 타인의 죄로 인하여 고통을 겪기도 한다.

죄가 세상에 들어온 후에 인간의 '싸이키'(psyche)는 하나님이 창조하신대로 기능하지 못하게 되었다. 아담과 하와는 서로를 비난하며 책임을 전가하는 방어기제를 사용하면서 불안을 처리하려는 모습을 드러내었다. 가인은 질투심으로 동생을 살인하는 죄를 저질렀다. 노아의 시대는 노아의 가족을 제외한 모든 인간이 다 죄악을 행함으로 죄악이 땅에 넘쳐나는 상태에 빠졌다. 노아의 가족으로부터 시작된 새로운 인류 역시 죄의 바이러스로부터 자유롭지 못했다. 암세포가 번져가듯이 인류는 죄를 짓는 것이 정상적인 것처럼 보이는 삶을 살게 되었다. 가나안의 여러 족속들은 죄악을 행하여 온갖 우상들을 섬기는 어리석고도 악한 삶을 살고 있었다.

이상심리학(abnormal psychology) 또는 정신병리학(psychopathology)은 인간이 경험하는 비정상적인 마음을 증상을 중심으로 서술적으로(descriptively) 규명하며 처방적으로(prescriptively) 제안하는 학문이다. 많은 진단명들이 생겨남으로써 이전 세대보다 정신질환과 이상행동을 더 이해하며 설명할 수 있게 되었다. 세월이 흐르면서 새로운 진단명이 추가되며 일부 진단명은 더 이상 유효하게 사용되지 않는다. 시대의 변화에 따라 새로운 이상심리 행동들이 생겨난다. 그리고 시대의 변화에 따라 전에는 정신병리적인 행동으로 진단되었던 것이 더 이상 그렇게 이해되지 않기도 한다.

전통적으로 정신의학이나 심리학은 죄의 영역에 관심을 갖지 않았다. 인간의 영적 차원은 그들의 연구 영역이 아니라고 보았기 때문이다. 포스트모던 사회에서 영성에 대하여 점점 관심을 갖는 연구자들이 늘어나고 있지만 그들의 영성은 기독교가 말하는 영성과는 다르다. 아무튼 정신의학과 심리학은 '병,' '병리,' '장애'와 같은 용어를 사용하여 죄를 '재정의' 해왔다. 사실상 죄와 정신 병리는 밀접한 관계가 있다. 죄를 심리학적 용어로 설명하려고 하기 때문이다. 인간의 책임성이라는 점을 고려할 때 죄와 정신병리는 구별될 때가 있다. 정신병리와 씨름하는 사람에게 전적인 책임을 묻기가 어려운 경우가 적지 않기 때문이다.

성경은 죄로 타락한 인간상의 모습을 다양하게 보여준다. 설명하기도 하고 진단하기도 하며 처방하기도 한다. 성경이 말하는 악인과 죄인의 모습은 정신의학이 말하는 정신병리를 가진 사람들의 모습과 공통분모를 갖고 있다. 그러나 구별되는 독특한 면을 묘사하기도 한다. 저자는 주로 잠언에 나타나는 인간의 정신병리적인 요소를 살펴보며 현대의 정신병리학의 지식과 연결지음으로써 기독교상담사들에게 성경적이면서도 심리학적인 지식과 통찰을 제공하고자 한다.

1. 불안

> 어리석은 자의 퇴보는 자기를 죽이며 미련한 자의 안일은 자기를 멸망시키려니와(잠 1:32).

어리석은 자(the simple)와 미련한 자(fools)는 같은 의미로 해석될 수 있다 이런 자는 결국 자기를 죽이며 멸망시킨다. 퇴보(waywardness)와 안일(complacency)도 같은 의미로 이해될 수 있다. 김정우는 '퇴보'는 '뒤로 가는 후퇴'만 의미할 뿐 아니라 '곁길로 가는 것'을 의미한다고 주석하였다. 이 단어는 구약성경에서 '하나님으로부터 떠나며, 배도하는 것'을 의미할 때 사용되었다.[1]

퇴보나 퇴행은 불안에 대처하는데 '일시적으로' 도움을 줄 수 있는 방어기제이다. 안일한 삶도 마찬가지이다. 이런 삶의 기제와 태도는 결국 한 개인의 삶에서 생명력을 빼앗는다. 신앙적으로는 지옥으로 데려간다. 유아적인 퇴행과 안일함은 내담자가 활동반경을 줄이는 행동에

---

1) 김정우, 『성서주석: 잠언』, 136.

서 잘 나타난다. 이 증상은 불안장애를 호소하는 이들에게서 잘 나타난다. 불안을 회피하면 일시적인 안정과 안일함을 얻을 수 있다. 이것을 '이차적 유익'(secondary gain)이라고 부른다. 그러나 이차적 유익은 장기적인 유익을 방해한다. 이 사실을 깨닫고 자신의 미성숙한 반응을 극복하는 것이 성숙으로 나아가는 길이다.

심리학에서는 이차적인 유익을 추구하는 행동을 '자기 패배적인 행동'(self-defeating behaviors)이라고 부른다. 의식적으로 또는 무의식적으로 자기에게 손해가 되게끔 하는 행동을 말한다. 어리석고 미련한 자는 자신에 대해서 제대로 인식하지 못하며 무의식에 휘둘리는 사람이다. 이런 사람은 자기 패배적인 행동을 반복하는 것이 특징적이다. 자기 패배적인 행동을 한 후에도 무엇인가 새로운 학습을 하는 경험 없이 동일한 행동을 반복할 가능성이 높다. 자기 패배적인 행동을 반복하면 결국 자신의 삶을 파멸로 이끌어간다. 그런 점에서 어리석은 자와 미련한 자는 점진적으로 자살 행동을 하는 사람이라고 이해될 수 있다.

어리석은 자는 악인과 비교가 된다. 악인은 타인을 살해하며 멸망시키려는 동기가 강한 사람이다. 반면 어리석은 자는 자신을 죽이며 멸망시키려는 동기가 강한 사람이다.

> 슬기로운 자는 재앙을 보면 숨어 피하여도 어리석은 자는 나가다가 해를
> 받느니라(잠 22:3).

본문의 '재앙'은 위험한 상황을 의미한다. 사려 깊고 신중한 사람은 위험 신호를 감지하는 능력이 적절하게 발달되어 있다. 어리석은 자는 위험 신호를 감지하는 능력이 손상되어 있거나 둔감하거나 경보 장치

가 꺼져 있는 사람이다.[2] 역으로, 어리석은 사람은 위험 신호를 감지하는 장치가 너무 민감하게 작동함으로써 불필요하게 불안을 느끼며 과도한 불안으로 고통스러워하는 사람이다.

심리적으로 미성숙한 사람은 불안한 상황에 부딪히면 주로 회피하는 방어기제를 사용한다.[3] 그러나 성숙한 사람은 그 불안을 인식하면서도 직면하며 뚫고 나가는 해결 능력이 있다.

그러나 피해야 할 상황에서 피할 줄 아는 것은 성숙한 행동이다. 자신의 한계를 인정하고 피하는 것이다. 상황을 분별하는 능력이 떨어지면 위험한 상황인데도 불구하고 위험한 줄 모르고 계속 나아가다가 위험한 상황에 빠지게 된다.

불안의 순기능성은 무모할 정도로 위험한 행동을 하지 않도록 막는 것이다. 지혜로운 자는 상황을 전체적으로 파악하며 자신의 능력과 한계를 동시에 인정해서 최종적인 선택을 지혜롭게 할 수 있다. 지혜로운 자는 겸손하다.

> 만일 네가 마음을 바로 정하고 주를 향하여 손을 들 때에 네 손에 죄악이 있거든 멀리 버리라 불의가 네 장막에 있지 못하게 하라 그리하면 네가 반드시 흠 없는 얼굴을 들게 되고 굳게 서서 두려움이 없으리니 (욥 11:13-15).

---

2) 롱맨은 이 본문을 주석하면서 잠언 7장에 성적으로 유혹하는 여인을 만나 도망치지 않고 곧 그녀를 따라들어 간 한 청년에게서 '어리석은 자'의 예를 찾을 수 있다고 하였다. Longman, *Proverbs*, 403.
3) 롱맨은 이 본문의 '어리석은 자'를 '단순한 자'(simpleminded) 또는 '미숙한 자'(immature)의 의미로 이해하였다. Longman, *Proverbs*, 403.

나아마 사람 소발의 표현이다. 소발은 욥이 하나님과의 관계에서 문제가 있고 죄악과 불의가 있기 때문에 고난을 당한다고 생각하고 이 권면을 하였다. 잘못된 진단으로 처방한 것이다. 그러나 처방전 자체에 문제가 있는 것은 아니었다. 처방전 자체는 맞는 말이다.

'흠 없는 얼굴'을 NIV 성경은 'face without shame'으로 번역하였다. 수치심과 두려움이 서로 연결됨을 알 수 있다. 수치스러운 사람은 얼굴을 감싸는 경향이 있다. 자신의 얼굴이 노출되는 것이 두렵기 때문이다.

신앙인이 신앙과 일치하지 않는 삶을 살게 될 때 자신도 모르게 얼굴에 자신감이 없는 모습이 나타날 수 있다. 게슈탈트 치료에서 지적하듯이 많은 경우에 심리적인 이슈들이 신체를 통해서 무의식적으로, 상징적으로 표현되기 때문이다. 죄를 짓거나 중독적인 행동을 습관적으로 하는 사람은 다른 사람들을 제대로 쳐다보지 못할 때가 많다. 눈빛이 흔들리며 시선을 피하는 행동을 한다. 자신의 죄나 중독성이 행여나 노출될까 불안하기 때문이다. 대부분의 정신분열증 환자들은 버스나 전철을 탈 때 함께 탄 다른 사람들이 모두 자기를 주목하고 있다고 생각하여 불안과 두려움을 느낀다. 필요한 수준의 방어기제가 작동이 되지 못함으로써 신경증적인 죄책감이나 수치심을 감당하지 못하기 때문이다.

그러나 일시적으로 효과가 있는 방어기제로 수치심이나 불안을 억제하거나 가리는 것은 한계가 있다. 근본적인 해결책이 필요하다. 그것은 죄를 짓는 옛 자기의 옷을 벗고 선을 행하는 새 자기의 옷을 입는 것이다. 죄악은 모양이라도 버리려는 태도를 취할 때 죄와 악이 마음의 장막에 들어와 주인행세를 하는 것을 근본적으로 방지할 수 있다. 죄를 지으면 수치심, 불안, 죄책감이 수반된다. 그러나 죄를 버리면 불안과 죄책감이 물러가고 자유감, 해방감을 누리게 된다.

기독교상담사는 습관적인 죄나 중독적인 행동으로 씨름하는 내담자들에게 중독이 가져다주는 일시적인 쾌감과 즐거움보다 건강한 행동을 했을 때 수반되는 즐거움과 자신감이 장기적으로 유익한 것임을 경험시켜주어야 한다. 물론 이 과정에서 성령님의 초자연적인 도우심이 필요한 것은 아무리 강조해도 지나치지 않을 것이다.

> 너는 갑작스러운 두려움도 악인에게 닥치는 멸망도 두려워하지 말라 대저 여호와는 네가 의지할 이시니라 네 발을 지켜 걸리지 않게 하시리라 (잠 3:25-26).

김정우는 '악인에게 닥치는 멸망'을 보고 두려워하지 말라는 의미는 '갑작스러움'을 강조하는 것으로 해석될 수 있다고 보았다. 그리고 보통 악인이 멸망할 때에 사람들은 두려움보다는 기뻐하기 때문에 70인역에서 번역한 '악인이 일으키는 파멸'이 더 나은 번역으로 보인다고 주석하였다.[4] 김정우에 따르면 갑작스러운 재난이나 악인이 야기하는 파괴조차 두려워하지 말라는 의미로 해석할 수 있다. 두려워하지 않아야 할 근본적인 이유는 하나님이 '지켜' 주시기 때문이다.

본문의 '두려움'을 NIV 성경은 '재난'(disaster)라고 번역하였다. 대부분의 재난은 예기치 못한 순간에 갑작스럽게 일어난다. 2011년 여름에 폭우로 인하여 서울시 서초구 방배동 우면산에서 갑자기 일어난 산사태가 평화로운 고급주택 마을을 뒤덮었다. 그리고 우면산의 반대편에서도 산사태가 발생하여 남부순환도로 건너편에 있는 고급아파트까

---

4) 김정우, 『성서주석: 잠언』, 180.

지 덮쳤다. 이 산사태는 결국 많은 인명피해와 재산피해를 가져왔다. 서울 일부 지역에서는 순식간에 불어난 물로 인하여 수천대의 자동차가 침수피해를 입는 재난을 겪었다.

정의롭게 말하자면 이와 같은 재난은 악인들을 징계하는 심판이어야 하는데 현실은 그렇지 않을 때가 대부분이다. 물론 모든 인간이 죄인이라는 점에서 심판의 대상으로서 예외가 될 수는 없다. 문제는 비교적 양심적으로 살아가려고 노력하는 사람들에게 이와 같은 재난이 예고 없이 순식간에 닥쳐온다는 것이다.

재난에 대한 불안이나 두려움이 어느 정도 있어야 재난을 대비할 수 있다는 점에서 불안이나 두려움은 순기능적이다. 위에서 언급한 폭우로 인하여 지하철 강남역 주변이 침수 피해를 입는 상황 속에서도 한 빌딩은 침수피해를 입지 않았다고 한다. 건물을 설계할 때부터 침수에 대비해서 빌딩의 지하로 내려가는 길목에 높이 1.8m의 방어용 철판을 설치했기 때문이다. 우면산 피해는 산사태의 위험성을 예측했음에도 불구하고 미리 대비하지 못함으로써 생겨난 인재에 가깝다.

아무튼 잠언기자는 이와 같은 재난을 두려워하지 말 것을 권면한다. 이 권면은 재난을 너무 두려워한 나머지 삶의 일상을 영위하지 못하는 사람들에게 도전을 준다. 하나님은 우리가 의지하며 믿어도 되는 분이다. 재난은 믿지 않는 자들에게 정말 두려움을 가져다준다. 그러나 성도들은 재난조차 자신을 하나님의 사랑의 줄에서 끊을 수 없다는 사실을 믿기 때문에 아주 두려워하지 않는다(롬 8:38-39 참조). 그래서 두려움과 재난이 많은 세상 속에서 여러 불안장애들의 증상들로부터 자유롭게 안심하고 살 수 있다. 성도들은 죽음의 불안과 공포를 극복한 자들이다. 그러나 상담 현장에서 죽음의 불안과 공포를 호소하는 크리스천들을 종종 만나게 되는 것이 현실이다. 기독교상담사는 이런 내담자에게 그의 불안과 두려움에 대해서 안심하고 이야기할 수 있는 환경을 제공해 줌으로써 죽음과 직면하도록 도울 수 있다.

상담현장에서 불안장애 증상을 호소하는 내담자들을 만나게 된다. 막연한 이유와 원인들로 인하여 삶의 전반에서 불안을 호소하는 범불안장애(Generalized Anxiety Disorder, GAD)를 갖고 있는 사람들이 대표적이다. 또는 특정한 대상에 대한 공포를 느낌으로써 회피 반응을 보이는 공포증(phobia) 환자들이 있다. 갑작스럽게 심계항진(palpitations) 증상을 보이며 숨이 멎을 것 같은 공황장애(panic disorder)로 고통하는 사람들이 있다.[5]

이와 같은 불안장애를 호소하는 사람들은 두려움과 불안이라는 '덫'(snare)에 걸린 자들이다. 불안을 통제하려고 하다가 보면 더 불안해지며 활동반경이 점점 줄어들게 됨으로 활기와 생명력이 줄어드는 삶을 살게 되는 것이다. 심하면 집 밖으로 나갈 수 없게 되고 창살 없는 감옥에 스스로 갇히게 된다. 불안에 떨며 남은 인생을 살아가는 불쌍한 존재, 어리석은 존재가 된다. 이 모든 사람들이 공통적으로 갖고 있는 심층적인 이슈는 죽음에 대한 두려움이다. 죽음에 대한 공포를 극복한 자들은 불안장애로부터 자유롭다. 무릇 죽고자 하는 자는 살고(불안장애를 극복하고) 살고자 하는 자는 죽는다(불안장애를 극복하지 못한다).

---

5) 특정한 강박적인 사고를 반복적으로 경험하며 강박적인 행동을 반복함으로써 불안을 회피하려는 강박증 환자들이 있다. 외상후 스트레스장애(Post-Traumatic Stress Disorder, PTSD)와 씨름하는 사람들도 있다. *DSM-IV*에서는 강박장애와 외상후스트레스장애가 불안장애의 하위 장애로 분류되었는데 *DSM-V*에서는 독립된 장애군으로 분류되었다. 한편 분리불안장애, 선택적 함구증, 사회불안장애, 광장공포증이 독립된 불안장애의 하위장애명으로 추가되었다.

대부분의 불안장애 치료에 효과적인 행동치료 방법은 내담자로 하여금 불안의 실체에 조금씩 다가서며 직면하여 불안상황에 노출되도록 하는 것이다. 회피라는 안전한 방법 대신 약간의 고통을 감내하면서 불안상황에 직면할 때 불안에 대한 민감도를 줄일 수 있다.

> 네 재물과 네 소산물의 처음 익은 열매로 여호와를 공경하라(잠 3:9).

이 본문은 그냥 보기에는 불안과 전혀 연결되지 않는 본문처럼 보인다. 그러나 헌물이나 헌금을 하려면 삶에서 불안을 극복해야 한다는 점에서 연결점이 있다. 산상보훈에서 "목숨을 위하여 무엇을 먹을까 무엇을 마실까 몸을 위하여 무엇을 입을까 염려하지 말라"(마 6:25)라고 말씀하신 예수님은 그 말씀 바로 전에 "너희를 위하여 보물을 땅에 쌓아 두지 말라"(마 6:19)고 말씀하시며 "너희가 하나님과 재물을 겸하여 섬기지 못하느니라"(마 6:24)고 말씀하심으로써 염려와 불안, 두려움이 돈과 관련이 있음을 규명하셨다.

하나님은 자기 자녀들에게 하나님을 사랑할 수 있는 구체적인 방법을 제시하셨다. 그것은 헌금 또는 헌물을 드림으로써 하나님을 사랑하는 것이다. 이 본문은 모세의 율법에 근거한다.[6] 하나님이 은총을 베푸

---

6) 첫 열매와 관련된 율법의 말씀은 다음과 같다: "네 토지에서 처음 거둔 열매의 가장 좋은 것을 가져다가 너의 하나님 여호와의 전에 드릴지니라"(출 23:19); "네 토지 소산의 처음 익은 것을 가져다가 네 하나님 여호와의 전에 드릴지며 너는 염소 새끼를 그 어미의 젖으로 삶지 말지니라"(출 32:26); "너희는 내가 너희에게 주는 땅에 들어가서 너희의 곡물을 거둘 때에 너희의 곡물의 첫 이삭 한 단을 제사장에게 가져갈 것이요"(레 23:10); "네 하나님 여호와께서 네게 주신 땅에서 그 토지의 모든 소산의 맏물을 거둔 후에 그것을 가져다가 광주리에 담고 네 하나님 여호와께서 그의 이름을 두시려고 택하신 곳으로 그것을 가지고 가서"(신 26:2).

심으로 소출이 생길 때 첫 열매를 하나님께 드리도록 명하신 것이다. 더 이상 농경사회가 아닌 현대 사회에서 첫 열매는 경제적 활동에서 얻은 가장 소중한 것과 여러 형태의 헌금일 것이다. 십일조와 기타 헌금을 드리는 것은 하나님의 자녀들이 탐욕이란 치명적인 죄에 빠지는 것을 막아주는 예방책이다.

처음 익은 열매를 하나님께 드리는 것은 재물이 하나님으로부터 왔음을 인정하고 하나님께 감사하는 예배 행위다. 하나님을 공경하고 예배하는 자의 삶을 하나님은 책임지시며 필요한 것을 공급하시는 분이다. 그러나 불안이 심한 사람은 욕심을 낸다. 첫열매조차 자신의 것으로 사용하고 싶어한다. 아깝게 생각한다. 감사할 줄 모른다. 풍성하게 주시는 하나님을 믿고 의지하기보다는 눈에 보이는 돈 몇 푼을 더 의지한다.

신앙생활은 역설적이다. 움켜쥐면 잃는다. 재물을 모으는 데만 애쓰는 사람은 수전노가 된다. 수전노는 사람들과의 관계를 중요시 하지 않는다. 하나님과의 관계를 중요시 하지 않는다. 수전노는 가족들과의 관계마저 깨어질 위험성이 높다. 마침내 건강까지 해치게 되어 제 수명대로 살지 못하고 인생을 마감할 가능성이 높다. 예수님의 비유에 나오는 어리석은 부자는 여러 해 먹을 양식을 창고에 가득 쌓아두고 "내 영혼아 먹고 즐기자"라고 했지만 그 날 밤에 그의 생명이 끝날 줄은 예상하지 못했다(눅 12:16-21 참조). 예수님은 "자기를 위하여 재물을 쌓아두고 하나님께 대하여 부요치 못한 자가 이와 같으니라"고 말씀하셨다(눅 12:21).

잠언 기자는 하나님께 드리면 역설적인 복을 경험한다고 약속한다: "그리하면 네 창고가 가득히 차고 네 즙틀에 새 포도즙이 넘치리라"(10

절). 하나님이 건강을 주셔야 저축이 된다. 아무리 돈을 저축해도 병들면 고생은 고생대로 하고 모아둔 돈은 날개가 달린 것처럼 날아 가버린다. 농민이 아무리 열심히 농사를 지어도 하나님이 때에 맞는 비를 내려주시지 않거나 우박을 내리시면 빚더미에 올라앉게 될 것이다. 하나님이 지켜주시지 않으면 조류독감과 같은 바이러스 감염으로 인하여 양계, 양돈 사업이 하루아침에 망할 수 있다. 2011년 구제역으로 수백만 마리의 돼지들을 땅에 묻어야 했던 트라우마 경험이 축산업을 하는 이들에게 아직 남아 있을 것이다. 인간이 아무리 노력을 해도 하나님이 지켜주시지 않으면 성을 지키는 자의 수고가 헛될 수밖에 없다(시 127:1 참조).

하나님은 학개 선지자를 통해서 귀환한 유다 백성들의 실상을 다음과 같이 말씀하셨다: "그때에는 이십 고르 곡식더미에 이른즉 십 고르뿐이었고 포도즙 틀에 오십 고르를 길으러 이른즉 이십 고르 뿐이었었느니라 만군의 여호와가 말하노라 내가 너희 손으로 지은 모든 일에 곡식을 마르게 하는 재앙과 깜부기 재앙과 우박으로 쳤으나 너희가 내게로 돌이키지 아니 하였느니라"(학 2:16-17). 하나님은 그 이유를 1장에서 설명하셨다: "이것이 무슨 까닭이냐 내 집은 황폐하였으되 너희는 각각 자기의 집을 짓기 위하여 빨랐음이라"(1:9). 첫 열매로 하나님께 드리면 하나님이 더 채워주시는데 유다 백성들은 믿음이 부족했던 것이다. 첫 열매는 가장 귀한 것, 생명과도 같은 것, 감사함이 담긴 것을 의미한다. 이것을 하나님께 드릴 때 하나님은 역설적으로 더 채워주시는 은혜를 베푸신다.

엘리야는 사르밧 과부에게 조금 밖에 남아 있지 않은 밀가루와 기름으로 자신을 위해서 먼저 떡을 하나 구워 가져오고 그 후에 과부와 아들을 위해서 떡을 만들어 먹으라고 명하였다. 마지막 음식을 먹고 죽으려고 하는 과부와 아들에게 엘리야의 말은 매우 이기적인 것처럼 보일 수 있었다. 그러나 과부가 그의 말에 순종했을 때 "통의 가루가 다하지 아니하고 병의 기름이 없어지지 아니하는" 기적이 있어났다(열상 17:11-16 참조). 결국 과부와 아들은 가뭄 속에서 죽지 않고 살아남았다.

하나님이 은총을 베푸셔서 얻은 재물과 소산을 자기의 것이라고 생각하고 움켜쥐는 사람은 하나님이 원하시는 삶을 살 수 없다. 이웃을 사랑할 줄 모르며 구제할 줄 모르는 자기중심적인 삶을 산다. 자신이나 자신의 가족만을 위하여 돈을 사용한다. 더 나아가 지나치게 인색한 삶을 산다. 경제적으로 인색한 것은 강박성 성격장애의 한 증상이다.[7] 강박성 성격장애를 가진 크리스천들은 헌금에 인색하며 억지로 헌금한다. 바울은 "각각 그 마음에 정한 대로 할 것이요 인색함으로나 억지로 하지 말지니 하나님은 즐겨 내는 자를 사랑하시느니라"(고후 9:7)고 강박성 성격장애적인 헌금 생활을 하는 현대 크리스천들에게 도전한다.

돈에 집착하는 사람들은 심리적으로 불안이 삶의 전반에 깔려 있는 자들이다. 돈이 불안을 감소시키는 주요한 방편이기 때문에 돈에 애착하는 것이다. 기독교상담사는 돈에 애착하며 하나님께 드리기를 주저하며 아까워하는 내담자를 만나면 불안의 이슈를 점검하며 탐색하도록 도와야 한다. 큰 그림을 볼 줄 모르고 나무 몇 그루만 보려고 하는 눈을

---

7) 강박성 성격장애 진단 기준 8가지 중에서 일곱 번째 항목은 "자신과 타인을 향하여 인색한 소비 스타일을 채택한다"(adopts a miserly spending style toward both self and others)이다. *DSM-IV*, 673; APA, 권준수 외 역, 『정신질환의 진단 및 통계 편람』, 제5판 (학지사, 2015), 741.

교정해주어야 한다. 특히 자수성가한 내담자의 경우에는 자신의 삶을 자신이 꾸려온 것이 아님을 겸손히 인정하도록 도와야 한다. 삶의 우선 순위를 바로 하도록 도와야 한다. 하나님과 재물을 겸하여 섬길 수 없다는 예수님의 가르침에 순종하도록 보다 깊은 심리내면적인 이슈를 탐색하고 통찰하도록 도와야 할 것이다(마 6:24 참조).

2. 우울

> 나는 물같이 쏟아졌으며 내 모든 뼈는 어그러졌으며 내 마음은 밀납 같아서 내 속에서 녹았으며 내 힘이 말라 질그릇 조각 같고 내 혀가 입천장에 붙었나이다 주께서 또 나를 죽음의 진토 속에 두셨나이다 (시 22:14-15).

김정우는 시인이 인간이 생각할 수 있는 가장 강한 언어를 사용하여 자신의 상태를 표현하였다고 보았다. 그는 본문의 의미를 다음과 같이 주석하였다:

> 그는 '물처럼' 쏟아졌으므로(수 7:5; 겔 7:17; 21:12), 남은 힘이 없 다. 물이 한 번 쏟아지면, 다시 거둘 수가 없기 때문에, 완전히 탈진 한 모습이다. '나의 힘이 다 빠졌다'는 말로 볼 수 있다. 그의 마음은 '촛밀처럼' 녹는다(신 20; 삼하 17:10). 초가 녹아 다 사라지듯이, 그 의 마음도 두려움과 아픔으로 다 녹아 버렸다. 이 용어는 사람들이 전쟁의 패배로 용기와 희망을 잃을 때 사용된다(수 7:5). 그의 모든 뼈는 어그러졌다. 뼈가 어그러지면, 엄청난 고통이 따르며, 몸을 가

눌 수 없다. 여기의 직유들이 강하다. 외형('내 뼈')과 속('내 마음')
이 다 어그러지고 녹는다.[8)]

시인의 상태는 여러 형태의 신체화 증상으로 표현되었다. 기력이 소
진했다. 자신감이 없다. 질그릇같이 취약하다. 혀가 입천장에 붙을(개
역성경에서는 '잇틀에 붙을'이라고 번역하였다) 정도의 힘든 상태에 놓
여 있다. 그리고 '사망의 진토'라는 표현에서 죽음을 희구하거나 생각
하는 시편 기자의 모습을 추정할 수 있다.[9)] 우울증의 전형적인 증상들
이 이 시인의 시에 잘 드러난다. 하나님은 이 증상과 씨름하는 시인을
정죄하지 않으셨다.

> 나는 벌레요 사람이 아니라 사람의 비방 거리요 백성의 조롱거리니이다
> (시 22:6).

시인의 자기 평가는 부정적이다. 그는 자신을 사람이 아니라 벌레라
고 표현하였다.[10)] 김정우는 시인이 벌레와 자신을 동일시한 표현에 대
해서 다음과 같이 주석하였다:

> 시인은 자신의 위치가 얼마나 처참한지 뼈저리게 느끼며, "나는 사

---

8) 김정우, 『시편주석 I』, 588.
9) 바이저는 시편 기자의 여러 신체적 증상들과 전적인 무력감의 상태에서 시인의 영
   혼에 죽음에 대한 생각이 생겼다는 사실은 놀라운 일이 아니라고 주석하였다.
   Weiser, *The Psalms*, 223.
10) 이성훈은 "나는 벌레요"라는 표현은 "죽음이 다가오고 있는 상태를 암시한다(사
   14:11)"라고 주석하였다. 이성훈, "시 22편: 궁극적인 하나님 나라의 승리," 『시편
   1: 어떻게 설교할 것인가』, 230. "네 영화가 스올에 떨어졌음이여 네 비파소리까지
   로다 구더기가 네 아래에 깔림이여 지렁이가 너를 덮었도다"(사 14:11).

람이 아니요, 벌레다"고 말한다. 사람들의 발바닥 아래에 짓밟히는 벌레이다. 멸시를 받으나, 자신의 존엄성을 방어할 수 없는 벌레이다. 자신의 인격은 철저히 짓밟혀 버렸기 때문에, "나는 사람이 아니다"라고 말한다. 즉, 그는 인간으로서의 모습을 잃었다(사 52:14; 53:3).[11]

시인은 주변의 위협과 조롱과 비웃음으로 벌레 취급을 받았다. 중요한 사실은 그가 벌레가 아님에도 불구하고 그와 같은 대우를 계속 받았을 때 나쁜 '외부 대상' 경험을 '내면화' 하여 자신을 '나쁜 자기,' 즉 '가치절하된 자기'(devalued self)로 인식했다는 점이다. 그는 더 이상 자신이 벌레가 아니라고 항거하며 부딪힐 수 있는 힘마저 상실한 것처럼 보인다.

내담자들 중에는 시인의 이와 같은 상태와 비슷한 심리 상태를 가지고 상담실을 찾는 이들이 적지 않다. 지속적으로 힘을 빼앗아가는 '악한 시스템,' 또는 '역기능 시스템' 속에서 무력해진 자기감, 가치 없는 자기감을 갖고 사는 이들이다. 가정폭력에 지속적으로 노출된 아이들이나 배우자는 자기감이 매우 낮다. 자신이 맞아도 '싸다고' 생각하는 이들까지 있다.

예수 그리스도는 십자가에 달리실 때 제사장들과 유대의 관원들, 백성들, 그리고 로마 군인들에게 '벌레' 취급을 당하셨다. 그들은 마음껏 욕하고 침 뱉고 채찍으로 때리며 가시관을 씌우고 희롱했다. 그러나 예수님은 자신을 벌레라고 인식하지 않으셨다. 자신이 누구이며 왜 십자가에 달리셔야 했는지, 왜 고난과 핍박을 받아야 했는지를 잘 알고 계

---

11) 김정우, 『시편주석 I』, 583.

셨기 때문이다. 그는 오히려 자신을 욕하며 침 뱉는 자들을 위하여 기도하셨다: "아버지 저들을 사하여 주옵소서 자기들이 하는 것을 알지 못함이니이다"(눅 23:34). 즉 병식이 없이 행동하는 그들을 오히려 긍휼히 여기시며 대신 욕하지 않으셨다.

시인의 표현은 우울증의 증상과 연결될 수 있다. 벡(Aaron Beck)은 우울증 환자의 인지 도식(schema)에서 왜곡이 있음을 지적하였다. 우울증 환자에게는 세상에 대한 도식과 타인에 대한 도식과 자신에 대한 도식에서 왜곡이 있다는 것이다. 우울증 환자의 자기에 대한 도식은 주로 부정적이며 평가절하적이다. 더 나아가 이 도식은 경계선 성격장애의 증상과 연결될 수 있다. 이상화나 자기비하의 양극단에서 자기이해와 타인이해를 하는 경계선 성격장애자들은 기분이 내려갈 때 자기를 벌레처럼 인식한다. 또는 타인들을 '쓰레기 같은 인간'으로 표현한다. 이것은 균형 잡힌 인간이해가 아니다. 성숙한 인간이해가 아니다.

기독교상담사는 자기를 비하하거나 타인들을 비하하는 내담자를 회복시키며 치료하기 위해서 예수님이 십자가를 지신 과정을 접목하여 내담자에게 통찰이 일어나도록 도울 수 있다. 벌레 취급을 받을 때에 그 영향을 백퍼센트 수용하여 내면화하는 것은 어리석다는 것을 인식시켜주어야 한다. 악한 영향은 걸러낼 수 있는 '필터'를 가지도록 내담자의 자존감을 복음 안에서 회복시켜야 할 것이다.

> 나의 괴로운 날에 주의 얼굴을 내게서 숨기지 마소서 주의 귀를 내게 기울이사 내가 부르짖는 날에 속히 내게 응답하소서 내 날이 연기 같이 소멸하며 내 뼈가 숯 같이 탔음이니이다 내가 음식 먹기도 잊었으므로 내 마음이 풀 같이 시들고 말라 버렸사오며 나의 탄식 소리로 말미암아 나의 살이 뼈에 붙었나이다 나는 광야의 올빼미 같고 황폐한 곳의 부엉이

같이 되었사오며 내가 밤을 새우니 지붕 위의 외로운 참새 같으니이다
(시 102:2-7); 나의 형제들이 나를 멀리 떠나게 하시니 나를 아는 모든
사람이 내게 낯선 사람이 되었구나 내 친척은 나를 버렸으며 가까운 친
지들은 나를 잊었구나 내 집에 머물러 사는 자와 내 여종들은 나를 낯선
사람으로 여기니 내가 그들 앞에서 타국 사람이 되었구나(욥 19:13-15).

시편의 많은 시들이 우울한 감정 상태에서 지어진 것이라고 볼 수 있
다. 시편 기자들은 우울한 감정들을 진솔하게 표현하였다. 위의 102편
본문도 우울의 고통을 격심하게 겪었던 한 시인의 전인격적인 모습을
잘 표현한다. 이 시는 "고난 당한 자가 마음이 상하여 그의 근심을 여호
와 앞에 토로하는 기도"라는 부제가 붙어 있다. 이 부제에서 우울과 씨
름하는 시인의 모습이 잘 드러난다. 시인은 하나님과 멀어진 느낌과 하
나님이 응답하지 않음으로 인한 답답함과 혼란함을 느낀다. 기력이 소
진되었으며 체중이 심하게 감소된 상태에 있다. 식욕을 상실했으며 밤
을 새울 만큼 수면의 장애를 겪고 있다. 광야의 올빼미, 황폐한 곳의 부
엉이, 그리고 지붕 위에 홀로 앉아 있는 참새와 동일시할 만큼 외로움
을 느끼고 있다. 마음의 고통으로 탄식하며 울고 있다. 욥은 우울증의
전형적인 증상들 중의 하나인 '사회적 후퇴'(social withdrawal)의 모
습을 호소하였다.

시편 기자는 연기 같이 소멸해가는 자신의 생명을 보며 죽음에 대한
두려움을 느끼고 있다. 시인은 이 죽음에 대한 두려움을 23-24절에서
다음과 같이 표현했다: "그가 내 힘을 중도에 쇠약하게 하시며 내 날을
짧게 하셨도다 나의 말이 나의 하나님이여 나의 중년에 나를 데려가지
마옵소서 주의 연대는 대대에 무궁하니이다."

기독교상담사는 우울과 씨름하는 내담자들에게 시편에 등장하는 많

은 신앙시들이 우울과 밀접하다는 사실을 인식시킴으로써 우울이 크리스천의 여정에 반드시 부정적인 경험이 아님을 깨우칠 필요가 있다. 이 사실 자체가 위로가 될 수 있다. 시인들의 기도를 하나님이 들으셨고 결국 응답하셨던 것처럼 내담자의 우울 경험도 하나님이 보고 계시며 공감하시며 도와주실 것이라고 연결지어 내담자의 부정적인 관점을 교정해주어야 할 것이다.

3. 교만

> 그 이웃을 업신여기는 자는 죄를 범하는 자요 빈곤한 자를 불쌍히 여기
> 는 자는 복이 있는 자니라(잠 14:21).

본문의 맥락에서 이웃은 빈곤한 자 또는 도움을 요청하는 자다. 도움이 필요한 자는 약자다. 경제적으로 가난한 자나 여러 형태의 삶의 어려움에 처한 자다.[12] 업신여기는 행동은 불쌍히 여기지 않는 행동이다. 친절하게 대하지 않는 행동이다(NIV 성경 참조). 약자를 불쌍히 여기지 않는 것은 죄라고 성경은 규정한다.

선한 사마리아인의 비유에서 도움이 필요한 자는 강도만난 자였다. 그에게 이웃은 '자비를 베푼 자,' 즉 사마리아인이었다. 역사적으로 볼 때 유대인과 사마리아인은 이웃이 아니었다. 지리학적으로는 인접해

---

12) 데이비스는 본문을 주석하면서 '가난한 자와 도움이 필요한 자'는 하나님 앞에서 의로운 자와 겸손한 자를 지칭한다고 보았다. Ellen F. Davis, *Proverbs, Ecclesiastes, and the Song of Songs* (Louisville, KY: Westminster John Knox Press, 2000), 94.

있었지만 그들은 상종하지 않았다. 그러나 예수님은 유대인들이 갖고 있었던 이웃 개념을 확장시키셨다. 이웃은 자비를 베푼 자라는 것이다. 아울러 도움을 필요로 하는 자는 누구나 이웃이라는 것이다.[13]

예수님의 비유에서 등장한 그 사마리아인은 복이 있는 자였다. 위의 본문처럼 그는 빈곤한 자를 불쌍히 여기는 자였기 때문이었다. 그가 복이 있는 자였던 것은 예수님이 인정한 사람이었기 때문이었다. 반면에 동족 유대인이었지만 강도 만난 자를 '보고' '불쌍히 여기지 않고'(사마리아인은 '불쌍히 여겼다') 그 이웃의 부르짖음을 무시하고 지나쳤던 제사장과 레위인은 죄를 범한 자였다. 그 이웃을 업신여겼기 때문이다. 그들은 제사를 주관하거나 돕는 자들이었지만 이웃 사랑이 결여된 그들의 제사는 하나님 앞에서 의미가 없었다.

성도는 "네 이웃을 네 몸처럼 사랑하라"는 율법의 강령을 받은 자다. 도움이 필요한 자들을 긍휼히 여기며 그들에게 자비를 베푸는 '구체적인 행동'을 하는 것이 이웃을 자신처럼 사랑하는 것이다. 기독교상담은 이 이웃 사랑이 구체적으로 표현되는 과정이다. 도움을 필요로 하는 이웃인 내담자를 긍휼히 여기며 자비를 베푸는 과정이 기독교상담이다.

긍휼심과 자비심이 부족한 자들은 자기애성 성격장애, 반사회성 성격장애, 그리고 분열성 성격장애를 갖고 있을 가능성이 있다. 특히 자기애성과 분열성의 성격장애를 갖는 사람들은 긍휼의 감정 자체를 제대로 느끼기 어렵다. 자기애성 성격장애의 증상들 중의 하나는 자신보다 약한 자들에 대한 공감력이 부족한 것이다. 그리고 그들을 무시하는

---

13) "네 생각에는 이 세 사람 중에 누가 강도 만난 자의 이웃이 되겠느냐 이르되 자비를 베푼 자니이다 예수께서 이르시되 가서 너도 이와 같이 하라 하시니라"(눅 10:36-37).

것이다. 분열성 성격장애의 증상들 중의 하나는 타인에 대한 기본적인 관심조차 부족한 것이다. 대표적인 증상은 섬에 사는 사람처럼 외부세계와 교류가 거의 없이도 자충족적으로 살아가며 의존욕구가 거의 없는 것이다. 성경은 이런 성격장애적 행동과 성격을 죄라고 규정한다. 정신의학에서는 성격장애로 진단하지만 성경은 죄라고 진단하는 것이다. 물론 성격장애가 백퍼센트 죄라고 단정하기는 어렵다. 개인의 책임과 자유의지와 관련되지 않은 영역이 있기 때문이다. 아무튼 이와 같은 성격장애를 가진 사람들은 반복적으로 죄를 범하면서도 죄를 범하고 있다는 인식을 할 줄 모른다는데 문제의 심각성이 있다.

기독교상담사들은 도움이 필요한 자들을 긍휼히 여길 수 있는 최소한의 공감능력을 갖추어야 한다. 자기애성 성격장애나 분열성 성격장애가 심한 사람은 기독교상담사가 될 자질이 매우 부족한 사람이다. 상담을 요청하는 사람들은 대부분이 상담자보다 약하며 어려운 상태에 있는 이들이다. 공감은 상담의 기본적인 틀이자 환경이다. 그런데 상담사가 자기애성 성격장애를 갖고 있다면 내담자가 그토록 필요로 하는 공감 경험을 제대로 할 수 없을 것이다. 마치 부모가 자기애성 성격장애를 갖고 있다면 자녀가 필요로 하는 따스한 공감 경험을 제공할 수 없는 것과 마찬가지이다.

> 거만한 자는 견책 받기를 좋아하지 아니하며 지혜 있는 자에게로 가지도 아니하느니라(잠 15:12).

거만한 자 또는 업신여기는 자는 자신의 잘못에 대해서 지적하거나 수정을 요구하는 어떤 피드백도 싫어한다. 오히려 지적하는 자에 대해서 화를 낸다. 지혜자에게 자발적으로 자문을 구하거나 상담을 요청하지 않는다.

거만한 자나 업신여기는 자를 임상적으로 설명할 때 가장 가까운 진단명은 자기애성 성격장애이다. 과대자기를 실제자기로 동일시하는 사람들은 자신의 부족한 면을 잘 인식하지 못한다. 뿐만 아니라 자신이 인정하지 않는 부족한 면이나 잘못에 대해서 직면하면 분노하며 역공격한다. '자기애적인 상처'로 받아들이기 때문이다. 근사하게 방어할 줄 아는 자기애성 성격장애자는 자신의 문제를 부인하거나 합리화하는 방어기제를 사용할 것이다.

부정적인 피드백에 민감한 반응을 보이는 또다른 유형의 사람들은 편집성 성격장애를 가진 이들이다. 이들은 일반적으로 타인이 대하여 불신하기 때문에 필요이상으로 경계한다. 타인이 자신에게 조금이라도 부정적인 말을 하거나 공격적인 말을 하고 있다고 여기면 곧바로 역공격함으로써 자신을 보호하려고 한다. 친구나 동료들의 신뢰성조차 근거 없이 의심하는 경향이 있다. 그래서 친구가 해주는 피드백의 경우에도 의도를 오해한다. 수용하려고 하지 않는다. 특히 자신의 이야기를 다른 사람들이 이용해서 자신의 뒤통수를 칠 수 있다는 근거 없는 두려움을 갖고 있다. 그래서 신뢰할 수 있는 상담사에게조차 웬만해서는 속마음을 노출하지 않는다. 따라서 도움이 필요할 때에도 상담사에게 도움을 요청하지 않는다. 혹시 상담을 받더라도 견책하는 것을 자신의 인격이나 명예에 대한 훼손으로 생각한다. 그래서 편집성 성격장애를 가진 사람들을 상담하는 것은 매우 힘들다.

자기애성 성격장애와 편집성 성격장애의 증상이 두드러지는 내담자를 상담할 때에는 그에게 상담사의 피드백을 수용하는 능력이 약할 것이라는 것을 염두에 두고 상담하는 지혜가 필요하다. 그에게는 일차적으로 경청하고 공감하고 지지하는 상담이 필요하다. 직면을 해야 할 때에는 신뢰관계가 충분히 형성된 후에 해야 한다. 직면의 수위를 내담자의 상태에 맞게 조절해야 한다. 민감하고 적절하게 해야 내담자가 상담을 갑자기 중단하는 사태를 막을 수 있다. 강한 바람을 불게 해서 옷을 벗게 하려고 하면 옷을 더 여미게 된다. 햇볕 전략을 잘 구사하는 것이 효과적일 수 있다.

> 교만은 패망의 선봉이요 거만한 마음은 넘어짐의 앞잡이니라(잠 16:18);
> 사람의 마음의 교만은 멸망의 선봉이요 겸손은 존귀의 길잡이니라(잠 18:12).

잠언 16장 전체에서 교만에 대한 경고는 18절을 포함하여 세 번 등장한다: "무릇 마음이 교만한 자를 여호와께서 미워하시나니 피차 손을 잡을지라도 벌을 면하지 못하리라"(16:5); "겸손한 자와 함께 하여 마음을 낮추는 것이 교만한 자와 함께 하여 탈취물을 나누는 것보다 나으니라"(16:19). 18절은 같은 내용을 반복하는 표현이다. NIV 성경은 "Pride goes before destruction"이라고 번역하였다. 자기를 파괴하며 타인을 파괴하는 결과의 핵심 원인은 교만이라는 것이다. "욕심이 잉태한즉 죄를 낳고 죄가 장성한즉 사망을 낳느니라"(약 1:15)는 말씀과 연결될 수 있다. 욕심 대신 교만을 넣어도 전혀 어색하지 않다: "교만이 잉태한즉 죄를 낳고 죄가 장성한즉 사망을 낳느니라."[14] 탐욕과 교만을

---

14) 신원하는 교만이 모든 죄의 뿌리라고 이해하였다: "교만은 뿌리처럼 땅속 깊이 박혀 눈에 보이지 않기 때문에 가지에 해당하는 모든 죄가 제거된 후에도 남아 있어 제거하기가 몹시 어렵다. 나무를 뿌리째 뽑지 않으면 언젠가 다시금 싹이 트고 가지가

일곱 가지 치명적인 죄에 포함시킨 것에는 이 역동성이 있기 때문이다.

멸망과 패망을 본문은 '넘어짐'(fall)이라고 표현한다. 교만한 사람은 넘어질 때가 온다. 심지어 넘어져서 다시 일어나지 못할 때가 온다. "선 줄로 생각하는 자는 넘어질까 조심하라"(고전 10:12)는 말씀은 보편적인 인간 심리를 꿰뚫는 말씀이다. 높은 위치에 올라갈수록 넘어질 때 파멸은 더욱 파국적이다.

교만한 자는 반드시 무너지게 되어 있다. "여호와께서 집을 세우지 아니하시면 세우는 자의 수고가 헛되며 여호와께서 성을 지키지 아니하시면 파수꾼의 경성함이 헛되도다"(시 127:1)는 말씀은 교만한 자에게 적용된다. 실제로 창세기에서 등장하는 바벨탑 사건은 이 사실을 잘 드러낸다. 하나님께서는 "자, 성읍과 탑을 건설하여 <u>그 탑 꼭대기를 하늘에 닿게 하여 우리 이름을 내고</u> 온 지면에 흩어짐을 면하자"라고 말하는 사람들의 교만을 꺾으셨다. 그들의 언어를 혼잡하게 하심으로써 그들의 인본주의적인 뜻을 이루지 못하도록 하셨다. 그들은 온 지면에 흩어지고 말았다(창 11:7-9 참조). 밑줄로 강조한 부분에서 하나님께 도전하는 인간들의 교만한 모습을 잘 엿볼 수 있다. 자신의 이름 석 자를 내는 것을 삶의 목표로 삼는 자는 어리석은 자다. 그의 수고는 헛되다. 하나님이 높이셔야 아름다운 인생을 산다. 예수님은 "너희 중에 큰 자는 너희를 섬기는 자가 되어야 하리라 누구든지 자기를 높이는 자는 낮아지고 누구든지 자기를 낮추는 자는 높아지리라"(마 23:11-12)고

솟아나듯이, 교만은 탐욕, 정욕, 탐식과 같은 대죄들이 다 제거된 뒤에도 슬그머니 머리를 쳐들고 나온다." 신원하, 『죽음에 이르는 7가지 죄』(IVP, 2012), 42. 이것은 자기애성 성격장애자의 심리치료가 오래 걸리며 근본적으로는 불가능하다고 해도 과언이 아닌 역동성과 유사하다. 자기애성이 성격화되어 웬만해서는 변화하지 않기 때문이다.

말씀하셨다. 이 말씀이 진리다.

교만을 극복할 수 있는 좋은 예방책과 치료책은 겸손이다. 겸손하려면 창조주 하나님 앞에 서야 한다. 겸손하려면 구속주 예수 그리스도 앞에 날마다 서야 한다. 하나님 앞에서 자신을 보는 사람은 정확한 자기 인식을 할 수 있다. 겸손할 수밖에 없다. 성도는 자신이 연약한 질그릇과 같은 피조물임을 잘 인식해야 한다. 하나님은 그런 자를 귀한 그릇으로 사용하실 것이다. 겸손한 자는 넘어질 수 없다. 마귀는 겸손한 자를 이길 수 없다. 왜냐하면 그는 이미 하나님 앞에 자신을 낮추어 엎드려져 있기 때문이다.

4. 시기

> 평온한 마음은 육신의 생명이나 시기는 뼈를 썩게 하느니라(잠 14:30);
> 네 마음으로 죄인의 형통을 부러워하지 말고 항상 여호와를 경외하라(잠
> 23:17); 너는 악인의 형통함을 부러워하지 말며 그와 함께 있으려고 하지
> 도 말지어다(잠 24:1).

본문의 전반부는 마음이 평안하면 몸이 생명력을 발휘한다는 점을 부각한다. 본문의 후반부는 시기나 질투나 분노가 마음을 지배하면 뼈가 삭는다고 대조적으로 표현한다. 뼈와 몸은 같은 의미를 나타내는 다른 표현이다. 따라서 전체 본문은 마음이 평화롭지 못하면 몸이 삭고 상한다고 경고한다.

인간은 긍정적인 결과가 있는 행동을 반복하며 부정적인 결과가 있는 행동은 반복하지 않으려는 심리를 갖고 있다. 마음이 평안할 때 신

체적으로 건강함을 느낀다면 마음의 평화를 유지하려고 노력하게 될 것이다. 반대로 마음이 불편하고 스트레스를 많이 받을 때 몸이 아프거나 병이 생길 때에는 여러 가지 방법으로 스트레스를 줄이는 노력을 기울일 것이다.

자기의 몸과 뼈가 점점 상해 가며 삭게 됨에도 불구하고 시기심이나 분노감을 품고 사는 것은 어리석다. 이것은 '자기패배적'(self-defeating) 행동과 삶이다. 시기(질투)가 일곱 가지 치명적인 죄(대죄)에 포함된 것은 놀랍지 않다. 시기는 결국 자기를 파멸로 이끄는 치명적인 죄이기 때문이다. 신원하는 시기에 대해서 다루면서 위의 본문을 인용하였다. 시기가 자기패배적임을 그는 유대 민담을 소개함으로 잘 지적하였다:[15]

> 두 친구가 길을 가다 왕을 만났다. 둘 중 한 명은 욕심이 많았고, 다른 친구는 시기심이 많았다. 왕은 두 사람에게 "만약 너희 중에 한 명이 요청하면 무엇이든지 그대로 주겠다. 단, 옆 사람에게는 요청한 것의 두 배를 주겠다"고 말했다. 왕의 말을 들은 시기심 많은 친구는 먼저 나서서 요구하려 하지 않았다. 왜냐하면 친구가 두 배로 받는 것이 달갑지 않았기 때문이었다. 욕심 많은 친구도 마찬가지였는데, 자신이 친구보다 더 많이 차지하고 싶었기 때문이다. 그래서 서로 머뭇거리며 눈치를 보고 도무지 요청을 하려 들지 않았다. 기다리던 왕이 부탁이 없으면 그냥 가겠다고 말하자, 시기심 많은 친구가 드디어 입을 열었다. "임금님, 저의 왼쪽 눈을 빼 주십시오!"

---

15) 신원하, 『죽음에 이르는 7가지 죄』, 71-72.

신체와 심리의 연관성에 대해서는 이미 연구가 많이 되어 있다. 지금은 상식적인 지식이 되었다. 예를 들면, 스트레스와 심장질환이나 암과의 상관관계성이 있다는 연구다. 용서심리학의 대표적인 학자인 엔라이트(Enright)는 분노와 혈압, 분노와 심장병과의 상관관계에 대한 연구를 인용한 바 있다.[16] 웃음이 암을 극복하는데 치료적 효과가 있다는 연구결과는 널리 알려져 있다. 질병들 중에는 '심인성' 병들이 있다. 심리적인 원인과 관련성이 높다고 알려진 질병들이다.[17] 이런 병들은 심리적인 치료가 일어날 때 사라질 가능성이 있다.

이처럼 마음과 신체는 밀접하게 상호적으로 영향을 끼친다. 마음이 평화로우면 신체적인 병이 빨리 회복될 가능성이 높아진다. 신체가 건

16) Robert D. Enright, 채규만 역, 『용서치유』 (학지사, 2004), 68-71.
17) 잠언의 다른 본문도 이 사실을 지지한다: "사람의 심령은 그의 병을 능히 이기려니와 심령이 상하면 그것을 누가 일으키겠느냐"(18:14). NIV 성경은 "A man's spirit sustains him in sickness"이라고 번역했는데 여기서 'spirit'은 정신 또는 마음을 의미한다. 마음의 자세 즉 긍정적인 태도와 생각은 병자에게 병과 싸우며 버티게 하는 능력을 발휘하게 한다. 반면에 '상한 마음'이나 '좌절된 마음'은 이길 수 있는 병도 이기지 못하고 죽음에 이르게 할 수 있다. 인간은 몸과 마음이 밀접하게 상호작용하는 존재이다. 적극적인 마음을 먹게 되면 병을 극복하는데 큰 도움이 된다. 신체적인 병으로 고통 하는 이들에게 심리적인 치료나 도움이 필요한 이유가 여기에 있다. 예를 들면, 암 투병을 하는 이들이 집단상담을 받을 때에는 집단상담의 도움을 받지 않는 그룹의 암환자들보다 생존 기간이 더 늘어난다는 연구결과가 이 사실을 지지한다. 눈에 보이지 않는 마음 세계가 사람의 생명과 건강을 지탱하는 역할을 하는 것이다. 그러나 좌절된 마음이나 절망한 마음을 가진 사람은 병을 이겨낼 수 없다. 생의 의욕이 없기 때문이다. 의미요법을 창안한 의사 프랭클(Viktor Frankl)은 유대인 포로수용소에서 이 사실을 확인하였다. 의미와 희망이 없는 사람, 즉 마음의 날개가 꺾인 사람은 몸이 상대적으로 열악한 상태에 있는 사람들보다 더 이상 날갯짓을 하지 못한 채 쉽게 죽는 것을 목격한 것이다. 반면에 상식적으로는 병들어 죽을 것 같은 상태에 있는 사람들 중에 여전히 유머 감각을 유지하면서 희망을 갖고 포로생활을 하던 사람들은 예상보다 더 오래 살거나 실제로 포로수용소 생활로부터 해방되는 순간까지 생존하는 것을 목격한 것이다. "마음 먹기 나름이다"라는 말이 있다. 기독교 신앙적인 마음을 견지하며 살아가는 성도들은 회복탄력성이 높다. 세상은 이런 성도들을 감당할 수 없다.

강하지 못하면 마음의 평화가 깨어질 가능성이 높다. 심지어 우울증과 같은 심리적 병이 찾아올 수 있다.

분노와 시기는 결국 당사자에게 손해를 가져온다. 자신의 몸과 뼈를 상하게 하며 치명적인 질병을 유발할 수 있다. 류머티스 관절염을 앓는 이들 중에는 장기간 스트레스를 받은 후에 발병한 이들이 종종 있다. 용서하지 않거나 분노를 억압하거나 분노를 품거나 보복하려는 마음을 계속 갖게 되면 몸이 상할 수밖에 없다. 최근의 용서심리학에서는 용서의 치료적인 효과는 일차적으로 용서하는 자에게 있음을 지적한다. 일리가 있다.

누구나 마음의 평안을 원한다. 외부적 환경이 마음의 평안을 빼앗아 갈 때가 많다. 그러나 환경이 스트레스를 야기하는 경우에도 그 환경을 새로운 각도에서 해석할 수 있는 심리적 성숙과 믿음이 있을 때 마음의 항상성(homeostasis)이 깨어지지 않을 수 있다. 특히 성도들의 경우에는 마음에서 생기는 온갖 부정적인 감정들을 표현할 수 있는 대상인 하나님이 살아 계심을 기억해야 한다. 심지어 악한 자의 형통함에 대한 부러움과 시기심도 버리라고 잠언 교사는 권면한다. 시기심이나 분노, 슬픔과 외로움 등의 감정을 하나님께 아뢰고 나면 마음의 정화가 일어난다. 그리고 우리의 이해를 뛰어넘는 하나님의 평강이 마음에 임하는 것을 경험할 수 있다.[18]

심리치료는 마음의 평화를 찾는 치료적 과정이다. 심리치료가 진행되면 내담자의 얼굴이 생기가 돌며 더 예뻐진다. 더 건강해지며 신체적

---

18) "아무 것도 염려하지 말고 다만 모든 일에 기도와 간구로, 너희 구할 것을 감사함으로 하나님께 아뢰라 그리하면 모든 지각에 뛰어난 하나님의 평강이 그리스도 예수 안에서 너희 마음과 생각을 지키시리라"(빌 4:6-7).

인 통증이 없어졌다고 이야기하는 내담자들도 있다. 약을 먹지 않았음에도 불구하고 통증이 없어지고 삶이 평온해진다. 전화로 상담 약속만 했는데도 상담에 대한 기대감 때문인지 오랫동안 괴롭혔던 두통이 사라졌다고 첫 상담 시간에 이야기했던 한 내담자가 기억난다.

5. 아첨 및 자랑

> 그들이 이웃에게 각기 거짓을 말함이여 아첨하는 입술과 두 마음으로 말하는도다 여호와께서 모든 아첨하는 입술과 자랑하는 혀를 끊으시리니(시 12:2-3); 거짓말 하는 자는 자기가 해한 자를 미워하고 아첨하는 입은 패망을 일으키느니라(잠 26:28); 사람을 경책하는 자는 혀로 아첨하는 자보다 나중에 더욱 사랑을 받느니라(잠 28:23); 이웃에게 아첨하는 것은 그의 발 앞에 그물을 치는 것이니라(잠 29:5).

아첨과 자랑은 자기애성 성격장애의 증상이다. 연극성 성격장애의 증상이기도 하다.[19] 진실하신 하나님은 거짓된 입술로 상대방을 칭찬

---

19) 히스테리성 성격장애 또는 연기성 성격장애로도 불린다. 다음의 여덟 가지 증상들 중에서 다섯 가지 이상일 때 진단된다: "1) 자신이 관심의 중심에 있지 않는 상황을 불편해 함, 2) 다른 사람과의 관계행동이 자주 외모나 행동에서 부적절하게 성적, 유혹적 내지 자극적인 것으로 특징지어짐, 3) 감정이 빠른 속도로 변화하고 피상적으로 표현됨, 4) 자신에게 관심을 집중시키기 위해 지속적으로 외모를 사용함, 5) 지나치게 인상적이고 세밀함이 결여된 형태의 언어 사용, 6) 자기 극화, 연극성, 그리고 과장된 감정의 표현을 보임, 7) 피암시적임. 즉, 다른 사람이나 상황에 의해 쉽게 영향을 받음, 8) 실제보다도 더 가까운 관계로 생각함." APA, 『정신질환의 진단 및 통계편람 제 5판』, 727-28. 제 5판 번역자들은 히스테리성 성격장애 대신에 연극성 성격장애로 번역을 잘 하였다. 'histrionic'은 라틴어 배우를 의미하는 'histrio'에 어근을 둔 단어이며 'hysteria'의 어근과 구별된다.

하거나 상대방이 착각할 정도로 칭찬하는 것을 싫어하신다. 또한 스스로 자신을 드러내려거나 인정받기 위해서 자랑하는 것을 싫어하신다. 심리발달 과정에서 미성숙한 아이들이 부모의 인정을 받기 위해 자랑하는 것은 예측할 수 있고 정상적으로 볼 수 있다. 그러나 하나님이 싫어하시는 인간의 모습은 정상심리가 아닌 비정상심리를 가진 인간의 모습이다. 인간은 죄로 타락한 후에는 이상심리를 가진 존재가 되었다. 하나님은 그럼에도 불구하고 싫어하는 인간을 예수 그리스도를 통해서 구원하기로 작정하시고 기쁘게 구속사역을 이루셨다.

상담의 현장에서 내담자가 밖에서 하듯이 상담사에게 아첨하는 말을 하거나 자랑하는 말을 할 때 어떻게 대해야 할까? 하나님의 말씀에 문자적으로 순종하려고 내담자의 혀를 끊어야 할까? 내담자가 아첨하거나 자랑하는 것은 그의 마음이 어떤 상태에 있는지를 보여주는 증상이다. 증상이 있을 때 진단이 가능하며 치료할 수 있다. 따라서 이 증상 자체를 미워하거나 거부감을 느낀 나머지 증상 자체를 없애려고 하면 치료가 잘 되지 않을 것이다. 아첨하거나 자랑하는 행동 밑에 깔려 있는 동기와 역동성에 대하여 내담자가 통찰을 할 수 있도록 도와야 할 것이다. 스스로 그 행동을 싫어하도록 해야 제대로 치료가 될 수 있다.

상담사가 상담과정에서 내담자에게 필요 이상의 아첨하는 말이나 자랑하는 말을 하는 것은 반치료적이다. 상담사의 열등감이 작용하거나 역전이가 일어날 때 이같은 증상이 나타난다. 이런 경우에는 상담사 자신이 상담을 받아야 할 것이다.

6. 탐욕

만일 내가 내 소망을 금에다 두고 순금에게 너는 내 의뢰하는 바라 하였다면 만일 재물의 풍부함과 손으로 얻은 것이 많음으로 기뻐하였다면 만일 해가 빛남과 달이 밝게 뜬 것을 보고 내 마음이 슬며시 유혹되어 내 손에 입맞추었다면 그것도 재판에 회부될 죄악이니 내가 그리하였으면 위에 계신 하나님을 속이는 것이리라(욥 31:24-28).

욥은 비록 재물이 많은 부자였지만 욥기 시작부분에서 욥을 소개할 때 그를 핵심적으로 소개했던 것은 재물의 부유함이 아니었다: "그 사람은 온전하고 정직하여 하나님을 경외하며 악에서 떠난 자더라"(욥 1:1); "이 사람은 동방 사람 중에 가장 훌륭한 자라"(욥 1:3). 심지어 하나님께서 사탄에게 욥을 언급하실 때에도 그의 신앙과 인품을 언급하셨다: "그와 같이 온전하고 정직하여 하나님을 경외하며 악에서 떠난 자가 세상에 없느니라"(욥 2:3). 욥은 놀랍게도 많은 재물을 누렸던 부자였지만 그는 그 재물 많음에 소망을 두거나 의지하지 않았다. 그것으로 기뻐하지 않았다. 만약 재물에 대한 탐욕에 미혹되었다면 하나님을 속이는 죄악이라고 그는 고백했다. 하나님에 대한 사랑과 버금가는 사랑이 재물에 대한 사랑과 애착인데 이것은 우상숭배다. 욥은 탐욕이 심각한 죄악임을 잘 인식하고 있었다. 현대를 살아가는 많은 크리스천들조차 물질에 대한 애착이 크고 욕심이 큰 것은 하나님 앞에서 우상숭배가 된다는 점에 대해서 자각해야 한다: "너희도 정녕 이것을 알거니와 음행하는 자나 더러운 자나 탐하는 자 곧 우상숭배자는 다 그리스도와 하나님의 나라에서 기업을 얻지 못하리니"(엡 5:5).

아파트 투기를 비롯한 각종 투기를 통해서 경제적으로 부유해진 크리스천들은 마치 일제 강점기에 신사참배를 함으로써 우상숭배죄를 범했던 이들과 마찬가지로 죄를 범했다는 사실을 자각하고 회개해야 한다. 급성장했던 한국 현대사에서 경험했던 물질 축복을 하나님이 주신 축복이라고만 생각하고 가르쳤던 목회자들이나 그렇게 믿고 살았던 크리스천들은 물질에 대한 갈망과 욕심을 가졌던 과거의 삶에 대해서 회개해야 한다. 눈에 보이는 우상이 아니라 눈에 보이지 않는 마음의 탐심으로 살았던 시간에 대해서 의식하고 회개해야 한다. 은밀한 중에 보고 계셨던 하나님을 속이는 삶을 살았던 것에 대해서 회개해야 한다. 한국교회도 양적 성장을 위주로 달려오면서 교회당 건축도 거의 투기 수준으로 해왔던 것에 대해서 회개해야 한다. 이렇게 할 때 돈을 사랑하는 말세의 사람들의 증상으로부터 성도가 자유해지며 치유될 수 있다. 미묘하게 자리잡는 탐욕이라는 우상숭배죄와 날마다 싸워야 성도는 하나님을 의지하는 삶을 살 수 있다.

> 속이는 저울은 여호와께서 미워하시나 공평한 추는 그가 기뻐하시느니라
> (잠 11:1); 이익을 탐하는 자는 자기 집을 해롭게 하나 뇌물을 싫어하는
> 자는 살게 되느니라(잠 15:27); 탐욕이 지혜자를 우매하게 하고 뇌물이
> 사람의 명철을 망하게 하느니라(전 7:7).

『천로역정』의 저자로 유명한 버니언(Bunyan)은 천로역정보다 훨씬 덜 알려진 『지옥역정』이라는 책을 썼다. 이 책에서 그는 지옥으로 가는 여정에 있는 '배드맨'(Bad Man)이라는 주인공의 다양한 모습을 묘사하였다. 배드맨이 행한 악행들 중의 하나는 불의한 경제 활동이었다. 버니언은 그를 다음과 같이 묘사한다:

먼저 무게와 길이를 속였습니다. 즉 자기가 물건을 사들일 때와 팔 때 각각 다른 저울과 자를 사용했습니다...거짓 장부를 작성하는 기술도 뛰어났습니다. 때로는 다른 사람의 거래 영수증을 도용하기도 했습니다...허위 회계 장부를 작성하는 기술이 뛰어나서 물건의 양과 금액을 교묘히 속였습니다. 따라서 배드맨의 부당 이득은 곧 고객들의 손실로 이어졌지요...이것이 바로 배드맨이 살아가는 방식이지요.[20]

버니언은 불의하게 재물을 취하는 자들에 대해서 다음과 같이 경고하였다: "하나님께서 불의한 방법으로 재물을 취하는 사람들을 얼마나 미워하시는지 개의치 않는 이들은 재물을 손에 넣는 기쁨을 주체하지 못하고 거듭 동일한 악을 행하지요. 그렇듯 쉬임[쉼] 없이 남을 속이나 결국 그 대가를 치르게 된다는 것을 모르니 참 안타까운 일입니다."[21] 17세기 영국 사회의 모습과 오늘날의 현대 사회의 모습과 별반 차이가 없다는 점이 놀라울 따름이다. 인간은 본성상 타락한 존재임에 틀림없다. 법과 윤리와 도덕이 억제해서 그렇지 기회만 주어진다면 이런 악행을 할 성향을 갖고 있는 것이 인간이기 때문이다.

하나님은 불의한 경제활동을 혐오하신다고 말씀하시며 다음과 같이 명시적으로 율법을 주셨다:

너는 네 주머니에 두 종류의 저울추 곧 큰 것과 작은 것을 넣지 말 것이며 네 집에 두 종류의 되 곧 큰 것과 작은 것을 두지 말 것이요 오

---

20) 존 버니언, 임금선 역, 『지옥역정』 (예찬사, 2004), 162; 이관직, 『개혁주의 목회상담학』, 280 재인용.
21) 버니언, 『지옥역정』, 166; 이관직, 『개혁주의 목회상담학』, 280 재인용.

직 온전하고 공정한 저울추를 두며 온전하고 공정한 되를 둘 것이라 그리하면 네 하나님 여호와께서 네게 주시는 땅에서 네 날이 길리라 이런 일들을 행하는 모든 자, 악을 행하는 모든 자는 네 하나님 여호와께 가증하니라(신 25:13-16).

NIV 성경은 '온전하고 공정한' 저울추를 번역하면서 '정확하고 정직한'(accurate and honest) 저울추라고 번역하였다. 하나님은 정확한 수치의 눈금을 가진 저울추와 자를 기뻐하신다. 눈금을 늘였다 줄였다 하여 상대방을 속이는 것은 "도적질 하지 말지니라"는 8계명을 어기는 심각한 죄다. 부풀린 계산서, 허위 영수증, 허위 계약서, 허위 진단서, 다운 계약서, 연말정산용 허위 헌금내역서, 탈세 등의 불의한 경제적인 활동을 하면서도 거의 양심의 가책을 느끼지 않는 사람들이 오늘날 너무나 많다. 다양한 이유의 경제 사범들이 교도소에 수감되어 있다. 교도소에 수감되지는 않았지만 돈에 깨끗한 자들이 별로 많지 않다는 사실은 한국 사회가 병리적이며 하나님 앞에서 심판을 자초하는 사회라는 것을 말해준다. 참으로 두려운 일이다. 믿는 자들부터 회개하고 각성해야 할 것이다.

불의하게 경제적인 활동을 하는 사람들을 진단할 때 제일 먼저 연결되는 성격장애는 반사회성 성격장애다. 반사회성 성격장애의 7가지 대표적인 증상 중에서 "체포의 이유가 되는 행위를 반복하는 것과 같은 법적 행동에 관련된 사회적 규범에 맞추지 못함," "반복적으로 거짓말을 함, 가짜 이름 사용, 자신의 이익이나 쾌락을 위해 타인을 속이는 사기성이 있음," 그리고 "다른 사람을 해하거나 학대하거나 다른 사람 것을 훔치는 것에 대해 아무렇지도 않게 느끼거나 이를 합리화하는 등 양

심의 가책이 결여됨"의 세 가지 증상들이 우선적으로 불의한 경제 활동과 연결될 수 있겠다.[22]

상담 과정에서 내담자가 불의한 경제활동을 하는 모습을 알게 될 때 기독교상담사는 어떤 접근을 해야 할까 고민하지 않을 수 없다. 일반 상담사라면 별 문제 의식 없이 지나칠 수 있다. 그러나 기독교상담사는 민감하면서도 지혜롭게 직면해야 할 것이다. 이 악습은 일곱 가지 치명적인 죄들 중의 하나인 '탐욕'과 관련되어 있다. 따라서 기독교상담사는 내담자에게 "욕심이 잉태한즉 죄를 낳고 죄가 장성한즉 사망을 낳느니라"(약 1:15)는 말씀이 참으로 진리이며 순종해야 할 말씀임을 깨우쳐야 할 것이다. 바늘 도둑이 소 도둑이 될 수 있다는 사실과 도둑질이 하나님이 금하신 계명임을 의식화시켜야 할 것이다.

7. 인색

> 네 손이 선을 베풀 힘이 있거든 마땅히 받을 자에게 베풀기를 아끼지 말며 네게 있거든 이웃에게 이르기를 갔다가 다시 오라 내일 주겠노라 하지 말며(잠 3:27-28).

어떤 힘을 행사할 수 있는 위치에 있을 때 그 힘을 오용하지 말 것을 권면하는 것으로 이 본문을 이해할 수 있다. 예를 들면, 관공서에서 근무하는 건축공무원이 건축허가를 신청한 민원인의 서류를 이유 없이 지체시키거나 뒷돈을 요구하는 것은 자신의 직위와 권위를 오용하며

---

22) APA, 『정신질환의 진단 및 통계편람 제 5판』, 719.

남용하는 것이다. 이것을 가정에 접목한다면 부모는 자녀들에게 사랑을 베풀 수 있는 능력을 갖고 있어야 한다. 자녀는 부모로부터 사랑을 받아야 할 권리가 있다. 그런데 권위와 힘 그리고 능력을 갖고 있음에도 불구하고 자녀에게 사랑을 베풀지 않는 부모들이 많이 있다. 이것은 가장 가까운 이웃인 자녀를 사랑하지 않는 것이다. 이것은 하나님의 선하신 뜻을 어기는 것이다. 에베소서에서 바울 사도는 "아비들아 너희 자녀를 노엽게 하지 말고 오직 주의 교양과 훈계로 양육하라"(엡 5:4)고 권면하였다. 이 말씀은 제5계명에 숨겨진 계명으로 이해할 수 있다.

역으로 성인자녀가 힘과 경제적인 능력이 있을 때 자녀로부터의 관심과 경제적인 지원을 마땅히 받을 자격이 있는 노인 부모를 섬기며 돕는 것은 하나님의 뜻이다. 이것은 자녀가 부모를 존경하며 사랑하는 한 방법이다. 신체적으로, 경제적으로 약한 부모를 방치하거나 무관심하게 대하는 것은 "네 이웃을 네 몸과 같이 사랑하라"는 율법의 정신을 무시하는 행동이다.

돈이나 어떤 물건을 갖고 있음에도 불구하고 없다고 하면서 내일 주겠다고 말하는 것은 사실상 주고 싶지 않은 마음을 표현하는 것이다. 이런 경우에 빌리는 사람은 빌려주는 사람의 겉으로 하는 말과 속으로 갖고 있는 마음을 직감적으로 알아차릴 것이다. 그래서 다시 빌리러 오지 않을 것이다. "다시 오라 내일 주겠노라"는 말 표현은 빌려주는 자의 체면을 살리면서 거절하는 완곡어법이다.

반대로 거절하기 힘든 상황을 역이용해서 당당하게 빌리는 사람들이 있다. 심지어 빌리고 갚을 생각을 하지 않는 채무자들이 있다. 저자는 얼굴도 본 적이 없는 사람이 사회복지기관을 사칭하며 전화해서 도와

달라고 하는 경우를 여러 번 경험한 적이 있다. 이런 사람들은 장애자들을 돕는데 쓰겠다는 미명하에 물건을 보내면서 적지 않은 금액을 후원금으로 보내달라고 한다. 그리고 거절하기 힘들게 하는 '이중구속'(double bind)적인 메시지를 사용한다. 예를 들어, "목사님 같은 분이 안 도와 주시면 누가 도와주시겠습니까?"라는 암묵적인 메시지나 "목사님은 이웃사랑을 외치면서도 실제 상황에서는 실천하지 않는 것 같군요"라는 메시지를 암시적으로 보내는 경우다. 저자의 경우는 심리적으로 조종당하는 느낌을 주는 경우나 신뢰할 수 없는 기관일 경우에 거절한다.

인색한 자의 삶과 가까운 성격장애는 강박성 성격장애이다. 다섯 번째 진단기준인 "감정적 가치가 없는데도 낡고 가치 없는 물건을 버리지 못한다"는 증상은 인색함과 관련된다. 이 이유는 "그 물건이 언제 다시 필요할지 모르기 때문이고 그들은 물건을 버리는 것은 낭비라고 생각하여 다른 사람이 그것을 버리려고 시도하면 화를 낸다."[23] 일곱 번째 진단기준도 연결된다: "이 환자들은 가진 돈에 대해 매우 인색하고, 그들의 실질 형편보다 더 낮은 수준의 생활을 하며, 미래의 재난에 대비하기 위해서는 지출을 엄격하게 통제해야 한다고 생각한다."[24] 삶의 전반에 불안이 깔려 있기 때문에 재정적인 면에서 인색할 정도로 통제하는 것이다. 문제는 이런 태도가 대인관계에 악영향을 끼친다는 점이다. 자신이 지나칠 정도로 검소하게 살면 도움을 필요로 하는 이웃을 향해서 너그럽게 물질을 베풀기가 어렵다. 매우 근검절약해서 모은 돈을 일시에 기부하는 이들이 간혹 있지만 대부분의 강박성 성격장애자

---

23) APA, 『정신질환의 진단 및 통계편람 제 5 판』, 742.
24) APA, 『정신질환의 진단 및 통계편람 제 5 판』, 742.

들은 그렇게 하지 않는다. 재정적으로 인색한 성도들을 하나님이 치료하시는 방법은 십일조이다. 수입의 십분의 일을 하나님의 것으로 구별하여 드릴 수 있을 때 물질에 대한 애착과 인색함으로부터 자유할 수 있다. 그런 점에서 십일조는 무거운 짐이 아니라 강박적인 성도들의 마음을 넓히며 물질로부터 자유하게 하는 하나님의 탁월한 치료책이자 은총이다.

8. 탐식

> 네가 관원과 함께 앉아 음식을 먹게 되거든 삼가 네 앞에 있는 자가 누구인지를 생각하며 네가 만일 음식을 탐하는 자이거든 네 목에 칼을 둘 것이니라 그의 맛있는 음식을 탐하지 말라 그것은 속이는 음식이니라(잠 23:1-3); 술을 즐겨 하는 자들과 고기를 탐하는 자들과도 더불어 사귀지 말라 술 취하고 음식을 탐하는 자는 가난하여질 것이요 잠자기를 즐겨 하는 자는 해어진 옷을 입을 것임이니라(잠 23:20-21);

알코올 중독은 중독자 자신과 가족 및 사회에 피해를 가져다주는 신체적, 심리적, 영적 질환이다. 본문은 알코올 중독의 대표적인 문제들 중의 하나가 가난이라고 지적한다. 알코올 중독자는 성실하게 직장 생활을 하기 어렵기 때문에 직장을 잃을 가능성이 높다. 술값으로 많은 돈을 지출하기 때문에 경제적인 손실이 크다. 알코올 중독으로 인해 신체기관이 손상을 입게 되면 병원비로 많은 돈을 지출해야 한다. 알코올 중독자는 신체적인 질환에 취약해지며 여러 이유로 인하여 수명이 짧아진다. 잠언의 말씀은 알코올중독이 가져다주는 신체적, 심리적 결과

와 역동성에 대해서 구체적으로 다음과 같이 지적한다:

> 재앙이 뉘게 있느뇨 근심이 뉘게 있느뇨 분쟁이 뉘게 있느뇨 원망이 뉘게
> 있느뇨 까닭 없는 상처가 뉘게 있느뇨 붉은 눈이 뉘게 있느뇨 술에 잠긴
> 자에게 있고 혼합한 술을 구하려 다니는 자에게 있느니라 포도주는 붉고
> 잔에서 번쩍이며 순하게 내려가나니 너는 그것을 보지도 말지어다 그것이
> 마침내 뱀 같이 물 것이요 독사 같이 쏠 것이요 또 네 눈에는 괴이한 것
> 이 보일 것이요 네 마음은 구부러진 말을 할 것이며 너는 바다 가운데에
> 누운 자 같을 것이요 돛대 위에 누운 자 같을 것이며 네가 스스로 말하기
> 를 사람이 나를 때려도 나는 아프지 아니하고 나를 상하게 하여도 내게
> 감각이 없도다 내가 언제나 깰까 다시 술을 찾겠다 하리라(23:29-35).

알코올중독은 재앙과 근심과 분쟁, 원망과 불필요한 신체적, 심리적 상처와 뇌의 생화학적 변화('핏발이 선 붉은 눈'이 상징하는 것)라는 파괴적인 결과를 가져온다. 잠언 기자는 그 치명적인 파괴성이 마치 독사에게 물려 독이 퍼지는 것과 같다고 표현한다. "네 눈에는 괴이한 것이 보일 것이요"라는 표현은 일시적인 환시 현상을 의미한다.[25] "네 마음은 구부러진 말을 할 것이며"를 NIV 성경은 "your mind [will] imagine confusing things"라고 번역하여 일시적인 사고 혼란과 편집적 사고가 증상으로 나타남을 잘 표현하였다. '바다 가운데 누운 자'와 '돛대 위에 누운 자'라는 표현은 환각 증상을 표현한다. 때려도 아프지 않고 상처가 생겨도 감각이 없는 증상은 신체 감각이 무감각

---

25) 알코올은 화학물질이므로 뇌에 직접적인 영향을 끼쳐 일시적인 환각 증상을 일으킬 수 있다. 술을 마시고 환시나 환청을 경험했다고 해서 그 사람을 정신분열증(조현병)으로 진단하지 않는다. 정신분열증은 화학물질이 외부로부터 몸 안에 들어오지 않았음에도 불구하고 환각과 망상이 양성증상으로 나타나는 병이다. 대표적인 음성 증상은 정서적 마비와 사회적 철퇴(후퇴)다.

해짐을 의미한다.[26)]

이와 같은 증상들이 반복되면 중독자의 뇌는 알코올에 적응하며 뇌
세포의 기능은 손상된다. 따라서 충동 조절 능력과 사고 기능, 정서 기
능, 대인관계 기능에서 문제를 야기한다. 급성 알코올중독의 경우에는
치사율이 높다. 대학교 신입생 환영회에서 술을 과하게 마신 후에 대학
생활도 제대로 해보지 못한 채 죽는 일부 신입생들의 경우를 매스컴에
서 접할 때마다 안타까운 마음을 금할 길이 없다. 잠언기자는 "너는 그
것을 보지도 말지어다"라고 강하게 권면하였다(23:31). 이 권면은 "악
은 어떤 모양이라도 버리라"(살전 5:22) 바울서신의 권면과 일치한다.
바울 사도는 "술 취하지 말라 이는 방탕한 것이니 오직 성령으로 충만
함을 받으라"(엡 5:18)라고 명시적으로 알코올 중독을 방탕한 것이라고
규명하였다. 그리고 알코올중독을 극복하는 대안으로 성령 충만할 것
을 제시하였다.

가난보다 더 큰 알코올중독의 문제점은 중독자가 속해 있는 가정을
역기능적으로 만든다는 점에 있다. 알코올중독자의 성인아이(ACOA:
Adult Children of Alcoholics)로서 삶을 살아가야 하는 자녀들은 낮은
자존감과 혼란스러운 정체성과 같은 핵심 문제와 씨름한다. 알코올중
독자의 배우자는 동반의존성 문제와 씨름하면서 고통을 겪는다.[27)] 한
사람의 문제가 전체 가족에게 역기능적으로 영향을 끼치는 것이다.

---

26) 술 취했을 때의 증상을 자세히 묘사한 솔로몬은 자신이 술에 취해본 경험이 있었을
가능성이 매우 높다: "내가 내 마음으로 깊이 생각하기를 내가 어떻게 하여야 내 마
음을 지혜로 다스리면서 술로 내 육신을 즐겁게 할까...하여 나의 사업을 크게 하였
노라"(전 2:3-4); "무엇이든지 내 눈이 원하는 것을 내가 금하지 아니하며 무엇이든
지 내 마음이 즐거워하는 것을 내가 막지 아니하였으니"(전 2:10).

27) 동반의존성에 대해서는 Walter C, Jackson, *Codependence and the Christian
Faith* (Nashville, TN: Broadman Press, 1990)을 참조하라.

일곱 가지 치명적인 죄 중에 '탐식'(gluttony)이 포함되었다는 것은 흥미롭다.[28] 구강기의 삶으로부터 시작하는 인간의 심리 발달에서 먹는 것은 신뢰감이라는 주요 심리적 과제를 성취하는데 중요한 영향을 끼친다. 정신분석학에서는 알코올 중독이나 대식증(bulimia)을 구강기에 고착된 질환이라고 해석한다. 입을 통해서 세상을 경험하는 단계에서 먹는 것을 통해 심리적 안정감과 신뢰감을 형성하지 못한 사람들의 경우에 음식을 탐하는 욕구가 지나칠 수 있다고 보는 것이다. 치명적인 죄로 규명된 '탐식'은 충족되지 못한 심리적 욕구를 먹는 것으로 해결하려는 역동성을 갖고 있는 심리적 병이자 죄다. 물론 탐식을 이해함에 있어서 생화학적인 과정을 이해하는 노력과 스트레스와 같은 사회적인 변수를 고려하는 폭넓은 접근이 필요하다.

오늘날과 같이 먹을 것이 풍부한 세상에서 탐식자들이나 미식가들은 비싼 음식과 맛있는 음식으로 알려진 맛집을 찾아다닌다. 이들은 하나님이 주신 재물을 자신의 입을 즐겁게 하기 위하여 과소비하는 삶을 살 위험성이 높다. 경제적으로 여의치 않은 사람의 경우에는 탐식으로 인하여 가난해질 수 있다. 본문 앞 절은 "술을 즐겨 하는 자들과 고기를 탐하는 자들과 더불어 사귀지 말라"(23:20)고 지적한다.

탐식(식탐)도 일종의 중독이기 때문에 절제하기가 어렵다. 몸이 음식에 적응하기 때문에 음식의 양이 적응된 수준까지 몸 안에 들어오지 않

---

28) 신원하는 탐식의 유형을 다섯 가지로 세분화한 그레고리우스를 인용하였다. 첫째, '급하게'(praepropere) 먹는 것이다. 둘째, '게걸스럽게'(ardenter) 먹는 것이다. 셋째, '지나치게 많이'(nimis) 먹는 것이다. 넷째, '까다롭게'(studiose) 먹는 것이다. 마지막으로, '사치스럽게'(laute) 먹는 것이다. 신원하는 이 다섯 가지 유형에서 첫 세가지 유형은 '어떻게 먹는가'라는 먹는 태도와 관련이 있고 나머지 둘은 '무엇을 먹는가'라는 음식 종류나 맛과 질과 관련이 있다고 보았다. 신원하, 『죽음에 이르는 7가지 죄』, 162-63.

으면 음식에 중독된 사람은 허기를 느끼며 심리적으로 불안해진다. 중독의 특징인 금단(withdrawal) 증상까지 겪을 수 있다. 더 나아가 동일한 수준의 쾌감을 유지하기 위해서는 점점 음식의 양이 증가하는 내성(tolerance)이 생기게 된다.

위의 본문의 하반절 표현에서 '잠자기를 즐겨하는 것'을 NIV 성경에서는 '조는 것'(drowsiness)으로 번역하였다. 술 취한 사람이나 탐식하는 사람은 삶에서 점점 활력를 잃게 되며 마치 잠자는 사람처럼 무기력해질 수 있다. 졸거나 잠자는 것을 좋아하는 삶은 '나태'(laziness)의 삶이다. 그런 점에서 탐식과 나태는 밀접한 연관성이 있는 치명적인 죄다. 잠언 기자는 먹는 것을 탐하는 사람과 나태한 사람은 누더기 옷을입게 될 것이라고 경고한다. 성도들을 포함한 많은 현대인들이 듣고 각성해야 할 경고다.

9. 나태

게으른 자여 개미에게 가서 그가 하는 것을 보고 지혜를 얻으라 개미는 두령도 없고 감독자도 없고 통치자도 없으되 먹을 것을 여름 동안에 예비하며 추수 때에 양식을 모으느니라 게으른 자여 네가 어느 때까지 누워 있겠느냐 네가 어느 때에 잠이 깨어 일어나겠느냐 좀더 자자, 좀더 졸자, 손을 모으고 좀더 누워 있자 하면 네 빈궁이 강도 같이 오며 네 곤핍이 군사 같이 이르리라(잠 6:6-7); 게으른 자의 길은 가시 울타리 같으나 정직한 자의 길은 대로니라(잠 15:19); 게으른 자는 길에 사자가 있다 거리에 사자가 있다 하느니라 문짝이 돌쩌귀를 따라서 도는 것 같이 게으른 자는 침상에서 도느니라 게으른 자는 그 손을 그릇에 넣고도 입으로 올리기를 괴로워하느니라 게으른 자는 사리에 맞게 대답하는 사람 일

곰보다 자기를 지혜롭게 여기느니라(잠 26:13-16).

솔로몬은 자신의 아들에게 교훈하면서 개미의 행동을 보고 게으른 삶을 살지 말라고 권면하였다. 본문에서 개미의 특징은 '자발성'이다. 수동적이거나 억지로 일하지 않고 자발적으로 하는 것이다. 그런 점에서 게으른 자의 첫째 특징은 수동적인 삶의 태도다. 마지못해서 행하는 것이다. 삶에서 주인의식이 약하다. 둘째 특징은 과도하게 졸거나 자는 것이다. 적절한 수면은 노동의 대가이며 반드시 필요한 은총이다. 그러나 과도하게 자는 것은 삶의 의미와 생기를 축소시킨다. 게으른 자의 특징은 "좀더 자자, 좀더 졸자, 손을 모으고 좀더 누워 있자"고 자신에게 말하는 것이다. 게으른 자의 결과는 곤핍함과 빈궁함이다. 경제적으로, 사회적으로, 영적으로 파산하는 것이다. 게으른 자는 구원을 얻지 못할 가능성이 높다. 설교 시간에 졸며, 자는 교인은 말씀으로 성장하기가 매우 어렵다. 게으른 자의 마음은 마귀가 틈타기에 매우 좋다. 마귀는 언제나 게으른 자에게 '내일'로 미루라고 속삭인다. 회개하며 결단하는 것도 미루라고 유혹한다. 이 음성을 따르는 자는 나태라는 치명적인 죄를 범하는 자다.

15장 본문에서 게으른 자는 정직한 자와 대조적이다. 정직한 자는 추수할 것을 바라고 씨를 신실하게 뿌리며 가꾼다. 반면 게으른 자는 추수할 것을 바라지만 씨를 뿌리지 않으며 가꾸지도 않는다. 자신을 속이는 것이다. 하나님을 속이는 것이다. 문제는 하나님은 만홀히 여김을 받지 않으신다는 점이다. 바울은 이 사실을 잘 지적하였다: "스스로 속이지 말라 하나님은 업신여김을 받지 아니하시나니 사람이 무엇으로 심든지 그대로 거두리라 자기의 육체를 위하여 심는 자는 육체로부터 썩어질 것을 거두고 성령을 위하여 심는 자는 성령으로부터 영생을 거두리라"(갈 6:7-8). 갈라디아서 본문의 관점에서 본다면 자기 육신을 위하여 씨를 뿌리는 자는 영적으로 게으르며 어리석다. 자기 육신을 위하여 사는 사람은 '소명' 의식이 없다. 세상적으로는 열심히 최선을 다해서 사는 사람도 진정한 의미에서 소명의식과 사명의식이 없이 삶을 산다는 점에서 '허위 삶'(pseudo-life)을 사는 것이다. 정직하지 못하며 진실하지 못한 삶이다. 아무리 열심히 경주하여도 하나님이 지정한 목표지점을 향하여 달리지 않은 사람은 상을 얻지 못한다. 영생을 얻지 못한다. 진정한 목표가 무엇인지를 확인하지 않는 자는 게으른 자다. 정직한 자는 시온의 대로로 걷는 자다. "믿음의 주요 또 온전하게 하시는 이인 예수를 바라보"는 자다(히 12:2).

26장 본문에 나타난 게으른 자의 특징은 침상에서 뒹구는 것이다. 밥 먹는 것조차 귀찮아하며 수고롭게 여기는 것이다. 흥미로운 것은 게으른 자가 자신을 과대평가하는 것이다. 사리에 맞는 모든 사람들의 생각과 말을 무시하는 것이다. 그리고 사리에 전혀 맞지 않는 자신의 생각을 옳게 여기는 것이다. 매우 어리석고 매우 유아적이다. 어른이 될수록 타인의 피드백을 고려하고 인정하고 수용하는 지혜가 생긴다. 그런데 게으른 자는 그렇게 할 줄 모른다. 게으른 자는 그런 점에서 심리적으로 어린 나이에 고착되어 있거나 어린 나이로 퇴행한 자다. 게으른 자가 자기를 지나치게 옳게 여긴다는 점에서 자기애성 성격장애를 갖고 있을 가능성이 높다.

자신에게 주어진 삶 속에서 최선을 다해서 일하며 노력하는 사람은 정신적으로 건강한 사람이다. 정신분석학에서 이해하는 인간의 건강성은 '행복할 수 있는 능력'(to be happy)과 '선한 일을 할 수 있는 능력'

(to do good)에 기반을 두고 있다. 즉 사랑과 일이 삶의 핵심 과제라고 보는 것이다. 전도서 기자도 이 사실을 확인 한다: "사람들이 사는 동안에 기뻐하며 선을 행하는 것보다 더 나은 것이 없는 줄을 내가 알았고"(전 3:12).

나태는 죽음에 이르는 일곱 가지 죄들 중의 하나다.[29] 게으른 사람은 정신적으로 건강하지 못할 뿐 아니라 영적으로 치명적인 삶을 산다. 한 달란트를 받았지만 그냥 땅에 묻어 둔 종은 '악하고 게으른 종'이라는 책망을 받았다(마 25:26). 바울은 데살로니가 교인들 중에 있었던 게으른 자들에 대해서 다음과 같이 경고하였다: "누구든지 일하기 싫어하거든 먹지도 말게 하라 하였더니 우리가 들은즉 너희 가운데 게으르게 행하여 도무지 일하지 아니하고 일을 만들기만 하는 자들이 있다 하니 이런 자들에게 우리가 명하고 주 예수 그리스도 안에서 권하기를 조용히 일하여 자기 양식을 먹으라"(살후 3:10-12).

일중독은 또 다른 극단성이다. 일이 우상이 될 정도로 몰두하는 사람

---

29) 브릿지스는 본문을 주석하면서 스위녹(Swinnock)의 말을 다음과 같이 직접 인용하였다: "교만한 사람은 사단의 보좌이며 게으른 사람은 사단의 베개이다. 사탄은 교만한 자 위에 앉으며 게으른 자 위에 조용히 잠든다." Charles Bridges, *Proverbs* (Wheaton, IL: Crossway Books, 2001), 87 재인용. 신원하는 나태의 중요한 특징을 지루함으로 본 아퀴나스를 인용하면서 마귀가 지루함을 조장한다고 본 에바그리우스의 관점을 아울러 인용하여 나태와 지루함을 연결시켰다. 신원하, 『죽음에 이르는 7가지 죄』, 116. 에바그리우스는 수도사에게 가장 위험한 죄가 나태라고 지적하면서 나태를 '정오의 마귀'라고 지칭한 사실을 다음과 같이 설명하였다: "마귀는 '중천에 떠 있는 해가 족히 50시간은 지지 않고 계속 떠 있을 것처럼' 이야기한다. 그는 이따끔씩 창밖을 내다보라고, 골방에서 나와 태양이 중천에서 얼마나 움직였는지 바라보라고, 저녁까지는 아직도 한참이나 남았다고 속삭이고, 다른 수도사들도 밖으로 나와 있는지를 한번 확인하라고 유혹한다. 마귀가 이렇게 일과를 미루도록 유혹하는 목적은 수도하는 자리를 떠나게 하는 것이다....수도사에게 나태를 조장해 수도하는 곳을 벗어나게 함으로써 영적 싸움의 대열에서 낙오하게 만드는 것이다." 신원하, 『죽음에 이르는 7가지 죄』, 118.

은 쉼과 안식을 경험할 수 없다. 가까운 가족이나 친구들과 친밀한 관계를 유지하기가 어려워진다. 하나님과의 관계에서도 조용한 시간을 보낼 수 있는 여유가 없어진다. 일의 노예가 되고 만다.

10. 환상 추구

> 자기의 토지를 경작하는 자는 먹을 것이 많거니와 방탕한 것을 따르는
> 자는 지혜가 없느니라(잠 12:11); 자기의 토지를 경작하는 자는 먹을 것이
> 많거니와 방탕한 것을 따르는 자는 궁핍함이 많으리라(잠 28:19).

'지혜가 없다'는 표현을 NIV 성경은 '판단력이 부족하다'라고 번역하였고 '방탕한 것을 따르는 자'를 '환상을 좇는 자'라고 번역하였다. 따라서 현실을 직시하지 않고 환상만 추구하는 것은 판단력이 부족하다는 의미로 본문을 해석할 수 있다. 신기루를 좇는 사람처럼 비현실적인 망상을 현실처럼 생각해서 추구하는 사람은 신기루를 좇는 사람과 같다. 이 사람은 정신적으로 건강하지 못하다.

정신건강 상태를 확인하는 중요한 기준들 중의 하나는 '현실검증' (reality testing) 능력이다. 현실을 왜곡하거나 부분적으로 해석하는 것은 정신 건강이 약화되어 있음을 의미한다. 더 나아가 현실과 비현실을 구별하지 못하는 증상을 보이면 정신병 상태에 있다고 볼 수 있다.

본문을 다른 각도에서 적용해본다면 불신자들의 눈에 기독교 신자들이 환상을 좇는 사람들처럼 보일 수 있다는 점이다. 신자들이 믿는 현실은 내세와 영원한 천국과 지옥이 존재한다는 것이다. 그러나 불신자

들이 보는 현실은 오직 이 세상뿐이다. 따라서 불신자들의 세계관에서 볼 때 신자들은 판단력이 부족한 사람들이며 현실검증 능력이 떨어지는 신경증적인 존재다. 그러나 성경적인 관점에서 볼 때 눈에 보이는 현실과 이 세상만 바라보고 열심히 살아가는 사람들이 오히려 판단력이 부족한 자들이다. 영적으로 어리석은 자들이다. 눈에 보이지 않는 세계가 있다고 성경이 진실을 말함에도 불구하고 그 말씀을 믿지 않기 때문이다.

기독교상담사들은 비현실적으로 보이는 종교적 체험과 정신병을 잘 구별하는 능력을 갖추어야 한다. 종교적 체험과 정신병은 현실과는 다른 현상이다. 종교적 체험과 정신병은 그 증상이 서로 비슷하지만 그 결과는 다르다. 결과적으로 종교적 체험은 경험한 자의 내면세계와 영적 삶에 긍정적인 변화와 성숙을 가져온다. 반면 정신병은 경험한 자의 내면세계와 영적 삶에 퇴행과 파괴를 가져다준다. 한 사람의 삶을 망가뜨린다. 이 차이점을 잘 분별하는 것이 필요하다. 기독교인으로서 정신병에 걸리는 사람들은 종종 증상을 신앙적인 형태로 드러내기 때문에 잘 분별하는 지혜가 필요하다.

11. 자아동조성

> 미련한 자는 자기 행위를 바른 줄로 여기나 지혜로운 자는 권고를 듣느니라(잠 12:15).

미련한 자는 자신의 모습과 삶의 방식에서 문제점을 거의 발견하지 못하는 것이 특징적이다. '벌거벗은 임금님' 이야기에 등장하는 임금은 간신들로부터 속임을 받아 자신이 세상에서 가장 멋진 옷을 입고 있다고 착각한다. 참 미련하다. 그런데 미련한 자는 권고나 피드백을 수용하거나 고려하지 않는다. 벌거벗은 임금은 순진한 아이의 피드백을 듣고서야 자신이 벌거벗었음을 인식했다는 점에서 아주 미련한 자는 아니었다. 아무튼 미련한 자가 권고를 듣지 않는 이유는 자신은 별 문제가 없다고 인식하기 때문이다. 즉 문제와 자기가 너무나 동일시된 나머지 객관적으로 자기를 평가할 수 있는 능력이 없기 때문이다. 이 것을 심리학 용어로 '자아동조적'(ego-syntonic)이라고 부른다.[30] 병적인 자기 모습을 자기라고 동일시하는 사람은 자신의 문제점을 객관적으로 파악하고 인식할 수 있는 능력이 없거나 약하다. 즉 '병식'(病識)이 없거나 약한 것이다. 따라서 이런 사람은 충고를 받아들이는 수용력이 없다.

반면에 지혜로운 자는 권고나 피드백을 경청하고 고려한다.[31] 왜냐하면 지혜로운 자는 자신에게 문제가 있을 수 있다는 점을 수용하기 때문이다. 심리적으로 좀 더 성숙한 사람은 자기를 객관적으로 분리해서 볼 수 있는 '자아이질적'(ego-dystonic) 능력이 있기 때문에 병식이 있다.

---

30) '자아동조적'인 특징을 지니는 임상적 질환은 정신분열증, 성격장애, 거식증 등을 대표적인 예로 들 수 있다. 문제와 자신의 인지, 감정, 태도와 갈등을 거의 일으키지 않기 때문에 자신이 문제가 있음을 부인하며 인정하지 않는다. 반면, 불안장애의 하위 유형들 중의 하나인 강박장애는 자신이 문제가 있다는 것을 인식하며 갈등을 하면서 강박적인 행동을 한다는 점에서 '자아이질적'(ego-dystonic)이라고 볼 수 있다.

31) 브릿지스는 모세가 장인 이드로의 충고를 받아들인 것과 다윗이 나발의 아내 아비가일의 충고를 받아들인 것을 예로 들었다. Bridges, *Proverbs*, 88.

상담 과정에서 자아동조적인 내담자를 만나면 상담을 진척시키기가 어렵다. 왜냐하면 내담자가 상담자의 피드백을 고려하거나 수용하기보다는 방어하며 걸러 내버리기 때문이다. 상담사가 자기를 잘못 보았다고 여기며 심지어 분노하기조차 한다.

성격장애를 가진 내담자들은 '자아동조적'일 가능성이 높다. 자신의 성격장애를 제대로 인식하지 못한 채 타인이나 환경에 문제가 있는 것으로 이해하고 살아왔기 때문이다. 이런 내담자들은 자아동조적인 모습으로부터 하루아침에 벗어날 수 없다.[32] 여러 방어기제를 무의식적으로 사용하기 때문에 상담을 통해서도 쉽게 변화하기가 어렵다. 자아동조적인 내담자일수록 상담사는 수용적인 환경을 제공해야 한다. 그리고 내담자가 수용할 수 있는 범위 내에서 수위를 조금씩 올려가면서 자신의 모습을 직면할 수 있도록 돕는 것이 지혜롭다.

12. 지식 없는 열정

> 지식 없는 소원은 선하지 못하고 발이 급한 사람은 잘못 가느니라(잠 19:2).

'지식 없는 소원'을 NIV 성경에서는 'zeal without knowledge'라고 번역하였다. 열심 또는 열정(passion)이 있다는 것은 건강한 삶의 특징이며 또한 바람직한 모습이다. 욕구(desires)의 경우와 비슷하다. 사

---

32) 바울 사도의 경우에는 예수님의 강권적인 개입과 은혜 입음을 통하여 자신의 문제점을 바로 깨닫고 삶의 패러다임이 바뀌게 되었다는 점에서 예외적이다.

람들 중에는 열심과 열정이 없이 '병든 영혼'의 모습으로 살아가는 이들이 있다. 마치 라오디게아교회 성도들처럼 차지도 덥지도 않은 삶을 사는 사람들이다(계 3:15-16). 주님은 이런 미지근한 삶의 모습에 대하여 "내 입에서 너를 토하여 버리리라"(계 3:16)라고 경고하셨다. 요즘 청소년들과 청년들 중에서 이와 같은 증상을 가진 이들을 점점 많이 생기고 있다. 게임중독, 인터넷중독, 또는 스마트폰중독의 증상을 빼고는 다른 삶의 영역에서 열정이나 비전이 거의 없이 무기력하게 살아가는 이들이다.

본문은 열심 또는 열정은 있지만 지식이 없는 자들에게 경고한다. 여기에서 지식이 없는 자는 '발이 급한 사람'과 연결된다. 성급하고 충동적인 모습은 지식 즉 합리적 사고 작용이 되지 않기 때문에 일어나는 현상이다. 자아의 이성적인 기능이 잘 작동되지 않음으로 인하여 조급하게 결정하고 행동하는 것이다. 가지 말아야 할 길을 충동적으로 가는 것은 결과적으로 어리석고 자기패배적이다.

마라톤에 비유한다면 열심히 뛴다고 해서 좋은 것이 아니다. 마라토너는 목표가 어디에 있는지, 목표지점에 도달하려면 어떤 길로 달려야 하는지를 잘 알아야 한다. '지식이 없는 열심'의 결과는 열심히 뛰었는데 엉뚱한 곳에 가 있는 것에 비견할 수 있는 결과일 것이다. 하나님 없이 열심히 살아간다고 애쓰는 사람들은 모두 참된 신(神)지식이 없이 열심만으로 살아간다는 점에서 어리석다. 열심히 살았는데 엉뚱한 지도를 갖고 있음으로 인하여 엉뚱한 종착지에 도착한다면 참으로 어리석고 안타깝다. 다시 기회가 주어지는 인생길이 아니기 때문이다.

신앙생활의 건강성을 진단하는 척도 중의 하나가 '열정'이다. 하나님에 대한 헌신과 확신이 분명치 않은 것은 건강한 신앙생활이 아니라는 것을 알려주는 척도다. 그러나 열심만 있다고 건강한 신앙생활이 될 수는 없다. 소위 광신자들은 건강한 신앙생활을 하는 이들이 분명히 아니다. 타종교인들 중에도 열정적으로 헌신하는 이들이 있다. 그들 중에는 자기가 믿는 신앙의 대상을 위하여 목숨을 바치기까지 하는 이들이 있다. 회교도들의 신앙적 열정은 기독교인들의 열정을 능가한다. 그러나 이들은 성경적인 관점에서 볼 때 잘못 그려진 지도를 갖고 열심히 뛰어가는 어리석은 마라토너와 같다.

이와 같은 잘못된 열정으로 살았던 대표적인 성경인물은 바울이다. 그는 예수 그리스도를 만나기 전에 유대교에 열성적인 신자이자 바리새인이었고 율법학자였다. 그의 유대교적인 신념과 열정으로 예수 믿는 자들을 박해하는데 혈안이 되었던 자였다.

열정과 올바른 지식은 균형을 이루어야 한다. 지식이 없는 열정은 맹목적이다. 열정이 없는 지식은 냉랭하다. 머리 기능이 잘 되지 않는 가슴 기능은 곤란하다. 가슴 기능이 없는 머리 기능도 곤란하다. 열정에 지식과 이성이 균형 있게 어우러질 때 대인관계에서나 신인관계에서 모두 건강한 삶을 살 수 있다. 기독교상담사는 내담자의 열정 상태를 잘 진단하고 지식과 균형을 이룰 수 있도록 도와야 할 것이다.

13. 성격장애의 고집성

미련한 자를 곡물과 함께 절구에 넣고 공이로 찧을지라도 그의 미련은 벗겨지지 아니하느니라(잠 27:22).

본문에서 미련한 자를 성격장애를 가진 자로 이해한다면 그 의미가 풍성해진다. 절구에 넣고 공이로 찧으면 곡물의 껍데기가 벗겨지지만 성격장애 증상은 잘 벗겨지지 않는다는 것이다. 장애적인 모습이 성격화되어 있어서 쉽게 변화하지 않는 것이다. 기독교상담사는 이 사실을 인식하고 상담하면 변화가 더딘 내담자에게 덜 지치며 덜 화가 난다.

14. 중독

> 스올과 아바돈(Destruction)은 만족함이 없고 사람의 눈도 만족함이 없으니라(잠 27:20).

솔로몬은 인간이 경험할 수 있는 모든 쾌락적인 경험들을 시도해본 인물이었다. 그는 자신의 경험을 통하여 세상의 그 어느 것도 진정한 의미에서의 만족과 장기적인 만족을 줄 수 없음을 임상적으로 체험했던 인물이었다. 전도서 1장에서 이 사실을 잘 표현했다: "모든 만물이 피곤하다는 것을 사람이 말로 다 말할 수는 없나니 눈은 보아도 족함이 없고 귀는 들어도 가득 차지 아니하도다"(전 1:8).

마치 무덤과 배지 않은 태와 담지 못하는 저수지가 만족함이 없는 것처럼 인간의 마음은 하나님이 없이는 진정한 만족을 경험할 수 없다(잠 30:16 참조). 그런 의미에서 모든 중독은 하나님을 찾고 있는 종교적 행위라고 재해석할 수 있다.

중독의 특징은 잠시의 즐거움과 고통의 경감을 약속하는데 있다. 잠시의 만족을 주지만 그 수준의 만족을 경험하려면 좀더 강한 자극이 필요하게 된다. 이것이 중독이 갖고 있는 '내성'(tolerance)의 특징이다. 보기는 보아도 족함이 없는 것이 우리 인생의 실존이다

15. 악의 심리학

대인관계를 잘하려면 인간이해가 필요하다. 인간은 백퍼센트 착한 사람이 아니다. 동시에 백퍼센트 악한 사람도 아니다. 모든 사람들에게는 좋은 면과 나쁜 면이 공존한다. 그러나 일부의 사람들은 나쁜 면이 주로 있고 좋은 면은 발달이 안 되어 있거나 좋은 면은 억압된 채 산다. 잠언에서는 이들을 악인이라고 부른다. 악인들의 특징을 잘 이해할 때 성도들은 세상에서 비둘기처럼 순하고 뱀처럼 지혜롭게 생활할 수 있다.

잠언에서 악인은 적극적인 악의 모습을 드러낸다면 미련한 자나 어리석은 자는 소극적인 악의 모습을 보여준다. 잠언은 미련한 자나 어리석은 자의 특징을 여러 가지로 규명한다. 이들의 모습은 인생을 살아가는데 있어서 믿는 자들에게 반면교사의 역할을 한다. How 주석은 다음과 같이 그들의 특징을 표현하였다:

> 귀가 얇아서 아무 말이나 함부로 믿으며(14:15-16), 게으르기 이를 데 없는 자다(6:6; 19:24; 20:4; 26:13-15). 그는 또한 부모를 괴롭히고 심지어 저주까지 하는 자요(19:25; 20:20; 30:17), 교만한 자요 (16:18), 말이 많아서 남의 비밀을 누설하면서 남의 험담을 하는 자요(10:14, 18; 11:13; 20:19; 26:7), 입을 지키지 못하며 야웨께 미

움을 받는 자요(12:22; 13:2-3; 18:13-16), 뇌물을 좋아하는 자요
(15:27; 17:23), 술에 잠긴 자요(23:30-35), 음녀와 이방 계집의 유
혹에 빠지는 자요(6:32; 7:4-13), 악을 행하기를 즐거워하는 자요
(10:23), 탐욕을 품고서 의인을 억울하게 하는 자요(18:5), 잘못된 저
울추와 말로 속여 파는 자요(20:10), 마음이 조급하여 쉽게 분노하며
(12:16; 14:17, 29; 15:18; 29:11), 다투는 자요(20:3), 마음에 미움
과 증오심이 가득한 자(10:12)이다.[33]

이들의 모습 속에는 소극적인 악뿐 아니라 적극적인 악의 모습도 포
함되어 있다. 이 모습들은 현대인들이 보여주는 많은 병리적인 증상들
과 일치한다.

1) 악인의 특징

내 아들아 악한 자가 너를 꾈지라도 좇지 말라 그들이 네게 말하기를 우
리와 함께 가자 우리가 가만히 엎드렸다가 사람의 피를 흘리자 죄 없는
자를 까닭 없이 숨어 기다리다가 음부 같이 그들을 산채로 삼키며 무덤
에 내려가는 자 같이 통으로 삼키자 우리가 온갖 보화를 얻으며 빼앗은
것으로 우리 집에 채우리니 너는 우리와 함께 제비를 뽑고 우리가 함께
전대 하나만 두자 할지라도 내 아들아 그들과 함께 길에 다니지 말라 네
발을 금하여 그 길을 밟지 말라 대저 그 발은 악으로 달려가며 피를 흘리
는데 빠름이니라(잠 1:10-16).

이 본문에서 동사를 주목하면 악인의 행동 특징을 알 수 있다. 첫째,
악인은 '꾀며'(entice) 유혹한다. 꾀는 것은 속이는 것을 의미한다. 겉

---

33) 이형원, "잠언 설교를 위한 서론적 논의," 『잠언: 어떻게 설교할 것인가』, 두란노
How 주석 시리즈 20, 목회와 신학 편집부 편 (두란노 아카데미, 2009), 31.

으로는 친구처럼 행동하지만 실제는 넘어뜨리는 걸림돌이 되는 것이다. 좋게 보이는 미끼를 달아 꾀어 상대방을 파멸시키려고 하는 것이다. 17절의 표현처럼 새 모이를 주어 새를 꾀어 그물에 잡으려는 사냥꾼의 심리와 같은 것이 악한 자들의 심리이다.

둘째, 악인은 "우리와 함께 가자"라는 표현을 하면서 동료의식을 부추긴다. 소속감이 없거나 외로움의 이슈가 있는 자들에게 '허위친근감'(false intimacy)을 갖게 하여 한솥밥을 먹는 식구 같은 느낌을 주는 것이다.[34] 이들은 "전대 하나만 두자"고 꾄다. 동업자가 되자는 것이다. 그러나 실제 이들은 자신의 이익을 위하여 꾄 사람을 이용하며 사기하고자 하는 것이다. 더 나아가 공범자를 만들고자 하드는 것이다. 이것은 마귀의 전략이다. 마귀는 혼자서 지옥에 가지 않고 많은 친구들을 만들어 함께 지옥에 가기 위해 몸부림치고 있다.

셋째, 악인은 "죄 없는 자의 생명을 죽이는" 자다. 무작위로 공격하거나 살인하는 것이다. '묻지마 살인'과 같은 사회적 병리현상에는 영적으로 마귀적인 역동성이 있다. 세계적으로 일어나고 있는 테러 집단들의 비이성적이며 반인륜적인 테러 뒤에는 마귀가 있다. 마귀는 살인

---

34) 김정우는 이 '허위연대감'을 다음과 같이 표현하였다: "아직 철이 들지 않은 어린 제자는 사회적 연대감을 강력하게 표현하는 '우리가 함께 가자'는 말을 들었을 때 사회적 수용과 동질감과 환대를 느낄 수 있었을 것이다." 김정우, 『성서주석: 잠언』, 114. 가출하는 청소년들이 소속된 비행청소년 집단을 포기하거나 탈출해야겠다는 필요성을 절실히 느끼지 못하는 이유는 그들이 그 집단에서 '허위 친밀감'과 '허위 수용감'을 경험하기 때문이다. 역기능가정에서 경험하지 못했던 '우리'라는 동질의식과 가족의식을 경험하기 때문에 의존하는 것이다. 이단들이 전략적으로 공략하는 자들이 친밀감과 연대감이 결여된 채 살아가는 자들이다. 주로 역기능가정에서 성장기를 보낸 성인아이들이 공통적으로 갖고 있는 증상인 낮은 자존감, 친밀감의 결여로 인하여 이단 집단에 쉽게 빠져드는 이유가 여기에 있다. IS(Islamic Nation)에 자원입대하는 타국인들도 대부분 이런 이유로 빠져드는 것이다.

자의 심리적 이슈를 격동시켜 길가는 사람들을 아무 연고 없이 공격하는 '보이지 않는 세력'이다. 피해자 뿐 아니라 사회 전반적으로 타인과 환경에 대한 불신을 야기하는 세력이다. '묻지마 살인'을 하는 자들은 타인의 입장에서 느낄 수 있는 공감능력이 거의 없는 반사회성 성격장애와 사회병질적 성격을 갖고 있다. 이런 자들은 마귀가 사용하기 좋은 '틈'을 너무 많이 갖고 있다. 때로 마귀는 환청이나 환시 같은 정신병의 증상을 이용해서 가해자가 현실감 없이 살인을 행하도록 역사할 수 있다.

넷째, 악인은 "숨어서 기다리며 공격하는" 자다. 정정당당하게 자신을 드러내는 것이 아니라 익명성을 유지하면서 공격한다. 자신의 정체를 은폐하며 공격한다. 전쟁터에서는 매복하여 공격하는 것은 전투의 전략이다. 전쟁이 아닌 일상적인 삶에서 매복하여 공격하는 것은 비신사적이다. 악한 자들은 자신의 정체를 드러내지 않기 위해서 마스크를 쓰거나 지문을 남기지 않기 위해서 주도면밀하게 자신을 은폐하는데 있어서 지적 능력이 뛰어나다. 이들은 어두움에 거하며, 어두움에 행하는 자들이다.

다섯째, 악인은 "빼앗은 것으로 자기 집을 채우는" 자다. 불로소득으로 자신의 집을 채우는 것은 매우 이기적이며 반사회적인 행동이다. 타인이 노력한 것을 빼앗아 자기의 것으로 만드는 자는 도둑이며 강도다. 바울은 다음과 같이 권면하였다: "도적질하는 자는 다시 도적질하지 말고 돌이켜 빈궁한 자에게 구제할 것이 있기 위하여 제 손으로 수고하여 선한 일을 하라"(엡 4:28). 의인은 수고하여 얻은 것으로 가난한 자들을 구제하며 나누어주는 자다.

여섯째, 악인은 "악으로 달려가며 피를 흘리는데 빠른 발을 가진 자다" 이들은 악을 행함에 있어서 정상적인 사람들이 겪는 갈등을 거의 겪지 않는다. 공격적인 충동성이 이성의 통제를 받지 못한다. 양심의 가책을 느끼지 않는다. 그래서 범죄한 후에 마치 아무런 일이 없었다는 듯이 돌아다닌다. 심지어 체포된 후에 범행 현장에서 범행을 태연하게 재연한다.

> 그들은 악을 행하지 못하면 잠이 오지 아니하며 사람을 넘어뜨리지 못하
> 면 잠이 오지 아니하며 불의의 떡을 먹으며 강포의 술을 마심이니라(잠
> 4:16-17).

악인들은 마치 프로이트가 말한 '싸나토스'(thanatos), 즉 '죽음 본능'에 따라 사는 사람들과 같다. 이들은 파괴적인 본능의 욕구가 만족될 때까지는 초조하며 불안한 자들이다. 예를 들면, 성욕구를 채우지 못하면 채워질 때까지 초조하게 성적 대상을 찾는 자들이다. 크리스천 정신과 의사 펙(Scott Peck)은 '악의 심리'라는 새로운 진단명을 사용할 것을 제안한 바가 있다.[35] 양심의 가책을 전혀 느끼지 못하며 문제의식조차 없으며 파괴적인 행동을 즐겨하는 사람들을 이해하는 진단명이 필요하다고 제안한 것이다. 현실적으로 이런 자들이 세상에 있다. 이들은 "악을 행하는 것에서 기쁨을 얻는" 가학적인 인간들이다(고전 13:6 참조). 이들은 노력하지 않고 얻은 재물로 자신의 집을 채우며 폭력으로 빼앗은 재물로 즐기는 자들이다.

개인뿐 아니라 집단이나 국가도 이렇게 사악해질 수 있음을 20세기 전반기의 독일과 일본의 예에서 찾아볼 수 있다. 그리고 공산주의 국가

---

35) M. 스코트 펙, 윤종석 역, 『거짓의 사람들: 악의 심리학』 (두란노, 1991).

들과 대한민국과 대치관계에 있는 가까운 북한의 정치체제에서 찾아볼 수 있다. 양심이 기능했다면 도저히 행할 수 없었을 유대인 대학살 만행을 저지르면서도 히틀러와 그를 추종하는 사람들은 기뻐하고 즐거워했다. 무력과 전쟁으로 다른 나라들을 침략하여 주권을 빼앗고 억압하는 것은 마귀적이다. 독도의 영유권을 주장하는 일본은 자신들이 "불의의 떡을 먹고 강포의 술을 마셨던" 과거의 잘못에 대해서 뉘우침이 없음을 행동으로 보이고 있다. 이와 같은 경우는 악의 심리가 집단적으로 피어나는 대표적인 예다.

> 악인의 길은 어두움 같아서 그가 거쳐 넘어져도 그것이 무엇인지 깨닫지
> 못하느니라(잠 4:19).

"악인의 길은 깊은 어두움과 같다"는 본문 전반부의 표현을 심리학적으로 이해한다면 악인의 행동은 대부분 무의식의 지배를 받는 행동이라고 해석될 수 있다. 악인은 문제 행동의 원인에 대해서, 그 역동성에 대해서 거의 통찰력이 없는 것이 특징적이다. 자기가 누구인지 정확하게 인식하지 못한다. 세상에 대해서도 현실적으로 인식하지 못한다. 즉 그는 눈은 있어도 제대로 보지 못하는 맹인과 같다. 어두움 속에서 행하는 행동으로 인하여 부정적인 결과가 왔음에도 불구하고 깨닫지 못한다. 따라서 잘못이나 실수를 통해서 무엇인가를 배우고 깨닫고 성장하지 못한다. 무의식화된 역동성에 휘둘려 동일한 악행을 반복한다. 교도소 생활을 반복하며 심한 경우에는 사형에 이르는 자기 파괴적이며 타인 파괴적인 삶으로 자신의 삶을 종결할 가능성이 높다. 더 나아가 영원히 지옥 형벌을 받을 자로 전락할 위험성이 매우 높다. 악인의

악행의 결과에 대해서 잠언은 확실하게 진술한다. 단기적인 유익은 있을 수도 있다. 그러나 장기적으로 볼 때 결국 스스로에게 해가 되며 타인에게도 해가 되는 인생이 되고 말 것이다.

여러 형태의 중독자들은 악인의 특징을 공유한다. 도박으로 인하여 여러 번 실존적인 어려움에 봉착했음에도 불구하고 자신의 핵심문제나 핵심감정을 파악하지 못하며 악습을 반복한다. 자신과 가정을 파국적인 상황에 빠뜨리는 도박 중독자는 악인의 길을 걷는 자다. 알코올 중독자도 마찬가지다. 성중독자도 마찬가지다. 마약 중독자도 마찬가지다. 이 사실을 자각해야 한다. 자신의 뒤에 보이지 않는 공중권세 잡은 마귀가 역사하고 있음을 자각해야 한다.

> 미련한 자는 지혜와 훈계를 멸시하느니라(잠 1:7b); 너희 어리석은 자들은 어리석음을 좋아하며 거만한 자들은 거만을 기뻐하며 미련한 자는 지식을 미워하니 어느 때까지 하겠느냐(잠 1:22).

바보는 배우는 것을 싫어한다. 배우지 못한다. 새로운 변화를 시도하기보다는 현재를 고수하려고 한다. 빛이 그의 어두움을 비춰도 깨닫지 못한다. 오히려 빛을 적극적으로 혐오하며 분노한다. 예수님의 말씀을 들었을 때 그의 지혜로운 말씀에 오히려 혐오를 느끼고 살인적인 분노를 느꼈던 바리새인들과 서기관들은 어리석고 악한 바보였다. 그들은 스스로 지혜가 있다고 여겼지만 실상은 바보였다.

"지혜와 훈계를 멸시하느니라"는 표현에서 미련한 자의 자기애성 성격장애적 요소를 발견할 수 있다. 자기애성 성격장애를 가진 사람은 자기를 매우 괜찮은 사람으로 인식한다. 그래서 다른 사람들로부터 배우려고 하지 않는다. 충고나 조언을 소화하지 못한다. 다른 사람들이 쓴 책도 잘 읽지 않는다. 조언하면 심지어 분노한다. 자기를 약하다고 말하는 것으로 오해하기 때문이다. 약한 자들을 무시하고 깔본다.

미련한 자들은 적극적으로 지식을 미워한다. 마치 불신자들 중에서 기독교인들을 적극적으로 미워하거나 혐오하는 이들처럼 말이다. 이들은 자신의 어리석음을 인정하지 않는다. 좋게 여기기 때문에 어리석다고 말하는 사람을 오히려 미워한다.

> 여호와께서 미워하시는 것 곧 그의 마음에 싫어하시는 것이 예닐곱 가지이니 곧 교만한 눈과 거짓된 혀와 무죄한 자의 피를 흘리는 손과 악한 계교를 꾀하는 마음과 빨리 악으로 달려가는 발과 거짓을 말하는 망령된 증인과 및 형제 사이를 이간하는 자이니라(잠 6:16-19).

잠언 기자는 하나님이 혐오하시는 것을 일곱 가지로 명료하게 표현하였다. 본문에서 죄를 신체의 각 부분과 연결하여 표현한 것이 특징적이다. 악인의 특징이 신체를 통해서 잘 묘사되고 있다. 하나님은 눈과 혀와 손과 심장 및 발이 악의 도구가 되는 것을 미워하신다.[36] 예수님은 신체의 일부가 죄를 범하는데 사용될 때 그 부분을 잘라버리고 천국에 들어가는 것이 낫다는 말씀을 하셨다(마 18:8-9 참조). 문자적으로 해석해서 죄를 범할 때마다 손을 자르고 눈을 뺀다면 성한 몸을 가지고

---

36) 머피와 허와일러는 눈과 혀와 손과 발로 표현된 신체 기관은 결국 전인격적인 모습이라고 이해하였다. R. Murphy & E. Huwiler, *New International Biblical Commentary: Proverbs, Ecclesiastes, Song of Songs* (Peabody, MA: Hendrickson Publishers, 1999), 32. 좀더 세부적인 의미를 드러내기 위해서 각각의 특성을 부각시켜 이해하는 분석적인 접근이 유익하지만 결국 이 신체 부분들은 유기적으로 연결되어 상호작용한다는 점에서 통합적으로 이해하는 것도 유익하다고 여겨진다.

있는 신앙인들은 거의 없을 것이다. 예수님의 이 말씀은 문자적으로 이해할 수 있는 것이 아니다. 죄를 끊어내는데 신체의 일부를 잘라내어서라도 죄로부터 자유해진다면 그 편을 선택하는 것이 낫다는 의미라고 해석할 수 있다. 사실상 손으로 범죄하더라도 그 손이 범죄하도록 하는 것은 마음이다. 따라서 죄의 핵심은 마음에 있다. 도박을 하지 않겠다고 손가락을 자른 후에도 발가락으로 도박을 하는 이들이 있다. 이것을 보면 손을 잘라낸다고 해서 도박자의 핵심문제가 해결되지 않았음을 알 수 있다. 핵심적인 치료방법은 '마음의 할례'를 받는 것이다. 육신의 할례로는 진정한 변화가 일어날 수 없다. 세례도 마찬가지이다. 물세례 자체는 세례 받는 사람을 변화시킬 수 없다. 예수 그리스도와 관계된 자가 되었음을 상징하는 표식이 물세례다. 마음의 할례는 예수 그리스도와 함께 날마다 죽는 것이다.

첫째, 악인은 하나님이 혐오하는 교만한 눈을 가진 자다.[37) 흔히 눈은 마음의 창이라고 표현된다. 마음의 특성이 눈으로 잘 드러나기 때문이다. 마음이 교만한 자는 감추려고 해도 그의 눈이 무의식적으로 그의 교만함을 말해준다. 교만한 사람의 눈은 자신보다 연약한 사람들을 무시하는 태도가 은연중에 드러낸다.[38) 어려운 일을 당하는 자들에 대한

---

37) 6장 13절 불량한 자와 악한 자는 '눈짓을 하는'(who winks with his eye) 자다. 악한 의도를 소통하는 방식 중의 하나가 눈짓하는 것이다. 이런 눈짓에 사용되는 눈은 범죄하는 눈이다. 예수님의 말씀처럼 빼버려야 할 눈이다. 브릿지스는 본문을 주석하면서 대표적으로 교만한 성경인물들 중에서 바로(출 9:16–17 참조), 하만(에 7:10 참조), 느부갓네살(단 4:28–33 참조), 그리고 헤롯(행 12:21–23 참조)을 예로 들었다. Bridges, *Proverbs*, 48–49.

38) 잠언 기자는 "눈이 심히 높으며 눈꺼풀이 높이 들린 무리가 있느니라"(30:13)고 교만과 눈을 연결시켰다. 자기애성 성격장애자는 자신의 시선을 높은 사람들에게 고정한다. 그들과 동일시하며 그들의 위치에 자신이 올라가기를 매우 원하기 때문이다. 따라서 자신보다 낮은 위치나 입장에 있는 사람들에 대해서는 진정한 의미에서 거의 관심을 갖지 않거나 공감하지 못한다.

공감이 그 눈빛에 담겨 있지 않다. 이런 눈을 가진 사람은 자신의 눈에 들보가 박혀 있음을 깨닫지 못한다. 그래서 타인의 눈에 있는 티를 보며 빼려고 한다.[39] 자신은 의롭다고 생각하기 때문에 그의 목은 곧고 뻣뻣하다(stiff-necked). 교만한 눈은 자기애성 성격장애를 가진 사람에게서 찾아볼 수 있다. 특히 외현적으로 자기애적인 사람은 눈에서 교만의 기운이 흘러넘친다. 그런 점에서 본다면 자기애성 성격장애를 갖고 있는 사람의 눈을 하나님은 싫어하신다고 말할 수 있다. 자신을 객관적으로 볼 줄 모르고 '자기과대성'의 틀을 통하여 타인들을 보며 심지어 하나님까지도 그 틀을 통하여 보려고 하는 자를 하나님은 혐오하신다. 이런 사람은 스스로 인식하든 인식하지 못하든 날마다 하나님이 싫어하는 삶을 살아간다. 하나님이 싫어하며 미워하는 삶 자체가 죄다. 따라서 이런 사람은 날마다 죄를 먹고 마시며 사는 것이다. 참으로 두려운 일이다.

둘째, 악인은 하나님이 혐오하는 거짓된 혀를 가진 자다.[40] 거짓된 혀를 가진 자는 '거짓을 말하는 망령된 증인'이며 '형제 사이를 이간하는 자'다. NIV 성경은 '거짓말을 쏟아내는 거짓 증인'이라고 번역하였

---

39) 이 증상은 강박성 성격장애의 한 증상이기도 하다.

40) 6장 12절에서 불량하며 악한 자는 '구부러진 말을 하는'(with a corrupt mouth) 자다. 혀가 타락한 자다. 그의 혀는 에덴 동산에서 뱀이 가졌던 혀와 같다. 하나님의 말씀을 왜곡해서 하와를 유혹한 혀와 같다. 이 혀는 쓴 물을 내며 저주를 내는데 사용된다(약 3:9-12 참조). 6장 13절은 손이나 발로 표시하여 악한 일을 도모하는 행동을 언급한다. 가룟 유다는 예수님을 배반할 때 입술로 표시를 하는 행동을 하였다: "예수를 파는 자가 이미 그들과 군호(a signal)를 짜 이르되 내가 입 맞추는 자가 그이니 그를 잡아 단단히 끌어가라 하였느니라"(눅 14:44). 이것은 예수님과 제자들 사이에 있었던 입맞춤의 아름다운 인사가 악용된 것이었다. 이것은 고린도교회에 있었던 아름다운 인사 표시였던 '거룩한 입맞춤'과 대조를 이룬다(고후 13:11 참조). 브릿지스는 거짓말하는 행동을 한 대표적인 성경인물로 게하시(열하 4:25-27 참조), 아나니아와 삽비라(행 5:1-10 참조)를 예로 들었다. Bridges, *Proverbs*, 49.

다. 따라서 그는 십계명이 명시적으로 금한 행동을 스스럼없이 행하는 자다. 거짓말을 하는 혀를 가진 자는 초자아가 발달되지 않은 자다. 동시에 '거짓의 사람'이다. 그는 '거짓의 아비'인 마귀에게 속한 자다(요 8:44 참조). 형제 사이를 이간질하는 말을 하는 자는 마귀의 종이다. 마귀는 에덴 동산에서 하나님과 하와 및 아담 사이를 이간질하기 위해 거짓말을 했다. 인류 역사에 있어서 거짓을 말하거나 거짓을 행할 때 눈에 보이지 않는 마귀는 늘 기뻐해왔다. 거짓은 죄악이며 죄악의 결과는 사망이기 때문이다. 장차 영원한 심판을 받을 마귀는 함께 영원한 사망을 겪을 자들을 양산하는 것을 기뻐한다. 성도들은 설령 부지중에 거짓말을 했을 때에도 즉시 회개하고 진실을 추구하도록 해야 한다. 더 이상의 거짓말이 이어지지 않도록 경성해야 한다. 거짓말이 눈덩이처럼 커지게 될 때 그 결과는 치명적이다.

기독교상담사는 내담자가 거짓된 혀를 가진 사람이 아닌지 파악하는 분별력을 가져야 한다. 거짓 증인으로 나설 만큼 거짓말을 하는 사람은 싸이코패스적이다. 상담사가 도울 수 있는 사람이 아니다. 이런 사람은 지능지수가 높기 때문에 조종과 기만에 능숙하다. 상담사조차 농락할 가능성이 높다. 역으로 하나님은 정직하게 말하는 혀와 형제 사이를 화목하게 하는 치유적인 혀를 사랑하신다. 기독교상담사의 혀는 하나님이 사랑하는 혀가 되어야 한다. 즉 치료적인 혀가 되어야 한다. 이런 상담사를 만나는 내담자의 혀는 불안을 극복하고 진실을 말할 수 있는 혀가 된다.

셋째, 악인은 무죄한 자의 피를 흘리는 손을 가진 자다.[41] 하나님은

---

41) 6장 13절에서 불량하고 악한 자는 '손가락질을 하는'(motions with his fingers) 자다. 말을 할 수 없어서 손으로 의사소통하는 수화를 하는 것이 아니라 다른 사람

이 손을 가진 자를 혐오하신다. 하나님은 선한 일에 부요하도록 인간에게 손을 주셨다. 그러나 죄를 범한 이후에 아담과 하와의 아들이었던 가인은 무죄한 동생 아벨을 손으로 쳐 죽이는데 손을 사용하였다. 그의 손은 피흘리는데 사용되었다.

악인의 손은 악행 하는데 능숙하다. 이사야는 하나님 앞에 제사하면서도 여전히 불의했던 유다 백성들을 향하여 다음과 같이 하나님의 말씀을 대언하였다: "너희가 손을 펼 때에 내가 내 눈을 너희에게서 가리고 너희가 많이 기도할지라도 내가 듣지 아니하리니 이는 너희의 손에 피가 가득함이라"(사 1:15). 그들은 자신의 손에 피가 가득함을 인식할 수 있는 병식이 없었다. 그래서 능숙하게 악을 행하고서도 전혀 갈등이 없이 성전에 와서 제사를 드릴 수 있었던 것이다. 하나님은 그들의 제사를 혐오하셨다. 하나님은 "성회와 아울러 악을 행하는 것을 내가 견디지 못하겠노라"(사 1:13b)라고 그 심정을 표현하셨다.

넷째, 악인은 하나님이 혐오하는 악한 계교를 꾀하는 마음을 가진 자다.[42] 예수님께서는 사람을 더럽게 하는 것이 마음에서 나온다고 말씀

들이 모르게 손가락으로 표시를 하는 것이다. 스포츠 경기에서 손가락질을 가장 많이 사용하는 스포츠는 야구다. 상대편에 작전을 숨기기 위해 손가락질을 통해 의사소통하는 것이다. 물론 이것은 죄가 아니다. 범죄조직에서 나올 때 거치는 의식은 단지(斷指) 의식이다. 예수님의 말씀처럼 죄를 범하는데 사용된 한쪽 손을 자르고서라도 천국에 들어가는 것이 성한 두 손을 가지고 지옥에 가는 것보다 낫다. 브릿지스는 무죄한 피를 흘린 손을 가진 자로 대표적인 성경인물을 가인(창 4:8-12 참조), 므낫세 (왕하 21:16 참조), 그리고 하나님의 아들을 죽인 자들(마 27:31-38 참조)로 예시하였다. Bridges, *Proverbs*, 49. 이 외에도 나봇의 포도원을 탐하여 나봇을 죽인 아합과 이세벨(열상 21:1-16 참조), 충성스러운 신하 우리아를 죽인 다윗(삼하 11:1-27 참조), 베들레헴 지역의 두 살 이하의 사내아이들을 모두 죽인 헤롯(마 2:16-17 참조), 세례요한을 죽인 헤롯과 헤로디아(마 14:1-12 참조), 스데반을 돌로 쳐서 죽인 자들과 앞장 선 사울(행 7:54-8:1 참조) 등을 예로 들 수 있다.

하셨다: "입에서 나오는 것들은 마음에서 나오나니 이것이야말로 사람을 더럽게 하느니라 마음에서 나오는 것은 악한 생각과 살인과 간음과 음란과 도둑질과 거짓 증언과 비방이니 이런 것이 사람을 더럽게 하는 것이요"(마 15:18-20). 악한 계교를 꾀하는(devise) 마음을 가진 자는 죄를 범하는데 머리가 잘 돌아가는 특징이 있다. 일반적으로 반사회성 성격장애를 가진 사람들은 평균 이상의 지능지수를 갖고 있다. 특히 사기죄를 짓는 사람들은 남을 속이는 일에 능수능란하다. 하나님이 주신 일반은총인 뛰어난 지능과 두뇌를 가지고 반사회적인 행동을 꾀하는 것은 참으로 안타깝고 두려운 일이다.

다섯째, 악인은 하나님이 혐오하는 악으로 빨리 달려가는 발을 가진 자다.[43] 이런 발을 가진 사람에게 욕동(drives)이 일어나면 브레이크가 작동되지 않는다. 이런 사람은 충동적으로 악을 짓는다. 이성의 기능이 제대로 작동하지 않는다. 하나님은 이런 발을 가진 사람을 싫어하신다. 나이에 비해 심리적으로 너무 어린아이 상태에 있어서 자신을 절제하지 못하는 사람은 하나님이 싫어하신다고 볼 수 있다. 특히 죄를 짓는 일에 고민하거나 갈등하지도 않는 사람이나 백성을 안타까워하시며 한편으로는 싫어하신다. 예레미야는 우상숭배에 혈안이 되어 달려가는 유다 백성들의 모습을 암낙타에 비유하였다:

네가 어찌 말하기를 나는 더럽혀지지 아니하였다 바알들의 뒤를 따

---

42) 6장 14절에서 불량하고 악한 자는 "그의 마음에 패역을 품으며(with deceit in his heart) 항상 악을 꾀하는" 자다. 거짓과 기만에 능숙한 자다. 마귀는 악한 계교를 꾀하는데 단연 으뜸이다. 마귀는 영적 전투에서 하나님의 백성을 유혹하며 타락시키며 죽이는데 다양한 전략을 구사하는 악한 지혜를 갖고 있다.

43) 6장 13절에서 불량하고 악한 자는 '발로 뜻을 보이는'(signals with his feet) 자다. 테이블 밑에서 다른 사람 몰래 발로 표시하는 것이 주로 사용되는 표현 방법이다.

르지 아니하였다 하겠느냐 골짜기 속에 있는 네 길을 보라 네 행한 바를 알 것이니라 발이 빠른 암낙타가 그의 길을 어지러이 달리는 것과 같았으며 너는 광야에 익숙한 들암나귀들이 그들의 성욕이 일어나므로 헐떡거림 같았도다 그 발정기에 누가 그것을 막으리요 그것을 찾는 것들이 수고하지 아니하고 그 발정기에 만나리라 내가 또 말하기를 네 발을 제어하여 벗은 발이 되게 하지 말며 목을 갈하게 하지 말라 하였으나 오직 너는 말하기를 아니라 이는 헛된 말이라 내가 이방 신들을 사랑하였은즉 그를 따라 가겠노라 하도다(렘 2:23-25)[44] (밑줄은 강조된 것임).

밑줄 부분의 표현을 보면 유다 백성들이 충동적으로 죄를 지었음을 알 수 있다. 우상숭배 죄뿐 아니라 다른 죄악들을 행함에 있어서 하나님의 말씀이나 양심이나 초자아의 경고의 나팔을 들었지만 욕동의 힘에 이끌려 별 갈등 없이 죄를 지은 것이다. 이런 자들은 악한 자며 어리석은 자다. 그러나 평안의 복음을 전하는 자의 발은 하나님이 기뻐하시는 발이다: "좋은 소식을 전하며 평화를 공포하며 복된 좋은 소식을 가져오며 구원을 공포하며 시온을 향하여 이르기를 네 하나님이 통치하신다 하는 자의 산을 넘는 발이 어찌 그리 아름다운가"(사 52:7).

기독교상담사는 내담자의 삶에서 예닐곱 가지 죄의 특징들이 외현적으로(explicitly) 어떻게 드러나는지, 내현적으로(implicitly) 어떻게 잠복하고 있는지를 잘 파악하고 진단하는 능력을 갖고 있어야 한다. 뿐만 아니라 내담자의 삶이 하나님이 기뻐하시는 삶으로 변화되도록 도와야 한다. 내담자가 자신의 '옛 자기'의 모습을 벗고 '새 자기'를 덧입고 신

---

44) 이 본문에 대한 목회상담적 주석을 참고하려면 이관직, 『개혁주의 목회상담학』, 471-74를 보라.

체 기관과 연결된 죄의 증상을 인식하고 성령의 능력을 힘입어 날마다 죄의 뿌리를 뽑고 회개하는 삶을 살 수 있도록 도와야 할 것이다.

> 근신이 너를 지키며 명철이 너를 보호하여 악한 자의 길과 패역을 말하는 자에게서 건져내리라 이 무리는 정직한 길을 떠나 어두운 길로 행하며 행악하기를 기뻐하며 악인의 패역을 즐거워하나니 그 길은 구부러지고 그 행위는 패역하니라(잠 2:11-15).

심리학에서는 악한 행동을 악한 사람과 구별하는 경향이 있다.[45] 즉 사람은 문제가 없는데 행동이 문제가 된다는 것이다. 이것은 성경적인 인간관과 정반대인 관점이다. 성경은 사람의 마음이 처음부터 문제가 있다고 진단하기 때문이다: "만물보다 거짓되고 심히 부패한 것은 마음이라 누가 능히 이를 알리요마는"(렘 17:9). 그러나 때로는 심리학이 행동과 사람을 구별하는 것이 내담자에게 도움을 줄 때가 있다. 행동과 자신을 너무 동일시한 나머지 지나친 죄책감이나 수치심으로 고통스러워하는 경우에 행동을 그 사람과 구분하는 것이 임상적으로 유익하기 때문이다.

그러나 성경은 악한 자가 있다고 말한다. 위의 성경 본문은 악한 자의 특징과 증상을 잘 드러낸다. 첫째, 악인은 패역한 말을 하는 자다. 말은 말하는 사람의 인품과 성격을 드러낸다. 왜곡된 말, 조종하는 말,

---

45) 대표적인 치료법이 '이야기 치료'(narrative therapy)이다. 문제를 '외현화' 시킴으로써 '문제 환자'가 아닌 '문제'를 가진 사람으로 문제와 사람을 구별하는 것이다. 문제를 외현화 시킴으로써 내담자는 자신의 문제를 좀 더 객관화할 수 있는 힘과 자유를 갖게 된다. 니콜라 호가드 크리난, "이야기와 자유, 이야기 치료의 신학적 조망과 인간의 자유의 적용," in 『이야기 치료: 기독교를 만나다』, 리챠드 쿡 & 아이레네 알렉산더 (eds.), 최민수 역 (그리심, 2011), 84-87.

상처 주는 말, 독한 말을 하는 것은 말하는 사람의 됨됨이가 악함을 말해준다. 잠언 2장 16절에 등장하는 '호리는 말'(seductive words)을 하는 자도 악한 자다.

패역을 말하는 자란 "말을 할 때 자기 말만 고집하고 상대방의 올바른 말에 대해서 수용하지 못하는 자"를 의미한다. 이런 자는 상대방의 말을 경청하거나 이해하려는 태도를 갖는 대신 합리화, 이성화라는 방어기제를 사용한다. 이런 자는 미련한 자다. 의사소통이 기본적으로 되지 않는 자다.

악한 자를 분별하지 못하면 어리석게 그를 따라가며 심지어 동행하게 된다.[46] 많은 사람들이 마귀의 길을 좇아가는 것은 악한 자의 특징을 분별하지 못하기 때문이다. 마귀는 거짓의 아비이기 때문에 자신을 빛의 천사처럼 위장하기조차 한다. 바울은 영적 분별력이 없는 자를 "허물과 죄로 죽었던" 자라고 진단하며 그들의 특징은 "이 세상 풍조를 따르고 공중의 권세 잡은 자를 따"르는데 있다고 잘 지적하였다(엡 2:2). 이런 자들은 "육체의 욕심을 따라 지내며 육체와 마음의 원하는 것을 하"며 "본질상 진노의 자녀"다(엡 2:3). 반면 악한 자의 특징들을 파악하고 '구별'할 수 있는 능력을 가진 자는 지혜로우며 의로운 자다.

스스로 옳다고 여기는 자는 어리석은 자다. 구약의 많은 선지자들이 진리의 말씀으로 예언하였지만 대부분의 경우 백성들은 고집스럽게 듣지 않았고 선지자들을 돌로 쳐 죽였다. 오늘날도 마찬가지다. 하나님의

---

46) 브릿지스는 악한 자들과 접촉하면 마치 병이 전염되듯이 빠르게 영향을 받을 수 있다고 주석하였다. Bridges, *Proverbs*, 23. 잠언 22장 24절도 이 역동성을 잘 표현하였다: "노를 품는 자와 사귀지 말며 울분한 자와 동행하지 말지니 그의 행위를 본받아 네 영혼을 올무에 빠뜨릴까 두려움이니라."

분명한 말씀이 있음에도 불구하고 들을 생각을 전혀 하지 않고 자기 생각을 고집하며 말하는 현대인들도 다 어리석은 자들이다. 복음을 들어도 배척한다. 현실주의적이며 과학주의적인 사고에 완전히 물들어 있기 때문이다.

이런 자들에게 과연 직언을 할 필요가 있을까 회의가 들 수 있다. '우이독경'(牛耳讀經)이란 말이 있다. 소 귀에 경을 읽어도 전혀 도움이 되지 않는다는 의미다. 잠언 기자는 이런 자들을 대할 때 신중하게 직언할 것을 권면한다: "거만한 자를 징계하는 자는 도리어 능욕을 받고 악인을 책망하는 자는 도리어 흠을 잡히느니라 거만한 자를 책망하지 말라 그가 너를 미워할까 두려우니라 지혜 있는 자를 책망하라 그가 너를 사랑하리라"(잠 9:7-8). 산상보훈에서 예수님도 같은 비슷한 의미의 말씀을 하셨다: "거룩한 것을 개에게 주지 말며 너희 진주를 돼지 앞에 던지지 말라 그들이 그것을 발로 밟고 돌이켜 너희를 찢어 상하게 할까 염려하라"(마 7:6).

부부간에 상대방 배우자의 말을 경청하지 못하고 자기주장만 하고 상대방을 '탓하기'만 하는 이들이 있다. 이들은 일부의 말을 과장해서 전체인 것처럼 왜곡하고 자기에게 유리한 것만 말한다. 자신에게 적용되는 말은 다 부인하고 반격한다. 이런 자들은 여러 성격장애들을 갖고 있다고 진단해도 틀리지 않는다.

둘째, 악인은 어두운 길을 가기 위해 곧은 길 또는 밝은 길을 떠나는 자다. 여기에서 길이란 삶의 방식, 태도 그리고 철학을 의미한다. 그런 점에서 악인은 적극적으로 선을 버리고 자발적으로 악을 선택하는 자다. 기꺼이 악의 길을 걷기를 원하는 자다. 그는 빛으로 가까이 오는 것을 혐오한다. 밤에 행하는 것을 좋아하며 어둠 속에서 육체의 욕구를 따라 온갖 죄악을 짓는다.[47] 더 나아가 하나님을 적극적으로 버리고 세상적인 가치와 하나님과 무관한 종교를 택하여 추종한다. 그는 '상실한 마음'(depraved mind)을 가진 자다(롬 1:28 참조). 하나님은 그와 같은 자들을 방임하시며 "합당하지 못한 일을 하게" 내버려두신다(롬 1:28).

심각한 문제는 어둠에 행하는 자는 자신이 빛 가운데 행하고 있다고 착각한다는 점에 있다. 이 사람은 어둠 속에서 걸어가기 때문에 정확하게 자신을 인식하거나 주변을 인식하고 파악하지 못한다. 자신이 괜찮은 삶을 살고 있다고 착각하여 스스로 속인다.[48] 심리학적으로 표현한다면 이 사람은 무의식적인 역동성에 계속 끌려 다니면서도 자신에 대한 인식과 통찰을 할 필요성을 거의 느끼지 못한다. 어둠 속에서 행하다가 걸림돌에 넘어지는 '좌절 경험'을 해도 성장하거나 변화하지 못한다: "악인의 길은 어둠 같아서 그가 걸려 넘어져도 그것이 무엇인지 깨닫지 못하느니라"(잠 4:19). 성경은 이렇게 살아가는 자를 '악한 자'라

---

47) 욥은 어둠을 좋아하는 악인의 모습을 다음과 같이 묘사했다: "또 광명을 배반하는 사람들은 이러하니 그들은 그 도리를 알지 못하며 그 길에 머물지 아니하는 자라 사람을 죽이는 자는 밝을 때에 일어나서 학대 받는 자나 가난한 자를 죽이고 밤에는 도둑 같이 되며 간음하는 자의 눈은 저물기를 바라며 아무 눈도 나를 보지 못하리라 하고 얼굴을 가리며 어둠을 틈타 집을 뚫는 자는 낮에는 잠그고 있으므로 광명을 알지 못하나니 그들은 아침을 죽음의 그늘 같이 여기니 죽음의 그늘의 두려움을 앎이니라"(욥 24:13-17).

48) 성경에서 대표적인 예를 찾는다면 라오디게아 교회의 예다. 예수님은 "내가 네 행위를 아노니 네가 차지도 아니하고 뜨겁지도 아니하도다...네가 이같이 미지근하여 뜨겁지도 아니하고 차지도 아니하니 내 입에서 너를 토하여 버리리라"고 그 교회를 진단하셨다. 그러나 그 교회의 교인들은 "나는 부자라 부요하여 부족한 것이 없다"고 스스로 생각했다. 예수님은 다시 그들에게 "네 곤고한 것과 가련한 것과 가난한 것과 눈 먼 것과 벌거벗은 것을 알지 못하는도다"라고 진단하셨다. 그리고 "내게서 불로 연단한 금을 사서 부요하게 하고 흰 옷을 입어 벌거벗은 수치를 보이지 않게 하고 안약을 사서 눈에 발라 보게 하라"고 처방하셨다(계 3:15-18 참조).

고 규정한다. 빛이 비춰어도 악한 자는 깨닫지 못한다: "빛이 어둠에 비치되 어둠이 깨닫지 못하더라"(요 1:5). 참 빛이신 예수님께서 자기 백성에게 찾아 오셨을 때 그가 창세 전부터 계시던 하나님이심을 깨닫고 자신들이 죄인임을 깨닫고 영접한 자들은 극히 소수였다. 성도들도 한때 이 어두운 길에서 행하였던 자들이었음을 늘 기억하고 빛 가운데 행해야 한다. 자신의 죄성과 부패성을 잘 깨닫고 회개하며 겸손한 삶을 살 때 구원과 생명에 이르는 여정에서 종착지까지 실족하지 않고 걸어갈 수 있다.

반면에 '정직한 길'은 '곧은 길'이며 공명정대한 길이다. 의로운 길이며 말씀에 순종하는 길이다. 또한 '어두운 길'과 연결하여 생각한다면 정직한 길은 '밝은 길'이다. '빛의 길'이다. '천성으로 가는 길'이다.

악인이 '어두운 길'에 행하는 것은 등불 역할을 하는 말씀에 대해서 무지하거나 말씀을 알아도 순종하지 않기 때문이다. 어두운 길을 갈 때 그의 숨은 행위를 은폐할 수 있다고 생각한다. 그는 숨어서 모의하며 몰래 악을 행하며, 심지어 증거인멸을 시도한다.

어두운 길을 행할 때 그 결과는 뻔하다. 돌부리가 있어도 보지 못하여 걸려 넘어지며 스스로 파놓은 함정에 빠지게 되어 파멸하게 될 것이다.

셋째, 악인은 행악하기를 기뻐하며 악의 패역함과 왜곡을 즐거워하는 자다.[49] 죄를 지으면 따라오는 일시적인 즐거움과 쾌감을 맛볼 수 있다. 불쾌하고 두렵고 죄책감을 느끼면 죄를 지으려고 하지 않을 것이다. 대부분의 죄와 악은 쾌감을 수반한다. 예를 들면, 게임중독에 걸린 청소년들에게 게임은 현실을 잊게 해준다. 몸속에서 화학물질이 분비

---

49) 하나님은 패역한(perverse) 사람을 혐오 하신다: "대저 패역한 자는 여호와께서 미워하시나"(잠 3:32).

됨으로써 즐거움과 흥분감을 느끼게 해준다. 그러나 사랑은 "불의를 기뻐하지 않는다"(고전 13:6). 반면에 악인은 이상심리적인 행위와 증상을 반복하는 것을 즐거워한다. 하라고 하는 것은 싫어한다. 하지 말라는 것은 좋아한다. 사회병질적인 사람들은 사람을 죽이는데 쾌감을 느낄 정도로 악하다. "앞니는 장검 같고 어금니는 군도[軍刀] 같아서 가난한 자를 땅에서 삼키며 궁핍한 자를 사람 중에서 삼키는 무리가 있느니라"(잠 30:14)는 말씀은 이런 사람을 잘 묘사한다.

마귀 역시 거짓말하며, 사람들을 죄에 빠뜨리며, 파괴하는 것을 기뻐한다. 가학증(sadism)과 피학증(masochism)은 악을 행하는데서 기쁨을 얻는 병리적 증상의 한 예다. 가학적이거나 피학적인 상황에서 기쁨을 누리는 사람들이 있다. 초등학생들조차 같은 반 급우를 왕따 시키며 폭력을 사용해서 괴롭히면서 재미있어 하는 병리적인 사회가 한국사회다. 상대방의 아픔과 고통을 공감하는 능력이 없기 때문에 이런 행동을 하는 것이다. 자기가 아닌 다른 급우가 왕따 됨으로써 자신은 왕따 당하지 않았다는 안도감에서 비행적인 행동에 동참하는 자기중심성을 엿볼 수 있다. 상대방을 괴롭히거나 죽일 때 카타르시스를 느끼는 병리적인 인간들이 점점 많아진다는 것이 안타깝다. 한국사회가 점점 비인간화되고 있다. 말세의 증상이다.

성경이 동성애를 금지하고 사회통념적으로도 금기시하지만 동성애를 하는 사람들은 그 행위에서 기쁨을 누린다. 금지하는 행위를 할수록 쾌감은 증가하는 경향이 있다. 그래서 동성애자들은 그 기쁨을 포기하려고 하지 않는다. 합리화한다. 성희롱, 성폭행, 집단성관계, 간음, 포르노그래피 등의 형태로 나타나는 성적 악행 역시 행위자에게 일시적인 즐거움과 쾌감을 제공한다. 그러나 기쁨과 행복감을 느낀다고 건강한 것이 아니라는 점을 명심해야 한다. 또한 악한 기쁨과 즐거움은 일시적이며 잠정적이다. 곧 고통을 가져다준다. 더 나아가 이 땅에서의 기쁨과 즐거움은 영원한 사망의 고통의 전주곡이다. 야고보 사도는 이 사실을 잘 드러내었다:

> 들으라 부한 자들아 너희에게 임할 고생으로 말미암아 울고 통곡하라...너희 금과 은은 녹이 슬었으니 이 녹이 너희에게 증거가 되며 불 같이 너희 살을 먹으리라 너희가 말세에 재물을 쌓았도다...너희가 땅에서 사치하고 방종하여 살육의 날에 너희 마음을 살찌게 하였도다 너희는 의인[들]을 정죄하고 죽였으나 그는[그들은] 너희에게 대항하지 아니하였느니라(약 5:2-6).

마귀는 행악하는 자들에게 일시적인 기쁨과 즐거움을 느끼게 함으로써 그 행동을 반복하게 하는 전략을 사용한다. 고속도로에서 무모하게 과속 질주하는 운전자들은 흥분감을 느끼며 즐거워한다. 오토바이 폭주족들은 경찰들의 단속이 있으면 더 쾌감을 느끼며 도로를 광란적으로 질주한다. 마약을 복용하는 사람들은 그 행동이 법적으로 금지된 행동이며 처벌이 따른다는 사실을 잘 안다. 그러면서도 마약이 주는 기쁨과 쾌감을 즐긴다. 치명적인 결과를 애써 부인한다. 영원한 심판은 생각해보지도 않는다.

하나님이 원하시는 인간의 모습은 선한 행동을 할 때 기쁨과 즐거움을 느끼는 것이다. 그러나 타락한 인간은 잘못된 행동과 악한 일을 할 때 더 쾌감을 느끼며 흥분감을 느낀다. 성도는 번쩍인다고 다 금이 아니라는 사실을 잘 깨달아야 한다. 즐겁다고 좋은 것이 아니다. 기쁘다고 성경적인 삶이 아니다. 행복감을 느낀다고 성경적인 삶이 아니다.

고린도전서 13장에서 바울은 "사랑은 악을 행하는 것을 기뻐하지 않는 것"이라고 규명했다. 파괴적인 행동을 할 때 기뻐하는 것은 마귀적이며 성격장애적이다. 특히 반사회성 성격장애자들은 양심의 발달이 제대로 되어 있지 않아서 악을 행해도 양심의 가책을 못 느낀다. 몇 만 원을 뺏기 위해서 사람을 죽이는 비이성적인 행동까지 한다. 그리고 그 돈으로 유흥비로 쓰면서 즐거워한다. 이런 점에서 악인은 다른 동물들보다 훨씬 저급하다.

악행을 저지를 때 기뻐하는 사람들은 성격장애화 되어 있어서 그런 행동을 일관성 있게 유지하며 예측할 수 있게 반복한다. 웬만한 노력과 결심이 없이는 습관화된 그 행동을 중단하지 않을 것이다.

악을 행하기는 쉽다. 선을 가르치기는 어렵다. 선행을 하려면 노력을 많이 해야 한다. 힘들다. 그래서 심리적으로 미성숙한 이들은 쉬운 길을 택하며 어려운 길은 쉽게 포기한다. 한탕주의로 사기를 치거나 불로소득의 결과를 기뻐한다. 타인의 소유를 빼앗아서라도 자신의 유익을 추구한다. 도둑질하는 사람은 쉽게 획득한 돈을 쉽게 흥청망청 써버릴 위험성이 크다.

중독적인 행동이 일시적인 즐거움을 주지만 죄책감과 수치심만 남긴다는 것을 경험을 통해 알면서도 반복하는 것은 중독자의 특징이다. 마귀의 길은 중독자의 길과 매우 닮았다. 쾌감 뒤에는 반드시 후회와 죄책감과 수치심이 동반된다. 이 사실을 알면서도 반복하는 것은 점차적으로 마귀의 올무에 걸려들었기 때문이다.[50] 중독은 과정(process)이다. 중독자도 처음에는 자유 의지가 작동하기 때문에 자신을 통제할 수

---

50) 브릿지스는 본문에서 "사단은 미끼를 제시하고, 죄를 완화시키며, 눈을 감게 만들며, 모든 것의 분명한 결과인 지옥을 위장한다"고 주석하였다. Bridges, *Proverbs*, 24.

있다. 그러나 점차적으로 통제력을 잃게 된다. 나중에는 무력하게 '매여'(bondaged) 죄의 종이 되고 만다.

넷째, 악인은 구부러지고(crooked) 벗어난(devious) 길을 걷는 자다. 악인은 하나님이 명령하시는 길을 순종하여 걸어가는 대신 자신이 원하는 길을 걸어간다. 하나님과 연결되지 않는 모든 인간은 자신이 원하는 길을 걷는다. 문제는 이 길은 구부러지고 정도에서 벗어난 길이라는데 있다. 그런 점에서 '예수 그리스도 안에' 있지 않는 모든 인간은 다 악인이다. 악인은 비정상적인 길을 걸어간다. 술 취한 자에게는 곧은 길이 구부러진 길처럼 보인다. 그리고 구부러진 길이 곧은 길처럼 보인다. 마찬가지로 악한 자에게는 비정상적인 삶이 정상적인 삶으로 여겨진다. 다른 사람들이 아무리 깨우쳐주려고 해도 듣지 않고 그 길을 고집한다. 예를 들면, 결혼한 사람에게 있어서 외도는 구부러진 길임에도 불구하고 외도가 마치 정상적이며 더 용기 있는 삶의 양식인 것처럼 인식하는 것이다.

'구부러진' 것과 '패역한' 것은 모두 정상에서 벗어나는 것을 의미한다. 이런 행동은 일반 사회에서도 '비정상'(abnormal) 행동으로 진단하며 치료나 격리가 필요하다고 본다. 문제는 이런 행악이 사회의 전반적인 행동으로 보편화될 때의 위험성이다. 일반 심리학에서는 보편적인 것을 정상으로 보는 경향이 높기 때문이다. 예를 들면, 대부분의 사람들이 스마트폰 중독이면 그것은 정상으로 간주될 수 있다.

우리도 하나님을 알기 전에는 "다 양 같아서 그릇 행하여 각기 제 길로 갔던" 악인들이었다(사 53:6). 각자의 소견에 좋은대로 행했던 자들이었다(삿 21:25 참조). 길이요 진리요 생명이신 예수 그리스도가 "실상은 많은 사람의 죄를 지며 범죄자를 위하여 기도하였기"(사 53:12)

때문에 우리가 올바른 길로 갈 수 있는 의인이 된 것이다. 불신자들은 스스로 자신의 길이 옳다고 생각한다. 스스로 의롭다고 여긴다. 그러나 참 목자 되신 하나님과 관계없는 여정은 구부러지고 치우칠 수밖에 없다. 그 여정의 종착지는 지옥이다.

성경은 이 구부러진 길, 벗어난 길을 걷는 자는 망하며 심판을 견디지 못한다고 선언한다(시 1:6, 5 참조). 예수님은 이 구부러진 길과 벗어난 길을 걷는 자들을 '큰 문'으로 들어가며 '넓은 길'로 가는 자들이라고 말씀하셨다. 이런 사람들은 많은 반면 "생명으로 인도하는 문은 좁고 길이 협착하여 찾는 자가 적"다고 말씀하셨다(마 7:14).

> 네 이웃이 네 곁에서 안연히 살거든 그를 모해하지 말며 사람이 네게 악
> 을 행하지 아니하였거든 까닭 없이 더불어 다투지 말며(잠 3:29-30).

잠언 3장 27-31절에는 금지형의 권면이 계속 등장한다. 금지형으로 표현되었지만 바로 앞부분에서 다룬 27-28절은 보다 적극적인 이웃 사랑을 요구하는 말씀이다. 반면에 29-30절 말씀은 소극적인 이웃 사랑을 권면하는 말씀이다. 최소한 반사회적인 행동으로 이웃에게 상처를 주지 말라는 말씀이다. 적극적으로 사랑을 못할망정 적극적으로 이웃에게 상처를 입히지 말라는 것이다.

29절의 '모해'(謀害) 또는 모의(plot)는 의도성을 갖고 공격하는 행동을 의미한다. 몰래 험담하거나 사회적으로 매장하려고 루머를 만들거나 악성 댓글로 상대방을 공격하는 것은 하나님이 미워하시는 행동이다. 이런 행동은 심리학적인 관점에서 볼 때 반사회성 성격장애자의 증상이다. 그러나 영적인 관점에서 본다면 마귀적인 행동이다.

아합 왕의 아내 이세벨은 나봇의 포도원을 빼앗기 위하여 모해하였다. 나봇이 하나님을 저주하는 말을 들었다고 주장하는 거짓증인들을 세워 나봇을 돌로 쳐 죽이도록 교사(敎唆)하는 죄악을 저질렀다. 하나님은 그녀의 죄를 용인하지 않으셨다. 마침내 그녀는 비참한 최후를 맞았다(열상 21:1-25; 열하 9:25-37 참조).

인간은 사회 속에서 살아가는 존재이다. 소극적인 이웃 사랑은 최소한 사회적인 존재로서의 삶을 사는 것이다. 타인을 공격하거나 손해를 끼치지 않는 것은 기본적인 이웃 사랑이다. 이웃이 자신에게 아무런 해를 끼친 적이 없는데 공연히 그를 소송하거나 공격하는 것은 병리적인 행동이자 마귀적인 행동이다.

소송하는 것을 즐겨하는 병리적인 사람들이 있다. 이들은 자기 기분이 상하면 아무나 소송하며 괴롭힌다. 조그만 실수를 용납하지 못하고 상대방을 고소한다. 상대방에게 괴로움을 주면서 자신은 밤에 두 다리를 뻗고 잔다. 몇 년 전에 미국에서 있었던 법정 소송 사건은 이와 같은 사람의 한 예다. 맡긴 자신의 바지 한 벌을 잃어버렸다고 한인 세탁소 주인을 고소해서 수십만 불의 손해배상액을 요구했던 한 흑인변호사의 행동은 싸이코패스적이라고 이해될 수밖에 없다.

> 포학한 자를 부러워하지 말며 그 아무 행위든지 좇지 말라(잠 3:31).

'포학한 자'(violent man)를 부러워하는 경우는 흔하지 않다. 대부분의 사람들은 공격성을 드러내며 신체적으로나 심리적으로 폭행하거나 폭언하는 사람을 싫어하기 때문이다. 그러나 마음대로 좌지우지하며 다른 사람들을 압도하는 힘을 행사할 수 있는 사람을 싫어하면서도 부러워할 수 있다. 또는 폭력적인 사람을 싫어해서 닮고 싶지 않겠다고 결심하지만 그 폭력적인 면을 부지불식간에 닮게 될 수 있다. 사람은 가까이 접촉하는 사람의 특성을 내면화하기 때문이다.

이와 같은 역동성은 폭언이나 폭행이 있었던 가정에서 자란 성인자 녀들에게서 찾아볼 수 있다. 폭력적인 환경에서 자란 자녀는 폭력적인 아버지나 어머니의 모습에 상처를 받으며 피해자로 성장한다. 그러나 자녀들이 힘을 행사할 수 있는 나이나 위치가 되었을 때 가해자가 될 위험성이 있다. '눈에는 눈, 이에는 이'로 보복하거나 자신보다 약한 사람들에게 포학한 자가 되는 '평행과정'을 반복할 가능성이 높다. 그래서 포학한 사람의 '행위를 좇게' 될 가능성이 높다.

비록 자신이 한때 피해자였다는 사실이 가해자의 책임을 면제시킬 수 없다. 전적인 책임이 있다고 말하기는 어렵다. 그러나 여전히 자신의 가해 행동에 대하여 어느 정도의 책임을 져야 한다. 피해자라고 해서 모두가 가해자가 되는 것이 아니다. 그리고 그것이 하나님의 뜻도 아니다. 자신의 문제를 인식하고 치유하고 변화로 나아가야 할 책임이 개인에게 있다.

> 악인을 의롭다 하며 의인을 악하다 하는 이 두 사람은 다 여호와께 미움
> 을 받느니라(잠 17:15).

NIV 성경은 "죄인을 방면하는 것과 무고한 사람을 정죄하는 것을 모두 하나님은 혐오하신다"고 번역하였다.[51] 신명기 25장 1절은 "사람들

---

51) 이사야서에서도 같은 정신이 나타난다: "악을 선하다 하며 선을 악하다 하며 흑암으로 광명을 삼으며 광명으로 흑암을 삼으며 쓴 것으로 단 것을 삼으며 단 것으로 쓴 것을 삼는 자들은 화 있을진저....그들은 뇌물로 말미암아 악인을 의롭다 하고 의인에게서 그 공의를 빼앗는도다"(사 5:20-23).

사이에 시비가 생겨 재판을 청하면 재판장은 그들을 재판하여 의인은 의롭다 하고 악인은 정죄할 것이며"라고 하나님의 뜻을 분명히 밝혔다.

하나님은 정의의 원천이시며 기준이시다. 하나님은 성품상 불의한 일을 기뻐하지 않으신다. 하나님의 형상으로 지음 받은 인간들 중에서 건강한 심리를 가진 사람들은 죄인을 무죄하다고 판결하거나 죄 없는 자를 유죄하다고 판결하면 분노를 느낄 것이다.

싫어하는 것과 미워하는 것 자체가 죄는 아니다. 싫어하며 미워해야 할 것을 싫어하며 미워해야 공의와 정의가 설 수 있다. 혐오요법이라는 것이 있다. 예를 들면, 술맛이 떨어질 정도로 구토를 심하게 하도록 알코올 중독자 몰래 술에 구토하는 약을 섞어서 마시게 하는 치료방법이다. 술에 대해서 고통스러운 기억이 있으면 혐오감을 느껴 술을 입에 대지 않을 가능성이 있기 때문이다. 마찬가지로 죄짓는 것을 혐오하면 죄를 짓지 않을 가능성이 높아진다.

좋아할 것과 미워할 것을 구별할 수 있는 능력은 초자아의 발달과 밀접한 관련이 있다. 그리고 양심의 기능과 관련이 있다. 양심의 기능이 건강하게 작동될 때 불의한 판결에 대해서 의분을 느끼고 행동을 취할 수 있다.

사법부가 부패하거나 검사나 변호사들이 부패하게 되면 그 나라는 바로 설 수 없다. 나라가 멸망하는 지름길이다. 경찰이 부패해서 조직폭력배들의 돈을 받고 범죄를 묵인하거나 방조하는 나라는 무너질 수밖에 없다.

사회 가치와 윤리와 도덕의 흐름을 끌고 가야할 교회가 분별력이 없어져서 불의를 묵인하고 침묵하면 교회는 맛 잃은 소금이 되어 세상 사람들의 발에 밟히게 될 것이다(마 5:13 참조). 교회가 부패하거나 세속화되면 더 말할 나위가 없다.

기독교상담사는 상담과정에서 윤리적으로 중립적인 입장을 취해서는 안 된다. 더 나아가 윤리적으로나 신앙적으로 왜곡된 입장을 취해서는 안 될 것이다. 죄가 되는 행동을 죄가 아니라고 말하거나 문제의 책임이 없는 사람에게 책임이 있다고 잘못 진단하는 불의한 행동을 해서는 안 된다. 개인의 감정과는 관계없이 죄는 죄라고 분명한 경계선을 그을 수 있는 분별력과 용기를 가져야 한다. 멸망한 이스라엘과 유다의 거짓 선지자들처럼 죄의식을 약화시키거나 말씀대로 살려고 하는 자들을 반역자로 몰아세우거나 완벽주의자로 취급하는 악행을 반복해서는 안 된다.

2) 악인의 결과

> 그들이 가만히 엎드림은 자기의 피를 흘릴 뿐이요 숨어 기다림은 자기의 생명을 해할 뿐이니(잠 1:18); 너희가 재앙을 만날 때에 내가 웃을 것이며 너희에게 두려움이 임할 때에 내가 비웃으리라 너희의 두려움이 광풍 같이 임하겠고 너희의 재앙이 폭풍같이 이르겠고 너희에게 근심과 슬픔이 임하리니(잠 1:26-27).

악인의 행동은 '자기의 피를 흘리는' 결과를 가져올 것이다. '자기의 생명을 해하는' 결과를 가져올 것이다. 문제는 자기만 파괴하는 것이 아니라 자신과 관련된 가족이나 공동체를 파괴할 수 있다는데 있다. 더 나아가 악인의 행동으로 인하여 까닭 없이 고통을 당하거나 죽임을 당하는 이들이 있다는데 있다.

파멸과 재앙이 악인에게 예기치 않게 갑자기 닥칠 것이다. 마치 예수님의 비유에 나오는 어리석은 부자처럼 여러 해 먹을 양식을 창고에 가득 쌓아 놓고 "내 영혼아 즐기자"라고 할 때 그 날 밤에 죽음이 찾아올 수 있다(눅 12:20 참조). 그러나 이것은 악인들만 경험하는 것은 아니다. 믿음의 사람 욥이 이와 같은 경험을 하였다. 이 땅에서는 원인을 설명하기가 어려운 고통과 위험과 재앙이 믿는 자들에게도 찾아올 수 있다. 곤란과 스트레스가 감당하기 힘들 정도로 찾아올 수 있다. 이런 점에서 악인과 의인은 이 땅에서는 함께 고통을 받을 수 있다는 사실을 잊지 말아야 한다.

> 악인의 집에는 여호와의 저주가 있거니와 의인의 집에는 복이 있느니라
> (잠 3:33).

복과 저주는 모두 하나님으로부터 임한다. 하나님은 신명기에서 약속한 것처럼 하나님의 율법을 순종하지 않는 자들과 집에는 저주가 임하게 하신다. 반면 하나님의 말씀에 순종하는 자들에게는 복을 베푸신다(신 28:1–68 참조). 마귀가 저주를 베푸는 것이 아님을 명심할 필요가 있다. 하나님은 세우기도 하시며 무너뜨리기도 하시는 주권적인 왕이다.

행동주의 심리치료사는 긍정적인 행동을 '강화'(reinforcement)함으로써 긍정적인 행동을 학습하도록 내담자를 돕는다. 반면에 부정적인 행동의 경우는 '처벌'(punishment)함으로써 부정적인 행동을 소거시키는 방법을 사용한다. 하나님도 인간과의 관계에서 복과 저주를 사용하여 인간에게 동기를 부여하시며 구원론적인 사역을 이루어 가신다. 믿음으로 의롭다 함을 받은 자에게는 영원한 복을 누릴 수 있게 천국을 예비하셨다. 그러나 예수 그리스도를 믿지 않고 완악한 삶을 사는

자에게는 영원한 심판을 받도록 지옥을 예비하셨다. 하나님은 모두가 구원받기를 원하신다. 문제는 많은 인간들이 죄와 완악함으로 하나님의 뜻에 순종하지 않는다는 점이다.

> 그때에[재앙을 만나고 위기를 당할 때에] 너희가 나를 부르리라 그래도 내가 대답지 아니하겠고 부지런히 나를 찾으리라 그래도 나를 만나지 못하리니 대저 너희가 지식을 미워하며 여호와 경외하기를 즐거워하지 아니하며 나의 교훈을 받지 아니하고 나의 모든 책망을 업신여겼음이라(잠 1:28-30).

역사적으로 이 사건은 유다가 멸망하는 과정에서 실제로 일어났다. 북방에서 폭풍처럼 밀려온 바벨론 앞에서 유다는 하나님께 부르짖었지만 그들의 죄악으로 결국 멸망당하고 말았다. 그나마 재앙을 만나 하나님을 찾는 자는 어리석음을 벗을 수 있는 가능성이 있는 자다. 위기를 겪으면서 어리석음의 껍질들을 하나씩 벗고 자기중심적인 성격장애를 벗을 수 있다면 그 위기는 참으로 하나님의 은총을 경험할 수 있는 기회다.

> 그러므로 자기 행위의 열매를 먹으며 자기 꾀에 배부르리라(잠 1:31).

어리석고 미련하게 행동하는 사람은 그 행동의 원인으로 인한 결과를 초래한다. 자기의 꾀에 스스로 빠지는 오류를 범한다. 갈라디아서에서 바울은 "스스로 속이지 말라 하나님은 만홀히 여김을 받지 아니 하시나니 사람이 무엇으로 심든지 그대로 거두리라 자기의 육체를 위하여 심는 자는 육체로부터 썩어진 것을 거두고"(갈 6:7-8)라고 이 사실

을 잘 지적한다. '자업자득'(自業自得)이라는 사자성어가 이 경우에 해
당된다.

3) 악인에 대한 대처 방안

> 그들과 함께 길에 다니지 말라 네 발을 금하여 그 길을 밟지 말라(잠
> 1:15); 사특한 자의 첩경에 들어가지 말며 악인의 길로 다니지 말지어다
> 그 길을 피하고 지나가지 말며 돌이켜 떠나갈지어다(잠 4:14-15).

잠언은 악인들과 대인 관계할 때 대처방안에 대해서도 언급한다. 4
장 본문에서는 잠언 교사는 악한 자의 길에 1) 들어가지 말며, 2) 다니
지 말며, 3) 피하고, 4) 지나가지 말며, 5) 돌이키고, 6) 떠나야 한다고
'다급하고도 간절하게' 가르친다.[52] 이것은 시편 1편에서 복있는 사람
의 모습과 연결된다: "악인들의 꾀를 따르지 아니하며 죄인들의 길에
서지 아니하며 오만한 자들의 자리에 앉지 아니하고"(시 1:1).

잠언 교사는 악인에 대한 적극적인 대처 방안과 소극적인 대처 방안
을 제시하였다. 먼저 적극적인 대처는 하나님을 경외하는 것이다(잠
3:7). 악을 미워하는 것이다(잠 8:13). 소극적으로는 악인의 삶을 부러
워하지 않으며 어떤 행위도 따르지 않는 것이다(잠 3:31). 그리고 악에
아예 발을 들여놓지 않는 것이다(잠 4:27).

악인과 동행하게 되면 그의 언행심사에 동참하게 되며 영향을 받게
된다. 악인에게 선한 영향을 주기란 매우 어렵다. 그러나 악인으로부터
영향을 받기는 매우 쉽다. 그리고 그 길은 중독적이다. 마귀적이다. 한
번 그 길에 들어서게 되면 쉽게 빠져나오기가 어렵다. 한 손을 자르지

---

52) 김정우, 『성서주석: 잠언』, 199.

않으면 나오기 힘들다. 혹시라도 그 길에 들어선 자들은 빨리 깨닫고 희생이 따르더라도 '돌이켜 떠나는' 결단을 내려야 한다.

나가는 글

특히 시편과 잠언은 하나님의 말씀을 묵상하며 말씀을 따라 행하는 길을 걷는 의인들의 삶을 한 편의 그림처럼 보여준다. 잠언에서는 이들이 지혜와 명철을 가진 사람이라고 표현한다. 아울러 시편과 잠언은 하나님과 상관 없이 살아가는 악인들의 삶을 회화적으로 잘 묘사한다. 아울러 어리석고 무지해서 악한 삶을 살아가는 자들의 구체적인 모습과 악한 행동을 기뻐하며 적극적으로 악을 행하는 자들의 구체적인 모습을 회화적으로 잘 묘사한다.

이 장에서는 주로 잠언을 중심으로 불안, 우울을 비롯해서 일곱 가지 치명적인 죄에 포함되는 정신병리적인 삶을 다루었다. 아울러 환상추구, 자아동조성, 지식 없는 열정, 성격장애의 고집성, 그리고 중독에 대해서 간략하게 언급하였다. 적극적인 악인의 모습을 악의 심리학이라는 범주 아래에서 악인의 특성과 결과 그리고 악인에 대한 대처방안을 다루었다.

위에서 다룬 여러 정신병리적 행동들 외에도 시편에서 수많은 이상심리 행동들을 규명해볼 수 있다. 이웃을 해하기 위한 목적으로 웅덩이를 파거나 몰래 그물을 설치하는 것은 분명히 반사회적이며 병리적이며 마귀적인 행동이다(시 9:15 참조). 이런 행동은 상대방 모르게 올무에 빠뜨려 신체적으로, 사회적으로, 정신적으로, 영적으로 매장하는 행동이다. '살인'에 준하는 행위다.

대표적으로 시편 10편을 예로 든다면 여러 이상심리 행동들이 규명되어 있다. 시편 10:2절에는 "가련한 자를 군박"하는 자들이 있음을 보여준다. 이들은 약자들을 사냥하는 자들이다. 이들은 무정한 자들이다. 피고용인의 사정을 전혀 고려하지 않고 하루아침에 해고하는 행동을 한다. 약육강식의 논리로 대기업이 소규모사업자들의 영역까지 잠식하는 행동을 한다. 약자를 공감하지 않는다는 점에서 자기애성 성격장애적 행동이다. 기본적인 도덕이나 양심이 없다는 점에서 반사회성 성격장애적 행동이다. 유다 왕국이 멸망하는 과정에서 도망가는 힘없는 유다 백성들을 추격하여 노예로 팔아넘긴 가사과 두로, 그리고 에돔의 죄악에 대해서 하나님은 분노하시고 심판하셨다(암 1:6, 9, 11 참조).

시편 10:3절은 '마음의 소욕'(the cravings of the heart)을 자랑하며 욕심을 내는 자를 오히려 축복하는 자들에 대하여 고발한다. 병리적인 사람들 중에는 자기가 욕심으로 갈구하는 것들을 오히려 자랑하는 이들이 있다. 동성애적인 욕구를 가진 사람들이 그 욕구를 밖으로 표현할 뿐만 아니라 동성애를 합리화하거나 자랑하는 것은 수치스러운 죄악이다. 자신의 주량(酒量)을 자랑하는 자도 부끄러운 줄 알아야 한다. 문제는 이런 행동들을 자랑하는 자들이 있다는 것이다. 더 나아가 그런 행동을 하는 자들을 축복하며 옹호하는 자들이 있다는 것이다. 현대 사회는 원본능의 욕구를 초자아가 절제하며 다스리는 것을 오히려 비난하고 느끼는대로 표현하거나 행동하도록 방임하거나 격려하는 경향이 있다. 이런 개인이나 사회는 하나님의 뜻을 거스르는 행위를 한다는 점에서 하나님을 두려워할 줄 알아야 한다. 개인주의적이며 상대주의적인 사회는 이런 병리적인 행동을 합리화하며 합법화 할 위험성이 높다.

시편 10:4절은 자신의 생각의 영역 그 어느 곳에서도 하나님에 대한 생각이 전혀 없는 사람을 고발한다: "악인은 그의 교만한 얼굴로 말하기를 여호와께서 이를 감찰하지 아니하신다 하며 그의 모든 사상에 하나님이 없다 하나이다." 시편 10:6절에서는 자기애성 성격장애의 증상을 한껏 드러내는 병리적인 인간상이 묘사된다: "그 마음에 이르기를 나는 요동치 아니하며 대대로 환난을 당치 아니하리라 하나이다." 시편 10:7절에서는 폭력적인 언어와 거짓말하는 사람의 모습이 잘 그려져 있다: "그 입에는 저주와 궤휼(lies)과 포학(threats)이 충만하며 혀 밑에는 잔해와 죄악(trouble and evil)이 있나이다." 몇 년 전에 방영되었던 "웃어라 동해야"라는 텔레비전 드라마에 등장하는 여자 주인공의 모습은 7절의 모습과 매우 닮았다. 거짓말을 창의적으로 하며 자신의 유익을 위해서는 모든 사람을 희생시키는 무서운 면과 대인관계에서 사악하리만큼 통제와 위협과 저주에 능한 여자 주인공이었다. 시편 10:8절은 계획적인 살인, 청부살인, 그리고 지능적인 공격성을 가진 인간상을 잘 묘사한다: "그 은밀한 곳에서 무죄한 자를 죽이며." 사람을 죽여 그 시체를 건축 중인 건물에 콘크리트 작업할 때 같이 넣어 증거를 인멸하거나 심지어 용광로 속에 아예 녹여버리는 끔찍한 행동을 하는 사람들의 모습은 참으로 인간이 얼마나 죄로 얼마나 타락할 수 있는지 그 잔인성을 잘 보여준다.

이와 같은 정신병리적이며 악한 모습을 인간이 갖고 있음에도 불구하고 애써 인간의 선함과 긍정적인 면만 강조하는 인본주의 심리학과 인본주의적인 인간이해는 인간의 치명적인 현실을 애써 부인한다는 점에서 한계가 있다. 비판을 받아야 한다. 인간의 병리성과 깨어짐을 인식할수록 인간은 자신의 실존을 정확하게 진단할 수 있다. 겸손해질 수 있다. 구원의 필요성을 느끼며 사슴이 시냇물을 찾음 같이 갈급하게 하나님을 찾을 것이다. 역설적으로 죄가 넘치는 곳에 하나님의 은혜는 더욱 넘친다.

Chapter 5

구원받은 인간과 상담 목표

아름답고 존귀하게 창조되었던 아담과 하와는 하나님의 명령에 순종하는 대신 마귀의 유혹적인 말에 순종함으로써 에덴 동산에서 축출되었다. 그래서 아담과 하와의 모든 후예들은 하나님 앞에서 타락한 존재가 되고 말았다. 그러나 하나님은 창세 전에 예수 그리스도를 통하여 타락한 인간에게 구원주가 되시는 구원계획을 갖고 계셨다. 아브라함과 이삭과 야곱과 언약을 맺으시고 아브라함의 후손인 이스라엘을 선택하사 언약백성으로 삼으셨다. 아브라함과 그의 자손을 통하여 천하만민이 복을 얻도록 섭리하셨다. 마침내 하나님의 정하신 때가 차서 성자 하나님이신 예수 그리스도가 인간의 죄를 담당하시고 십자가에서 죽으시기 위해 친히 하늘에서 이 땅에 인간의 몸으로 태어나셨다. 마침내 십자가에서 죽으시고 사망 권세를 깨뜨리고 부활하시고 승천하심으로써 참 하나님이시자 참 사람이신 예수 그리스도를 통해서만 구원을 얻을 수 있는 길이요 진리요 생명이 되셨다. 이 복음을 믿음으로 받아들이는 자는 하나님의 자녀가 되며 하나님의 나라의 시민이 되는 구원 진리가 예수 그리스도가 오심으로 명료하게 드러나게 되었다. 그래서 율법의 행위로가 아니라 예수 그리스도를 믿는 믿음으로 구원을 얻는다는 복음의 메시지를 받아들이는 자마다 구원을 얻는 복음 시대에 우리는 살고 있다. 한때 이방인들로 간주되었던 자들까지 하나님의 나라의 친백성으로 초대받는 은총과 복을 누리는 시대에 우리는 살고 있다.

구원받은 백성의 정체성과 삶의 목적 및 의미가 무엇인지 성경은 다양한 각도에서 말씀한다. 특히 성경은 구원받은 백성들을 복이 있는 자라고 말씀한다. 성경이 말하는 복이 있는 자의 특징들을 잘 이해하는 것은 기독교상담에서 내담자가 지향해야 할 궁극적인 삶의 목적과 현실적인 삶의 목표들을 설정하고 추구하는데 중요하면서도 유익하다.

1. 성도의 정체성과 사명 확립하기

> 여호와를 자기 하나님으로 삼은 나라 곧 하나님의 기업으로 선택된 백성은 복이 있도다(시 33:12); 이러한 백성은 복이 있나니 여호와를 자기 하나님으로 삼는 백성은 복이 있도다(시 144:15).

12절의 상반절의 동사가 능동태를 취하고 있어서 마치 어떤 국가가 신을 선택할 때 여호와 하나님을 신으로 선택한 것이 복이라는 의미로 오해될 수 있다. 그러나 12절의 하반절이 그 의미를 선명하게 해준다. 하나님의 선택을 받은 국가나 백성 또는 개인이 복을 받았다는 의미다. 하나님이 예비하신 가나안을 기업으로 부여받은 이스라엘은 전적으로 하나님의 선택하심을 입은 국가였다. 그런 점에서 이스라엘 백성은 복을 받은 자들이었다.

이스라엘은 장차 예수 그리스도를 통하여 이루어질 하나님의 나라를 예표(豫表)하는 상징성을 띤 국가였다. 그런 점에서 볼 때 하나님이 통치하시는 왕국의 백성으로 선택된 자는 복 받은 자다. 그렇다면 선택받지 못한 자는 유기(abandonment)된 자다. 거절(rejection)된 자며 저주 받은 자다. 역설적으로 선택받지 못한 자는 자발적으로 하나님을 거절하며 예수 그리스도를 영접하지 않는 자다. 선택받지 못한 자는 복음을 거부한다. 복음의 진리를 이해하지 못한다. 종교적인 열심을 통해 구원 얻으려고 노력하는 자의 길도 구원의 길이 아니다. 이들은 "이 세상의 신" 즉 마귀에게 속한 자다. 마귀가 그들의 마음을 혼미하게 하여 예수 그리스도를 영접하지 못하게 하는 것이다: "만일 우리의 복음이 가리었으면 망하는 자들에게 가리어진 것이라 그 중에 이 세상의 신이 믿지 아니하는 자들의 마음을 혼미하게 하여 그리스도의 영광의 복음의 광채가 비치지 못하게 함이니"(고후 4:3-4).

성도는 하나님의 영원한 경륜 속에서 선택받은 존재다. 성도로 하여금 이 사실을 자각하도록 하는 것은 기독교상담 과정에서 매우 중요하다. 내담자가 자신의 정체성을 인식하며 확립하는 것은 당면한 문제 상황을 이해하며 대처하는데 매우 중요하기 때문이다. 크리스천은 창세 전에 하나님의 예정하심을 입어 선택을 받고 부르심을 받은 존재다. 그리고 예수 그리스도를 믿음으로써 하나님의 자녀가 되는 권세를 얻은 자이며 거듭난 존재다(엡 1:4-5 참조). 세상적인 지혜로는 이 복음 진리를 이해할 수 없다.

문제는 많은 크리스천들이 자신들이 하나님의 선택을 받은 존재라는 사실을 뼛속까지 인식하지 못한다는 점이다. 선택을 받았지만 언제 내쳐질지 모르는 존재라고 생각하여 구원의 확신이 없는 이들이 많다. 개혁주의 신학적 입장에 입각한 구원론의 기초가 약함으로 인하여 하나님과 안정되며 안전한 대상관계를 누리지 못하고 이 세상에서 산다면 안타까운 일이 아닐 수 없다.

구원에 대한 확신이 부족한 이들은 이단의 가르침에 쉽게 미혹될 수 있다. 신천지와 같은 이단의 가르침에 현혹되는 이들이 많아지는 것은 많은 교인들이 성경적인 구원 진리에 대하여 확고한 기초가 약하기 때문이다. 기독교상담사는 하나님과 불안정한 대상관계를 맺고 있는 내담자를 만날 때 하나님의 선택과 부르심에는 후회함이 없으며(롬 10:29 참조) 하나님은 참으로 신실하신 분이심을 성경적인 진리에 기초하여 분명하게 가르쳐야 할 것이다.

하나님의 무조건적인 사랑과 은총을 입어 하나님의 자녀로 선택함을 받은 것은 이 세상에서 누릴 수 있는 가장 큰 복이다. 개인적인 종말의 순간과 우주적인 종말의 순간에 구원받은 자로서 자신이 호명될 때, 그리고 생명책에 자신의 이름이 기록되어 있다는 말을 듣게 될 때 감격의 눈물을 흘리지 않을 사람이 어디에 있겠는가? 참으로 구원의 찬송을 목청껏 영원토록 부를 것이다.

선택은 책임을 내포한다. 하나님이 우리를 선택하셨다는 것은 선택에 대한 책임을 지겠다는 것을 의미한다. 선택하기로 결정해놓고서 주저하거나 후회하거나 책임지지 않는 것은 미성숙한 인간이 보이는 모습이다. 하나님은 절대로 그런 분이 아니다. 하나님은 선택한 하나님의 자녀들의 과거와 현재와 미래에 대해서 궁극적으로 책임을 지고 구원으로 이끄실 것이다(롬 8:38-39 참조).

이 성경적인 진리는 성도들에게 확실한 안정감과 안전감을 제공한다. 하나님의 선택을 받은 자임을 인식하는 크리스천들은 마귀와의 싸움에서 너무 불안해하거나 두려워할 필요가 없다. 성도들은 이미 승리가 보장되어 있는 싸움을 하기 때문이다. 이 진리를 믿는 것은 불안과 관련된 많은 증상들과 고통을 감소시키는데 치료적인 효과까지 있다.

> 또 사람에게 말씀하셨도다 보라 주를 경외함이 곧 지혜요 악을 떠남이
> 명철이니라(욥 28:28).

이 본문은 욥의 말이다. 상담은 지혜의 과정이다. 이 세상을 지혜롭게 살도록 돕는 것이 상담이다. 세상적인 지혜도 필요하지만 인간은 신적인 지혜가 필요하다. 신적인 지혜를 가진 자로서 살아가도록 돕는 것이 기독교상담사의 중요한 역할이다.

인간을 창조하시고 인간과 관계를 맺기를 원하시는 하나님과 올바른 대상관계를 맺으며 그를 경외하는 삶을 사는 것이 참된 지혜이자 신적인 지혜다.[1] 하나님을 경외하며 사랑하는 것이 인간의 정체성이다. 하나님을 경외하는 삶을 사는 사람은 자연히 악을 미워하며 악의 삶으로부터 멀어진다. 이것이 명철이다. 지각이 있는 삶이다.

기독교상담사는 내담자가 하나님과 맺고 있는 대상관계의 성격을 점검하고 그가 하나님을 경외하는 삶을 살고 있는지를 진단해야 한다. 내담자가 호소하는 삶의 문제와 고통이 하나님을 경외하도록 초대하는 하나님의 초대장일 수 있음을 내담자가 인식하도록 도와야 한다.

---

1) 하틀리는 인간이 지혜롭게 되는 것은 일차적으로 하나님께 순종함으로써 가능한 것이지 미지의 것을 탐색하는 것에서 가능한 것이 아니라고 주석하였다. Hartley, *The Book of Job*, 383. 이 지혜는 세상을 살아가는데 필요한 실용적인 지혜와 구별되는 것이다.

그리고 그가 성도로서 분명한 정체성을 갖고 삶을 살 수 있도록 도와야 한다.

> 이는 지혜와 훈계를 알게 하며 명철의 말씀을 깨닫게 하며 지혜롭게, 공의롭게, 정의롭게, 정직하게 행할 일에 대하여 훈계를 받게 하며 어리석은 자를 슬기롭게 하며 젊은 자에게 지식과 근신함을 주기 위한 것이니 지혜있는 자는 듣고 학식이 더할 것이요 명철한 자는 지략을 얻을 것이라(잠 1:2-5).

잠언 1장 첫 부분에 등장하는 이 본문은 잠언 전체의 목표들을 제시한다. 이 목표들은 기독교상담사에게 내담자와 더불어 상담목표를 설정하는데 관점을 제공해준다.[2] 첫째 목표는 내담자가 하나님 말씀에 대한 지혜와 통찰이 생기도록 하는 것이다. 욥의 경우처럼 전에는 하나님에 대해서 듣기만 했지만 고난을 통과한 후에는 눈으로 본다고 고백하는 삶으로 바뀌도록 하는 것이다. 그래서 삶에서 하나님과 친밀하게 동행하며 하나님의 뜻을 스스로 분별할 수 있는 능력이 생기도록 하는 것이다. 물론 하나님의 뜻이 항상 명료하게 분별되는 것은 아니다. 따라서 상담과정에서도 내담자가 좀더 하나님의 뜻에 가깝다고 생각하는 삶에 모험하며 결단하도록 돕는 것이 기독교상담사의 중요한 역할이다.

둘째, 내담자가 균형 잡힌 삶을 실천하는 것이다. 구체적으로 표현하자면 지혜롭고, 의롭고, 정의롭고, 정직한(fair) 행동을 하는 지정의(知情意)의 기능이 발달하며 변화하는 것이다.[3] 이런 내담자는 하나님을

---

2) 이 본문에 대해 구체적으로 다룬 내용을 알고 싶으면 이관직, 『개혁주의 목회상담학』, 제8장 "잠언과 목회상담," 167-92를 참조하라.
3) "그런즉 네가 공의와 정의와 정직 곧 모든 선한 길을 깨달을 것이라"(잠 2:9). 선한 길의 특징은 옳고(right), 정의롭고(just), 공정한(fair) 데 있다.

사랑하되 마음을 다하고 성품을 다하고 뜻을 다하고 힘을 다하여 사랑하는 삶을 살 수 있는 성장과 성숙이 점점 일어난다. 아울러 이웃을 자기 자신처럼 사랑할 수 있게 된다.

셋째, 삶의 안내와 지도를 받아 신중한 삶을 사는 것이다. 특히 충동적인 삶에 자기조절 능력이 생기며 신중함(prudence)을 통하여 자기파괴적인 행동을 줄여가는 것이다. 이와 같은 목표들은 하나님을 영화롭게 하는 성도의 삶의 궁극적인 목적에 부합된다.

> 사람들이 사는 동안에 기뻐하며 선을 행하는 것보다 더 나은 것이 없는 줄을 내가 알았고 사람마다 먹고 마시는 것과 수고함으로 낙을 누리는 그것이 하나님의 선물인 줄도 또한 알았도다(전 3:12-13).

프로이트는 그의 정신분석학에서 인간의 핵심적인 이슈를 행복한 삶을 사는 것과 무엇인가 선을 행하는 것으로 이해하였다. 그의 이해는 위의 본문과 놀랍게도 일치한다. 유대교 신자는 아니었지만 유대인으로서 구약성경에 대한 지식을 갖고 있었던 그가 전도서 본문에서 아이디어를 얻은 것이 아닐까라는 생각을 해볼 수 있겠다.

기독교상담사는 내담자가 이 땅에서 기뻐하는 삶과 행복한 삶을 살아가도록 돕는 것이 필요하다. 불신자에도 이 땅에서 행복한 삶을 사는 것은 필요하며 유익하다. 그러나 성도는 불신자들과 구별되게 '예수 그리스도 안에서' 행복하게 사는 자가 되어야 한다. 진정한 기쁨과 참된 행복을 누리는 것이 성도의 삶이다. 이 기쁨과 행복은 환경에 영향을 덜 받을 수 있는 것이다. 기독교상담사는 삶의 어려움으로 고통하는 내담자에게 이 기쁨과 행복을 경험할 수 있도록 도와야 할 것이다. 이 기쁨은 로마의 감옥에 갇혀 있던 바울 사도가 "주 안에서 항상 기뻐하라 내가 다시 말하노니 기뻐하라"(빌 4:4)고 권면한 기쁨이다. "나는 비천에 처할 줄도 알고 풍부에 처할 줄도 알아 모든 일 곧 배부름과 배고픔과 풍부와 궁핍에도 처할 줄 아는 일체의 비결을 배웠노라"(빌 4:11-12)고 담대하게 말한 바울이 말한 기쁨과 행복이다. 이 기쁨과 행복은 세상 사람들이 이해할 수 없는 것이다. 매 맞고 빌립보 감옥에 갇혀서도 분노하거나 좌절하거나 슬퍼하는 대신 밤중에 일어나 하나님께 기도하고 찬송했던 바울과 실라가 경험했던 기쁨과 행복이다(행 16:25).

행복감은 정체성과 연결되어 있다. 정체성이 불분명해지면 행복감은 줄어든다. 우울감을 비롯한 부정적인 감정들을 자주 겪게 된다. 따라서 내담자가 정체성을 확립하는 것은 상담의 중요한 목표가 된다. 내담자가 기독교상담을 통하여 그리스도 예수 안에서 형성된 새로운 정체성을 분명하게 인식하도록 하는 것은 상담사가 초점을 맞추어야 할 부분이다.

하나님의 선한 뜻은 우리가 세상에서 살아갈 때 기쁨과 즐거움을 경험하며 사는 것이다. 그리고 이웃과 교회와 사회에 선한 일을 하면서 사는 것이다.

삶의 문제는 이 두 가지 이슈가 양 축에서 균형 있게 긴장을 유지되지 못할 때 생긴다. 즐거움과 행복을 추구하는 나머지 타인이나 이웃에게 선한 영향력을 끼쳐야 하는 사명을 무시하게 되면 쾌락주의자가 되거나 이기주의자가 된다. 자신의 즐거움을 위해서는 타인을 이용하기까지 한다. 알코올 중독을 비롯한 여러 형태의 중독에 빠진다. 법을 무시하면서까지 자기의 이익과 즐거움을 추구하며 반인륜적인 사회적 범죄까지 저지를 수 있다. 반대로, 선한 일을 한답시고 과도하게 일에 집중 또는 집착하면 대인관계에서 경험할 수 있는 즐거움과 친밀감이 줄어든다. 개인적인 삶에서 행복감이 점점 줄어든다. 이것은 일중독의 대표적인 증상이다. "어떤 사람은 아들도 없고 형제도 없이 홀로 있으나 그의 모든 수고에는 끝이 없도다 또 비록 그의 눈은 부요를 족하게 여기지 아니하면서 이르기를 내가 누구를 위하여는 이같이 수고하고 나를 위하여는 행복을 누리지 못하게 하는가 하여도 이것도 헛되어 불행한 노고로다"(전 4:8)라는 말씀은 일중독자의 불행을 잘 표현한다. 실제 아들이 없고 형제도 없는 혈혈단신의 삶을 사는 사람들도 간혹 있다. 그러나 가족들과 함께 살고 있지만 진정한 의미에서 친밀감을 느낄 수 없고 정서적으로 연결되지 않은 채 한 지붕 아래에서 살아가는 사람은 외로운 자다. 불행한 자다. 일중독에 빠지면 결국 자신의 삶이 불행해진다. 가족까지 불행하게 만든다.

이 두 축 사이에서 균형을 유지하려면 '먹고 마시는 것'과 같은 즐거워하는 삶과 '수고함'에서 만족을 누리는 삶이 하나님의 선물이라는 사실을 잘 인식해야 한다.[4] 하나님이 건강한 몸과 가정과 삶을 주셨다는 것에 대하여 감사할 줄 알고 자족할 줄 알아야 한다. 일의 결과에 대한 칭찬과 인정을 자신이 취하지 않고 하나님께 돌리는 것이 쾌락주의와 일중독을 방지하는 좋은 예방책이다.

> 나의 의를 즐거워하는 자들이 기꺼이 노래 부르고 즐거워하게 하시며 그
> 의 종의 평안함을 기뻐하시는 여호와는 위대하시다 하는 말을 그들이 항
> 상 하게 하소서(시 35:27).

---

4) 박윤선은 수고함으로 낙을 누리는 것에 대해서 "사람의 사는 목적이 수고를 면하려는데 있지 않고 수고를 하려는데 있다. 그렇다면 이 세상에서 우리의 당하는 근심거리와 수고거리는 우리에게 문제 될 것 없다. 우리는 수고하려고 이 세상에 났으니만큼 수고로운 일, 곧 괴로운 사건들이 우리에게 찾아오는 것은 조금도 이상스러울 것 없다"고 주석하였다. 박윤선, 『성경주석: 욥기 전도서 아가서』(영음사, 1974), 418.

이 본문에 나타나는 하나님의 특성은 그의 종의 "평안함을 기뻐하시는"(delight in the well-being) 분이라는 것이다. 이 본문에서 말하는 하나님의 종은 일차적으로 다윗을 의미한다. 시편 36편의 부제는 "여호와의 종 다윗의 시"이다. 35편도 다윗의 시다. 따라서 이 시에서 하나님은 일차적으로 다윗의 웰빙을 기뻐하시는 분이라고 노래한 것으로 해석할 수 있다. 그러나 "그의 종," 즉 여호와의 종은 다윗 뿐 아니라 하나님의 사역자들, 더 나아가 하나님의 자녀들까지 포함하는 의미로 해석될 수 있다.

35편의 전체적인 본문의 맥락을 살펴보면 시인은 현실적으로 웰빙 상태에 있지 못했음을 알 수 있다. 1-10절에서는 전쟁의 위협이 표현된다. 11-18절은 불의한 증인들이 시인을 힐난하며 공격하는 상황을 묘사한다. 시인은 "주여 어느 때까지 관망하시려 하나이까"(17절)라고 부르짖으며 "나의 하나님, 나의 주여 떨치고 깨셔서 나를 공판하시며 나의 송사를 다스리소서"(23절)라고 하나님께 항소하고 있다. 따라서 시인의 현재 마음 상태는 웰빙이 아님을 알 수 있다. 그러나 그는 역경 가운데에서도 구원의 노래를 부르고 있는 것이다. 이 사실에 대해서 이성훈은 다음과 같이 표현하였다: "시인은 하나님의 구원이 이미 이루어진 것으로 인식하고 그 구원의 기쁨을 미리 노래하고 있는 것이다."[5] 이 사실에서 하나님을 믿는 신앙 안에서 유지하는 웰빙은 환경과 조건을 뛰어넘는 것임을 알 수 있다. 신앙인들이 어떤 환경에서도 안정과 안전을 누리며 흔들리지 않는 웰빙의 삶은 하나님을 바라보는 신앙에 기반을 둘 때 가능하다.

---

5) 이성훈, "시 35편: 믿음의 눈과 선취적 신앙," 『시편 1: 어떻게 설교할 것인가』, 305.

하나님은 당신의 자녀들이 이 땅에서도 샬롬과 참살이의 삶을 살기를 원하시며 그 삶을 기뻐하신다. 기독교적인 의미의 웰빙은 하나님과의 관계가 잘 이루어지며 이웃과의 관계가 잘 이루어지는 것이다. 더나아가 자신과의 관계가 잘 이루어지는 것이다. 하나님은 이 세 가지차원의 관계가 잘 이루어져서 하나님의 자녀가 기쁨과 보람을 갖고 이세상에서 살기를 원하신다. 그리고 그렇게 살아가는 모습을 기뻐하신다. 이런 웰빙의 삶은 하나님의 "선하시고 기뻐하시고 온전하신 뜻"이다(롬 12:2). 성도가 이런 삶을 이어갈 때 죽음 저편에서 누릴 영원한 웰빙의 삶과 연결된 삶이 될 것이다.

따라서 기독교상담사는 내담자가 하나님이 기뻐하는 의미의 웰빙의삶을 살 수 있도록 돕는 것을 상담 목표로 삼아야 한다. 하나님의 자녀가 상담 과정을 통해 웰빙의 모습을 회복해간다면 하나님은 기뻐하시며 그 과정에서 돕는 상담자를 아울러 기뻐할 것이다.

2. 자기인식력 증진하기

> 슬기로운 자의 지혜는 자기의 길을 아는 것이라도 미련한 자의 어리석음은 속이는 것이니라(잠 14:8).

NIV 성경은 상담학적인 의미를 더 잘 표현한다: "The wisdom of the prudent is to give thought to their ways, but the folly of fools are deception." 이 표현에서 어리석은 자의 기만은 자기를 기만하는 것이자 타인을 기만하는 것이다. 그러나 신중하고 사려 깊은 자는 자신의 길, 즉 자신의 삶에 대해서 생각하며 반성하는 능력이 있다. 반대로 어리석은 자는 자신의 삶에 대해서 생각하지 못하며 반성하지 못한다. 그래서 자기기만의 삶을 산다.

지혜자는 타인의 삶을 잘 인도할 수 있는 능력이 있다. 그러나 어리석은 자는 자신이 눈먼 자라는 것을 인식하지 못한 채 타인을 인도하려고 한다. 이것은 타인을 기만하는 것이다. 같이 웅덩이에 빠질 위험성이 있다.

타인의 삶을 제대로 인식하기란 쉬운 일이 아니다. 하지만 자신을 객관적으로 인식하며 아는 일은 훨씬 더 어렵다. 따라서 자신에 대하여 스스로 속기가 매우 쉽다. 예를 들면, 열등의식을 갖고 있는 사람은 자기를 객관적으로 인식할 수 있는 능력이 약하다. 반대로 교만한 사람, 즉 자기애성 성격장애적 증상을 가진 사람도 자신을 객관적으로 인식하는 능력이 매우 약하다. 그래서 '자기 과대성'이라는 특징을 나타내는 것이다. 일반적으로, 자신을 있는 그대로 평가하며 진단하며 인식하기란 어렵다. 특히 무의식적인 역동성에 대해서 스스로 통찰을 하거나 자기 분석 또는 자기 수퍼비전을 하는 것은 쉽지 않는 일이다.

내담자는 상담사를 통하여 자신에 대해서 객관적인 피드백을 받을 수 있는 기회를 갖게 된다. 일상에서는 다른 사람들로부터 솔직하게 피드백 받지 못했던 부분에 대하여 피드백 받게 되는 것이다. 처음에는 방어기제가 작동해서 상담사의 피드백을 잘 수용하기가 어렵다. 그러나 자신을 인식하고자 하는 의욕과 용기를 갖게 되면 점점 드러나는 자신의 이슈들과 역동성, 그리고 성격장애적 요소들에 대해서 점점 명료하게 인식할 수 있는 능력을 갖게 된다.

자기인식을 하는 것은 지혜로운 자의 특성이다. 지혜로운 자는 자신의 삶에 대해서 반추하는 것을 두려워하지 않는다. 원치 않는 어떤 행동을 왜 반복하는지, 왜 어떤 사람을 좋아하고 어떤 사람을 이유 없이 싫어하는지, 왜 삶에서 에너지가 없이 무기력하게 사는지, 왜 쉽게 불안해하거나 분노하는지에 대하여 탐색하는 것은 심층적인 상담이 초점을 맞추는 부분이다. 이런 이유들을 탐색하여 내담자의 자기인식의 영역을 점점 넓히는 것은 그의 내면세계의 변화에 꼭 필요한 중요한 과정이다. 반면에 어리석은 자는 자기 인식에 대해서 관심을 갖지 않는다. 문제가 생겨도 먼저 다른 사람이나 환경을 탓하고 지나쳐버린다. 그 문제가 자신과 관련된 것이라는 생각을 하지 못한다. 무의식적으로 자기를 속이며 속임을 당하는 것이다.

자기인식을 한다고 할지라도 하나님과 연결되지 않은 채 살아간다면 이것 또한 속임을 당하는 것이다. 아무리 정신분석의 과정을 통하여 자신의 무의식적인 역동성에 대한 인식을 할 수 있게 된다고 할지라도 특별계시의 빛, 즉 하나님의 말씀을 통하여 자신을 조명할 수 있는 능력이 없는 사람은 여전히 어둠 속에서 살고 있다. 영적인 영역에 대하여 무의식화 되어 있어서 보지 못하며 듣지 못하는 사람이기 때문이다. 자신이 예수 그리스도를 통한 구원을 필요로 하는 죄인이라는 사실에 대하여 병식(病識)이 없는 어리석은 자다. 세상적으로는 지혜로운 사람일 수 있지만 하나님의 지혜에 있어서는 어리석은 사람이다. 이 사람에게는 심리치료가 필요한 것이 아니라 중생이 필요하다. 바리새인이자 유대인의 지도자인 니고데모에게 예수님은 "진실로 진실로 네게 이르노니 사람이 물과 성령으로 나지 아니하면 하나님의 나라에 들어갈 수 없느니라 육으로 난 것은 육이요 영으로 난 것은 영이니 내가 네게 거듭나야 하겠다 하는 말을 놀랍게 여기지 말라"(요 3:5-7)라고 말씀하셨다. 정신분석에는 인간의 진정한 핵심문제의 해결책이 없다. 정신분석만으로는 진정한 구원을 얻을 수 없다. 상담만으로는 진정한 구원을 얻을 수 없다는 사실을 분명히 깨닫는 자만이 지혜로운 사람이다. 정신분석이나 일반상담은 인간의 핵심문제인 죄의 문제를 해결할 수 있는 능력이 없다.

기독교상담사는 내담자들과 마찬가지로 자기인식을 향한 변화의 과정에서 노력을 게을리하지 않아야 한다. 개인분석과 수퍼비전 또는 자문을 통하여 자신을 객관적으로 볼 수 있는 기회를 지속적으로 가져야 성장할 수 있다. 더 나아가 성경을 통하여 자신을 점검하며 조명하는 노력을 게을리 하지 않아야 할 것이다. 성경 말씀과 더불어 역사하시는 성령님과 인격적으로 교제하는 삶을 통하여 성령의 조명을 받아야 할 것이다. 묵상과 기도를 통하여 하나님 앞에서 자신을 발견하는 작업을 계속 해야 할 것이다.

상담사가 자기인식을 하지 못하면 맹인이 맹인을 인도하는 꼴이 된다. 역전이 역동성에 휘말려 상담 과정에서 객관성을 잃어버리고 우왕좌왕하게 된다. 구덩이에 함께 빠질 위험성이 높아진다. 또는 영적으로 미숙한 상태에 머물러 내담자의 영적 성장에 걸림돌 역할을 하게 된다.

> 사람의 행위가 자기 보기에는 모두 깨끗하여도 여호와는 심령을 감찰하시느니라(잠 16:2).

본문은 하나님께서 각 사람의 동기(motives)를 저울에 달아보듯이 파악하신다고 말씀한다. 하나님은 각 사람의 의식적인 동기와 무의식적인 동기를 모두 아신다. 스스로 고결한 인품을 갖고 있다고 생각하는 사람조차 자신의 무의식적인 동기에 대하여 분석 받는다면 "나는 깨끗한 사람입니다"라고 말하지 못할 것이다. 꿈의 세계만 인식하더라도 자신이 고결한 인생이 아님을 알 수 있을 것이다.

자기의 삶에 대하여 흠이 없다고 말하는 것에는 두 가지 가능성이 있다. 하나는 의식적인 차원에서 상당히 고결한 인품을 갖고 후회 없는 삶을 사는 경우다. 다른 하나는 자신에 대해서 객관적인 평가를 하지 못하는 경우다. 병식이 없어서 자신은 문제가 없는 삶을 살고 있다고 착각하는 경우다.[6]

정신분석적인 심리치료는 내담자가 털어놓는 삶의 이야기와 그가 타인들을 대하는 태도와 관계 방식, 행동 속에서 나타나는 그의 무의식적인 역동성을 의식화할 수 있도록 돕는 과정이다. 인식하면서도 남들에게 인정하고 싶지 않은 동기들과 인식하지 못하는 동기들이 무엇인지를 통찰하며 직면할 수 있을 때, 내담자는 하나님 앞에서 좀 더 순수하고 성결한 삶을 살 수 있을 것이다.

이사야 선지자는 성전에서 거룩하신 하나님을 만났을 때 "화로다 나여 망하게 되었도다 나는 입술이 부정한 사람이요 나는 입술이 부정한 백성 중에 거주하면서 만군의 여호와이신 왕을 뵈었음이로다"라고 고백하였다(사 6:5). 그는 거룩하신 하나님 앞에서 자신의 입술이 부정하

---

6) 롱맨은 잠언 기자는 '자기 눈에' 스스로 지혜롭다거나 깨끗하다고 생각하는 이들을 부정적으로 평가하는 본문으로서 다음의 본문들을 지적하였다: "스스로 지혜롭게 여기지 말지어다 여호와를 경외하며 악을 떠날지어다"(3:7); "미련한 자는 자기 행위를 바른 줄로 여기나 지혜로운 자는 권고를 듣느니라"(12:15); "미련한 자에게는 그의 어리석음을 따라 대답하라 두렵건대 그가 스스로 지혜롭게 여길까 하노라"(26:5); "네가 스스로 지혜롭게 여기는 자를 보느냐 그보다 미련한 자에게 오히려 희망이 있느니라"(26:12); "스스로 깨끗한 자로 여기면서도 자기의 더러운 것을 씻지 아니하는 무리가 있느니라"(30:12). Longman, Proverbs, 328.

다는 사실을 인식할 수 있었다. 그는 유다 백성들 중에서는 상대적으로 의롭고 하나님의 부름 받은 선지자로서 의로운 선지자라고 생각하면서 유다 백성들의 죄에 대해서 분노하며 말씀을 외쳤다. 그러나 그 또한 입술이 부정한 백성들 속에서 호흡해온 부정한 입술을 가진 사람이라는 인식을 하지 못했던 것이다. 이사야는 하나님을 만나면서 자기에 대한 인식의 지평을 넓힐 수 있었다. 즉 자기통찰이 일어난 것이다.

3. 자유하기 및 용서하기

> 허물의 사함을 받고 자신의 죄가 가려진 자는 복이 있도다(시 32:1).

인간의 핵심 문제는 죄다.[7] 이 핵심 문제가 해결되지 않으면 인간은 죄의 노예가 된 채 살게 된다. 자신이 죄의 노예인 줄 모르고 사는 사람들이 너무 많다. 죄에 대해서 무의식화되어 있기 때문이다. 자신이 죄인임을 깨닫지 못하는 사람은 구원을 받을 수 없다.

자신이 죄인임을 자각할 때 예수 그리스도의 십자가의 죽으심을 통해 죄를 용서받을 수 있는 길이 열렸다는 복음이 얼마나 기쁜 소식인지를 경험적으로 알 수 있다. 여러 형태의 중독으로부터 자유를 누리게 된 이들이 느끼는 해방감과 기쁨은 경험해보지 않은 사람은 알 수 없을 것이다. 자신이 감옥에 갇혀 있는 자라는 사실을 인식할 때 감옥에서

---

7) 본문에서 '허물'이라는 히브리 단어는 본래 "신하가 왕에게 반란을 꾀하는 것을 가리키는 정치적인 용어"였으나 본문에서는 피조물인 인간이 창조주 하나님을 '거역하고 배신하는 행위'를 의미한다고 이성훈은 주석하였다. 이성훈, "시편 32편: 죄의 유일한 해결책, 회개," 『시편 1: 어떻게 설교할 것인가』, 284.

탈출하고 싶은 욕구가 생길 것이다.

모든 크리스천들은 원죄와 자범죄로부터 용서받은 자들이다. 예수 그리스도의 십자가의 보혈로 죄 씻음을 받고 의롭다 함을 받은 자들이다. 값없이 은혜로 죄 용서함을 받았다는 인식을 갖고 살 때 성도는 자신에게 잘못한 자나 상처 입힌 자를 용서할 수 있다.

용서 심리학에서는 용서는 상대방을 위해서라기보다 자신을 위해서라고 가르친다. 물론 틀린 말은 아니다. 그러나 기독교적인 용서는 이 차원을 넘어서는 것이다. 하나님으로부터 감당할 수 없는 용서를 받은 자이기 때문에 용서해야 한다는 것이다. 용서하지 못한다는 것은 자신이 하나님의 큰 용서를 받은 자임을 충분히 인식하지 못하고 있다는 것을 말해준다.

"우리가 우리에게 죄지은 자를 사하여 준 것 같이 우리 죄를 사하여 주옵시고"라는 주기도는 우리가 한 용서의 의 때문에 하나님이 용서해 주실 것이라는 것을 의미하지 않는다. 오히려 하나님이 우리를 용서하셨고 용서하시며 용서하실 것임을 믿기 때문에 죄지은 자를 용서하겠다는 약속으로 이해되어야 한다.

형제의 죄를 용서하지 않는다는 것은 하나님의 용서를 값싼 것으로 이해했거나 하나님의 용서를 무의식화 했다는 것을 의미한다. 만 달란트의 빚을 탕감 받은 종이 백 데나리온 빚진 친구에게 빚을 갚으라고 요구한 것은 자신이 감당할 수 없는 빚을 탕감 받았다는 사실을 기억하지 못했거나 탕감 받은 사실을 현실로 받아들이지 못했기 때문이라고 해석할 수 있다(마 18:23-35 참조). 아니면 탕감 받은 종의 자기중심적인 모습에서 나온 행동일 수 있다. 자기애성 성격장애를 가진 사람은 자신이 은혜 받은 것은 당연히 받아야 할 것으로 생각하고 자신보다 약한 자들의 상태를 공감하지 못하는 증상이 있기 때문이다.

기독교상담사는 신경증적인 죄책감으로 씨름하는 내담자에게 하나님의 용서하심에 대하여 의식화 시켜야 할 것이다. 죄를 회개한 후에도 동일한 사건에 대한 죄의식이 사라지지 않기 때문에 회개를 강박적으로 반복하는 이들이 있다. 기독교상담사는 이런 내담자에게 "네 죄 사함을 받았느니라"라고 선포하시는 예수님의 음성을 내면 깊은 곳에서 소화할 수 있도록 내담자의 완벽주의와 신경증을 치료해야 할 것이다. 조현삼은 회개와 용서에 대해서 신용카드와 보이스피싱 전화라는 비유로 흥미롭게 설명하였다:

> 우리가 이미 회개하고 용서받은 죄는 잊어야 한다. 하지만 그것이 기억날 수 있다. 이때는 서둘러 그 죄를 이미 회개하고 용서받았음을 자신에게 말해줘야 한다. 그리고 그 생각을 중단시켜야 한다. 그래야 또다시 죄책감과 죄의식에 빠지지 않는다 그래야 회개한 죄를 또 회개하게 하는 사탄에게 당하지 않을 수 있다. 앞에서 카드 영수증을 잘 보관하라고 했다. 쓸모가 있을 때가 있을 것이라고 했는데 바로 이때다. 보이스피싱 전화가 걸려오는 것처럼 사탄이 이미 회개하고 용서받은 죄를 다시 기억나게 할 때, 청구권이 없는 사탄이 이미 지불한 것을 또다시 청구할 때 카드 영수증을 제시할 필요가 있다.[8]

기독교상담사는 신경증적인 죄책감이 과민한 양심과 왜곡된 가치 기준 때문에 생기는 것임을 내담자가 인식하도록 도와야 할 것이다. 죄책

---

8) 조현삼, 『삶을 찾아서』 (생명의 말씀사, 2011), 210-11.

감으로 인하여 삶에 활기가 없고 두려움이나 불안에 시달리는 내담자는 불필요한 짐을 너무 많이 실은 자동차와 비슷하다. 연료를 지나치게 소모하거나 엔진 출력이 좋지 않거나 언덕에서 속력을 낼 수 없을 때에 혹시 차에 과도한 짐을 싣고 있는 것이 아닌지 확인할 필요가 있다. 초자아(superego)가 과민하게 작용함으로써 경보음이 불필요하게 자주 울릴 때 인간은 불안을 쉽게 또는 과도하게 느끼게 된다. 그러면 불안에 대처하기 위해서 무의식적으로 방어기제가 운용된다. 방어기제를 자주 오랫동안 사용하게 되면 마침내 증상으로 표출된다고 보는 것이 불안에 대한 정신분석학의 설명이다.

과민한 양심과 불안과의 관계성을 내담자가 이해하게 될 때 신경증적인 죄책감으로부터 서서히 자유로워질 수 있다. 증상의 원인이 외부에 있는 것이 아니라 자신의 내면, 즉 지나치게 발달된 초자아와 미성숙한 자아에 있다는 사실을 깨닫는 것은 변화 과정에서 매우 중요하다. 방어기제를 사용하지 않고서도 불안에 대처할 수 있는 힘을 스스로 키우며 성령께서 내면세계의 질서를 회복시키실 때 신앙인은 심리적으로 점점 성숙해지는 삶을 살게 될 것이다.

죄 용서는 '허물을 덮는다' 는 의미가 있다. 치유의 과정은 핵심 감정을 탐색하고 '발견하는'(dis-cover) 과정이 선결되어야 한다.[9] 임시로 덮어두었던 부분들, 또는 부인이라는 방어기제를 통하여 무의식화 되었던 부분들을 용기를 내어 고백하거나 의식화하는 과정이 '발견' 의 과정이다.

---

9) 이만홍은 핵심감정을 다음과 같이 잘 정의하였다: "아주 어린 시절 성장과정에서 상당한 결핍이 반복적으로 있을 경우 그 결핍된 감정은 어린 아이의 심층심리에 다른 어떤 감정과도 비길 수 없는 깊은 골을 패게 만든다. 우리는 이것을 핵심감정이라고 한다." 이만홍 & 황지연, 『역동심리치료와 영적 탐구』(학지사, 2007), 32.

회개는 덮어두었던 죄를 하나님 앞에서 노출하는(un-cover) 과정이다. 성령은 죄를 깨닫게 하시며 지나간 허물을 기억나게 하신다. 그리고 죄로 말미암은 죄책감과 수치심, 회한감, 그리고 고통을 느끼게 도우신다. 우리가 연약해서 마땅히 회개해야 할 바를 알지 못할 때에도 "말할 수 없는 탄식으로 우리를 위하여 친히 간구"하신다(롬 8:26). 우리가 하나님 앞에서 죄를 인정하며 고백하며 죄를 반복하지 않겠다는 약속을 하도록 도우신다.

상담 과정에서 내담자는 자신이 미처 인식하지 못했던 부분을 인식하며 기억하지 못했던 부분을 기억할 수도 있다. 누구에게도 노출할 수 없었던 자신의 죄나 수치스러운 이야기를 드러내는 기회를 갖게 될 수 있다. 기독교상담사는 이 비밀스러운 고백을 들을 수 있는 '거룩한 땅'에 초대받는다. 하나님의 임재를 느끼며 그 발에서 신을 벗는 심정으로 이 고백을 듣고 비밀을 보장해주는 특권을 누린다.

다시 덮어주는 과정, 즉 회복(re-cover) 과정은 무의식화 되었던 이야기를 내담자의 삶의 한 부분으로 수용하도록 돕는 과정이다. 그리고 죄책감이나 수치심의 이야기를 예수 그리스도 안에서 재해석하며 다시 덮어주는 과정이다. 그래서 내담자가 동일한 죄나 상처에 대해서 느끼는 죄책감이나 수치심의 수준을 점차적으로 감소시켜 주는 과정이다.

발견하며 노출하고 회복하는 이 과정은 죄를 범한 아담과 하와를 대하시는 하나님의 사랑 표현 과정과 같다. 에덴 동산에서 하나님의 말씀에 불순종하는 죄를 범한 아담과 하와는 두려움, 죄책감 및 수치심으로 인하여 하나님의 낯을 피하여 숨어 있었다. 그리고 수치스럽게 느끼는 부분을 가리기 위하여 무화과 나뭇잎으로 치마를 만들어 입었다. 무화과 나뭇잎 치마는 아담과 하와의 수치심을 항구적으로 가릴 수 없었다.

그것은 잠시 유용성이 있지만 시간이 흐르면 원래의 기능을 제대로 하지 못하는 방어기제와 같은 것이었다. 하나님은 그들에게 가죽옷을 지어 입히셨다. 그래서 그들이 서로 수치를 장기적으로 가릴 수 있도록 도와 주셨다. 이것이 회복(re-cover) 또는 구원의 의미이다.

상담과정에서의 회복은 단회적이면서도 점진적이다. 구원도 마찬가지이다. 단회적인 의미에서 크리스천은 용서를 이미 받은 자다. 그러나 점진적인 의미에서는 계속해서 회개하며 용서를 받아야 한다. 이미 허물이 가려진 것에 대한 감격을 느껴야 한다. 동시에 계속적으로 허물을 덮어주며 덮임을 받으며 살아가야 한다. 더 이상 용서가 필요 없을 만큼 완전한 성도는 없다.

마음에 간사함이 없고 여호와께 정죄를 당하지 아니하는 자는 복이 있도다(시 32:2).

시인 다윗은 1절에서 "허물의 사함을 받고 자신의 죄가 가려진 자는 복이 있도다"라고 표현했는데 2절에서 다시 "여호와께 정죄를 당하지 않는 자는 복이 있도다"라고 죄 용서를 강조하였다. 죄 용서는 말 그대로 용서되는 면과 덮어주는 면과 다시 문제시하지 않는 면이 있음을 표현하였다.

용서와 정죄와의 관계를 통하여 인간을 이해할 수 있다. 정죄를 당하는 것은 수치스러운 일이다. 두렵고 고통스러운 일이다. 법정에서 판사가 피고인에게 집행유예, 벌금형, 유기징역이나 무기징역, 또는 사형이라는 최종 판결을 내리면 피고인은 죄 값을 치러야 한다. 특히 사형 판결은 피고에게나 판사 모두에게 직면하기가 두려운 결정이다. 사형 판결을 해서 집행을 한 피고가 혹시 나중에 무죄라는 사실이 밝혀지면 판결한 판사는 평생에 떨칠 수 없는 마음의 부담감과 죄책감을 안고 살아야하기 때문이다. 그러나 세상에서의 정죄는 잠정적이다. 가해자의 경우에도 시간이 흐르거나 사람들의 기억에 잊혀지거나 형기를 채우고 나면 어느 정도 자유롭게 살 수 있다. 그러나 하나님에게 정죄를 받으면 상상하기조차 두려운 일이 벌어진다(마 10:28 참조). 하나님께 정죄를 받으면 영원한 심판을 받는다. 꺼지지 않는 지옥 불에서 죽지도 못하고 영원히 고통을 받는다(마 18:8-9, 눅 16:23-24 참조).

따라서 이 영원한 심판으로부터 정죄를 받지 않을 뿐 아니라 영원한 천국의 복을 받게 된 자는 말로 표현할 수 없는 복을 받은 자다. "그러므로 이제 그리스도 예수 안에 있는 자에게는 결코 정죄함이 없나니 이는 그리스도 예수 안에 있는 생명의 성령의 법이 죄와 사망의 법에서 너를 해방하였음이라"(롬 8:1-2)는 말씀을 믿음으로 받아들이고 고백하는 자는 복 받은 자다. 세상의 어떤 복도 천국 시민이 되는 복과는 감히 비교될 수 없다.

이 세상에서 극심한 고통과 어려움을 겪는 사람이 있다고 할지라도 '예수 그리스도 안에서' 자신이 영원한 정죄를 받지 않는 자가 된다면 그는 행복한 사람이다. 이 사실을 의식화할 때 고통과 씨름하는 내담자는 자신을 완전히 불행한 존재라고 여기지는 않을 수 있다. 기독교상담사는 고난 중에 있는 내담자를 만날 때 그가 겪는 현재의 고난과 장차 경험할 미래의 영광을 '연결'할 수 있는 지혜와 통찰을 가져야 한다(고후 4:17 참조).

NIV 성경은 '간사함'을 '기만'(deceit)으로 번역했다. 허물이 용서되고 죄가 덮여진 사람에게는 용기와 자유가 찾아온다. 특히 영원한 정죄로부터 해방된 자의 마음에는 거짓과 기만은 발을 붙이지 못한다. 특히 하나님 앞에서 속일 필요가 없다. 하나님이 잘 아시기 때문이다. 허물과 죄를 잘 아심에도 불구하고 덮어주셨기 때문에 더 이상 스스로 덮을 필요가 없다.

거짓과 기만은 마귀의 특성이다. 참으로 마귀는 거짓의 아비다(요 8:44 참조). 신경증적인 죄책감에 시달리는 것은 진리를 바로 알지 못하기 때문이다. 그리고 자신과 현실을 객관적으로 보지 못하기 때문이다. 지나칠 정도의 죄책감을 느끼는 것을 건강한 신앙생활의 표식이라고 생각한다면 그 사람은 마귀에게 속은 것이다. 마귀는 크리스천들의 약점이나 심리적인 연약성을 간파하여 영적 성숙을 방해한다. 하나님의 자녀들의 마음 속에 죄 용서에 대한 의심의 씨앗을 뿌려놓는다. 그래서 회개하는 자에게 용서하시겠다고 약속한 하나님의 신실하심을 의심하게 유혹한다. 만성적인 죄책감이 들게 해서 대인관계에서 주눅 들게 한다. 더 나아가 하나님의 보좌 앞에 담대하게 나아가지 못하게 한다(히 4:16 참조).

죄를 지으면 대부분의 사람들은 숨는 경향이 있다. 죄를 숨기며 자신을 숨기며 혹시라도 발각이 될까 봐 두려워한다. 여러 가지 방법으로 위장한다. 경찰을 보기만 해도 가슴이 두근거린다. 불법체류자들은 거리를 마음껏 활보하지 못한다. 기독교 선교 활동을 불법으로 간주하는 나라에서 사역하는 선교사들과 그들의 가족은 일반인들보다 훨씬 스트레스를 많이 받는다. 선교하는 것은 귀한 일이지만 그런 나라에서는 선교를 불법으로 간주하기 때문이다. 신분이 노출되면 추방되거나 투옥될 수 있기 때문이다. 가명을 써야 하며 신분을 숨겨야 하며 무의식중에라도 자신의 신분을 노출하는 이야기를 하지 않으려고 늘 긴장해야 하기 때문에 심리적으로 위축되며 정신적인 건강성을 잃을 위험성이 있다.

그렇다면 기만과 거짓이 없이 사는 인간의 삶이 과연 가능할까? 상담학적인 용어를 빌리자면 방어기제를 전혀 사용하지 않은 채 살 수 있는 인간이 과연 있을까? 방어기제를 전혀 사용하지 않은 채 살 수 있는 이상적인 환경이 이 땅에 존재할 수 있을까? 대답은 '아니오' 이다. 이 세상에서 호흡하는 한 거짓과 기만은 우리 내면에 있으며 아울러 우리가 속한 외부 환경에 조금씩은 있음을 인정하는 것이 중요하다. 이것을 인식하고 인정할 때 정신적으로나 영적으로 건강하게 성숙해가는데 도움이 될 수 있다. 여전히 죄와 싸워야 하는 존재라는 사실을 겸손히 인정하는 것이 성도가 영적으로나 정신적으로 건강한 삶을 영위하는데 유익하다.

주 앞에서 성결한 삶을 살기 위해 부단히 노력하면 할수록 성도는 자신 안에 있는 거짓과 기만의 실체에 대해서 더 분명하게, 더 많이 인식하게 된다. 배우며 성장할수록 모르는 부분이 더 많이 있다는 사실을 겸손하게 인정하지 않을 수 없다. 마찬가지로 성결의 삶을 지향하는 사람일수록 자신 안에 선함이 없다는 사실을 뼈저리게 느낄 것이다. 자신이 죄인중의 괴수임을 가슴 아프게 깨닫고 회개하고 그리스도 안에서 생명력 있는 삶을 살려고 노력할 것이다.

반면 거짓과 기만이 많은 사람일수록 방어기제를 통하여 인식을 차단한다. 마귀가 눈과 귀를 가리기 때문에 자신의 손에 피가 가득 묻어 있으며(사 1:15 참조) 자신의 옷단에 '죄 없는 가난한 자를 죽인 피' 가 묻었다는 사실을 깨닫지 못한다(렘 2:34 참조). 자신은 절대 거짓말한 적이 없으며 거짓말하는 사람을 제일 싫어한다고까지 큰 소리를 친다.[10) 이런 사람이 '거짓의 사람'이다. 바리새인과 서기관들과 같은 자들이다. 속에는 죽은 시체의 뼈들이 가득한데 겉으로는 회칠하여 그럴듯하게 보이는 무덤과 같은 자들이다.

심리치료는 내담자의 기만과 거짓을 노출시킨다. 인식시킨다. 인식의 지평을 넓히며 깊이를 더한다. 내담자는 부인과 저항으로 반응할 수 있다. 왜냐하면 자신이 그런 사람이 아니라고 생각하기 때문이다. 그러나 수용적인 환경에서 내담자는 점점 자신과 직면할 수 있는 용기를 낼 수 있게 된다. 거짓과 기만을 인식하게 된다. 그리고 거짓과 기만을 적극적으로 혐오하면서 진실하게 살고자 하는 강한 동기를 갖게 된다. 거짓과 기만은 옛 모습, 즉 옛 자기의 삶이다. 그러나 진실과 직면은 새 모습, 즉 새 자기의 삶이다.

옛 자기를 벗어버리며 새 자기를 입는 과정은 성화 과정이다(엡 4:22-24 참조). 이것은 심리치료 과정과 비슷한 역동성을 갖고 있다. 따라서 예수 그리스도 안에서 성령의 도우심으로 진행되는 심리치료는 성화 과정에 유용하다. 그리고 성화 과정을 촉진시키는 촉매제 역할을 할 수 있다.

---

10) 이런 행동을 가능하게 하는 방어기제를 '반동형성'(reaction formation)이라고 부른다. 타인이 자신에게 어떤 취약한 부분이 있다는 것을 알아차리지 못하도록 하기 위하여 지나치게 강하게 부인하거나 강조하는 행동을 하는 것이다. 예를 들면, 거짓말하는 사람을 제일 싫어한다고 말하면 자신은 매우 양심적인 사람처럼 보일 수 있다. 그러나 사실은 자신이 거짓말을 자주 하는 사람일 가능성이 있다. 거짓말을 하는 줄 알면서 과잉반응을 하는 경우가 있고 자신이 거짓말을 자주 한다는 사실을 인식 못하고 과잉반응하는 경우가 있다.

4. 하나님과 교제하기 및 순종하기

> 주께서 택하시고 가까이 오게 하사 주의 뜰에 살게 하신 사람은 복이 있
> 나이다 우리가 주의 집 곧 주의 성전의 아름다움으로 만족하리이다(시
> 65:4); 주의 집에 사는 자들은 복이 있나니 그들이 항상 주를 찬송하리
> 이다(시 84:4).

하나님이 우리를 성도로 선택하시고 불러내신 목적은 우리가 하나님과 영원토록 관계를 맺으며 살게 하시는데 있다. 구약의 성전은 인간이 하나님과 함께 사는 집의 상징이었다. 하나님의 백성이 하나님을 만나며 교제하는 장소가 구약의 성막 또는 성전이었다.

성막 또는 성전은 예수 그리스도를 예표했다. 예수님을 통하여 구원 받은 백성들이 성령의 교제케 하심을 통하여 성부 하나님과 관계하며 그리스도 안에서 영생을 누리는 것은 참 복이다. 그래서 성도들은 복 있는 자다.

구약에서 하나님의 성전 뜰에 접근할 수 있는 권리가 있는 자는 복 받은 자였다. 구약시대에는 할례 받지 않은 이방인들은 성전 뜰을 밟을 수 없었다. 그러나 예수님을 통하여 이방인들이 큰 복을 받았다. 신약의 성도들은 육신의 할례가 아닌 마음의 할례를 예수 그리스도의 십자가의 죽으심을 통해 받은 자가 되었다: "그 안에서 너희가 손으로 하지 아니한 할례를 받았으니 곧 육의 몸을 벗는 것이요 그리스도의 할례니라"(골 2:11). 따라서 하나님의 뜰에 들어가 하나님과 교제할 수 있는 특권을 가진 자가 되었다. 히브리서 기자는 이 사실을 다음과 같이 표현했다: "그러므로 형제들아 우리가 예수의 피를 힘입어 성소에 들어갈

담력을 얻었나니 그 길은 우리를 위하여 휘장 가운데로 열어 놓으신 새로운 살 길이요 휘장은 곧 그의 육체니라"(히 10:19-20).

　더 나아가 크리스천들은 성전에서 제공되는 온갖 좋은 것들로 그들의 삶을 채우는 복을 누리는 자들이다. 죄 사함이 있고, 예배가 있고, 말씀이 있고, 성도의 교제가 있는 시간 및 공간에 참여할 수 있는 자체가 복되다.[11] 시편기자의 표현처럼 악인의 장막에서 천 날을 거하는 것보다 하나님의 장막에서 문지기로서 하루를 지내는 것이 훨씬 낫다(시 84:10 참조). 잠언 기자의 표현처럼 고기와 생선이 풍족한 부잣집에 살면서 다투며 사는 것보다 변변치 않는 음식 밖에 없더라도 화목한 집에서 사는 것이 훨씬 나은 것과 같은 원리이다(잠 17:1 참조). 하나님과 함께 하는 시간, 찬송하는 시간, 기도하는 시간, 말씀을 듣는 시간, 헌금하는 시간, 그리고 복의 선언을 듣는 시간은 세상에서 그 어떤 시간보다 복되고 소중하다.

　신약 성도들은 각자가 성령이 거하시는 성전이다(고전 6:19 참조). 성도의 몸과 마음은 하나님을 전인격적으로 사랑하며 예배하는 처소다. 성령이 거하시는 곳이다. 그런 점에서 성도의 내면세계의 질서가 회복되며 전인격적으로 치료되는 것은 하나님의 전이 청결하게 되는 것과 깊은 연관이 있다. 기독교상담은 내담자의 삶에서 예배가 회복되며 하나님과의 관계가 친밀해지는데 크게 도움이 된다. 하나님에 대한 지식과 감정과 의지 영역에서 성장과 변화가 일어나는데 유익하다. 머

---

11) 김정우는 "주의 성전의 아름다움으로 만족하리이다"는 "주의 성전에서 온갖 좋은 복으로 만족하렵니다"로 번역되어야 한다고 보았다. 이 복을 영적인 복으로 해석하기 보다는 시인이 성전에서 제사 음식을 먹는 복으로 해석하는 것이 더 자연스럽다고 주석하였다. 그는 성전에서 나누는 음식을 '영적인 교제'의 상징으로 이해하였다. 김정우, 『시편주석 II』, 326.

리로만 이해되던 하나님의 사랑이 가슴으로 느껴지는 삶으로 변화되는데 도움이 된다. 마음의 성전이 회복되며 치료된 성도는 참으로 복 있는 자다.

> 즐겁게 소리칠 줄 아는 백성은 복이 있나니 여호와여 그들이 주의 얼굴 빛 안에서 다니리로다(시 89:15).

시편기자는 하나님께 환호하며 박수갈채를 보내는 자는 복이 있다고 노래하였다. 환호하며 박수갈채를 보내는 이유가 14절에 나타난다. 보좌에 앉으신 하나님이 의로우시며 정의로운 분이시며 사랑과 신실이 충만하신 분이기 때문이다. 하나님의 속성을 경험하며 학습한 백성은 하나님께 찬송하며 환호하지 않을 수 없다.

시편기자는 하나님을 높이며 환호하는 자는 어두움 가운데 행하지 않는다고 노래하였다. 이런 자는 빛이신 하나님의 인도를 즐거워하며 길에서 방황하지 않는다. 인생 여정에서 하나님의 빛 가운데 걷는 자가 복되다.

어두움에 헤매고 있으면서도 자신이 그렇게 살고 있다는 사실을 모르는 이들이 너무 많다(엡 2:2-3 참조). 불쌍한 사람들이다. 자신의 모습을 모른 채 사망으로 이어지는 길을 걷고 있기 때문이다.

하나님의 임재를 인식하며 말씀의 인도를 받는 자는 복되다. 영적인 눈이 열려서 살아가는 자가 복되다. 빛 가운데 행하는 자가 천국에 들어가기 때문이다.

이 사실을 상담에 접목할 수 있다. 기독교상담사는 내담자를 빛의 삶, 인식의 삶, 통찰의 삶으로 인도해야 한다. 그렇게 하려면 상담사 자신이 먼저 빛 가운데 걷는 자가 되어야 한다. 하나님과 동행해야 한다. 자신과 현실, 그리고 하나님에 대하여 소경이 된 상담사는 내담자를 잘못 인도할 수밖에 없다. 결국 내담자와 함께 구덩이에 빠질 위험성이 높다. 같이 멸망하게 될 위험성이 높다. 어두움의 길로 인도하는 상담사가 있다면 그는 마귀가 기뻐하는 상담을 하고 있음을 자각하고 회개해야 한다.[12]

> 행위가 완전하여 여호와의 율법을 따라 행하는 자들은 복이 있음이여(시 119:1).

예수님은 말씀을 듣고 순종하지 않는 자는 어리석은 자라고 말씀하셨다. 모래위에 집을 세운 사람과 같다고 말씀하셨다(마 7:26 참조). 순종하지 않는 중요한 이유는 자기 생각을 앞세우기 때문이다. 자기중심적이며 곧은 목(stiff-necked)을 갖고 있기 때문이다. 하나님 중심적인 삶을 살지 않기 때문이다. 마음의 왕좌에 여전히 자신이 앉아 있기 때문이다.

세상적인 관점에서 볼 때 자기 뜻대로 사는 자가 복 받은 사람처럼 보인다. 자기 뜻을 분명히 하며 그 뜻대로 행하는 사람을 심리적으로 건강하다고 본다. 자기주장 훈련(assertive training)은 자기 의견을 잘

---

12) 어두움 가운데 행하며 잘못된 조언을 한 모사들을 성경에서 찾을 수 있다. 다윗의 형 시므아의 아들이자 암논의 친구였던 요나답은 암논에게 병든 척해서 배다른 누이동생인 다말을 겁탈하는 방법을 조언하였다. 그는 "심히 간교한 자"였다(삼하 13:3 참조). 아히도벨은 오랫동안 다윗의 모사였다. 그러나 그는 압살롬의 반역에 앞장섰다. 압살롬의 모사가 되어 다윗을 죽이려는 계책을 제시하였다. 그러나 하나님은 그의 계획을 막으셨다. 마침내 그는 그의 계책대로 되지 않음으로 인하여 고향에 돌아가 목매어 자살하고 말았다(삼하 17:23 참조).

표현하지 못하는 사람에게 도움을 준다고 생각한다. 실제적으로 효과가 있는 방법이다. 그러나 너무 '자기주장'을 강조한 나머지 하나님께 순종하며 의존하지 않는 삶을 산다면 그 사람은 복 있는 자가 아니다. 세상 사람들은 하나님의 말씀을 순종하는 것을 어리석게 보며 의존적인 삶이라고 평가한다.

노아 시대의 모습이 그랬다. 오늘의 시대가 또한 그렇다. 하나님 말씀을 순종하며 의롭게 살았던 노아는 당시 사람들의 눈에는 비정상적인 사람이었다. "마음으로 생각하는 모든 계획이 항상 악할 뿐"(창 6:5)인 삶을 대다수가 살았기 때문에 그들은 악한 삶의 방식을 정상적으로 여겼다. 하나님이 지시한 말씀에 순종하여 120년 동안 방주를 지었던 노아(창 6:3 참조)는 비정상적이며 심지어 미친 사람 취급을 받았을 것이다. 그러나 하나님의 법과 말씀을 따라서 순종하는 삶이 복된 삶임을 노아의 생애는 웅변적으로 증거한다.

기독교상담사는 내담자가 하나님의 말씀에 순종하도록 도와야 한다. 성경 말씀에 불순종하는 삶을 살고 있는 부분이 있다면 회개하고 돌아서도록 도와야 한다. 내담자가 자기중심적인 생각을 내려놓도록 도와야 한다. 하나님의 뜻을 분별하도록 도와야 한다. 말씀에 순종하는 자에게 성령께서 주시는 긍정적인 감정을 경험하도록 도와야 한다. 말씀을 실천하며 살고자 하는 욕구가 생기도록 격려해야 한다. 내담자가 말씀에 순종하는 삶이 진정으로 복된 삶임을 깨닫게 된다면 기독교상담사의 도움은 의미가 있다.

5. 지혜를 추구하는 삶을 살기

> 여호와의 증거들을 지키고 전심으로 여호와를 구하는 자는 복이 있도다
> (시 119:2).

인간은 무엇인가를 '추구하는'(seeking) 존재다.[13] 어떤 사람들은 자신이 세운 목표를 성취하기 위하여 부단히 노력한다. 친밀한 관계를 추구하는 이들이 있다. 반면에 명예를 추구하는 이들이 있다. 돈을 추구하는 이들은 많다. 성 욕구를 채우기 위해 추구하는 이들도 많다. 지식에 대한 갈급함으로 탐구하며 추구하는 이들도 일부 있다. 불변의 진리나 신을 추구하기 위하여 종교 생활에 매진하는 이들도 있다. 이와 같이 사람들은 그 무엇인가를 갈구하며 추구하면서 이 세상에서 살고 있다.

하나님은 인간을 무엇인가를 추구하는 존재로 만드셨다. 무엇보다도 하나님을 추구하는 존재로 지으셨다. 하나님과 관계하고 싶은 깊은 갈망을 느끼는 욕구를 심어주셨다. 그러나 죄를 범한 후에 인간은 하나님을 찾는 갈망을 하나님이 아닌 대상들에게서 추구하는 대체 행동을 하기 쉬운 존재가 되고 말았다.[14]

잘못된 대상을 추구하는 것은 어리석은 일이며 허무한 일이다. 추구한다고 다 좋은 것이 아니다. 무엇을 추구하는지, 왜 추구하는지, 어떤 방법으로 추구하는지가 매우 중요하다. 종교심을 갖는 것은 필요하다.

---

13) '구하다' 라는 히브리 단어 '다라쉬' 는 역대기에서 하나님을 경외하는 경건을 표현하는 전문용어로 사용되었으며 따라서 '여호와를 구하다' 는 본문의 표현은 기도나 선지자를 통해 하나님의 뜻을 묻는 것이라고 이성훈은 주석하였다. 이성훈, "시편 119편: 주의 계명에서 떠나지 말게 하소서," 『시편3: 어떻게 설교할 것인가』, 269.

14) 크랩(Crabb)은 여러 형태의 갈망을 가진 존재로서 인간을 묘사하였다. 로렌스 크랩, 윤종석 역, 『인간이해와 상담』(두란노, 1993), 157-82 참조.

그러나 그 종교심이 잘못된 대상을 추구하는데 사용된다면 하나님과 관계없는 삶이 되며 하나님을 분노하게 하는 삶이 된다.

하나님을 찾는 동기가 인간 자신의 유익을 추구하는데 있다면 그 신앙은 인본주의적이며 이기적이다. 하나님을 추구하는 삶은 하나님을 영화롭게 하기 위함이다. 개인의 평안이나 복리를 위해서 하나님을 추구한다면 그것은 우선순위가 뒤바뀐 것이다.

추구하는 태도도 중요하다. 하나님을 '전심으로' 추구하는 자가 복이 있다. 하나님은 '마음이 나뉜' 추구를 기뻐하지 않으신다. 문제는 우리의 마음이 항상 백퍼센트 하나님을 추구하지 못한다는 점이다. 심리적 이슈들과 죄성으로 말미암아 하나님만 전심으로 찾지 않는 것이 우리의 현실이다. 우리는 세상적인 관심 때문에 마음이 나뉘며 분산될 때가 적지 않다는 점을 하나님 앞에서 솔직히 인정하며 회개해야 한다.

하나님은 전심으로 자신을 찾는 자들을 만나주신다. 그들에게 응답하신다. 예수님께서는 "구하라 그리하면 너희에게 주실 것이요 찾으라 그리하면 찾아낼 것이요 문을 두드리라 그리하면 너희에게 열릴 것이니"라고 약속하셨다(마 7:7). 성령 하나님은 구하는 자들에게 성령을 충만하게 부어주신다. 하나님을 전심으로 구하며 찾으며 만나는 삶 자체가 복이다.

성화는 이 나뉜 마음의 영역이 점점 줄어들면서 하나님에 대한 사랑과 헌신으로 점점 채워지는 과정이다. 기독교상담사는 내담자의 마음과 시선이 하나님께 점점 더 고정되도록 촉진해야 할 것이다. 그리고 내담자가 자발성을 갖고 하나님을 찾으며 추구하는 동기를 가질 수 있도록 도와야 할 것이다.

내 아들아 네가 만일 나의 말을 받으며 나의 계명을 네게 간직하며 네 귀
를 지혜에 기울이며 네 마음을 명철에 두며 지식을 불러 구하며 명철을
얻으려고 소리를 높이며 은을 구하는 것 같이 그것을 구하며 감추어진
보배를 찾는 것 같이 그것을 찾으면 여호와 경외하기를 깨달으며 하나님
을 알게 되리니 대저 여호와는 지혜를 주시며 지식과 명철을 그 입에서
내심이며(잠 2:1-6).

지혜로운 자는 수용력이 있으며 가르침을 내면화한다. 그리고 지혜
에 관심을 가지며 여러 상황에 적용할 수 있는 능력이 있다. 적극적으
로 통찰하려고 애쓰는 자질이 있다. 지식을 가진 자에게 배우려고 한
다. 그리고 관심을 갖고 연구하고 탐구하는 자세가 되어 있다.

지혜가 마음에 들어가서 '내면화'(internalization)되어 '자기-구조
물'(self-structure)을 형성하면 지혜로운 자가 된다. 예수 그리스도를
마음에 영접하면 그 사람은 크리스천이 된다. 지혜의 근본인 예수님과
지속적으로 만나며 접촉하면 예수님을 닮아 지혜로운 자가 된다. 뿐만
아니라 지혜의 영이신 성령님이 내주하며 역사하셔서 지혜로운 생각과
판단, 결정을 내릴 수 있도록 도우신다.

지혜로운 자는 새로운 정보와 가르침에 대해서 수용하는 태도, 개방
적인 태도를 취한다. 그리고 진리성과 적용성에 대하여 반추하며 확인
하는 것이 습관화되어 있다. "데살로니가 사람들보다 더 신사적이어서
(of more noble character) 간절한 마음으로 말씀을 받고 이것이 그러
한가 하여 날마다 성경을 상고"(행 17:11)한 베뢰아 지역의 성도들은
지혜로운 자들이었다. 보다 성숙한 성품을 가진 그들은 열정적으로 바
울의 가르침을 수용하였다. 더 나아가 들은 말씀과 성경을 비교하며 반
추하는 지혜가 있었다.

새로운 지식을 습득하게 될 때 오는 기쁨을 누리는 것은 성장하는 사람의 특징이다: "곧 지혜가 네 마음에 들어가며 지식이 네 영혼에 즐겁게 될 것이요"(2:10). 상담을 통하여 내담자는 그동안 무의식적으로 행동했던 것에 대한 원인을 발견하며 '아하'의 순간을 경험할 수 있다. 자신을 좀 더 알고 이해하는 기쁨을 맛볼 수 있다. 그래서 변화와 성장으로 나아가는 동기를 부여받을 수 있다.

> 나의 법을 잊어버리지 말고 네 마음으로 나의 명령을 지키라(잠 3:1).

첫째, 지혜는 본문에서 말하는 '나의 법' 즉 부모의 가르침, 선생의 가르침, 성경의 가르침 등과 같은 좋은 가르침을 '기억하는' 것이다. 좋은 가르침을 들을 때 오히려 마음이 불편한 경우가 있다. "양약(良藥)은 고구(苦口)이나 이어병(利於病)이요, 충언(忠言)은 역이(逆耳)이나 이어행(利於行)이라"는 말이 있다. 좋은 약은 입에 쓰지만 병에 유익하며 충성스러운 말은 귀에 거슬리나 행함에 유익하다는 뜻이다. 따라서 배우는 자는 가르치는 자의 중심을 헤아려 듣고 소화하며 기억장치에 입력해두는 것이 중요하다. 왜냐하면 어떤 상황에 부딪혔을 때 그 내용들을 다시 기억해내고 연결하고 해석하면 현명한 판단과 결정을 하는데 도움이 되기 때문이다.

기억은 학습 능력과 관계가 있다. 이전의 실수를 기억해서 동일한 실수를 반복하지 않는 것은 학습했기 때문에 가능한 것이다. 학습 능력이 별로 없는 사람은 가르쳐도 금방 잊어버리고 연결해서 생각하지 못한다. 하나를 가르쳐도 하나조차 기억하지 못한다.

광야 시절 이스라엘 백성들은 학습 능력이 별로 없었다. 그들은 동일한 실수와 잘못을 반복했다. 그들은 하나님의 기적적인 인도하심을 여러 번 경험했다. 그러나 그들은 새로운 위기가 닥쳐왔을 때 이전 경험들을 기억해내어 새로운 위기와 연결하여 해석하지 못했다. 더 나아가 율법을 받았음에도 불구하고 여호수아의 세대가 끝나기가 무섭게 그들은 하나님의 율법을 기억하지 못했고 영적인 암흑기를 반복하는 사사시대를 거쳤다. 왕국시대에도 우상숭배를 반복하는 어리석음을 드러내었다.

둘째, 지혜는 좋은 가르침을 마음에 '간직하는' 것이다. 지혜는 좋은 가르침을 잘 소화해서 자기화 하는 것이다. 좋은 가르침이 '좋은 대상'(good object)으로서 외부에서 내면화되면 '좋은 자기'(good self)의 일부로 통합된다. 좋은 가르침을 받아 잘 소화하면 좋은 사람이 된다. 지혜로운 자가 되며 건강한 자기 이해를 가진 자가 된다. 적절한 수준에서 초자아가 잘 발달하며 이 세상에서 살 때 타인과 더불어 살 수 있는 인간이 된다.

그러나 세상에서의 좋은 가르침이나 경험만으로 하나님을 경외하는 겸손한 인간이 될 수 없다. 좋은 가르침에 하나님의 말씀이 반드시 포함되어야 하나님을 경외하는 인간이 될 수 있다.

부모의 가르침이 강박적이거나 병리적일 때 그 가르침을 마음에 내면화해서 간직하는 자녀는 '나쁜 자기'를 형성한다. 이런 자녀는 신경증적인 죄책감에 시달린다. 자존감이 낮고 수치심을 지나치게 느낀다. 기독교상담사는 내담자의 마음 세계에 잘못 내면화된 가르침을 분별하여 내담자가 '걸러낼'(filtering) 수 있도록 도와야 한다. 이단적인 가르침도 걸러내야 한다. 인본주의적인 가르침도 마찬가지다.

하나님의 말씀을 가르치는 자들이 심리적으로, 영적으로 병리적일

때 그 영향력은 파괴적이다. 목회자나 지도자들의 심리적, 영적 성숙도
는 매우 중요하다. 하나님의 말씀을 왜곡하거나 과장하거나 축소하거
나 일부분만 강조하여 가르치면 가르침을 받은 성도들은 영적으로나
심리적으로 자랄 수 없다. 죄책감과 두려움 및 불안에 사로잡혀 생명력
있게 풍성한 삶을 살지 못한다.

> 인자와 진리로 네게서 떠나지 않게 하고 그것을 네 목에 매며 네 마음판
> 에 새기라 그리하면 네가 하나님과 사람 앞에서 은총과 귀중히 여김을
> 받으리라(잠 3:3-4).

2장 1절에서 '나의 법'과 '나의 명령'의 핵심이 '인자'(love)와 '진리'
(faithfulness)임을 알 수 있다. "네 마음으로 나의 명령을 지키라"는 말씀
과 "네 마음 판에 새기라"는 말씀은 같은 의미를 갖고 있기 때문이다.

인자로 번역된 사랑을 내면화하는 것은 신앙생활에 매우 중요하다.
첫째는 하나님을 전심으로 사랑하는 것이며 둘째는 이웃을 네 몸과 같
이 사랑하는 것이 율법의 핵심 정신이라고 예수님은 말씀하셨다(마
22:34-40 참조). 머리 사랑뿐 아니라 가슴 사랑을 반복적으로 경험한
사람은 사랑할 수 있는 능력을 갖춘 성숙한 사람이 된다.

모든 상황에서 사랑의 동기를 갖고 실천하는 능력을 가진 자녀를 가
진 부모는 자녀에 대해서 더 이상 염려하지 않는다. 진정한 사랑의 능
력을 가진 사람은 2장에서 언급된 '음녀에게 빠지는 행동'을 하지 않는
다. 진정한 사랑의 능력을 가진 사람은 이기적인 동기로 말미암아 배우
자와 자녀들, 그리고 주변 사람들에게 상처를 주는 행동을 하지 않기
때문이다.

진리로 번역된 '신실성'을 가진 사람은 참으로 믿을만한 사람이다. 언행이 일치하며 자녀들에게 믿을만한 부모가 되며 믿을만한 배우자가 된다. 신앙적으로 신실한 사람은 하나님을 경외하는 믿음이 강한 사람이다.[15]

사랑과 신실성이 마음 판에 새겨진 사람은 사랑과 신실함이 성격화되어 있다. 따라서 큰 힘을 들이지 않고서도 이웃을 사랑하며 신실하게 대인관계를 맺으며 신앙생활을 지속한다. 그래서 하나님과 '대상 항상성'을 유지하는 신앙생활을 하며 이웃들과 안정된 대인관계를 맺는다.

하나님을 사랑하며 신실하게 신앙을 지키는 사람을 하나님은 '내 마음에 맞는 자'라고 칭하신다: "다윗을 왕으로 세우시고 증언하여 이르시되 내가 이새의 아들 다윗을 만나니 내 마음에 맞는 사람이라 내 뜻을 다 이루리라 하시더니"(행 13:22). 그리고 그에게 은총(favor)을 베푸신다. 이웃을 사랑하며 관계에서 신의를 지키는 자를 사람들은 따르며 좋아하며 존경한다. 대표적인 성경인물은 다윗이다. 블레셋 사람들이 베들레헴에 진영을 구축하고 있을 때 다윗은 목이 말라 "베들레헴 성문 곁 우물물을 누가 내게 마시게 할꼬"라고 말한 적이 있다. 이 때 다윗의 용사들 중에 세 사람이 자신들의 목숨을 걸고 블레셋 군대를 돌파하여 베들레헴 성문 곁에 있는 우물물을 길어오는 충성심을 보였다. 주군인 다윗을 존경했기 때문이었다. 다윗의 반응 또한 놀라웠다: "다윗이 마시기를 기뻐하지 아니하고 그 물을 여호와께 부어드리고 이르되 내 하나님이여 내가 결단코 이런 일을 하지 아니 하리이다 생명을 돌아보지 아니하고 갔던 이 사람들의 피를 어찌

---

15) 욥은 신실한 믿음의 사람이었다. 좋은 환경 속에서 하나님을 경외했을 뿐 아니라 모든 것을 다 빼앗기는 큰 위기를 당했을 때에도 하나님을 저주하지 않았다.

마시리이까"(대상 11:18-19). 오늘날 한국사회의 불신자들이 한국교회 지도자들과 성도들에게 기대하는 모습이 다윗과 그의 용사들의 신실한 모습이다.

> 내 아들아 완전한 지혜와 근신을 지키고 이것들로 네 눈 앞에서 떠나지 않게 하라(잠 3:21).

"완전한 지혜와 근신"을 NIV 성경은 "sound judgment and discernment"라고 번역하였다. 이 번역을 따르면 '완전한'의 의미를 '건강한' 또는 '균형 잡힌'의 뜻으로 이해할 수 있다.

'판단과 분별'은 이 땅에서 살아가는 동안에 일반적인 사회생활뿐 아니라 신앙생활에서도 필요한 중요한 자질이다. 좌로나 우로 치우치지 않는 판단력, 선과 악을 분별하는 분별력은 신앙인의 자아(ego) 기능의 일부로서 자리 잡아야 할 자질이자 덕목이다.

판단을 잘못하여 오해하거나, 왜곡하여 해석하거나, 충동적으로 결정하면 일을 그르칠 가능성이 높다. 또한 대인관계에서 상처를 줄 가능성이 높다. 23절의 표현을 빌리자면 '발에 걸려 넘어질' 위험성이 높다.

하나님으로부터 지혜를 부여 받은 솔로몬은 왕으로서 판결할 때 명쾌하고 탁월한 판단을 하였다. 판결을 해야 할 첫 시험대에서 그는 아기가 자기 아기라고 우기는 두 여인의 주장에 대해서 참과 거짓을 분별하며 진짜 엄마와 가짜 엄마를 명쾌하게 구별해내는 판결을 내렸다(열상 3:16-29 참조).

지혜의 근본이신 하나님은 완전하며, 건강하며, 균형 잡힌 판사

(Judge)시다. 재림주로 오실 예수 그리스도는 온 천하 만민을 양과 염소의 무리로 분별하실 것이다. 그리고 사랑과 정의로 명쾌하게 판단하며 심판하실 것이다. 양의 무리에 속한 이들에게는 영원한 생명으로 보상하실 것이다. 그리고 염소의 무리에 속한 이들에게는 영원한 저주와 고통으로 심판하실 것이다.

> 일의 결국을 다 들었으니 하나님을 경외하고 그의 명령들을 지킬지어다
> 이것이 모든 사람의 본분이니라(전 12:13).

전도서 기자인 코헬렛은 전도서의 전체 말씀을 "일의 결국을 다 들었으니"라는 말로 간단명료하게 마무리하면서 "하나님을 경외하고 그의 명령을 지키라"는 두 명령(사실상 한 명령)을 함으로써 자신이 전도서 전체에서 했던 말의 핵심을 드러내었다. 전도서의 가르침은 귀납법적이다. 아무튼 코헬렛의 관심은 전도서를 읽는 모든 사람들이 하나님을 섬기며 그의 말씀에 순종하는 삶을 사는데 있음을 보여준다. 하나님을 두려워하고 하나님의 말씀을 순종하고 지키는 것이 인간의 전적인 의무라고 그는 주장했다.[16] 진정한 인간성은 하나님을 경외하고 그의 말씀을 지킬 때 구현된다.

---

16) 의무(duty)의 의미는 히브리어 원문에는 빠져 있다: "for this is the whole of humanity." 이 표현은 영어로 어색한 표현인데 함축된 의미는 '인간의 전적인 의무' 또는 '인간이 할 수 있는 가장 중요한 일'을 의미한다. Longman, *The Book of Ecclesiastes*, 282.

6. 하나님을 의지하기

> 야곱의 하나님을 자기의 도움으로 삼으며 여호와 자기 하나님에게 자기
> 의 소망을 두는 자는 복이 있도다(시 146:5).

인간은 돕는 자를 필요로 한다. 하나님은 인간을 돕는 분이다. 도울 수 있는 능력이 있는 분이다. 그럼에도 불구하고 하나님은 아담에게 하와를 '돕는 자,' 즉 헬퍼(helper)로서 연결시켜 주셨다. '돕는 베필'로 번역된 단어는 하나님이 이스라엘 백성에게 '돕는 자'로서 표현할 때 동일하게 사용된 단어이다. 그런 점에서 아담보다는 하와가 더 힘이 있고 지혜가 있다고 이해할 수 있다. 아무튼 인간은 처음부터 도움을 필요로 하며 도움을 주는 존재로 지음을 받았다.

인간이 도움을 서로 필요로 한다는 것은 백퍼센트 독립적일 수 없다는 점을 의미한다. 적절한 수준에서 도움을 주고받아야 살 수 있다. 적절한 의존성과 적절한 독립성은 성인으로서 이 세상을 살 때 꼭 필요한 요소이다. 상호의존(interdependence) 관계를 맺으며 사는 것은 건강하며 성경적이다. 그러나 동반의존(codependence)은 피해야 한다. 동반의존은 과도한 도움, 필요 이상의 도움을 주고받는 상태를 의미한다. 동반의존은 독립성이 확보되지 않은 채 상대방에게 의존되어야 살 수 있는 상태를 의미한다.[17]

---

17) 저자의 박사과정 은사 중의 한 분인 잭슨(Jackson)은 동반의존 개념은 여러 의미로 사용되며 한 문장으로 간결하게 정의되기 어려운 개념임을 인정하면서 동반의존의 몇 가지 특징들을 지적하였다. 첫째, 동반의존은 역기능적인 삶의 방식이다. 둘째, 타인의 필요를 채워주는데 많은 시간과 에너지를 소모하는 행동을 보인다. 셋째, 동반의존자가 존재 가치를 느낄 때는 자신이 타인의 필요를 채워줄 때이다. 넷째, 동반의존자는 자신의 진정한 감정을 인식하는 능력이 없다. 다섯째, 동반의존자는 '사

크리스천들도 다른 사람들의 도움을 필요로 할 때가 있다. 사람들로 부터의 격려와 재정적인 도움이 필요할 때가 있다. 그러나 사람들에게 도움을 기대한 나머지 하나님의 도움을 구하지 않거나 기대하지 않는 것은 비신앙적이다.

멸망해가는 과정에 있었던 유다 왕국은 애굽의 도움을 기대하였다. 그러나 애굽은 그들이 기댈 수 있는 나라가 아니었다(렘 46:13-26 참조). 애굽도 바벨론에게 곧 멸망을 당할 운명에 있었기 때문이었다. 유다 왕국은 그 사실을 인식하지 못했다. 예레미야가 외쳤던 것은 하나님을 전심으로 찾고 하나님께 도움을 구하라는 것이었다.

유다 왕국이 군인이나 말의 숫자를 의지한 것은 하나님에 대한 불신앙을 내포하는 행위였다. 하나님은 이스라엘에게 가나안 정복 과정에서 취한 말들의 뒷발 힘줄을 끊어버리라고 말씀하셨다(수 11:6 참조). 말이나 칼을 의지하려는 이스라엘의 욕구를 억제하도록 하기 위함이었다. 하나님의 백성은 하나님께 최종적인 소망을 두고 도움을 요청해야 한다. 하나님만이 환난 날에 만날 큰 도움이 되시며 방패와 산성이 되신다는 사실을 믿어야 한다.

그러나 다른 측면을 고려할 필요가 있다. 상담에 대해서 부정적인 태도를 갖는 크리스천들은 상담사에게 도움을 요청하는 것을 불신앙적인 행동으로 여기는 경향성이 강하다. 이들은 아사 왕이 병들었을 때 하나

람을 기쁘게 하는 자'(people-pleaser)이다. 여섯째, 동반의존자는 능동적이지 않고 반응적이다(not active but reactive). 일곱째, 동반의존자는 방어기제를 사용하여 어렵거나 불행한 상황을 회피하는 경향이 있다. 여덟째, 동반의존자는 양파 같은 성격을 갖고 있거나 매우 경직된 성격을 갖고 있다. 핵심적인 가치나 분명한 기준이 없이 살거나 반대로 유연성이 없는 경직된 가치를 견지한다. 마지막으로, 동반의존자는 완벽주의적이다. Jackson, *Codependence and the Christian Faith*, 15-18.

님을 찾지 않고 의사를 찾았다는 본문을 근거로서 제시하기도 한다: "아사가 왕이 된 지 삼십구 년에 그의 발이 병들어 매우 위독했으니 병이 있을 때에 그가 여호와께 구하지 아니하고 의원들에게 구하였더라" (대하 16:12). 그러나 하나님은 여러 은혜의 수단들을 사용하셔서 우리를 도우신다는 사실을 잊어서는 안 된다. 하나님은 잘 준비된 기독교상담사를 치료적 도구로 사용하신다. 그리고 상담 과정을 통하여 구체적으로 도움을 경험하길 허락하시며 원하신다. 초자연적인 역사만을 기대하는 것은 하나님의 속성과 사역을 균형 있게 이해하고 강조하는 접근이 아니다.

기독교상담사는 내담자에게 도움을 주는 힘과 능력이 위로부터 오는 것임을 겸손히 인정해야 한다. 상담사는 조력자이지 능력의 주체가 아니다. 상담사 역시 하나님께 의지하며 하나님의 도우심을 간구해야한다. 상담자의 지혜와 지식이 부족하며 도울 수 있는 힘이 제한적이라는 사실을 인정하고 성령께서 상담의 현장에 임재하시며 역사하시기를 기도할 때 상담의 현장은 '거룩한 땅' 이 될 수 있다.

> 삼가 말씀에 주의하는 자는 좋은 것을 얻나니 여호와를 의지하는 자가 복이 있느니라(잠 16:20).

본문에서 하나님을 의지하는 자가 복이 있다는 말과 말씀에 주의를 기울이는 자가 좋은 것을 얻는다는 말은 같은 의미로 해석될 수 있다.[18] 하나님을 의지하는 것은 그의 말씀에 귀를 기울이는 것이다. 자신의 생

---

18) 시편에서 복있는 자에 대한 표현들이 많이 등장하는 것과 대조적으로 잠언에서 독특하게 나타나는 본문이다.

각과 경험보다 하나님의 말씀을 더 신뢰하고 순종하는 것이 좋은 것을 얻는 비결이다.

'좋은 것을 얻는다' 는 동사를 NIV 성경에서는 '잘 된다' 또는 '번성한다' (prosper)로 표현하였다. 하나님의 말씀에 주목하고 순종하는 삶은 영적으로 번성하는 삶이다. 이와 같이 복 있는 자의 삶은 시편 1편에서 표현된 복 있는 자의 삶과 연결된다는 것이 흥미롭다: "그는 시냇가에 심은 나무가 철을 따라 열매를 맺으며 그 잎사귀가 마르지 아니함 같으니 그가 하는 모든 일이 다 형통하리로다"(시 1:3).

나가는 글

이 장에서는 문제 상황과 연결된 상담목표를 구체적으로 제시하는 대신 문제 상황을 넘어서서 성도가 추구해야 할 보다 큰 그림에 해당하는 목표들을 여섯 가지로 다루었다. 첫째, 내담자가 성도로서의 정체성과 사명을 확립하는 것이다. 둘째, 내담자가 문제 상황이나 타인보다는 먼저 자기자신을 인식할 수 있는 능력을 증진하는 것이다. 셋째, 죄와 얽매임으로부터 자유한 삶을 살며 용서의 삶을 실천하는 것이다. 넷째, 하나님과의 교제가 원활하게 일어나는 삶과 하나님의 말씀에 순종하는 삶을 사는 것이다. 다섯째, 지혜의 출발점이 되시는 하나님을 앎으로써 이 세상에서 지혜자로서의 삶을 사는 것이다. 마지막으로, 하나님을 전적으로 의지하는 삶을 사는 것이다.

기독교상담의 궁극적인 목표는 내담자가 하나님과 잘 연결되며 자신의 정체성과 사명을 잘 인식하는 것이라고 말할 수 있다. 하나님의 말씀의 빛 아래에서 자신에 대한 정확한 인식을 하는 것은 하나님 앞에서 겸손한 삶을 사는데 꼭 필요하다. 뿐만 아니라 이웃과의 관계에서 균형 있는 사랑을 주고받음에 있어서 꼭 필요하다. 하나님과 막혔던 교제가 다시 열리며 삶의 고난을 통해서 하나님의 말씀에 순종하는 삶이 되는 것은 가장 가치 있는 일이다. 무엇보다도 위기 경험을 통해서 삶의 왕좌에 자신이 앉아 있던 삶을 청산하고 전적으로 하나님의 주권성을 높이며 인정하며 하나님과 동행하는 삶으로 바뀌는 것은 내담자가 인생의 비싼 수업료를 지불하고 얻게 되는 하나님의 고귀한 선물이자 은총이다. 기독교상담사는 이 큰 그림을 염두에 두고 내담자의 세부적이며 현실적인 상담의 목표들을 다루어갈 때 숲을 보면서도 나무들을 구체적으로 살필 수 있는 균형 잡힌 접근을 할 수 있을 것이다.

Chapter 6

상담사의 자질 및 기술

　상담사의 자질과 상담기술은 상담 과정에 영향을 미치는 가장 큰 두 변수라고 말할 수 있다. 왜냐하면 상담은 관계를 통한 변화 및 치료의 과정이기 때문에 관계에 영향을 끼치는 상담사의 자질은 아무리 강조해도 지나치지 않기 때문이다. 아울러 내담자의 삶을 이해하며 해석하는 이론적인 틀을 포함하는 상담의 기술 또한 상담을 효과적으로 만드는데 매우 중요한 요소이기 때문이다. 저자는 이 장에서 잠언의 말씀을 중심으로 '상담사의 자질' 및 '상담사의 기술'이라는 두 개의 큰 주제를 다루고자 했다.[1]

---

[1] 상담사의 자질과 상담기술 함양은 상담 수퍼비전에 있어서도 핵심적인 부분이다. 초기 단계의 수퍼바이지들에게는 주로 상담기술 함양에 수퍼비전의 초점을 맞춘다면 중기 단계 이상의 수퍼바이지들에게는 상담사의 자기인식과 역전이 역동성에 수퍼비전의 초점을 맞추는 것이 수퍼비전의 발달단계에 맞는 방법이라고 볼 수 있다. 존 맥클래오드(John McLeod)는 그의 상담학 교재 제 18장에서 "효과적인 상담사의 기술과 자질"의 제목으로 이 두 가지 중요한 면을 다루었다. 그 장에서 다룬 소제목을 살펴본다면, "대인관계기술," "개인적인 신념과 태도," "개념화 능력," "개인적인 '건

1. 상담사의 자질

하나님이 기독교상담사의 자질이 다 준비가 되고 좋아서 소명감과 사명감을 주시는 것은 아니다. 인간적인 연약함에도 불구하고 부르셔서 사용하신다. 연약함을 인정할 때 하나님의 능력이 나타나기 때문이다.[2] 그러나 이 사실이 상담사의 자질이 필요 없다는 말로 오용되어서는 곤란할 것이다.[3] 상담사의 자질은 상담의 효과에 큰 영향을 미치는 변수이기 때문이다. 자질이 떨어지는 상담사에게서 상담의 효과가 좋게 나타나기란 어렵기 때문이다.

강성,'" "숙련된 기법," "사회시스템 내에서 이해하며 상담하는 능력," 그리고 "상담사의 여정: 상담사의 능력에 대한 발달모델"이다. John McLeod, *An Introduction to Counseling*, 2nd ed. (Philadelphia, PA: Open University Press, 1998).

2) 사도 바울은 이 사실을 고린도교회 교인들에게 다음과 같이 설파하였다: "형제들아 너희를 부르심을 보라 육체를 따라 지혜로운 자가 많지 아니하며 능한 자가 많지 아니하며 문벌 좋은 자가 많지 아니하도다 그러나 하나님이 세상의 미련한 것들을 택하사 지혜 있는 자들을 부끄럽게 하려 하시고 세상의 약한 것들을 택하사 강한 것들을 부끄럽게 하려 하시며 하나님께서 세상의 천한 것들과 멸시 받는 것들과 없는 것들을 택하사 있는 것들을 폐하려 하시나니 이는 아무 육체도 하나님 앞에서 자랑하지 못하게 하려 하심이라"(고전 1:26-29).

3) 사도 바울은 감독과 집사의 자질들에 대해서 디모데에게 그 중요성을 강조하였다: "그러므로 감독은 책망할 것이 없으며 한 아내의 남편이 되며 절제하며 신중하며 단정하며 나그네를 대접하며 가르치기를 잘하며 술을 즐기지 아니하며 구타하지 아니하며 오직 관용하며 다투지 아니하며 돈을 사랑하지 아니하며 자기 집을 잘 다스려 자녀들로 모든 공손함으로 복종하게 하는 자라야 할지니...새로 입교한 자도 말지니 교만하여져서 마귀를 정죄하는 그 정죄에 빠질까 함이요 또한 외인에게서도 선한 증거를 얻은 자라야 할지니 비방과 마귀의 올무에 빠질까 염려하라"(딤전 2:2-7). 이 감독의 자질은 기독교상담사에게도 큰 무리없이 적용되는 것이다. 베드로 사도도 장로들에게 비슷한 권면을 하였다: "너희 중에 있는 하나님의 양 무리를 치되 억지로 하지 말고 하나님의 뜻을 따라 자원함으로 하며 더러운 이득을 위하여 하지 말고 기꺼이 하며 맡은 자들에게 주장하는 자세를 하지 말고 양무리의 본이 되라"(벧전 5:2-3).

1) 사랑과 신실성

> 인자와 진리로 네게서 떠나지 말게 하고 그것을 네 목에 매며 네 마음판
> 에 새기라 그리하면 네가 하나님과 사람 앞에서 은총과 귀중히 여김을
> 받으리라(잠 3:3-4).[4]

NIV 성경은 '인자와 진리'를 '사랑과 신실성'으로 번역하였다.[5] 잠
언은 사랑과 신실성이라는 내적 자질을 갖고 있는 사람은 하나님과 사
람들에게 호감과 명성을 얻게 될 것이라고 약속한다.[6]

---

4) 이 글에서 잠언의 본문을 선정할 때 관련성 있는 모든 본문을 선정하여 인용한 것은
아님을 밝힌다. 잠언은 특성상 비슷한 표현을 반복적으로 하는 내용들이 많기 때문
에 대표적인 본문을 택해서 글쓰기를 했음을 연구의 한계로 긋고자 한다.
5) 머피와 허와일러는 그들의 잠언 주석에서 '사랑과 신실성'은 히브리어로 '헤세드
'(besed)와 '에멧' (emet)으로 언약의 관계를 나타내는 핵심 용어라고 지적하였다. R.
Murphy & E. Huwiler, *Provers, Ecclesiastes, Song of Songs: New International
Biblical Commentary* (Peabody, MA: Hendrickson Publishers, 1999), 23. 그리
고 예레미야 31:33의 말씀과 본문의 "네 마음 판에 새기라"는 말씀을 연결하여 주석
하였다: "그러나 그 날 후에 내가 이스라엘 집과 맺을 언약은 이러하니 곧 내가 나의
법을 그들의 속에 두며 그들의 마음에 기록하여 나는 그들의 하나님이 되고 그들은
내 백성이 될 것이라"(렘 31:33). 이 언약 관계의 속성들은 상담자와 내담자 사이에
맺는 상담계약 내용에 함축될 수 있는 것이다. 즉 기독교상담사는 전문적인 돌봄이
틀 속에서 내담자를 사랑하며 내담자에게 신뢰감을 줄 수 있는 대상으로 관계하겠다
는 약속이며 내담자에게 상처를 입히거나 내담자에게 비밀보장의 약속을 깨뜨리지
않는 신실성을 지킬 수 있는 자질이 있어야 할 것이다. 더 나아가 언약적 의미를 상
담사와 내담자의 관계에 접목해본다면, 상담과정에서 내담자가 여러 면에서 불안정
한 면과 연약한 면을 보일지라도 상담사는 인내하면서 '대상 항상성'을 유지하는 능
력을 갖추어야 한다고 말할 수 있겠다.
6) 롱맨은 '사랑과 신실성'이 하나님의 성품임을 지적하면서 출 34:6절을 인용하여 주
석하였다: "여호와께서 그의 앞으로 지나시며 선포하시되 여호와라 여호와라 자비롭
고 은혜롭고 노하기를 더디 하고 인자와 진실이 많은 하나님이라." Longman,
Proverbs, 132. 그런 점에서 볼 때 기독교상담사는 하나님의 형상을 회복해가는 존
재로서 하나님의 성품인 사랑과 신실성이라는 자질을 부분적으로나 갖추고 있을 때
내담자에게 하나님을 '표상'(representation)하는 '자기대상' (self-object)으로서 좋
은 대상관계 경험을 시킬 수 있다.

상담에 접목한다면, 사랑할 수 있는 능력과 믿을만한 신뢰성을 겸비한 상담사는 내담자에게 좋은 대상이 될 수 있다. 이런 자질을 가진 상담사와 접촉하는 내담자는 타인을 사랑하며 신뢰할 수 있는 심리적 힘이 발달하는 것을 경험할 수 있다.

더 나아가 하나님은 사랑과 신실함을 겸비한 상담사를 인정하시며 명성을 얻게 하실 것이다. 이런 상담사를 만난 내담자들은 자신의 상담사를 존경하며 인정하며 다른 사람들에게 상담사를 호의적으로 소개할 것이다. 따라서 이런 상담사는 하나님과 사람들로부터 인정받을 수 있다.

이 자질들을 "네 목에 매며 네 마음 판에 새기라"는 권면은 이 자질들이 상담사에게 내면화될 필요성을 말해준다. 능동적으로 마음에 새기듯이 자기화하는 것은 의미가 있다. 아울러 수동적으로 이런 자질들이 마음에 새겨지는 경험이 중요하다. 상담사의 개인적인 삶의 역사에서 부모를 비롯한 의미 있는 대상으로부터 사랑과 신뢰를 충분히 경험함으로써 그 자질들이 자신의 뼈가 되고 살이 되어 자연스럽게 내담자에게 흘러나갈 수 있기 때문이다.

2) 신적 지혜

너는 마음을 다하여 여호와를 신뢰하고 네 명철을 의지하지 말라 너는 범사에 그를 인정하라 그리하면 네 길을 지도하시리라(잠 3:5-6).

기독교상담사는 상담에 타성이 생길 때 자신의 경험과 이론에 의지할 위험성이 있다는 점을 인식해야 한다. 하나님을 전심으로 사랑하는 것과 마찬가지로 하나님께 전적으로 의지하는 것은 상담 과정의 처음부터 끝까지 견지해야 할 태도이자 자질이다. 자신의 통찰과 이해력에 의지하게 될 때 상담사는 겸손으로부터 멀어지며 교만에 가까워진다. 교만이 패망의 선봉이라는 성경적인 가르침을 항상 명심해야 한다.

상담 시작부터 종결 때까지, 매 회기마다 하나님의 임재를 인식하고 겸손히 그를 높이는 것이 중요하다. 그런 상담사에게 성령께서 지혜를 주시고 치료적인 변화가 일어나도록 도우실 것이다.

3) 판단력과 분별력

> 내 아들아 완전한 지혜와 근신을 지키고 이것들이 네 눈 앞에서 떠나지 말게 하라(잠 3:21).

NIV 성경은 '건전한 판단력'(sound judgment)과 '분별력'(discernment)이라고 번역하였는데 상담학적으로 이 번역이 더 의미가 있다고 여겨진다. 기독교상담사는 균형 잡힌 판단력과 분별력을 겸비해야 한다. 성경적이며 기독교 신앙적인 판단력과 분별력이 필요하다. 아울러 심리적으로 균형 잡힌 판단력과 분별력이 필요하다. 특히 영적 분별력이 필요하다. 잠언기자는 이 판단력과 분별력을 잃지 않도록 하며 보존하라고 권면한다.

상담사가 압도적인 감정에 휩쓸리거나 부정적인 의미의 역전이에 걸리면 건전한 판단력과 분별력을 상실할 수 있다. 상담사가 통제할 수 없는 분노나 불안, 죄책감 또는 탐욕에 휩싸이면 판단력을 잃어버릴 수 있다. 대표적인 성경인물은 발람과 삼손이다. 발람 선지자는 탐욕에 눈이 멀어 영적 분별력을 잃어버렸던 대표적인 사람이다. 사사이자 나실인이었던 삼손은 성적인 욕구에 탐닉하여 건전한 판단력과 분별력을 상실함으로써 그의 머리털이 잘리고 눈이 뽑히는 결과를 겪었다.

> 마음이 지혜로운 자는 명철하다 일컬음을 받고 입이 선한 자는 남의 학
> 식을 더하게 하느니라(잠 16:21).

NIV 성경은 '명철하다' 라는 단어를 '분별력이 있다'(discerning)로 번역하였다. 분별력에는 여러 의미가 있겠지만 교육자로서의 기독교상 담사의 분별력의 의미와 접목하고자 한다. 뒤에 등장하는 '학식을 더하 게 한다'(promote instruction)와 연결하면 학습을 증진시키는 목적을 가진 교육자나 수퍼바이저는 마음이 지혜로운 사람이어야 함을 알 수 있다. '명철한' 수퍼바이저는 수퍼바이지의 학습 능력을 분별하고 학습 스타일을 분별하여 적절하고도 적합하게 가르칠 수 있는 지혜를 갖고 있다.

솔로몬은 분별력이 있는 사람이 '입이 선한'(pleasant words) 특징 을 갖고 있다고 보았다. 동일한 지식을 가르쳐도 가르치는 자가 어떤 교육 방법을 사용해서 가르치느냐에 따라서 학습의 결과가 달라진다. 학습자는 긍정적인 피드백과 칭찬과 격려를 받을 때 학습의욕과 능력 이 증가하게 되어 있다. 야단치는 말과 듣기에 거북한 말을 듣게 되면 불안이 증가하며 뇌의 신경전달물질도 원활하게 기능하지 못하기 때문 에 학습능력이 감소한다.

"칭찬은 고래도 춤추게 한다"는 말이 있다. 힘을 실어주는 말, 긍정적 인 말, 칭찬하는 말, 인정하는 말은 내담자가 새로운 변화로 나아가는데 큰 힘이 된다. 새로운 행동을 학습하는데 디딤돌이 된다. 더 나아가 내 담자가 인지적으로 더 똑똑해지며 통찰력이 생기는데 도움을 준다.

4) 균형성과 객관성

좌로나 우로나 치우치지 말고 내 발을 악에서 떠나게 하라(잠 4:27).

좌로나 우로 치우치지 않고 길을 가기 위해서는 "네 눈은 바로 보며 (look straight) 네 눈꺼풀은 네 앞을 곧게 살펴(fix your gaze directly before you)"(4:24)야 할 것이다.[7] 앞만 똑바로 보고 걸어가는 삶의 여정이 얼마나 가능할 수 있을까? 과연 좌로나 우로 치우치지 않고 걸을 수 있는 사람들이 얼마나 될까? 거의 없다고 해도 과언이 아닐 것이다. 대부분의 사람들이 최소한 약간은 치우친 삶을 살고 있는 것이 현실이다.[8]

심리적인 관점에서 볼 때 좌로나 우로나 치우치는 것은 마음의 기능이 건강하지 못함을 알려주는 표식이다. 마음의 어떤 기능이 과도하거나 과소하면 문제가 생길 때가 많기 때문이다. 내담자가 좌로나 우로나 치우치는 것은 마음의 병리성을 시사한다. 어떤 의미에서는 내담자는 좌로나 우로 치우치는 삶으로 인하여 고통을 호소하는 자라고 정의할 수 있다. 본문은 인간이 좌로나 우로 치우치면 악으로 이어지는 삶이 될 수 있다는 것을 시사한다.

---

7) 머피와 허와일러는 잠 4:20-27에서 마음(심장)과 입과 입술과 눈과 눈꺼풀이라는 신체 기관을 사용하여 균형성 있는 삶의 중요성을 권면하고 있음을 잘 지적하였다. '구부러진 말'과 '비뚤어진 말'은 균형을 잃은 마음에서부터 비롯된 것이다(24절 참조). Murphy & Huwiler, *Proverbs, Ecclesiastes, Song of Songs*, 26. 좌로나 우로 치우치는 길을 가는 사람은 역시 균형을 잃은 사람이다.

8) 롱맨은 본문을 주석하면서 '두 갈래 길 신학'(two-paths theology)라는 용어를 사용하였는데 좌로 가는 길과 우로 가는 길 그리고 똑바른 길로 이해하는 것이 아니라 하나님이 기뻐하는 똑바른 길과 하나님이 기뻐하지 않는 좌 우로 치우치는 길, 두 가지가 있다고 보았다. Longman, *Proverbs*, 154. 인간은 좌로나 우로 치우치는 경향성이 있기 때문에 국가에도 여당과 야당이 존재하며 보수파와 진보파가 존재한다. 우파가 있으면 좌파가 있다. 우파도 좌파도 아닌 중도파 중에는 어느 쪽에도 속하지 않음으로서 자신을 지키려는 보신주의자들이 있고 균형을 유지하려는 이들도 간혹 있다.

따라서 기독교상담사는 하나님의 말씀을 기준으로 삼아 내담자가 균형 잡힌 삶을 회복할 수 있도록 도와야 할 것이다. 예를 들면, 내담자가 너무 세상적인 삶을 살고 있거나 너무 세상과 유리된 삶을 살고 있다면 세상 속에 살면서도 세상에 속하지 않는 삶을 살 수 있도록 도와야 할 것이다. 바울이 고린도교회 성도들에게 보낸 편지 속에 이와 같은 균형성의 미덕이 잘 드러난다:

> 내가 너희에게 쓴 편지에 음행하는 자들을 사귀지 말라 하였거니와 이 말은 이 세상의 음행하는 자들이나 탐하는 자들이나 속여 빼앗는 자들이나 우상숭배 하는 자들을 도무지 사귀지 말라 하는 것이 아니니 만일 그리하려면 너희가 세상 밖으로 나가야 할 것이라(고전 5:9-10).

상담사가 상담과정에서 좌로나 우로 치우치는 경향이 있다면 내담자를 균형 있게 인도할 수 없다. 역전이에 말려들 가능성이 높다. 그래서 객관성을 잃고 내담자의 경계선을 침범할 수 있다. 자신이 견지하는 치우친 태도나 관점을 내담자에게 요구할 수 있다. 이것은 미성숙한 부모가 자녀에게 자신의 미성숙함을 요구하는 것과 마찬가지이다.

하나님은 좌로나 우로나 치우치는 분이 아니시다. 하나님에게는 절대적인 균형이 존재한다. 그런 능력이 있으시다. 이것은 예수 그리스도의 인성과 신성에서도 잘 나타난다. 칼세돈 신경은 예수 그리스도는 백퍼센트의 신성과 백퍼센트의 인성이 구별되면서도 혼합되지 않게 존재하신 분으로 표현하였다. 신성과 인성이 모자람도 치우침도 없이 균형을 이룬 분이 예수 그리스도이시다. 신성을 지나치게 강조하거나 인성

을 지나치게 강조하는 것은 균형 잡힌 기독론이 아니다.[9]

좌로나 우로나 치우친다는 것은 심리적으로나 영적으로 미성숙하다는 것을 의미한다. 좌와 우를 통합할 줄 알며, 좌와 우를 동시에 구별할 수 있는 능력이 떨어진다는 것을 의미한다. 이것은 경계선 성격 장애에서 나타나는 '분열'(splitting)이라는 방어기제와 관련성이 있다. 초등학교 시절 운동회에서 청군과 백군으로 나누어지면 청군과 백군 모두 같은 학교에서 공부하는 친구들이라는 사실을 통합적으로 인식하지 못하고 서로를 이겨야 할 적으로만 인식하는 것과 같은 역동성이다.

좌나 우로 치우치는 사고나 정서나 의지, 그리고 대인관계를 가진 내담자를 상담을 통하여 좌우가 동시에 통합이 되면서도 구별해서 균형 있는 삶으로 살아가도록 하는 것은 기독교상담사의 책임이자 특권이다. 그렇게 하기 위해서는 상담사의 전인적인 성숙도가 필요하다. 앞에서도 언급했듯이 좌 아니면 우, 도 아니면 모의 단순한 태도와 인식을 가진 상담사는 내담자를 복합적이며 다양한 세상 속에서 성숙과 변화의 삶으로 인도할 수 없다. 마치 이단의 교주처럼 내담자의 미성숙을 고착시키며 강화시키는 악영향만 끼칠 것이다.

> 재판할 때에 낯을 보아 주는 것이 옳지 못하니라(잠 24:23).

재판에서 여러 가지 이유로 인하여 객관성을 유지하지 못하는 것은

---

9) 헌싱거는 신학과 심리학의 관계를 칼세돈 신경에 나타난 예수 그리스도의 신성과 인성과의 관계로 설명하려고 시도하였다. Deborah van Deusen Hunsinger, *Theology and Pastoral Counseling: A New Interdisciplinary Approach* (Grand Rapids, MI: Eerdmans, 1995), 62–63.

사법 윤리에 어긋난다.[10) 판사가 자신과 연관성이 있는 원고나 피고가 있을 때에는 그 사건을 맡지 않는 것이 관례이다. 더 나아가 판사의 개인적인 경험이나 심리적인 이슈가 연결되어 부정적인 역전이가 생길 때에는 객관적이며 정의로운 판결을 내리기가 어렵다.

상담의 과정도 마찬가지이다. 상담사는 일차적으로 내담자의 편이 되어 공감하고 옹호하지만 객관성을 잃어서는 안 된다. 부부상담의 경우에 삼각구도에 빠지지 않아야 하는 이유는 상담사가 객관성을 유지해야 하는데 있다. 객관성을 잃으면 상담이 효과적이 되기 어렵다. 역전이를 인식해야 하는 이유가 여기에 있다.

하나님은 편벽된 분이 아니시다. 외모로 취하지 않으시며 부자라고 편들거나 가난한 자라고 더 봐 주시는 분이 아니시다. 하나님의 속성을 구현하는 것이 정의이다. 인간은 여러 가지 요인으로 인하여 백퍼센트 공정하게 판단할 수 있는 능력이 없다. 그러나 최대한 공정하게 판단하려고 노력하는 것이 중요하다.

> 송사에서는 먼저 온 사람의 말이 바른 것 같으나 그의 상대자가 와서 밝히느니라(잠 18:17).

가해자와 피해자, 원고와 피고의 구도에서 객관성을 유지하는 것은 아무리 강조해도 지나치지 않다. 인간은 자기중심성을 누구나 갖고 있

---

10) 머피와 허와일러는 잠언의 이 본문은 레위기 19:15절과 신명기 16:19절의 지지를 받는 말씀이라고 주석하였다: "너희는 재판할 때에 불의를 행하지 말며 가난한 자의 편을 들지 말며 세력 있는 자라고 두둔하지 말고 공의로 사람을 재판할지며"(레 19:15); "너는 재판을 굽게 하지 말며 사람을 외모로 보지 말며 또 뇌물을 받지 말라 뇌물은 지혜자의 눈을 어둡게 하고 의인의 말을 굽게 하느니라"(신 16:19). Murphy & Huwiler, *Proverbs, Ecclesiastes, Song of Songs*, 122.

기 때문에 자기의 틀 속에서 현실을 이해하고 해석하는 경향성이 크다. 따라서 동일한 사건에 대해서도 해석이 달라질 수 있다.[11]

위의 본문에서 솔로몬은 아들 르호보암에게 왕으로서 판결을 내릴 때 객관성을 잃지 말 것을 권면하였다. 르호보암은 왕위에 올랐을 때 백성들이 솔로몬 시대에 힘들었던 노역과 세금에 대해서 가볍게 해달라는 백성들의 청을 듣고 양쪽의 자문을 구한 적이 있다. 솔로몬을 모셨던 중진 그룹과 르호보암과 함께 성장했던 신진 그룹의 이야기를 들었지만 현명한 판단을 할 수 있는 능력이 부족함으로 인하여 나라가 분열되는 단초를 제공하였다(열상 12:1-15 참조).

상대방의 이야기를 듣기 전에 판단하는 사람이라면 충동적이며 미성숙한 사람임을 말해준다. 그리고 양쪽 이야기를 듣기는 다 들었지만 비교분석하여 지혜롭게 판단하지 못하는 수준이라면 자아 능력이 떨어지는 미성숙한 부모나 지도자 또는 상담사일 것이다. 양쪽 이야기를 다 듣고 난 후에 서로의 옳고 그름을 잘 구별하여 현명한 평가와 진단을 할 수 있어야 한다.

상담사는 가해자와 피해자 또는 남편과 아내, 또는 부모와 자녀의 말을 다 들을 필요가 있다. 한쪽 편의 이야기를 지나치게 공감한 나머지 다른 편의 이야기를 제대로 듣지 못하면 객관성을 유지할 수 없다. 내담자의 이야기를 듣고 충분히 공감하면서도 동시에 또 다른 자아 기능을 발휘해서 "이 이야기가 어디까지 진실이며 어디까지 왜곡된 부분일

---

11) "자기야"라는 텔레비전 프로그램은 연예인 부부들이 출연해서 비교적 솔직한 이야기들을 나눔으로써 인기를 얻고 있다. 남자들과 여자들로 팀을 나누어 서로 이야기를 시키는데 한 쪽 배우자의 말만 들으면 상대방 배우자가 정말 잘못했다는 판단을 할 수 있는데 이어서 상대방 배우자의 이야기를 들어보면 그 정도까지 잘못한 것은 아니었음을 깨닫게 된다.

까? 이야기가 서로 불일치하는 부분은 없는가?"와 같은 '회의적인 귀' (skeptical ears)를 열고 경청해야 지혜롭다. 특히 부부 상담에서 객관성을 유지하는 것은 매우 중요하다. 어느 한 쪽 배우자와 동일시한 나머지 역전이의 역동성에 빠져 객관성을 잃어버리며 다른 편 배우자를 잘못 파악하고 상담을 하면 상담은 비효과적인 상담이 되고 만다.

5) 학자의 혀

> 의인의 혀는 순은과 같거니와 악인의 마음은 가치가 적으니라 의인의 입술은 여러 사람을 교육하나 미련한 자는 지식이 없어 죽느니라(잠 10:20-21).

본문에서 의인과 악인, 의인과 미련한 자는 대조를 이룬다. 혀와 마음(heart)이 대조를 이룬다.[12] 본문의 맥락에서 의인은 미련하지 않은 자, 즉 분별력이 있는 자다. 미련한 자 또는 바보는 판단력이 부족한 자다(NIV 성경 번역 참조). 미련한 자의 혀나 악인의 혀는 가치가 적은 수준이 아니라 거의 쓸모없다(of little value). 반면에 판단력이 있는 자의 혀는 최상품의 은과 같이 가치가 있으며 많은 사람들을 '양육하며' (nourish) 살리는 기능을 한다는 것이 본문의 주장이다. 이런 사람의 혀는 '말 한마디로 천 냥 빚을 갚는' 가치가 있다.

내담자들의 혀는 하나님이 원래 부여하신 혀의 기능을 제대로 하지 못할 때가 많다. 말을 해야 할 때 말을 할 줄 모르기 때문이다. 자신감이

---

12) 롱맨은 잠언에서 혀와 마음(심장)은 자주 서로 연결되어 나타나는 표현이라 주석하였다: "지혜로운 자의 마음은 그의 입을 슬기롭게 하고 또 그의 입술에 지식을 더하느니라"(12:23); "온유한 입술에 악한 마음은 낮은 은을 입힌 토기니라"(26:23). 그는 말이란 사람의 내면에서 일어나고 있는 것을 반영하며 그 사람의 핵심 성품을 상징한다고 주석하였다. Longman, *Proverbs*, 239.

없고 두려워서 자기의 목소리를 내지 못하기 때문이다. 한 달란트 받은 종이 주인을 두려워하고 실패할까봐 두려워해서 받은 달란트를 땅에 그냥 묻어두고 시간을 보냄으로써 주인으로부터 '악한 종'이라고 꾸지람을 받았다. 이와 마찬가지로 하나님이 주신 혀를 잘 쓰지 못하고 그냥 침묵하거나 회피하고 입을 닫고 살면 하나님으로부터 악한 종이라고 야단맞을 수 있다.

반대로 판단력이 부족해서 해서는 안 될 말을 하거나, 상처 주는 말을 충동적으로 하거나, 분노를 조절하지 못한 채 온갖 파괴적인 말을 하는 사람들이 있다. 이들은 자신의 삶을 죽일 뿐만 아니라 주변 사람들을 서서히 죽게 만든다.

상담사는 이와 같은 악인이나 어리석은 자가 의인으로 변화하도록 돕는 역할을 해야 한다. 경우에 합당한 말은 '은쟁반에 금사과'라는 잠언의 말씀을 연결하면서 내담자가 경우에 합당한 말을 구사할 수 있도록 '언어치료'를 해야 한다. 발음을 교정하는 언어치료와 달리 적절한 표현을 할 수 있도록 돕는 언어치료를 하는 것이다. 그렇게 하려면 무엇보다 중요한 것은 상담사가 내담자를 공감하는 말을 자주 하는 것이다. 상담사의 말이 내담자의 마음에 내면화되고 소화되고 자기화 될 때 내담자는 무의식적으로 상담사의 말을 흉내 내기 시작할 것이다. 타인의 이야기에 조금씩 공감하며 경우에 맞는 표현을 할 수 있는 변화를 보일 것이다. 생뚱맞은 표현을 하던 내담자가 삶의 현장에서 핵심적이며 명료한 표현을 하기 시작할 때 주변 사람들은 내담자의 변화를 감지하게 될 것이다.

판단력이 없던 말을 하던 내담자가 판단력과 분별력이 있는 말을 하는 것은 내담자가 상담사로부터 '인정'(re-cognition)을 받았기 때문에 가능한 것이다. 더 나아가 내담자가 하나님이 자신을 인정해주시며 수용해주심을 상담을 통해서 경험하였기 때문에 가능한 것이다. 이와 같이 인정받은 사람은 지적으로 똑똑해진다. 바보처럼 상처 주는 말을 덜 하게 된다. 어리석은 사람처럼 입을 열지도 못하는 행동을 점점 덜 하게 될 것이다. 이렇게 될 때 내담자의 혀는 두 달란트, 다섯 달란트 받은 종의 혀가 되어 주인의 마음을 기쁘게 할 수 있다. 그리고 자신의 삶에서 보람을 느끼는 가치 있는 인생을 살 수 있다.

이사야 선지자는 '학자들의 혀'를 하나님이 자신에게 주셨다고 표현하였다: "주 여호와께서 학자들의 혀를 내게 주사 나로 곤고한 자를 말로 어떻게 도와 줄 줄을 알게 하시고 아침마다 깨우치시되 나의 귀를 깨우치사 학자들같이 알아듣게 하시도다"(사 50:4). NIV 성경은 학자들의 혀를 'an instructed tongue'이라고 번역하였다. 이사야의 혀는 '가르침을 받은 혀'였다. 자기 스스로 말하는 혀가 아니라 하나님이 아침마다 그를 깨우쳐서 배운 것을 말하는 혀를 그가 가지고 있었다는 것이다. 이사야는 성전에서 거룩하신 하나님을 직접 뵙는 과정에서 스랍 천사 중의 하나가 제단에서 핀 숯을 가져와 그가 부정하다고 고백한 그의 입술에 대며 "이것이 네 입에 닿았으니 네 악이 제하여졌고 네 죄가 사하여졌느니라"는 용서와 수용의 말씀을 들었다(사 6:6-7 참조). 그때 그는 "내가 누구를 보내며 누가 우리를 위하여 갈꼬"라고 말씀하시는 하나님의 음성을 듣고 "내가 여기 있나이다 나를 보내소서"라고 응답할 수 있었다(사 6:8 참조). 이사야서에 기록된 모든 말씀은 그가 하나님으로부터 듣고 '학습한' 말씀이다. 비록 그의 말은 당시의 사람들을 변화시키는 '효과적인' 말은 되지 못했지만 이사야서를 읽는 수많은 믿음의 사람들의 마음을 변화시키는 치료적인 말씀이 되었다.

기독교상담사는 이사야 선지자와 같은 학자의 혀를 갖기를 계속적으로 기도해야 할 것이다. '학자'는 한자어로 '배울 學' 자와 '놈 者'로 이루어진 단어이다. 즉 학자는 배우는 사람이라고 말할 수 있다. 목회상담사는 이중 언어를 구사할 수 있는 사람이어야 한다. 기독교 신학적인 언어를 배워서 잘 구사할 수 있는 능력을 갖고 있어야 한다. 신학적 언어는 목회상담사의 모국어이어야 한다. 동시에 제2외국어 수준에서 심리학적인 언어를 잘 구사할 수 있어야 한다. '혀'라는 영어 단어 'tongue'은 언어라는 뜻도 갖고 있다. 신학적인 언어와 심리학적인 언어를 잘 배워 균형 있으면서도 적합하게 구사할 때 내담자들에게 치료적인 영향을 줄 수 있다.

따라서 기독교상담사는 이사야처럼 '아침마다' 신학적 언어를 배워야 한다. 성경말씀을 묵상하며 해석하며 공부하는 자세를 가져야 한다. 정기적으로 좋은 신학 서적들을 독서하는 습관을 가져야 한다. 또한 심리학 관련 책들과 논문들을 읽고 공부함으로써 언어구사력을 키워 가야 한다. 먹은 만큼, 공부한 만큼, 들은 만큼, 배운 만큼, 기도한 만큼 상담의 효과는 나타난다는 사실을 명심해야 한다.

기독교상담사는 판단력과 분별력이 있는 말을 구사함으로써 많은 내담자들을 '양육하는' 기능을 담당해야 한다. 아기가 자라는 과정에서 좋은 엄마 대상이 해주는 양육적인 방법들이 상담 과정에 접목될 수 있다. 옹아리 수준의 이야기를 하는 내담자들에게는 옹아리 반응을 해주며 '미러링'(mirroring)을 해줄 때 내담자는 조금씩 자신의 말을 하기 시작할 것이다. 그리고 점점 알아들을 수 있는 말을 하며 말하는 재미를 느낄 수 있게 될 것이다. 따스한 눈빛으로 반응하며 관심 있게 경청하며 공감 반응을 하며 인정하며 칭찬하며 축복하는 말을 할 때 내담자의 내면세계에 긍정적인 변화가 일어날 수 있다. 고착되었던 내담자의 '심리적인 나이'를 극복하며 발달하기 시작할 것이다. 고린도교회에서 아볼로가 감당했던 사역처럼 상담사가 내담자의 마음세계에 '물을 주는' 기능을 감당할 때 내담자는 자라게 될 것이다. 물론 이 양육 방법과 노력이 효과적이 되게 하시는 분은 하나님이시다: "나는 심었고 아볼로는 물을 주었으되 오직 하나님께서 자라나게 하셨나니"(고전 3:6).

> 의인의 입은 생명의 샘이라도 악인의 입은 독을 머금었느니라(잠 10:11); 칼로 찌름 같이 함부로 말하는 자가 있거니와 지혜로운 자의 혀는 양약 같으니라(잠 12:18); 죽고 사는 것이 혀의 힘에 달렸나니 혀를 쓰기를 좋아하는 자는 혀의 열매를 먹으리라(잠 18:21).

NIV 성경은 12장 본문의 '사려 깊지 못한 말' 또는 '무모한 말'은 칼처럼 찌른다고 번역하였다. 소위 상처 주는 말을 듣는 것은 마치 칼에 찔리는 것과 같다는 의미이다. 칼에 찔리는 경험은 일종의 '외상' (trauma) 경험이다. 지워지지 않는 낙인처럼 정신세계에 깊이 상처를 입는 것이다. 심리적 상태가 취약한 사람이나 어린 아이의 경우에 외상경험은 그의 정신세계에 충격을 줄 수 있다. 심한 경우에는 외상후 스트레스장애를 유발할 수 있다.

10장 11절에서 '독을 머금은' 입을 NIV 성경에서는 '폭력성이 악인의 입에 넘친다'라고 번역하였다. 이것은 파괴적인 말이 입에서 쏟아져 나오는 것을 의미한다. 무모한 말, 사려 깊지 못한 말, 저주하는 말, 욕설은 '언어폭력'(verbal abuse or violence)이다. 상대방의 입장을 고려하지 않고 내뱉는 공격적인 말은 듣는 자의 마음 깊이 들어가며 상처를 입힐 수 있다.

가정폭력이 있을 때 남자들은 '신체폭력'(physical abuse)에 의존하는 경향이 있으며 여자들은 '언어폭력'(verbal abuse)에 의존하는 경향이 있다. 언어폭력도 신체폭력에 맞먹는 폭력 행위임을 내담자들은 자각해야 한다. 언어폭력도 죄악이며 악습이다. 폭력은 하나님의 형상을 훼파하는 일종의 살인 행동이다. 하나님을 향한 공격성의 표현이다. 특히 경계선 성격장애 증상을 가진 내담자들은 극심한 분노를 표현할 때 신체폭력이나 언어폭력을 행사하는 경우가 많다. 상담사는 폭력은 성격장애의 증상인 동시에 죄악이며 악습이라는 인식을 내담자가 할 수 있도록 도와야 한다. 만약 내담자가 피해자로서 폭력에 지속적으로 노출된다면 폭력에 대응하는 지혜로운 방법을 가르쳐주어야 한다.

대조적으로 지혜로운 자, 즉 말의 긍정적인 힘을 잘 알고 있는 사람은 말을 통해서 상처 입은 사람을 치료할 줄 안다. 언어폭력이 마귀적이라면 치료적인 말은 영적이다. 내담자의 정신세계 속에 상처를 준 말을 탐색하여 찾아내고 무력화시키거나 축출하는 것은 치료 과정에서 중요하다. 마귀의 도구가 된 가해자를 긍휼히 여기며 용서하는 것은 치료 과정의 중요한 부분이다. 더 나아가 내담자의 마음 속에 치료적인 하나님의 말씀을 입력하는 것이 필요하다. 힘을 실어주는 말, 축복하는 말, 격려하는 말, 지지하는 말을 진정성을 가지고 할 때 내담자는 치료적 경험을 할 수 있게 된다.[13)]

---

13) 성경에는 이와 같은 치료적인 말씀이 매우 많다. 활용할 수 있는 몇 본문을 소개하면 다음과 같다: "강하고 담대하라 두려워하지 말며 놀라지 말라 네가 어디로 가든지 네 하나님 여호와가 너와 함께 하느니라"(수 1:9); "두려워하지 말라 내가 너와 함께 함이라 내가 너를 굳세게 하리라 참으로 너를 도와주리라 참으로 나의 의로운 오른손으로 너를 붙들리라"(사 41:10) "너는 두려워하지 말라 내가 너를 구속하였고 내가 너를 지명하여 불렀나니 너는 내 것이라"(사 43:1); "누가 우리를 그리스도의

말에 상처 입은 마음 세계에 치유를 가져오는 것은 치유적인 말이다. 잠언 15:4절은 "온순한 혀는 곧 생명나무이지만 패역한 혀는 마음을 상하게 하느니라"고 치료적 언어의 중요성을 지적한다.[14] NIV 성경은 "The tongue that bring healing is a tree of life, but a deceitful tongue crushes the spirit"이라고 번역하였다. 치료적인 말은 상한 마음, 깨어진 마음에 생명력을 부여하며 회복시킨다. 말이 상처를 주기도 하지만 말이 상처를 싸매고 치료가 일어나게끔 한다. 말은 힘이 있다. 혀에 권세가 있기 때문이다. 잠언 18:21절 본문은 "죽고 사는 것이 혀의 힘에 달렸다"고 이 사실을 잘 지적한다. 기독교상담사는 치료적 언어를 잘 구사할 줄 아는 예술가이어야 한다.

6) 신중성

> 의인은 그 이웃의 인도자가 되나 악인의 소행은 자신을 미혹하느니라(잠 12:26).

NIV 성경은 "의인은 친구관계에서 조심스럽다"(is cautious in friendship)라고 번역하였다. 개역개정판의 의미를 살린다면 상담자는

사랑에서 끊으리요 환난이나 곤고나 박해나 기근이나 적신이나 위험이나 칼이랴"(롬 8:35); "다른 어떤 피조물이라도 우리를 우리 주 그리스도 예수 안에 있는 하나님의 사랑에서 끊을 수 없으리라"(롬 8:39).

14) 머피와 허와일러는 잠 10:11절의 '생명의 샘'이라는 표현은 지혜를 나타내는 관용구라고 하면서 그 예로서 잠 13:14, 14:27, 16:22절을 근거로 제시하였다. Murphy & Huwiler, *Proverbs, Ecclesiastes, Song of Songs*, 49. "지혜 있는 자의 교훈은 생명의 샘이니 사망의 그물에서 벗어나게 하느니라"(잠 13:14); "여호와를 경외하는 것은 생명의 샘이니 사망의 그물에서 벗어나게 하느니라"(잠 14:27); "명철한 자에게는 그 명철이 생명의 샘이 되거니와 미련한 자에게는 그 미련한 것이 징계가 되느니라"(잠 16:22). 생명나무의 치료적인 기능을 언급하는 본문은 다음과 같다: 창 2:9, 3:22, 24, 잠 3:18, 11:30, 13:12. 김정우, 『성서주석: 잠언』, 458.

이웃인 내담자를 인도하는 사람이다. 본문의 의미에서 볼 때 효과적인 상담사는 의인이다. 반면 비효과적일 뿐 아니라 내담자를 잘못 인도하는 상담사는 악인이다. 하나님 앞에서 자신을 살피지 않는 상담사는 자신도 미혹되어 잘못된 길로 가며 내담자를 미혹하여 잘못된 길로 인도할 수 있기 때문이다.

서다드는 상담을 '친구 관계의 맥락'(a context of friendship)이라고 정의한 바 있다.[15] NIV 성경의 번역을 따르면 기독교상담사는 친구 관계의 맥락에서 '조심스러운' 태도를 취하는 것이 의롭다. 신중하게 내담자에게 접근하는 것이 지혜롭다. 내담자의 삶과 이야기에 민감성과 존중심을 표현하면서 조심스럽게 접근하며 탐색하는 것이 필요하다. 성급한 나머지 함부로 접근하면 내담자가 마음을 닫고 방어기제를 사용하거나 저항할 것이다.

7) 비밀보장

두루 다니며 한담하는 자는 남의 비밀을 누설하나 마음이 신실한 자는 그런 것을 숨기느니라(잠 11:13)[16]; 두루 다니며 한담하는 자는 남의 비밀을 누설하나니 입술을 벌린 자를 사귀지 말지니라(잠 20:19); 너는 이웃과 다투거든 변론만 하고 남의 은밀한 일은 누설하지 말라 듣는 자가 너를 꾸짖을 터이요 또 네게 대한 악평이 네게서 떠나지 아니할까 두려우니라(잠 25:9-10).

---

15) Southard, *Theology and Therapy*.
16) 잠언에서 비밀보장과 관련성이 있는 또 다른 본문은 25:9-10절이다. "너는 이웃과 다투거든 변론만 하고 남의 은밀한 일은 누설하지 말라 듣는 자가 너를 꾸짖을 터이요 또 네게 대한 악평이 네게서 떠나지 아니할까 두려우니라." 문맥은 상담과 직접적인 관련성이 있는 것은 아니지만 비밀보장을 지키지 못하는 상담사에 대한 부정적인 평가는 일회적으로 그치지 않고 상담사의 평판에 치명적인 결과를 가져올 수 있는 것이라는 점에서 상담과 연결될 수 있다.

'남의 비밀을 누설하는 것'(betrays a confidence)[17]과 '숨기는 것'(keeps a secret)은 대조적인 행동이다. '두루 다니며 한담하는 자'(a gossip)와 '마음이 신실한 자'(a trustworthy man)는 대조적이다.[18] 신원하는 한담(閑談)이 치명적인 7가지 죄들 중의 하나인 시기(질투)와 연결될 수 있다고 통찰력 있게 지적하였다. 그리고 한담이 험담[19]으로 연결될 수 있는 가능성이 높다고 지적하면서 험담의 특성을 다음과 같이 지적하였다:

> 험담은 보통 한담으로 출발하는 경우가 많다. 한담이란 다른 사람들을 화제 삼아 가볍게 이런저런 일을 말하는 것이다. "남의 말하기를 좋아하는 자의 말은 별식과 같아서 뱃속 깊은 데로 내려간다"(잠 26:22)는 구절은 한담의 매력을 잘 보여 준다. 하지만 가볍게 여흥 삼아 시작하는 한담은 종종 험담으로 빠지곤 한다. 물론 처음부터 작심하고 시작하는 험담도 있다. 이런 경우에는 좋은 말로 시작하는 듯하지만 '그렇지만'이라는 접속사를 살짝 넣어 비틀거나 흠집을 내

---

17) 김정우는 '비밀을 누설한다'의 숨은 의미를 다음과 같이 잘 지적하였다: "'비밀을 누설한다'는 것은 이미 서로가 친분을 쌓고 어떤 계획을 오랫동안 공유하였다는 것을 의미한다. 여기에서 '비밀'(sod)이란 가까운 친구 사이의 우정이며(시 55:14), 전쟁에서 승리하기 위한 '모략'이다(시 83:3; 잠 25:9). 그렇다면 비밀을 누설하는 자는 친구 사이의 우정과 약속을 파기하는 자이다." 김정우, 『성서주석: 잠언』, 375.

18) 데이비스는 남의 말을 하기 좋아하는 사람은 처음에는 매력적으로 보이는 사람일 경우가 많고 말하기 편하며 솔깃하게 하는 특징을 갖는 경우가 많다고 지적하였다. Davis, *Proverbs, Ecclesiastes, and the Song of Songs*, 79. 이와 같은 특징을 잠 18:8절에서는 "남의 말하기를 좋아하는 자의 말은 별식과 같아서 뱃속 깊은 데로 내려가느니라"고 잘 묘사하였다. 동일한 표현이 26장 22절에도 반복되었다.

19) 김정우도 한담이 험담으로 이어질 위험성이 높음을 '두루 다니다'(balak)는 동사의 뜻으로 설명하였다. 이 동사는 비밀을 누설한다는 뜻 뿐 아니라 중상모략을 한다는 뜻으로 자주 사용되었다고 관련 본문을 제시하였다(레 19:16, 렘 6:28, 9:3, 잠 11:13, 20:19). 김정우, 『성서주석: 잠언』, 375.

고 끝낸다. "불량하고 악한 자는 구부러진 말을 하고 다니기"(잠 6:12) 마련이다. 이 험담은 독사의 혀처럼 대상에게 치명적인 피해를 입히는 무서운 무기가 된다. 바울은 "집집으로 돌아다니고 게으를 뿐 아니라 쓸데없는 말을 하며 일을 만들며 마땅히 아니할 말을 하는"(딤전 5:13) 젊은 과부들을 교회의 일꾼으로 세우지 말 것을 디모데에게 엄중하게 권고했다. 한담이 문제를 만들어 성도들에게 큰 해악을 끼칠 수 있음을 경고한 것이다.[20]

20장 19절에 나오는 '입술을 벌린 자를 NIV 성경에서는' 말을 너무 많이 하는 자 '(a man who talks too much)로 표현한다. 말이 많은 사람은 말에 실수가 있기 마련이다. 악의적인 의도로 말하지는 않더라도 무의식적으로 타인에게 해가 되는 말을 할 수 있다. 지혜로운 자는 말이 많은 자에게 가까이 가지 않는다. 왜냐하면 상대방의 말에 상처를 입을 수 있고, 필요 없이 남의 험담에 동참할 수 있기 때문이다. 말을 너무 많이 하는 사람과 자주 접촉하면 그 사람을 닮아갈 위험성도 있기 때문이다.

힘든 상황에서 상담사를 찾는 중요한 동기 중의 하나는 상담사가 내담자 자신의 이야기에 대해서 비밀을 지켜줄 것임을 기대하는 믿음이다. '임금님 귀는 당나귀 귀'라고 말하고 싶은 내담자에게 있어서 그 말을 해도 안전한 환경을 제공해주는 상담사와 상담실을 만나는 것 자체가 치료적이다.

문제는 내담자가 믿고 이야기한 상담 내용이 끝까지 지켜지지 않고 노출되는 경우이다. 이렇게 될 때 내담자는 배신감을 느끼며 상담사에

---

20) 신원하, 『죽음에 이르는 7가지 죄』, 75-76.

대한 분노를 느낄 것이다. 그리고 상담에 대한 부정적인 태도를 갖게 되어 미래에 상담이 필요한 경우에도 웬만해서는 상담을 받으려고 하지 않을 가능성이 높다. 따라서 전문적인 상담사는 비밀보장을 지키는 것을 철칙으로 여겨야 한다. 타인이 나에게 해주기를 바라는 것을 내가 하는 것이 율법의 정신이다. 상담사 자신 역시 자신의 이야기에 대해서 비밀이 보장되기를 원할 것이다. 마찬가지로 내담자 역시 비밀보장을 원할 것이라는 점에 대하여 충분히 공감하고 비밀보장 유지에 최선을 다해야 할 것이다.

상담의 초기 과정에서 내담자가 경험해야 하는 제일 중요한 과제는 상담사를 신뢰하는 것이다. 안정된 신뢰감이 형성이 되어야 '치료적 동맹'이 이루어지며 라포가 형성된다. 그래야 내담자가 누구에게도 하지 못했던 비밀을 꺼내놓을 수 있기 때문이다. 자신의 상담 능력을 자랑하기 위하여 상담했던 사례들을 무분별하게 인용하거나 노출하는 것은 비밀보장의 약속을 어기는 행위다. 하나님 앞에서 내담자와 한 약속과 계약을 어기는 죄악이다. 단순히 상담사의 윤리를 어기는 수준을 넘어서서 하나님 앞에서 죄를 범하는 행위임을 인식할 때 비밀보장의 중요성에 대하여 경각심을 가질 수 있다.

수퍼비전의 틀 속에서 진행되는 사례분석에서 내담자의 정보를 노출하는 것은 비밀보장 약속을 어기는 것이 아니다. 상담사의 성장을 위하는 범위 안에서 이루어지는 교육적 과정이기 때문이다. 이것은 마치 수련병원에서 의사들은 사례발표를 위해서 환자의 병과 정보에 대해서 의견을 교환하며 배우는 것과 같다. 수퍼비전도 마찬가지 과정이다. 그러나 수퍼비전 환경 밖에서 개별적으로 만났을 때나 심지어 다른 사람들이 들을 수 있는 엘리베이터 안에서 내담자에 대해서 '뒷담화'하는 경우를 종종 보게 된다. 이것은 내담자의 입장에서 생각할 때 참으로 분노할 일이다. 수퍼비전을 하다보면 수련생들이 내담자들에 대한 이야기를 장소를 가리지 않고 쉽게 꺼내놓고 이야기하는 것을 볼 때가 있다. 이것은 비밀보장의 약속을 깨뜨리는 행동이다.

비밀보장을 위해서 사례 발표할 때에도 가능하면 내담자의 신원을 알아보지 못하도록 이름이나 나이나 기본적이 정보들을 의도적으로 바꾸거나 숨기는 것이 바람직하다. 특히 책으로 출판하는 경우에는 매우 신중을 기해야 한다. 비록 자신의 이야기가 아니더라도 내담자들의 사례들을 인용할 때 내담자의 입장에서는 자신의 경우도 언젠가 책 속에서 등장하게 될 수 있다고 생각하여 불쾌감을 느낄 수 있기 때문이다. 저자의 경우, 책을 저술할 때 저자가 직접 상담한 사례들은 거의 사용하지 않는다. 그리고 가능하면 다른 상담사례들도 사용하지 않으려고 애를 쓴다. 상담사들이 수퍼비전을 받기 위하여 사례에 대해서 수퍼바이저나 동료들과 나누는 것은 비밀보장 윤리에 저촉되지 않는다. 책을 쓰거나 강의를 할 때 사례를 사용해야 할 경우에는 민감성이 필요하다. 사례의 일부 정보를 바꾸거나 다른 사례들과 혼합시키거나 오래된 사례를 사용하는 민감성이 필요하다.

하나님은 최고의 상담사이시며 백퍼센트 신뢰할 수 있는 상담사이다. 하나님 앞에 털어놓는 이야기는 비밀보장이 완벽하다는 장점이 있다. 혹시 기도하는 중에 다른 사람이 부지중에 들음으로써 비밀보장이 안될 수 있는 경우가 있겠지만 말이다. 하나님은 하나님의 자녀가 기도를 통해 하나님께 나아갈 때 그 기도의 내용을 다른 성도들에게 꿈으로나 음성으로나 알려서 노출하시는 분이 아니다. 하나님의 속성상 그렇게 하시지 않는다. 하나님은 그런 식으로 자기 자녀를 수치스럽게 하시는 분이 아니다.

복음서 기자들은 예수님을 만났던 사람들의 이야기를 기록할 때 그들에게 누가 되거나 수치가 될 우려가 있는 경우에 자주 이름을 밝히지 않고 기록하는 민감성을 보여주었다. 요한복음에 등장하는 '한 사마리아 여인'이 대표적인 경우다(요 4:5-42 참조). 그녀의 이름은 익명으로 처리되었다. 3장에 등장하는 니고데모의 경우는 이름을 기록하였다. 니고데모의 이름은 요한복음 후반부에서 예수님의 시신을 수습하는 과정에서 다시 등장한다: "일찍이 예수께 밤에 찾아왔던 니고데모도 몰약과 침향 섞은 것을 백 리트라 쯤 가지고 온지라"(요 19:39).[21) 니고데모의 경우에 그의 이름을 명시한 것은 인정의 의미가 있다고 보여진다.

잠언 25장의 본문은 소송 과정에서 자신을 방어하기 위하여 타인의 비밀을 누설하는 배신 행위를 하지 말라는 것이다. NIV 성경에서는 '은밀한 일'을 'confidence'라고 번역하였는데 이 단어는 '비밀보장'(confidentiality) 단어와 어근이 같다. 타인의 피해를 이용해서라도 자신의 유익을 추구하는 것은 반사회적이며 자기애적인 행동이다. 이런 행동을 하는 것을 재판 과정에 방청했던 지인들이 보게 된다면 오히려 상대방의 편을 들어 줌으로써 재판의 흐름이 뒤바뀌는 수치를 당할 수 있다. 더 나아가 이기적이며 착취적인 배신행위에 대해서 사람들로부터 악평을 얻게 되어 매우 큰 손실을 입게 될 것이다.

---

21) 1리트라는 약 327그램임. -

2. 상담사의 기술

1) 치료적인 언어구사력

의인의 입술은 기쁘게 할 것을 알거늘 악인의 입은 패역을 말하느니라
(잠 10:32).

NIV 성경은 '기쁘게 할 것'을 '적합한 것'(what is fitting)이라고 번역하였다. 그렇다면 '패역'(what is perverse)은 '적합하지 않은 것'을 의미한다고 볼 수 있다. 의사소통을 할 때 상황에 대한 정확한 인식과 더불어 인식한 것에 대해서 적절하면서도 적합하게 표현하는 것은 일종의 '예술(기예)'이다. 이 능력은 하루아침에 습득되는 것이 아니다. 롱맨은 이 본문에서 '안다'라는 동사는 '경험을 통하여 안다'는 의미라고 지적하면서 지혜자의 말은 연습을 통해 습득된 것이라고 주석하였다.[22] 즉 태어날 때부터 적합한 말을 잘 하는 것이 아니라 시행착오를 겪으면서 경우에 적합한 말을 구사할 수 있게 되는 것이다. 그런 점에서 '악인의 입'은 훈련되지 않은 입이다. 충동적으로 말을 함으로써 실수를 하거나 상처를 입힐 가능성이 많은 입이다.

"말 한마디로 천 냥 빚을 갚는다"는 말이 있다. 그러나 "말 한마디로 천 냥 빚을 지는" 경우가 훨씬 많다. 상황에 맞지 않는 말을 한마디 한 것이 상대방의 마음에 박혀서 큰 상처를 입힐 때가 적지 않게 있다. 많은 내담자들이 말 한마디로 인하여 깊은 상처를 입은 이야기를 상담사에게 한다. 이 때 상담사는 '적합하지 않은 말'로 상처 입은 내담자의 마음을 일차적으로 공감해주어야 한다. 그리고 적합하지 못한 말의 힘

---

22) Longman, *Proverbs*, 245.

을 무력화시킬 수 있는 '적합한 말'을 해주어야 한다. 그래서 더 이상 그 말이 내담자를 역동적으로 괴롭히거나 무력하게 만들지 못하도록 해야 한다.

치료 방법의 하나는 상대방이 했던 모든 말들과 그 말을 연결해서 그 말을 이해하도록 돕는 것이다. 만약 상대방이 했던 많은 말들이 '적합한 말'이었으며 좋은 말들이었다면, 그 좋은 말들에 의미를 부여해서 '적합하지 못했던 말'의 힘을 상대적으로 약화시키는 것이다. 대상관계 이론적인 표현을 하자면 '전체 대상'(whole object)과 '부분 대상'(part object)을 연결하여 부분 대상을 균형 있게 이해하는 것이다. 부분 대상을 전체 대상과 동일시해서 이해하는 것은 자아의 기능이 성숙한 것이 아니다. 과잉 연결하는 반면 과소 구별하기 때문이다.

내담자를 포함해서 모든 사람들이 말에 실수가 있는 사실을 현실로 받아들일 때 '적합하지 못한 말'을 한 상대방을 이해할 수 있는 여지가 생길 수 있다. 용기를 낸다면 용서할 수 있는 힘까지 생기게 될 것이다.

또 다른 치료방법은 적합하지 못한 말을 했던 가해자에게 주었던 파워를 어느 정도 무시하는 것이다. 그렇게 함으로써 그가 한 말을 '한쪽 귀로 듣고 한쪽 귀로 흘려버리는' 말로 가치절하(devaluation)하면 그 말은 힘을 잃는다. 상대방의 적합하지 못한 말에 상처를 받고 되씹는 것은 상대방과 그의 말에 불필요한 파워를 부여하는 것이다. 따라서 상대방의 심리적 수준을 가치절하해서 이해한다면 그의 말을 소위 '개 짖는 소리'로 치부할 수 있다. 예를 들면, 사악한 말이나 저주하는 말, 인터넷에 올리는 악플 같은 말은 반추하고 살펴야 하는 말이 아니다. 그런 말은 내쳐야 하는 말이다. 그런 말을 '아멘' 하고 받아들여 괴로워할 필요는 없다. '미친 개 소리'로 치부할 수 있는 내적인 힘을 발휘해야 한다. 이것은 죄가 아니다. 이것은 지혜다. 마귀적인 말을 담아두는 것은 성도의 마음, 즉 성전을 훼파하는 어리석은 행동이다.

　또 다른 방법은 적합하지 않은 말조차 그 말을 통해 자신을 살필 수 있는 자기 성찰의 기회로 삼는 것이다. 혹시라도 그 말을 통해서 자신을 좀 더 객관적으로 볼 수 있는 기회로 삼는다면 그 말은 합력해서 심리적 성숙과 영적 성숙을 이루는데 '쓴 약'이 될 수 있다. 압살롬의 반역으로 왕권을 잃고 피난하는 중에 사울 왕의 자손 중의 하나인 시므이의 저주를 들었던 다윗의 경우를 예로 들 수 있다. 시므이는 "피를 흘린 자여 사악한 자여 가거라 가거라 사울의 족속의 모든 피를 여호와께서 네게로 돌리셨도다 그를 이어서 네가 왕이 되었으나 여호와께서 나라를 네 아들 압살롬의 손에 넘기셨도다 보라 너는 피를 흘린 자이므로 화를 자초하였느니라"라고 따라가면서 저주하고 다윗을 향하여 돌을 던지며 먼지를 날리는 행동을 하였다. 다윗을 호위하던 아비새가 "이 죽은 개가 어찌 내 주 왕을 저주하리이까 청하건대 내가 건너가서 그의 머리를 베게 하소서"라고 청했을 때 다윗은 "그가 저주하는 것은 여호와께서 그에게 다윗을 저주하라 하심"이라고 말하며 "내 몸에서 난 아들도 내 생명을 해하려 하거든 하물며 이 베냐민 사람이랴 여호와께서 그에게 명령하신 것이니 그가 저주하게 버려두라 혹시 여호와께서 나의 원통함을 감찰하시리니 오늘 그 저주 때문에 여호와께서 선으로 내게 갚아 주시리라"라고 시므이의 저주를 재해석하며 자신을 성찰하는 영적 탁월성과 심리적 성숙성을 보여주었다(삼하 16:5-14 참조).

> 입과 혀를 지키는 자는 자기의 영혼을 환난에서 보전하느니라(잠 21:23);
> 입을 지키는 자는 자기의 생명을 보전하나 입술을 크게 벌리는 자에게는 멸망이 오느니라(잠 13:3).

세치 혀의 힘은 매우 크다. 긍정적인 힘과 파괴적인 힘을 모두 갖고 있다. 말의 실수가 없는 사람은 온전한 사람이라고 할 만큼 말을 균형 있게 잘 하기란 어렵다: "우리가 다 실수가 많으니 만일 말에 실수가 없는 자라면 곧 온전한 사람이라 능히 온 몸도 굴레 씌우리라"(약 3:2). 입술을 제대로 지킬 수 있는 사람은 자아의 절제력이 발달한 사람이다. 충동을 제어할 수 있는 심리적 발달이 일어난 사람이다. 13장 본문에서 '입술을 크게 벌리는 자'[23)를 NIV 성경에서는 '성급하게 말하는 자'로 번역하였다. 충동적으로 말하는 사람은 자칫 자기파괴적인 결과를 가져온다. 야고보 사도는 자기 혀를 재갈 물릴 줄 모르면서 경건하다고 생각하는 자는 자신을 속이는 사람이라고 지적하였다(약 1:26). 혀의 치명적인 파괴성을 인식하는 사람은 말조심을 할 것이다: "혀는 능히 길들일 사람이 없나니 쉬지 아니하는 악이요 죽이는 독이 가득한 것이라"(약 3:8).

기독교상담사는 상담과정에서 말조심을 해야 한다. 함부로 말하거나 충동적으로 또는 생각나는 대로 이야기하면 내담자에게 큰 상처를 입힐 수 있기 때문이다. 입술에 파수꾼을 세워달라고 기도하는 것이 필요하다.

함부로 말하는 것 때문에 삶과 가정이 파멸에 이르는 경우가 종종 있다. 입과 혀를 지키지 못한 부모로부터 자녀들은 깊은 상처를 입을 수 있다. 부부간에 입과 혀를 잘 지키지 못하면 배우자에게 의도하지 않게 상처를 입힐 수 있다. 야고보 사도의 표현처럼 혀의 권세를 잘못 사용

---

23) '벌리다'(pasaq)라는 동사는 겔 16:25절에서 "여인이 '다리'를 벌리고 음행하는 장면을 묘사하는데 사용된다." 김정우, 『성서주석: 잠언』, 413. 입을 벌리는 자나 음행하는 자는 자신이 파멸로 이어지며 다른 사람들을 파멸로 인도한다는 점에서 공통점이 있다.

하게 될 때 개인이나 가정, 공동체를 자칫 불태워 파괴시키는 파국적 상황에 빠질 수 있다.

2) 때에 맞는 말하기

> 사람은 그 입의 대답으로 말미암아 기쁨을 얻나니 때에 맞는 말이 얼마 나 아름다운고(잠 15:23); 경우에 합당한 말은 아로새긴 은 쟁반에 금 사 과니라(잠 25:11).

의사소통할 때 상대방의 말을 듣고 적절하면서도 적합하게 반응하며 대답하는 것의 중요성은 아무리 강조해도 지나치지 않다. 적절한 대답 을 했을 때 상대방이 기뻐하는 모습을 보면 말하는 사람도 기쁠 것이 다. 자신이 말하면서 "내가 참 말을 조리 있게, 적절하게, 상대방에게 도움이 되게 말을 했어"라는 생각이 들 때 자신감과 기쁨을 느낄 수 있 을 것이다.

NIV 성경은 15:23절의 본문을 발화자 입장에서 표현하였다: "A man finds joy in giving an apt reply." 직역하면 사람은 적절한 대답 을 할 때 기쁨을 얻는다는 것이다. 이어지는 본문은 적절한 답을 더 명 료하게 표현한다. '때에 맞는 말'(a timely word)은 예술이다. 타이밍 이 절묘하며 듣는 자에게 감동을 주는 말은 예술이다. 상담에서는 이것 을 'magic word'라고 표현하기도 한다. 잠언 25장 본문은 이것을 "아 로새긴 은 쟁반에 금 사과"라고 표현한다. 아로새긴 은 쟁반이라는 상 황에 절묘하게 어울리는 금 사과와 같은 말이 구사될 때 그것은 예술이 다. 아로새긴 은 쟁반에 썩은 사과가 있다면 우스꽝스럽게 될 것이다. 반대로 금 사과가 질 낮은 깨진 접시 위에 있다면 역시 어울리지 않을 것이다. 예를 들면, 멋있는 격언이나 잠언 자체는 금 사과와 같지만 그 격언을 전혀 어울리지 않은 상황에서 말한다면 금 사과의 가치가 퇴색되는 경우이다.

적절한 대답, 총기 있는 대답, 영리한 대답, 때에 맞는 말을 하는 것은 모든 상담사가 갖추기를 원하는 의사소통 기술이다. 상담 시간에 고급스러운 은 쟁반에 금 사과를 올려놓는 말을 한 두 번이라도 한다면 상담은 효과적으로 진행될 것이다.

적절한 시점에, 적절한 수준으로, 적절한 표현으로 반응하는 상담자의 말은 예술이다. 소위 '기가 막힐' 정도로 멋있는 단어 선택과 표현의 진실성, 진솔한 표정과 진정성이 담긴 마음이 어우러져서 나온 말은 가히 환상적이라고 말할 수 있다. 이런 말을 듣는 내담자는 힘을 얻으며 변화하고 싶은 동기를 부여받는다. 이 때 주의할 점은 기독교상담사가 적절한 말을 할 수 있도록 도우시는 분이 역사하신다는 사실을 깨닫고 겸손한 자세를 취하는 것이다.[24]

타이밍을 잘 맞추며, 적절하면서도 적합하게, 경우에 잘 맞게 말하는 경우는 드물다. 상대방의 말의 초점을 파악하지 못하여 심한 경우에는 '동문서답' 식의 대답을 하거나 '산만형'의 의사소통 방식으로 대화를 할수록 상대방의 마음에 실망감만 줄 때가 적지 않다.

---

[24] 성경적인 예를 예수님과 베드로와의 대화에서 발견할 수 있다. "너희는 나를 누구라 하느냐"라고 질문하는 예수님에게 "주는 그리스도시오 살아 계신 하나님의 아들이시니이다"라고 베드로가 기가 막힐 정도로 핵심적인 대답을 하였을 때 예수님은 "시몬아 네가 복이 있도다 이를 네게 알게 한 이는 혈육이 아니요 하늘에 계신 내 아버지시니라"라고 말씀하셨다 (마 16:15-17 참조). 권력자들 앞에서 복음을 변증해야 할 불안한 상황에서 적합한 말을 할 수 있도록 도우시는 분이 성령이라고 가르친 말씀에서도 이 사실을 유추할 수 있다: "사람들이 너희를 끌어다가 넘겨 줄 때에 무슨 말을 할까 미리 염려하지 말고 무엇이든지 그때에 너희에게 주시는 그 말을 하라 말하는 이는 너희가 아니요 성령이시니라"(막 13:11).

바울 사도가 골로새의 교인들에게 권면한 말씀을 묵상할 필요가 있다: "너희 말을 항상 은혜 가운데서 소금으로 맛을 냄과 같이 하라 그리하면 각 사람에게 마땅히 대답할 것을 알리라"(골 4:6). 성도들 사이의 대화를 '소금으로 간을 맞추어' 하라는 것이다. 첫째, 대화가 항상 은혜로 충만하도록 하라는 것이다. 은혜가 충만한 대화는 상대방에게 생명력을 주며 힘을 실어주는 것이 특징이다. 은혜와 진리가 충만하셨던 예수 그리스도는 이 땅에서 말씀 사역을 하시거나 사람들을 만나 대화하실 때 그와 접촉하는 백성들에게 생명과 통찰을 주는 말씀을 하셨다. 둘째, 지나치지도 모자라지도 않게 간을 맞추라는 것이다. 대화에 적절하게 간을 맞추려면 상대방의 입장에서 생각할 수 있는 능력과 배려심이 필요하다.

3) 입술을 제어하기

> 말이 많으면 허물을 면키 어려우나 그 입술을 제어하는 자는 지혜가 있느니라(잠 10:19).

'입술'을 NIV 성경에서는 '혀'로 번역하였다. 혀를 적절하게 제어할 수 있는 것은 충동조절 능력과도 관련성이 있다. 충동 조절 능력은 심리적 성숙과 정비례한다.

따라서 심리적인 수준이 미숙한 사람은 말에 실수가 많다. 할 말과 하지 말아야 할 말을 구별해서 하고 조절해야 대인관계에서 실수를 덜 하며 상처를 덜 입힐 수 있다. 실수를 두려워해서 아예 말을 하지 않으려는 이들도 있는데 이것은 극단적인 방법이다.

적절한 수준에서 말을 해야 대인관계를 건강하게 할 수 있다. 말을 너무 많이 하면 불필요한 말이나 상처 주는 말을 할 가능성이 있다.[25] 반대로 말을 너무 아끼고 침묵하면 상대방과 친밀감을 유지하기 어렵고 의사소통의 문제가 생길 수 있다.

야고보 사도는 "말의 실수가 없는 자라면 곧 온전한 사람"이라고 말했다(약 3:2). 혀의 역기능성과 파괴성에 대해서 다음과 같이 지적하였다: "혀는 곧 불이요 불의의 세계라 혀는 우리 지체 중에서 온 몸을 더럽히고 삶의 수레바퀴를 불사르나니 그 사르는 것이 지옥 불에서 나느니라....혀는 능히 길들일 사람이 없나니 쉬지 아니하는 악이요 죽이는 독이 가득한 것이라"(약 3:6-8). 그는 특히 상담사들에게 적용될 수 있는 귀한 말씀을 남겼다: "사람마다 듣기는 속히 하고 말하기는 더디 하며 성내기도 더디 하라"(약 1:19).

잠언 20장 19절의 '입을 벌린 자' 의 의미를 상담과 연결한다면 '말을 너무 많이 하는' 상담자를 대부분의 내담자들은 피한다. 상담은 내담자에게 말을 할 수 있도록 치료적인 환경을 제공해줄 때 효과적이다. 그래서 상담을 '말을 통한 치료' (talking cure)라고 부르는 것이다. 내담자가 말을 할 때 그리고 그 말을 누군가 경청하고 공감해주며 연결해줄 때 내담자는 자신의 이야기를 다시 쓸 수 있는 기회를 가질 수 있다. 말을 할 때 억눌려 있던 감정들이 예기치 않은 순간에 연결되어 표현되며 인식이 될 수 있다. 말을 할 때 내담자의 내면의 세계가 밖으로 표현이 됨으로써 상담사가 내담자의 마음을 이해하며 평가하며 진단할 수 있다. 많은 내담자들은 그들의 삶에서 이미 너무 많은 말을 들었던 자

---

25) 흥미롭게도 콥텍은 인간의 말을 양에게 비유하였는데, "말이란 양과 같아서 많으면 많을수록 길을 잃고 방황할 가능성이 높다"라고 주석하였다. John Koptak, *The NIV Application Commentary: Proverbs* (Grand Rapids, MI: Zondervan, 2003) 295.

들이다. 이런 저런 말들을 듣고 치료를 시도해본 자들이다. 성장과정에서 짜증날 정도로 잔소리를 많이 들었던 자들이다. 따라서 말을 많이 하는 상담자에게 부정적인 전이를 경험해서 저항하거나 상담을 초기에 포기할 가능성이 높다.

상담사는 상담과정에서 자신의 말이 많아질 때 자각해야 한다. 왜 자신이 상담 시간에 말을 많이 하는지 그 역동성을 인식해야 한다. 여러 가지 역동성을 생각해볼 수 있다. 첫째, 상담사가 불안하면 말이 많아진다. 내담자의 침묵을 견뎌내지 못하거나 내담자가 말을 많이 하지 않으면 상담사는 불안을 느끼고 어색한 공간을 말소리로 채우려고 할 가능성이 높다.

둘째, 상담사의 역전이 가능성이다. 상담자의 해결되지 않은 이슈나 관련된 이슈가 다루어질 때 내담자의 마음을 공감하고 내담자의 말을 경청하기 보다는 내담자를 가르치려고 하거나 해답을 제시하려고 하는 것이다. 그렇게 되면 상담사는 거의 설교투로 말하게 된다.

셋째, 상담사의 주도성이다. 상담사들 중에는 여전히 강한 통제욕구를 가진 이들이 있다. 이들은 상담사 중심의 상담을 하는 경향성이 있다. 의존적인 내담자들에게는 일시적으로 도움을 줄 수 있다. 이들은 상담사의 역할을 부모나 교사의 역할과 동일시한다. 그리고 상담사의 권위를 말로 드러낸다. 말을 많이 함으로써 자신의 파워나 전문성을 과시하는 것이다.

상담사는 종종 자신의 상담 회기를 녹음해서 들어볼 필요가 있다. 상담 중에 어느 부분에서 말이 많아졌는지, 전체 회기 중에 자신이 얼마나 많은 말을 쏟아내었는지를 인식하는 것은 특히 수련과정에 있는 상담사들에게는 필수적인 일이다. 축어록(verbatim)을 분석할 때에 상담사가 한 말이 많은 분량을 차지한 부분을 찾아내고 꼭 그렇게 말을 많이 했어야 했는지 살펴야 한다. 앞뒤 내담자의 말과 비교해서 왜 그 부분에서 말을 많이 했는지를 자각해야 같은 실수를 덜 반복하게 될 것이다.

말이 많거나 말의 실수가 많은 상담사를 만난 내담자는 나가서 악평을 널리 퍼뜨릴 가능성이 높다. 효과적이며 치료적인 상담사를 만난 내담자도 예수님을 만난 사마리아 여인처럼 나가서 내담자 후보가 될 만한 사람들에게 '전도'한다. 마찬가지로 비효과적인 상담사를 만난 내담자는 내담자 후보가 될 수 있는 사람들에게 그 상담사에게는 절대 상담하러 가지 말라고 전도할 것이다. 소자 하나를 실족하게 하면 연자 맷돌을 매고 바닷물에 빠져 죽는 것이 낫다고 하신 예수님의 말씀이 말을 많이 하는 상담자에게도 적용될 수 있다(마 18:6 참조). 평소 상담 시간에 말을 너무 많이 하는 상담사는 결과적으로 내담자들을 조기 하차시킴으로써 조만간 자신의 상담실 문을 닫게 될 것이다.

상담자가 말하는 이유는 내담자가 이야기를 편하게, 명료하게 할 수 있도록 촉진시키는데 있다. 내담자가 스스로 통찰할 수 있도록 이야기의 흐름을 터주거나 막아주기 위해서 말을 하는 것이다. 필요하다면 핵심적인 말을 간략하면서도 명료하게 표현함으로써 내담자에게 상담사가 내담자의 이야기를 잘 이해하고 있음을 알려주는 것이다. 그리고 내담자의 이야기를 전체적으로 요약하며 이야기의 의미를 해석함으로써 반응하는 것이다.

말을 아끼는 자는 지식이 있고 성품이 냉철한 자는 명철하니라(잠 17:27).

NIV 성경은 "지식이 있는 사람은 말을 제어하면서 하며 명철한 사람은 안정된 성품을 갖고 있다(even-tempered)"라고 번역하였다. 성질이 고약한 사람은 말에 절제력이 없다. 화가 나면 할 말, 안 할 말을 다 쏟아내기 때문이다. 이해력이 있고 지식이 있는 사람은 이성이 감정을 지배하는 사람이다. 감정의 기능을 존중하고 살리되 이성의 다스림을 받도록 할 때 정서가 건강하게 표현될 수 있다. 말을 절제하면서 할 수 있다.

상담사는 명철과 지혜의 사람이다. 따라서 상담사는 말을 아낄 줄 알아야 한다. 해야 할 말과 하지 말아야 할 말을 구별할 줄 안다. 다음에 해야 할 말은 담아두고 지금 해야 할 말은 지금 할 수 있어야 한다. 명료하면서도 핵심적인 말을 해야 한다. 불필요한 말이나 사족 같은 말은 할 필요가 없다. 미숙한 상담사, 지혜와 명철이 부족한 상담사는 말을 많이 한다. 말을 많이 하면 내담자에게 도움이 될 줄 생각한다. 결과는 정반대이다.

부모양육 방법에도 동일한 원리가 적용될 수 있다. 말을 많이 하는 부모는 잔소리하는 부모이다. 감정의 기복이 심한 부모이다. 잔소리는 자녀에게 변화와 도전을 줄 수 없다. 즉 비효과적인 말이다. 오히려 짜증만 불러일으킨다.

4) 반응 수위를 조절하기

> 의인의 마음은 대답할 말을 깊이 생각하여도 악인의 입은 악을 쏟느니라
> (잠 15:28).

마음이 악하면 말로 악을 쏟아낸다. 예수님께서는 입으로 들어가는 것이 사람을 더럽게 하지 않고 입에서 나오는 것이 사람을 더럽게 한다

고 말씀하셨다(마 15:18 참조). 악인의 입에서 악한 말이 시궁창의 물이 쏟아져 나오듯이 나오는 것은 충동 조절 능력이 없거나 약화되었기 때문이다. 악인의 마음이 죄로 차 있기 때문이다. 뿐만 아니라 악인은 심리적인 발달과 성숙의 수준이 매우 낮은 사람이다. 자아의 충동 조절 능력, 즉 즐거움을 추구하려는 충동과 파괴적인 공격성의 충동을 현실과 비교하면서 조절할 수 있는 능력이 부족한 사람이다. 경계선 성격장애를 가진 이들이 '악을 쏟는' 증상을 드러낼 때가 많다. 심한 분노와 공격성을 드러낼 때에는 스스로 통제할 수 있는 기능이 작동되지 않기 때문이다. 온갖 욕설을 퍼붓거나 신체적인 폭력을 행사하는 순간에는 제 정신이 아닌 수준까지 일시적 '해리'(dissociation) 현상을 보이기까지 한다. 반사회성 성격장애를 가진 이들에게서도 '악을 쏟는' 증상이 나타난다. 충동적으로 공격성을 보임으로써 쉽게 싸움을 거는 증상과 자기나 타인의 안전을 무모할 정도로 무시하는 행동을 드러낸다. 타인을 배려하여 신중하게 말하거나 행동하지 않는다. 화가 나면 충동적으로 폭행을 하거나 심하면 살인을 저지르기까지 한다.

그러나 의인은 대답할 말을 저울에 달듯이 신중하게 조절할 수 있는 능력이 있다. 상담학적으로 말하면 의인은 심리적인 발달과 성숙이 일어난 사람이다. 자아의 통제하는 기능이 어느 정도 발달해 있기 때문에 충동적으로 말을 하거나 충동적으로 행동하는 빈도가 낮다.

상담사는 내담자에게 반응할 때 신중함이 필요하다. 충동적으로 대답하고 나면 '엎질러진 물을 병에 다시 담기'란 어렵기 때문이다. 특히 직면하는 말을 할 때 수위를 조절하는 것이 필요하다. 심지어 반응하는 것이 내담자에게 도움이 되지 않을 것으로 생각하면 마음 속에 그 말을 '담아두고' 다음 기회로 미루는 것이 지혜롭다.

5) 경청하기

사연을 듣기 전에 대답하는 자는 미련하여 욕을 당하느니라(잠 18:13).

예능 프로그램이나 퀴즈 대회에서 질문의 문항을 다 읽기 전에 답을 안다고 생각해 오답을 말함으로 답변할 기회를 다른 사람들에게 넘겨야 하는 경우를 볼 때가 있다. 여러 각도에서 질문을 할 수 있음에도 불구하고 질문을 끝까지 경청하지 않고 추측하여 대답하기 때문이다. 본문은 추측해서 대답하는 것은 어리석은 것이며 수치스러운 것이라고 경고한다.

본문은 선행하는 12절 말씀과 연관성이 있다: "사람의 마음의 교만은 멸망의 선봉이요 겸손은 존귀의 길잡이니라." 상대방의 이야기를 충분히 듣기 전에 대답하는 것은 어리석을 뿐만 아니라 교만한 행동이기 때문이다. '멸망의 선봉'이라는 표현과 '욕을 당하는 것'은 같은 의미로 볼 수 있다. 콥텍은 겸손을 드러내는 한 방법은 경청하는 것이라고 잘 주석하였다.[26]

내담자의 말을 충분히 듣기 전에 대답하거나 진단하는 것은 상담사에게 금물이다. 이것은 상담사의 수준이 일천함을 드러내는 행동일 뿐 아니라 내담자를 분노하게 하는 행동이다. 이야기가 어디로 흘러갈지 혹은 이야기의 핵심이 무엇인지를 미리 추측하여 반응하는 것은 무모한 행동이다. 이것은 각자의 이야기가 갖고 있는 독특성을 충분히 이해하려는 자세가 아니다.

---

26) Koptak, *The NIV Application Commentary: Proverbs*, 452.

6) 칭찬하기

도가니로 은을, 풀무로 금을, 칭찬으로 사람을 단련하느니라(잠 27:21).

칭찬은 심리적 발달에 중요한 영양소이다. 일반적으로 도가니와 풀무가 연상시키는 것은 혹독한 환경과 고생스러운 환경이다. 그 환경에서 은과 금이 나오는 것처럼 고난을 통하여 인간이 다듬어지며 성격발달이 일어날 수 있다. 이것을 지지하는 대표적인 신약의 말씀은 로마서 5:3-4절이다: "다만 이뿐 아니라 우리가 환난 중에도 즐거워하나니 이는 환난은 인내를 인내는 연단을 연단은 소망을 이루는 줄 앎이로다." 이 본문에서 '연단'을 NIV 성경은 '성품'(character)로 번역하였다. 그런 점에서 환난은 믿는 자의 성품을 다듬는 풀무와 같은 환경이라고 볼 수 있다.

그러나 잠언 기자는 본문에서 정반대의 진리를 부각시킨다. 문장의 맥락을 고려할 때 칭찬이 지속적으로 일관성 있게 공급될 때 심리적으로 성숙한 사람이 될 수 있다는 의미로 해석될 수 있다. 새티어(Satir)가 말했듯이 가정은 인간을 제조하는 공장이라는 관점에서 볼 때 부모가 자녀들을 전반적으로 칭찬하는 가정 환경에서는 우량품의 자녀들이 성장할 수 있다고 말할 수 있다.[27]

본문의 다른 의미는 어떤 사람의 수준은 그가 칭찬을 받을 때 대처하는 과정에서 엿볼 수 있다는 의미로 적용할 수 있다. 칭찬이나 좋은 평가를 받을 때 너무 우쭐대는 것은 교만의 증상이다. 칭찬을 받을 때 평소에는 잘 보이지 않던 자기애성 성격장애나 연극성 성격장애가 드러나는 계기가 된다. 반대로 칭찬이나 좋은 평가를 받을 때 너무 쑥스러

---

27) Virginia Satir, 성문선 외 역, 『사람 만들기』(홍익제, 1988).

워하고 어색해하는 모습은 자신감이 부족함을 보여주는 증상이다. 내면에 열등의식이 자리잡고 있음을 드러내는 것이다.

7) 방어기제를 잘 다루기

> 지혜로운 자는 용사의 성에 올라가서 그 성이 의지하는 방벽을 허느니라
> (잠 21:22); 오래 참으면 관원도 설득할 수 있나니 부드러운 혀는 뼈를
> 꺾느니라(잠 25:15).

본문의 원래 의미와는 다르지만 필자가 이 본문을 읽었을 때, 통찰력 있는 상담사가 내담자의 방어기제를 낮추는 과정이 연상되었다. 방어기제는 내담자가 그의 삶에서 생존을 위해 의존하고 신뢰해왔던 성벽과 같은 것이다. 강한 방어기제들을 가진 내담자일수록 상담 과정에서 마음 열기가 어렵다. 깊은 주제로 들어가기 위하여 상담사가 내담자를 전략적으로 탐색하고 공략할 때 저항하며 방어기제를 강하게 사용할 가능성이 높다. 지혜로운 상담사는 내담자가 무의식적으로 사용하는 방어기제들이 무엇인지를 파악할 줄 안다. 아울러 방어기제를 사용하는 내담자의 취약함을 공감함으로써 방어기제를 덜 쓰도록 돕는다. 안전한 심리적 공간을 제공함으로써 내담자가 불안을 덜 느낄 수 있게 해서 방어 수준을 낮추도록 한다. 그리고 방어기제가 내담자의 삶에서 감당해온 긍정적이며 부정적인 역할과 의미를 설명해줌으로써 방어기제를 상담상황에서는 덜 쓰도록 돕는다.

방어기제를 해제할 수 있는 좋은 상담 전략은 내담자의 마음을 공감하며 '부드러운 혀'를 사용하는 것이다. 부드러운 혀가 단단한 뼈를 꺾으며 그동안 의존해왔던 방벽을 허물 수 있다. 상담사가 내담자

를 공격할 의사가 없다는 것을 파악하면 내담자는 방어기제를 덜 쓰게 된다.

8) 지혜롭게 직면하기

> 거만한 자를 징계하는 자는 도리어 능욕을 받고 악인을 책망하는 자는 도리어 흠이 잡히느니라 거만한 자를 책망하지 말라 그가 너를 미워할까 두려우니라 지혜 있는 자를 책망하라 그가 너를 사랑하리라(잠 9:7-8).

본문의 징계와 책망은 상담에서 직면(confrontation)과 연결된다. 내담자를 직면할 때 내담자의 상태와 수준을 파악한 후에 하는 것이 지혜롭다. 본문이 지적하는 바와 같이 거만한 자나 악인은 직면하기에 적합한 대상이 아니다. 직면은 오히려 파괴적인 결과만 가져올 가능성이 높다. 상담상황에서 거만한 자, 즉 자기애성 성격장애가 심한 내담자는 모욕적인 언사를 사용할 정도로 상담사를 미워할 가능성이 있다. 상담사를 미워하면 상담은 더 이상 진행되기 어렵다.

지혜 있는 자는 직면을 감당할 수 있는 심리적 성숙이 일어난 사람이다. 그런 사람에게 직면은 긍정적으로 소화될 수 있다. 필자는 수퍼비전 이해에서 이 역동성을 다룬 바 있다:

수퍼비전 과정에서 수퍼바이지의 심리적 상태와 수준을 정확하게 이해하고 파악하는 것은 매우 중요하다. 자기애성 성격장애적 요소를 갖고 있는 수퍼바이지를 강하게 직언하거나 그/그녀에게 분노를 표현하면 수용할 수 있는 능력이 없어 오히려 역공을 [당]할 가능성이 높다. 자기애적 상처를 건드렸기 때문이다. 특히 충분한 신뢰관계가 형성되기 전에 직면할 때에 수퍼비전 관계가 파국적으로 중단

될 수 있다. 또는 수퍼바이지는 남아 있는 수퍼비전 회기 동안 자신의 공격성을 직간접으로 표현하는데 에너지를 다 소비할 것이다.[28]

예수님은 베드로를 꾸짖었다: "사탄아 네 뒤로 물러가라 너는 나를 넘어지게 하는 자로다 네가 하나님의 일을 생각하지 아니하고 도리어 사람의 일을 생각하는도다"(마 16:23). 베드로는 지혜로운 자였다. 그는 예수님의 직면을 받아들였다. 나중에 예수님을 세 번이나 부인한 후에 부활하신 주님이 그를 찾아와서 "요한의 아들 시몬아 네가 나를 사랑하느냐"라고 세 번 직면해서 물으셨을 때 그는 "내가 주님을 사랑하는 줄 주께서 아시나이다"라고 고백하였다(요 21:15-17 참조).

예수님은 바리새인들과 사두개인들, 그리고 서기관들을 향하여 '독사의 자식들' 또는 '회칠한 무덤'이라고 책망하셨다(마 3:7, 마 23:27 참조). 예수님은 그들로부터 미움을 받았다. 마침내 그들은 예수님을 십자가에 못박는 일에 앞장섰다. 들을 귀가 없는 자에게 직면한 결과가 된 셈이다. 구약의 선지자들도 듣던지 아니 듣던지 백성들의 죄를 직면하였다는 점에서 예수님의 태도와 닮았다. 그러나 상담에서는 직면할 때 내담자의 상태를 고려해야 한다.

> 내 아들아 여호와의 징계를 경히 여기지 말라 그 꾸지람을 싫어하지 말라 대저 여호와께서 그 사랑하시는 자를 징계하시기를 마치 아비가 그 기뻐하는 아들을 징계함같이 하시느니라(잠 3:11-12).

성도는 하나님의 징계(discipline)와 꾸지람(rebuke)을 무시하거나

---

28) 이관직, 『성경적 수퍼비전』, 67-68.

섭섭해 하지 말아야 한다. 그 이유는 하나님은 사랑하는 자를 징계하시며 꾸짖기 때문이다.[29] 인간관계에서도 사랑하지 않으면 징계하거나 꾸짖지 않는다.

상담과정은 돌봄과 관심의 과정일 뿐 아니라 내담자가 직면해야 할 영역에 대해서 직언하는 과정이다. 상담사가 사랑으로 직면한다는 사실을 내담자가 느낄 때 효과적인 직면이 될 것이다. 보통 내담자에 대한 관심이 없으면 상담사는 직면하지 않는다. 직면하는 것은 상담자에게도 모험이며 마음에 부담을 주기 때문이다. 반면 내담자를 사랑하는 마음이 없이 하는 직면은 상담자의 분노나 역전이의 역동성 때문일 가능성이 높다. 기독교상담사는 하나님의 심정으로, 부모의 심정으로 내담자를 직면해야 한다. 내담자를 향하신 하나님의 마음으로 직면한다면 내담자에게 유익한 치료적 경험이 될 것이다.

> 아이를 훈계하지 아니하려고 하지 말라 채찍으로 그를 때릴지라도 그가 죽지 아니하리라 네가 그를 채찍으로 때리면 그의 영혼을 스올에서 구원하리라(잠 23:13-14).

내담자에게 적절한 수준에서 적합하게 직면을 할 수 있는 상담자는 내담자의 심리적 발달을 촉진시킬 수 있다. 직면이 필요할 때 직면을 회피하는 상담자는 효과적인 상담을 할 수 없다. 직면을 회피하는 상담사는 자신이 왜 직면하는 것을 두려워하는지에 대하여 수퍼비전을 통

---

29) 에릭슨(Erickson)은 이 부분을 설명하면서 재미있게 표현하는데 하나님은 우리의 하늘 할아버지가 아니라 하늘 아버지라는 것이다. 하나님은 아무렇게나 행동해도 그냥 받아주기만 하는 할아버지와 같은 분이 아니라는 것이다. Millard Erickson, *Christian Theology*, 2nd ed. (Grand Rapids, MI: Baker Books, 1998), 977.

하여 인식해야 할 것이다.

반면 내담자의 수준에 맞지 않게 직면한다든지 타이밍이 맞지 않는 직면을 하면 상담사는 내담자에게 상처를 입힐 수 있다. 참으로 적절하고 적합한 방식으로 매를 드는 것은 양육과 상담에서 예술이라고 할 수 있다.

이것은 수퍼비전 과정에서도 동일하게 적용될 수 있다. 수퍼바이저가 직면을 거의 사용할 수 없을 만큼 불안이 크거나 갈등을 회피하는 성격이라면 효과적인 수퍼비전을 기대하기 어렵다. 반대로 수퍼바이지의 수준에 맞지 않는 직면이나 수퍼바이저의 역전이 역동성에 의한 강한 직면은 수퍼바이지의 발달을 저해하여 수퍼비전이 '슬퍼비전'이 될 수 있다.[30]

　　　면책은 숨은 사랑보다 나으니라(잠 27:5).

면책(open rebuke)이 숨은 사랑(hidden love)보다 낫다는 것이다. '밀양(密陽)'이란 영화 제목이 기억난다. 영어 제목을 'Secret Sunshine'으로 번역한 것으로 기억한다. 숨은 사랑은 긍정적인 면이 있다. 은밀한 구제처럼 드러내지 않고 사랑하는 것은 긍정적인 면이 있다.[31] 그러나 공개적인 꾸짖음은 은밀한 사랑보다 낫다는 것이다. 물론 이것도 주

---

30) '슬퍼비전'이라는 용어는 2013년 3월 23일에 한국목회상담협회 자격심사위원회가 주관한 "전문가, 감독 지원자들을 대상으로 한 교육과정"에서 저자가 강의했을 때 한 참여자가 나눈 이야기 속에서 나온 표현이다. 수퍼바이지를 야단치고 혼내는 것이 잘하는 수퍼비전이라고 생각하는 것처럼 보이는 수퍼바이저를 만났던 참여자가 자신이 경험한 수퍼비전을 '슬퍼비전'이라고 명명하였는데 학문적인 용어는 아니지만 의미 있는 용어라고 생각한다.

31) 공개적인 사랑은 상대방이 알 수 있도록 하며 느낄 수 있도록 표현한다는 점에서 자녀교육 과정에서 더욱 긍정적인 것이다.

의를 요하는 부분이다. 공개적인 꾸짖음이 유익할 때가 있고 그렇지 못할 때가 있기 때문이다. 공개적으로 수치심을 주게 되면 좌절하는 이들이 있음을 염두에 두는 지혜가 필요하다.

나가는 글

저자는 잠언을 통하여 목회상담사의 지향해야 할 자질들을 여섯 개의 범주로 살펴보았다. 아울러 목회상담사가 사용할 수 있는 상담기술들을 여덟 개의 범주로 살펴보았다. 먼저 자질들은 다음과 같이 정리될 수 있었다. 첫째, 내담자를 사랑하는 능력과 신뢰감을 줄 수 있는 능력이다. 둘째, 상담 과정에서 상담사의 이론이나 경험에만 의지하지 않고 하나님의 인도하심에 전적으로 의지하는 태도이다. 셋째, 균형 잡힌 분별력과 판단력이다. 넷째, 좌로나 우로 치우치지 않는 균형성과 객관성을 유지하는 능력이다. 다섯째, 신학적 언어를 모국어로 삼고 심리학적 언어를 제 2 외국어로서 습득하고 잘 구사할 수 있는 '학자의 혀'를 갖는 것이다. 여섯째, 내담자의 삶의 이야기에 대해서 신중하면서도 조심성 있게 접근하는 자세이다. 마지막으로, 상담 내용에 대해서 비밀을 지킬 수 있는 신실함이다.

상담기술들은 다음과 정리될 수 있겠다. 첫째, 내담자의 내면에 변화를 가져올 수 있는 치료적인 언어구사력이다. 둘째, '은쟁반에 금사과"라고 표현할 수 있을 정도로 때에 맞으며 내담자에게 적합하게 말할 수 있는 기술이다. 셋째, 충동적으로 말하지 않고 자신이 할 말과 하지 말아야 할 말을 절제할 수 있는 기술이다. 넷째, 내담자에게 반응하는 수위를 잘 조절할 수 있는 기술이다. 다섯째, 내담자의 사연을 충분히 듣고 나서 반응하는 경청 기술이다. 여섯째, 칭찬을 함으로써 내담자를 성장시킬 뿐 아니라 칭찬에 반응하는 내담자의 반응을 통하여 내담자의 내면 상태를 평가 진단할 수 있는 기술이다. 일곱째, 내담자가 사용하는 방어기제를 파악하고 공감적인 반응으로 방어기제를 약화시키는 기술이다. 마지막으로, 직면을 하되 사려 깊게, 내담자의 수준에 맞게 하는 기술이다.

상담사의 여러 자질들은 한마디로 하나님의 성품인 아가페 사랑의 모습이다. 내담자의 특성과 내담자와의 상담단계에 맞게 다양한 상담기술이 어우러질 때 상담은 과학이 아니라 예술이 되는 것이다. 각 상담사에게 주신 달란트가 잘 활용되어 하나님의 손에 쓰임 받게 될 때 누구도 흉내 낼 수 없는 각 상담사의 독특한 음색과 선율이 흐르는 상담이 될 것이다.

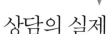

Chapter 7

상담의 실제

　기독교상담을 할 때 이론과 관점이 중요하지만 실제 상담을 해보면 쉽게 그 이론과 관점이 잘 연결되지 않을 때가 많다. 특히 초보 단계에 있는 상담사들은 실제 내담자를 만나 상담을 진행하면서 당황하며 불안을 경험할 때가 많다. 그래서 임상경험이 중요하다. 상담사 자신이 자신을 인식하는데 도움이 되는 교육분석과 수퍼비전을 통해 여러 상담 사례들을 접하면 점점 기독교상담사로서의 정체성과 전문성을 확립해갈 수 있다.

　본 장에서는 성경과 기도라는 기독교상담의 핵심 자원을 사용할 필요성과 방법에 대해서 먼저 다루었다. 그리고 불안 상담에 비중을 두었으며 분노 상담은 간략하게 언급만 하였다. 심인병에 대한 상담과 성상담, 가족상담, 그리고 외도상담을 다루었다.

1. 신앙자원의 사용

기독교상담사는 일반상담사들이 누릴 수 없는 상담의 자원과 능력을 활용할 수 있는 특권이 있다. 그것은 위로부터 오는 능력이다. 그 능력을 입으려면 기도의 자원이 필요하다. 그 능력을 입으려면 하나님이 직접 계시해주신 성경 말씀의 자원이 필요하다. 저자는 기독교상담 과정에서 어떻게 신앙의 자원들을 연결지어 활용할 수 있을 것인지에 대해서 다른 책에서 이미 다룬 바 있다.[1] 따라서 이 책에서는 다시 반복하지 않을 것이다. 단지 저자가 연구하고자 했던 성경 본문들을 중심으로 몇 가지 영역만 강조하려고 한다.

1) 말씀의 자원을 사용하기

> 여호와의 율법은 완전하여 영혼을 소성시키며 여호와의 증거는 확실하여
> 우둔한 자로 지혜롭게 하며 여호와의 교훈은 정직하여 마음을 기쁘게 하
> 고 여호와의 계명은 순결하여 눈을 밝게 하시도다(시 19:7-8).[2]

C. S. 루이스(Lewis)는 시편 19편을 시편 중에서 가장 아름다운 시라고 보았다.[3] 김정우는 19편에 등장하는 해와 토라를 연결시켜 율법, 즉 토라의 기능과 특징을 다음과 같이 잘 표현하였다:

---

1) 이관직, 『개혁주의 목회상담학』, 제 13장 "상담과정에서 성경 사용 방법"과 제 14장 "상담과정에서 신앙 자원을 활용하기," 209-357을 참조하길 바란다.
2) 바이저는 시편 19:7-14절이 시편 119편과 형식과 내용면에서 유사하다고 보았다. Weiser, *The Psalms*, 201.
3) Grogan, *Psalms*, 67 재인용; C. S. Lewis, *Reflections on the Psalms* (London: Geoffrey Bles, 1946), 67.

시인은 우리의 눈을 밝게 하는 '하나님의 계명'을 밝은 태양의 영상으로 제시하고 있다. 또한 7절을 보면, "해는 하늘 이 끝에서 나와서 하늘 저 끝까지 운행함이여 그 온기에서 피하여 숨은 자 없도다"라고 말한다. 이와 같이 율법도 우리의 '숨은 허물'을 드러낸다(12절). 즉, 사람이 해를 피해 숨을 수 없듯이 그는 주님의 율법을 피해 숨어 살 수 없다. 다윗은 모든 사람을 속이고 완전범죄를 했지만, 하나님의 눈을 피할 수 없었다(삼하 12:12). 따라서 시인은 태양이 창공을 주관하는 것처럼 토라가 우리의 삶을 주관한다고 말한다. 태양이 우리를 따뜻하게 하면서 또한 혹독한 더위를 주는 것 같이, 토라도 생명을 줄 뿐 아니라 우리를 힘들게도 한다. 태양 없이 이 우주에 생명이 존재할 수 없듯이, 율법 없이 참된 인생이 있을 수 없다.[4]

성도의 영혼을 비추는 해인 하나님의 말씀은 성도의 속사람을 새롭게 한다. 죽은 영혼을 살리는 역사를 일으킨다. 하나님의 말씀이 선포될 때 에스겔이 보았던 환상처럼 마른 뼈들에 생기가 들어가는 역사가 일어나듯이 영적으로 죽은 사람이 중생하는 놀라운 역사가 일어난다(겔 37:1–14 참조). 이미 중생한 사람에게는 사막의 오아시스와 같이 말씀이 그 영혼의 기운을 차리게 하며 새 힘을 얻게 한다.

하나님의 말씀은 확실하다. 우둔한 자[5]를 지혜롭게 한다. 말씀이 사람을 변화시키는 것이다. 하나님의 말씀은 정직하다. 말씀을 보고 들을

---

4) 김정우, "시편 설교를 위한 방법론," 『시편 1: 어떻게 설교할 것인가』 (두란노 아카데미, 2008), 103.

5) 그루뎀(Grudem)은 '우둔한 자'(the simple)라는 히브리어 단어 *peti*는 단순히 지적 능력이 부족한 사람을 의미할 뿐 아니라 건전한 판단력이 부족한 자, 실수를 범하기 쉬운 자, 그리고 쉽게 잘못된 길에 들어서는 자를 의미한다고 설명하였다. Wayne Grudem, *Systematic Theology* (Grand Rapids, MI: Zondervan, 1994), 106.

때 마음에 기쁨을 경험한다. 하나님의 말씀은 순결하다. 말씀을 읽을 때 영적인 눈이 열린다.[6] 마음이 청결한 자가 누리는 하나님을 보는 복을 누린다(마 5:8 참조).

> 주의 증거들은 나의 즐거움이요 나의 충고자니이다(시 119:24).

시인은 하나님의 말씀이 자신의 상담사라고 표현한다. 성도에게 성경은 가장 핵심적이며, 가장 권위적이며, 가장 신뢰할 수 있는 상담을 제공한다. 왜냐하면 성경에는 시대를 초월하는 하나님의 지혜와 진리가 있기 때문이다. 따라서 기독교상담사는 성경의 권위를 높이며 성경에 대해서 해박한 이해와 적용 능력을 갖추고 있어야 한다. 성경을 배제하는 상담을 하는 것은 하나님을 기쁘시게 하는 상담이 아니다.

> 내가 주의 증거들을 늘 읊조리므로 나의 명철함이 나의 모든 스승보다 나으며 주의 법도들을 지키므로 나의 명철함이 노인보다 나으니이다(시 119:99-100).

이 본문 역시 비슷한 내용을 반복해서 표현하는 '평행기법'이 사용되었다. 시인은 하나님의 말씀을 묵상할 뿐 아니라 그 말씀을 실천하며 순종한다고 표현한다. 하나님의 말씀을 머리와 가슴으로 연결할 뿐 아

---

6) 이성훈은 토라의 특성은 선악을 알게 하는 나무에 대하여 암시를 하고 있다고 보았다. 이성훈, "시 19편: 하늘이 하나님의 영광을 선포하다,"『시편 1: 어떻게 설교할 것인가』(두란노 아카데미, 2008), 217. 뱀은 여자에게 "너희가 그것을 먹는 날에는 너희 눈이 밝아져 하나님과 같이 선악을 알 줄 하나님이 아심이니라"(창 3:5)라고 말했다. 뱀의 말은 인간을 우둔하게 하며 수치심에 눈이 밝아지게 하는 거짓말이었다. 그러나 하나님의 말씀은 영적으로 죽은 인간의 눈을 열게 하며 하나님의 뜻을 분별할 수 있게 한다.

니라 삶과 연결할 수 있는 사람은 성숙한 신앙인이다. 머리로만 말씀을 이해하는 신앙인들이 많다. 말씀을 가슴까지 연결해서 느끼며 감동하는 이들은 많지 않다. 머리와 가슴으로 받아들인 말씀을 순종하며 실천하는 이들은 훨씬 적다.

119편 시인이 자신의 명철함이 모든 선생들보다 낫고 노인들(혹은 장로들) 보다 낫다고 감히 주장하는 것은 교만한 것처럼 보인다. 참으로 말씀을 순종하고 실천하고자 애쓰는 사람일수록 자신의 부족함과 한계를 더욱 느끼는 것이 정상적이기 때문이다. 그러나 시적인 표현으로 이해한다면 그만큼 명철해지며 지혜로워진다는 의미의 강조법으로 볼 수 있겠다. 또 다른 해석방법은 하나님의 말씀을 묵상하고 순종하는 사람은 세상의 그 어떤 스승들이나 유경험자나 노인들보다 더 명철(insight)을 갖고 있다는 것으로 이해하는 것이다. 이것은 분명하다. 아이라고 할지라도 하나님의 말씀을 이해하지 못하며 순종하지 않는 세상의 지혜자보다 더 지혜롭기 때문이다.

본문 그대로 이해한다면, 기독교상담사는 성경 말씀을 한 절 한 절 잘 묵상할 때 지혜와 명철을 얻을 수 있다.[7] 세상의 스승들의 가르침보다 그리고 인생경험을 많이 한 노인들이 가진 지혜보다 더 뛰어난 지혜를 얻을 수 있다. 성경에는 하나님의 지혜가 담겨 있기 때문이다. 그리

---

7) 다윗은 "나를 훈계하신 여호와를 송축할지라 밤마다 내 양심이 나를 교훈하도다 내가 여호와를 항상 내 앞에 모심이여"(시 16:7)라고 노래했다. '훈계하다'라는 동사를 NIV 성경에서는 'counsels'라고 번역했다. 즉 하나님은 늘 다윗을 상담해주었다는 의미다. "내가 여호와를 항상 내 앞에 모심이여"라는 표현에서 그의 삶의 지혜와 통찰이 하나님으로부터 왔음을 알 수 있다. 그는 "심지어 밤에도 내 마음에서 가르침을 얻습니다"라고 표현하였다. 하나님을 항상 자신의 앞에 모시는 삶을 사는 기독교상담사는 그 지성과 감성이 하늘을 향하여 열려 있다. 그리고 기록된 성경 말씀을 읽을 때 성령 하나님이 그 눈과 귀를 여셔서 깨닫게 하시며 위로하시며 인도하시는 것을 체험한다.

고 말씀을 가까이 할 때 성령께서 지혜를 주시기 때문이다. 따라서 기독교상담사는 하나님의 말씀을 묵상하는 것을 습관화해야 한다. 한절 한절의 말씀이 상담사 자신과 상담 과정에 통찰을 제공하며 변화의 동력을 제공할 수 있기 때문이다.

주의 말씀은 내 발에 등이요 내 길에 빛이니이다(시 119:105).

시인은 하나님의 말씀을 자신의 인생 여정에서 등불과 빛이라고 표현하였다. 등불과 빛은 어둠 속에서 유용하다. 따라서 인생 여정은 하나님의 말씀이 없이는 어둠 속에서 걷는 것과 같다. 궁극적인 방향과 목적이 없이 이리저리 방황하는 것과 같다.

말씀이신 예수 그리스도는 친히 어둠 속에 있는 이 세상에 오셔서 빛을 비추셨다. 그는 "참 빛 곧 세상에 와서 각 사람에게 비추는 빛"이셨다(요 1:9). 성경은 이 빛을 증거하는 말씀이다. 따라서 성경과 동행하지 않고 인생 여정을 가는 자는 모두 어둠 속에서 걸어가는 자들이다. 자칭 등불이라고 자처하는 종교나 철학이나 사상을 갖고 빛 가운데 걷고 있다고 착각하는 것이다.

성경 말씀은 어둠 속에 걷고 있는 내담자에게 빛이 된다. 특히 위기 상황에 처한 내담자들은 인생에서 방향 감각을 상실했고 미래의 이야기가 불투명하며 희망이 없는 경우가 많다. 이 내담자들에게 상담사는 성경 말씀을 통하여 방향을 제시할 수 있다. 폭풍과 어둠 속에서 항해하는 배에게 등대와 빛은 희망이다. 마찬가지로 성경은 위기에 처한 내담자에게 등대와 같다. 내담자의 내면을 비추는 등불이 된다. 하나님을 새롭게 만나도록 인도하는 등불이 된다. 어둠 속에 처한 내담자가 실족하는 것을 막아준다. 어둠을 몰아내며 마귀의 전략과 실체를 노출시킨다. 내담자가 인생 여정에서 변화와 성숙으로 나가도록 초청한다.

기독교상담사는 이와 같은 소중한 기능과 능력과 자원이 되는 성경말씀에 능숙함과 자신감을 갖고 있어야 한다. 성경을 잘 모르며 잘 사용할 줄 모르는 기독교상담사는 스스로 부끄러워해야 할 것이다.

2) 기도의 자원을 사용하기

> 백성들아 시시로 그를 의지하고 그의 앞에 마음을 토하라 하나님은 우리
> 의 피난처시로다(시 62:8).

하나님은 최고의 상담사이시다. 마음을 쏟아낼 수 있는 '좋은 대상'이시다. 어떤 마음을 쏟아내더라도 다 '담아내는'(containing) 능력이 있는 분이다.

마음에 있는 것을 쏟아내는 자체가 치료적이다. 마음의 정화 작용을 일으키기 때문이다. 마치 체한 음식을 토하고 나면 속이 시원해지는 것과 같다. 답답하고 억울한 이야기, 분노의 이야기, 슬픈 이야기를 쏟아낼 수 있는 대상이 없을 때 하나님 앞에서 마음껏 울며 토설하는 것은 치료적이다. 그런 점에서 통성기도는 효과적이다. 속으로 하는 기도보다는 소리를 낼 때 뇌가 전인격적으로 반응하면서 울음이 터지며 분노가 표출될 수 있기 때문이다.

하나님께 마음을 쏟아내는 작업은 안전하다. 시간의 제한을 받지 않는다. 24시간 중에서 언제든지 하나님을 만날 수 있다. 하나님은 성도의 기도가 아무리 오래 걸려도 그만하라고 하지 않으신다. 단지 우리가

답답한 것은 하나님이 눈에 보이지 않고 귀에 음성이 들리지 않기 때문이다. 그러나 영혼의 눈으로 보며 영혼의 귀로 세미한 음성을 들을 때 큰 위로를 경험할 수 있다. 새로운 인식과 변화를 경험할 수 있다.

기독교상담 과정에서 내담자는 하나님을 어떤 상황에서도 믿을 수 있는 분으로 경험할 때 심리치료가 일어날 수 있다. 인간의 내면의 변화 중에서 가장 기초가 되는 것은 '신뢰감' 형성이다. 에릭슨(Erikson)이 파악했듯이 삶의 첫째 단계에서 제일 핵심적인 과제는 '신뢰감'이다. 신뢰감이 형성되지 않거나 무너지면 다른 심리적 기능들과 요소들이 취약해진다. 상담 과정에서도 상담이 효과적으로 진행이 되려면 선결되어야 할 과제는 상담사를 신뢰할 수 있는 대상으로 경험하는 것이다. 그래야 '치료적 동맹'(therapeutic alliance) 또는 '라포'(rapport)가 형성될 수 있다. 하나님에 대한 신뢰감이 탄탄하게 구축되면 타인들을 신뢰하는 힘이 생기며 삶에서 겪는 불안을 능히 감당할 수 있는 심리적 자기구조물이 생긴다.

하나님은 참으로 신실한 분이다. 언제 어디서나 의지할 수 있고 믿을 수 있는 분이다. 하나님은 피난처이자 안식처가 되시는 분이다. 안전한 환경을 제공할 수 있는 분이다. 그의 사랑은 변하지 않는다. 그의 사랑은 우리를 끝까지 붙드는 사랑이다. 하나님을 신뢰할 수 있는 대상으로 체험하는 것은 가변적인 세상 속에서 살아가는 내담자들에게 견고한 반석과 같은 역할을 한다.

귀를 지으신 이가 듣지 아니하시랴 눈을 만드신 이가 보지 아니하시랴 (시 94:9).

이 본문은 94편의 맥락 속에서 이해되어야 한다. 94편은 악을 행하는 자들이 마치 하나님이 없는 것처럼 생각하고 하나님의 백성들을 억압하고 고아와 과부의 권리를 박탈하는 것을 고발한다: "여호와여 그들이 주의 백성을 짓밟으며 주의 소유를 곤고하게 하며 과부와 나그네를 죽이며 고아들을 살해하며 말하기를 여호와가 보지 못하며 야곱의 하나님이 알아차리지 못하리라 하나이다"(5-7절). 악인들의 말에 대한 반응으로서 9절이 등장한다: "귀를 지으신 이가 듣지 아니하시랴 눈을 만드신 이가 보지 아니하시랴." 시인은 하나님을 이와 같이 악행하는 자들을 '복수하는 하나님'이라고 부르며 "세계를 심판하는 주여 일어나사 교만한 자들에게 마땅한 벌을 주소서"라고 부르짖는다(1-2절).

하나님은 자기 백성을 보호하시며 옹호하시는 분이다. 불의한 자들을 심판하시며 성도의 원수를 대신 갚아주시는 분이시다. 바울은 불의한 자를 심판해달라고 탄원하는 시편 기자보다 한 걸음 더 나아간다: "너희를 박해하는 자들을 축복하라 축복하고 저주하지 말라"(롬 12:14); "아무에게도 악을 악으로 갚지 말고 모든 사람 앞에서 선한 일을 도모하라"(롬 12:17); "악에게 지지 말고 선으로 악을 이기라"(롬 12:21). 바울은 "너희가 친히 원수를 갚지 말고 하나님의 진노하심에 맡기라 기록되었으되 원수 갚는 것이 내게 있으니 내가 갚으리라고 주께서 말씀하시느니라"(롬 12:19)고 원수를 갚아주시는 하나님을 바라볼 것을 아울러 권면하였다.

복수를 원하는 기도는 분노를 표출하는데 도움이 된다. 자신에게 복수심이 있음을 우선 인식하는 것이 중요하다. 복수심을 깊이 감추어두거나 인식하지 않으면 파괴적이 될 수 있기 때문이다.[8] 하나님께 복수

8) 압살롬은 분노처리 방식에 있어서 보복심을 품었고 실행할 수 있는 시간이 올 때까

를 해달라고 간청하는 것은 자신에게 복수심이 있음을 인정하는 것이다. 이것은 최소한 자신이 복수하지는 않겠다고 하는 결단이라는 점에서 의미가 있다.

예수님은 원수를 사랑하라는 놀라운 계명을 주셨다(마 5:44 참조). "눈은 눈으로, 이는 이로 갚으라"(마 5:38 참조)는 율법을 넘어서서 원수까지 사랑하라는 말씀을 하신 것이다. 소극적인 의미에서 원수 사랑은 원수를 직접 보복하지 않는 것이다. 하나님께 맡기는 것이다. 적극적인 의미에서 원수 사랑은 "네 원수가 주리거든 먹이고 목마르거든 마시게 하라 그리함으로 네가 숯불을 그 머리에 쌓아놓으리라"(롬 12:20)는 말씀에서 찾아볼 수 있다. 예수님은 자신이 가르치신 말씀처럼 원수까지 사랑하셨다. 십자가에 달리신 상태에서 자신을 못 박은 군인들과 조롱하는 백성들을 향하여 "아버지 저들을 사하여 주옵소서 자기들이 하는 것을 알지 못함이니이다"(눅 23:34)라고 기도하셨다.

긍휼의 마음을 가지면 '병식'이 없음으로 인하여 악한 행동을 하는 자들에게 복수심을 덜 품을 수 있다.[9] 더 나아가 악한 행동을 하는 자들이 그들이 의식하지 못하는 사이에 마귀의 조종에 놀아나는 꼭두각시

지 자신의 보복계획을 모든 이들로부터 숨겼다: "압살롬은 암논이 그의 누이 다말을 욕되게 하였으므로 그를 미워하여 암논에 대하여 잘잘못을 압살롬이 말하지 아니하니라"(삼하 13:22). 심지어 자신의 여동생 다말에게도 숨겼다. 만 이년이 지난 다음 그는 잔치를 벌이고 방심한 상태에서 잔치에 참석한 형 암논을 살해하는 보복행위를 하였다. 복수, 또는 보복을 뜻하는 영어 단어 중에 revenge와 avenge가 있다. 영어 성경에서는 revenge는 일반적인 복수를 의미할 때 사용되며 avenge는 하나님이 복수하실 때 사용되는 경향이 있다.

9) 편집성 성격장애의 증상을 가진 사람들은 사소한 일에 상처를 입으며 쉽게 보복심을 품는 특징이 있다. 반격할 준비가 항상 되어 있어서 상대방의 의도를 잘못 파악하거나 의심하여 상처를 입기 쉽다. 그리고 쉽게 공격적이 된다. 이런 내담자들의 경우에는 문제가 환경에 있다기보다는 자신 안에 있음을 깨닫도록 도움으로써 병식을 갖게 하는 것이 상담의 중요한 과정이 될 것이다.

라고 재해석한다면 덜 분노하고 오히려 불쌍한 마음이 생길 수 있을 것이다. 마귀의 조종에 놀아나며 마귀의 종이 된 삶으로 인하여 영원한 심판을 받을 사람으로 보는 눈이 열린다면 이 세상에서 그들을 보복해 달라고 하는 기도 대신에 그들이 회개하고 돌아올 수 있도록 기도하는 마음을 갖게 될 것이다.

위의 본문을 94편이라는 전체 맥락과 연결짓는 대신 표현 자체로만 본다면 기도의 유효성을 논박하는 탁월한 표현이라고 말할 수 있다. 시인은 하나님께서 기도를 들으시며 보고 계심을 논박하였다. 기도의 유효성을 설득력 있게 논박한 것이다.

기도 응답이 늦어지거나 응답이 되지 않을 때 답답하며 화가 날 수 있다. 기도가 무의미하게 느껴질 수 있다. 분명한 사실은 하나님은 '살아계신 하나님'(living God)이시라는 것이다. 진실로 하나님은 보시며 들으시는 분이다. 엘리야가 바알의 선지자들과 벌인 영적 싸움에서 이 사실이 잘 나타난다. 하나님은 엘리야의 기도를 들으셨고 불로 응답하셨다(열상 19:36-38 참조). 성경에는 하나님이 기도에 응답하신 사건들이 수없이 많이 기록되어 있다. 기독교 역사는 기도 응답의 역사라고 해도 과언이 아니다.

따라서 기독교상담사는 위의 본문을 암송해서 기도의 유효성에 대해서 확신하지 못하는 내담자를 논박하여 인식을 교정하여야 한다. 뿐만 아니라 상담 현장에 임재하시는 하나님의 편재성을 확신해야 한다. 기도를 들으시며 응답하시는 하나님에 대한 확신을 갖고 내담자와 함께 기도해야 할 것이다. 기도가 상담과정에서 방해가 될 수 있다고 생각해서 기도하지 전혀 않는 일부 기독교상담사들이 있다. 이것은 하나만 알지 둘을 모르는 접근이다. 작은 것 하나를 얻으려고 큰 것을 놓치는 우를 범하지 말아야 한다.

기독교상담은 우리의 지각을 뛰어넘는 하나님의 지혜와 평강이 내담자의 마음에 임할 때 치료적이 될 수 있다: "아무 것도 염려하지 말고 다만 모든 일에 기도와 간구로 너희 구할 것을 감사함으로 하나님께 아뢰라 그리하면 모든 지각에 뛰어난 하나님의 평강이 그리스도 예수 안에서 너희 마음과 생각을 지키시리라"(빌 4:6-7). 기도응답은 하나님의 몫이다. 하나님께 아뢰는 것은 우리의 몫이다. 의인의 기도는 역사하는 힘이 있다: "의인의 간구는 역사하는 힘이 큼이니라"(약 5:16). 신체적인 치유 뿐 아니라 정서적 치유와 정신적 치유 과정에 기도는 놀라운 능력이 있다. 하나님은 인간을 설계하시고 창조하신 분이다. 전능하신 아버지다.

상담자가 내담자를 위하여 기도하는 것은 내담자의 내면세계에 '내면화' 된다. 상담의 회기에 적시적(適時的)이며 상담의 내용에 부합되는 구체적인 기도는 내담자의 심금을 울릴 수 있다. 그리고 감정적인 변화와 함께 인지적인 변화를 일으키는 계기가 만들 수 있다. 아울러 내담자에게 기도를 하도록 할 때 내담자가 언어로 표현하는 기도 과정이 '말을 통한 치료'의 방법으로 사용될 수 있다.

요한계시록은 하나님의 보좌 앞에 네 생물과 이십사 장로들이 성도들의 기도가 가득한 금 대접을 갖고 있다고 묘사하였다(계 5:8 참조). 그리고 천사가 금향로에서 드리는 "향연이 성도의 기도와 함께 천사의 손으로부터 하나님 앞으로 올라"간다고 표현하였다(계 8:4). 하나님은 진실로 성도의 기도하는 모습을 보시며 기도하는 내용을

---

10) "여호와께서 내 음성과 내 간구를 들으시므로 내가 저를 사랑하는도다"(시 116:1).

들으신다.[10] 세상에 있는 수천 가지의 다른 언어로 드리는 기도를 하나님은 다 알아들으신다. 인간에게 언어를 구사할 수 있는 능력을 주신 하나님께서는 다양한 언어로 드려지는 기도를 다 이해하신다. 심지어 사람들은 알아들을 수 없는 방언으로 하는 기도도 다 해독하신다.

말씀과 기도 외에도 신앙의 자원으로 활용될 수 있는 것들이 많다. 찬송을 통한 음악치료, 성화 감상을 통한 심리치료, 신앙서적을 읽고 나누는 독서치료, 예배를 통한 내면치유 등이 가능하다. 그럼에도 불구하고 말씀과 기도는 기독교상담사들이 치료적 방법으로 사용해야할 중요한 양 날개(wings)다. 양 날개가 잘 균형을 이룰 때 새는 창공을 향해 날아오를 수 있듯이 말씀과 기도도 균형 있게 잘 사용되어야 효과적인 기독교상담이 될 것이다.

2. 불안 상담

> 사람을 두려워하면 올무에 걸리게 되거니와 여호와를 의지하는 자는 안전하리라(잠 29:25).

롱맨은 본문을 주석하면서 잠언 전체의 맥락에서 이 본문을 이해한다면 "온전한 사랑이 두려움을 내쫓나니"(요일 4:18)라는 말씀과 비슷한 의미를 내포하고 있다고 보았다. 그리고 하나님을 두려워하는 자는 사람을 두려워하지 않는다는 의미로 해석될 수 있다고 하면서 "내가 하나님을 의지하였은즉 두려워하지 아니하리니 사람이 내게 어찌 하리이

까"(시 56:11)라는 말씀을 관련 본문으로 제시하였다.[11]

사람을 두려워하는 장애를 사회공포증이라고 한다. 사회공포증은 공포증의 하나로서 불안장애에 포함된다. 불안장애에 걸리면 점점 자유를 빼앗긴다. 불안하지 않으려고 하다가 보니까 점점 활동반경을 좁히거나 사람들을 만나는 상황을 회피함으로써 결국은 자신도 모르게 올무에 빠져드는 것이다.

하나님을 신뢰하는 것은 불안을 극복하는 최고의 예방약이자 치료약이다. 어떤 상황에서도 임마누엘 하나님이 자신의 삶과 연결되어 있으며 하나님의 허락 없이는 참새 한 마리도 땅에 떨어지지 않는다는 말씀을 믿고 삶의 통제권을 내려놓으면 불안은 서서히 물러간다.

예수님은 산상보훈 중에 불안과 염려에 대한 귀한 말씀을 하셨다. "목숨을 위하여 무엇을 먹을까 무엇을 마실까 몸을 위하여 무엇을 입을까 염려하지 말라"(마 6:25)고 말씀하시며 "이는 다 이방인들이 구하는 것이라"(마 6:32)고 말씀하셨다. 그리고 "내일 일을 위하여 염려하지 말라 내일 일은 내일이 염려할 것이요 한 날의 괴로움은 그 날로 족하니라"(마 6:34)고 말씀하셨다. 이 본문 앞부분에서 "너희를 위하여 보물을 땅에 쌓아 두지 말라"(마 6:19)고 말씀하시면서 "너희가 하나님과 재물을 겸하여 섬기지 못하느니라"(마 6:24)고 말씀하셨다. 보물과 재물을 '땅에' 쌓아두려는 심리는 불안 심리와 연결되어 있다. 하나님과 아울러 재물도 추구하는 것 역시 불안 심리와 연결되어 있다. 돈이 있으면 불안이 감소하기 때문이다.

예수님의 산상보훈을 들었던 제자들과 무리들은 현대인들보다 의식

---

11) Longman, *Proverbs*, 510.

주 문제에서 더 힘든 환경에서 살았던 사람들이었다. 그런 청중들을 향하여 예수님은 "무엇을 먹을까, 마실까, 입을까 염려하지 말라"고 말씀하신 것이다.

이 세상에서 살아가는데 필요한 의식주에 대해서 염려하지 말라고 한다고 해서 순종이 쉽게 되지 않는다. 염려 안하려고 하면 염려가 더 우리의 마음을 엄습한다. 마치 불안장애자들이 불안을 느끼지 않으려면 더 불안해지는 것과 같은 심리다. 그래서 상담할 때 내담자들에게 "염려가 되겠어요! 두려우시겠어요! 얼마나 불안하겠어요!"라고 공감 또는 거울반응(mirroring)을 해주면 내담자들의 불안과 두려움이 줄어든다. 실제로 어느 정도 효과가 있다.

성도들도 이 세상에 살면서 어느 정도의 불안과 염려는 경험한다. 이 불안과 염려는 정상적이며 필요하다. 중요한 것은 자신이 불안하고 두려워하는 것에 대해서 인식하고 인정하는 것이다. 상담하다가 보면 내담자들 중에는 상담시간에 매우 불안하게 보이는 분들이 있어서 물어볼 때가 있다: "지금 어떻게 느끼세요?" 많은 내담자들은 자신이 불안해하고 있다는 것을 자각하지 못하고 괜찮다고 대답한다. 불안할 때 불안을 느끼는 것은 필요한 일이다. 에덴 동산을 떠난 이후의 인간은 이 세상에서 어느 정도의 염려, 불안, 두려움의 경보장치 기능이 작동되어야 살 수 있기 때문이다. 염려, 불안, 두려움 자체가 나쁜 것이거나 죄가 되는 것이 아니다.

성경에서는 "두려워하지 말라"는 말씀이 많이 등장한다. 검색어로 찾아보니까 "Fear not," "Don't be afraid"를 포함해서 KJV에서는 101번, NASB에서는 107번 등장한다고 나와 있었다. 성경이 66권인 것을 생각하면 모든 성경 권 숫자보다 더 많이 우리에게 "두려워하지 말라"

고 말씀하신 것이다. 하나님은 하나님의 자녀들이 이 세상에서 살면서 두려워할 수 있다는 것을 잘 아시기 때문에 "두려워하지 말라"고 말씀하신 것이다.

죄가 될 수 있는 염려, 불안, 걱정, 근심, 두려움의 핵심 원인을 바로 알면 "무엇을 먹을까, 무엇을 마실까, 무엇을 입을까 염려하지 말라"는 주님의 말씀에 순종하기가 쉽다. 염려와 두려움의 원인들은 여러 가지가 있을 수 있다. 어릴 때부터 불안에 취약한 삶을 살아서 습관이 되었을 수 있다. 엄마나 아빠가 불안하면 자녀들이 불안에 취약해질 수 있다. 몸에 호르몬의 변화와 같은 생리적 변화 때문에 불안할 수도 있다. 환경이 열악하고 힘들기 때문에 불안할 수 있다. 경제적인 어려움 때문에 불안하고 힘들 수 있다. 건강염려증에 걸릴 만큼 건강에 자신이 없어서 두려울 수도 있다. 사회, 정치적인 문제 때문에 두려움을 느낄 수 있다.

그러나 이것은 근본 원인이 아니다. '목숨을 위하여,' '몸을 위하여'라는 말씀에서 그 핵심 원인을 찾을 수 있다. '살려고' 하니 두려운 것이다. '이 세상에서는' 제일 가치 있고 중요한 것이 사람의 생명이다. 예수님께서도 "사람이 천하를 얻고도 제 생명을 잃으면 무엇이 유익하리요?"라고 말씀하셨다. 이 세상의 삶을 전부라고 생각하는 세상 사람들은 자기를 제일 중요시한다. 그리고 자기의 목숨을 제일 중요시한다. 이 인본주의적인 세계관을 견지하는 한 염려와 걱정과 불안과 두려움으로부터 인간은 결코 자유로울 수 없다. 왜냐하면 인간은 반드시 죽기 때문이며, 언제 죽을지 모르기 때문이다. 의식하든지 못하든지 이 죽음에 대한 불안이 심해지면 불안장애라는 심리적인 병까지 생긴다. 특히 공황장애에 걸리면 심장마비가 온 것 같고 심장이 빨리 뛰고, 호흡이

가빠지며 극도의 공포감마저 느낀다. 모르고 응급실에 가지만 심전도 검사해보면 아무런 이상이 없는 것으로 결과가 나온다.

이 세상에 살고 있는 대부분의 사람들은 이 죽음에 대한 공포를 억압하기 때문에 별로 생각하지 않고 살아간다. 인간이 반드시 두려워해야 할 죽음과 하나님의 심판에 대해서는 두려워하지 않는다. 오로지 염려하고 두려워하는 것은 일상생활에 대한 것이다. "먹을 수 있을까? 마실 수 있을까? 입을 수 있을까? 잘 수 있을까? 가족을 먹여 살릴 수 있을까? 건강하게 살 수 있을까? 병에 걸리면 어떻게 하지? 나이가 들어서 치매에 걸리면 어떻게 하지?" 등과 같이 걱정하며 '목숨을 위하여,' '살려고' 하다 보니 염려와 불안에 휩싸이는 것이다.

불안과 두려움의 궁극적인 원인은 모든 인간이 가진 핵심 문제인 죄의 결과로서 온 죽음에 있다. 사실 모든 인간은 죽음을 두려워한다. 그 핵심 문제를 잘 깨닫지 못하고 무의식화해서 살다보니 주변적인 것에 두려움을 느끼는 것이다. 거미를 겁내고, 비행기 타는 것을 겁내고, 사람들 앞에 서는 것을 두려워하고, 힘센 사람을 무서워하고, 직장 상사를 두려워하고, 심지어 목소리 큰 사람을 겁내고, 화내는 사람을 두려워하지만 그것은 핵심적인 두려움의 실체가 아니다. 두려워하는 것의 핵심 원인은 죄와 죽음에 있다. 예수님은 우리들에게 죽는 것을 두려워하지 말고 하나님을 두려워하라고 말씀하셨다: "몸은 죽여도 영혼은 능히 죽이지 못하는 자들을 두려워하지 말고 오직 몸과 영혼을 능히 지옥에 멸하실 수 있는 이를 두려워하라"(마 10:28).

죽음에 대한 참된 불안과 두려움은 하나님을 찾도록 하는 중요한 수단이며 도구이다. "하나님의 나라와 그의 의를 추구하게끔" 하는 역할을 한다. 그러나 하나님을 두려워할 줄 모르는 사람, 하나님의 심판에 대해서 두려워할 줄 모르는 사람들은 이 땅의 평안과 웰빙적인 삶에서 만족하고 산다. 노아 홍수 시대의 사람들이 그랬다. 소돔과 고모라의 백성들이 그랬다. 멸망을 앞둔 유다 백성들이 그랬다. 하나님 없이 살아가는 현대인들이 그렇다. 추수한 모든 곡식을 쌓아둘 창고를 지을 것으로 염려하다가 그날 밤에 그의 영혼을 부르실 하나님 앞에 서야했던 어리석은 부자처럼 현대인들은 어리석은 삶을 살고 있다. 진정으로 두려워해야 할 것은 두려워할 줄 모른 채 단기적인 만족과 유익을 추구하며 염려하는 것이다. 이들에게 복음의 메시지가 필요하다. 성도가 그들과 동일하게 추구하고 있다면 그것은 참으로 두려운 일이다.

참으로 두려워해야 할 것은 영원한 사망과 심판이다. 하나님을 두려워해야 한다. 예수님은 십자가에서 우리의 죄를 대신하여 죽으심으로써 우리에게 영원한 심판을 받지 않고 영생의 나라로 갈 수 있는 길을 열어주셨다. 예수 그리스도만이 구원의 유일한 길이다. 다른 길이 없다. 이것이 복음의 핵심이다.

성도에게는 부활의 소망이 있다. 그리고 성도는 궁극적인 의미에서 죽음에 대한 공포를 극복한 자다. 언제 죽어도 좋은 자다. 어떤 식으로 죽어도 좋은 자다. 죽음이 성도를 하나님의 사랑에서 끊을 수 없다는 것을 믿기 때문이다.

이 십자가의 복음의 진리의 빛이 흐려지면 우리는 '목숨을 위하여' 염려한다. 죽을까봐 불안해한다. 굶어 죽을까봐, 실패할까봐, 자녀들이 잘못될까봐, 직장을 잃을까봐 불안해하며 두려워한다.

염려하지 말라는 말씀, 또는 두려워하지 말라는 말씀에는 잘못된 방법으로 염려나 두려움을 처리하지 말라는 의미가 내포되어 있다. 믿는 자들도 이 방법을 쓰려고 할 가능성이 높을 만큼 이 방법은 유혹적이다. 성경은 이 잘못된 방법이 "너희를 위하여 보물을 땅에 쌓아 두는 것"이라고 지적한다(마 6:17). 보물을 쌓는다는 의미는 오늘날의 의미로 말하자면 저축하기, 연금 들기, 투자하기, 특히 부동산 투기를 통해 미래에 대한 불안과 두려움을 없애는 방법을 말한다. 보물은 여러 가지 인간적인 방법을 상징하는 표현이다. 힘 있는 자를 의지하는 것, 줄을 잘 서려고 하는 것, 강대국과 협약을 맺는 것과 같은 것은 다 여기에 해당된다. 물론 이 자체가 죄라거나 나쁜 것은 아니다. 문제는 우선순위가 바뀌었다는데 있다. 불안하고 두려울 때, '먼저 그의 나라와 그의 의를 추구' 하는 방법 대신 '먼저 재물을 추구' 하는 인본주의적인 방법이 문제다.

재물을 쌓아둠으로써 안전감을 느끼고자 하는 성도들이 있다면 자신에게 하나님에 대해서 진정으로 신뢰하는 믿음이 있는지를 점검해보아야 한다. 마태복음 6장 본문에서 예수님은 '사랑한다,' '중히 여긴다,' '섬긴다' 는 동사를 사용하셨다. 하나님은 인간을 창조하실 때 하나님을 사랑하고, 하나님을 중히 여기고, 하나님을 섬기며 예배하는 존재로 만드셨다. 그러나 하나님을 떠난 인간은 하나님 보다, 또는 하나님 대신 불안을 감소시켜주는데 효과가 있는 재물을 더 사랑하고, 중히 여기고, 섬긴다.

예수님은 분명히 말씀하셨다. 하나님도 가치 있게 여기고 재물도 똑같이 가치 있게 여기는 삶을 살 수 없다고 말이다. 그렇게 살아서도 안될 것이다. 그러나 죄성이 있는 인간은 이것을 할 수 있다고 생각한다. 이스라엘 백성들도 이렇게 살 수 있다고 생각했다. 우상도 섬기고 하나님도 섬길 수 있다고 착각했다. 죄는 세속적인 삶을 살면서도 영적인 삶을 살 수 있다고 우리를 속인다. 마귀는 우리를 그렇게 유혹한다.

염려와 불안이 심한 성도는 믿음이 자라지 못한다. 실상은 하나님보다 재물을 더 신뢰하기 때문이다. 하나님께 기도하는 것보다 재물을 추구하는 것이 더 쉽고 안전감을 준다고 믿기 때문이다. 현실적으로는 효과가 빠른 것이 사실이다. 하나님을 찾기보다 중독적인 행동을 추구하게 되는 이유는 중독이 반드시 빠른 효과와 응답을 해주는 것과 같다. 이것은 근본적으로 죄다.

이런 사람들을 예수님은 씨 뿌리는 비유에게 정확하게 진단하셨다: "가시떨기에 뿌려졌다는 것은 말씀을 들으나 세상의 염려와 재물의 유혹에 말씀이 막혀 결실하지 못하는 자요"(마 13:22). 세상의 염려를 물리칠 수 있는 세속적이며 인본주의적인 대안은 재물의 유혹이다. 이 유혹을 극복하지 못하면 하나님의 말씀이 질식당하여 열매를 맺지 못한다. 물질, 세상적으로 힘 있는 사람, 명예, 자신의 경험, 자신의 철학에 우선적으로 초점을 맞추는 한 우리는 염려와 두려움으로부터 자유로울 수 없다. 그리고 하나님의 말씀에 순종하지 않는 죄를 짓고 살게 된다. 이런 사람은 산상보훈의 맨 마지막에 나오는 말씀처럼 모래위에 집을 세운 사람처럼 된다.

염려하거나 불안해하지 말라는 말씀에 어떻게 순종할 수 있을까? 예수님은 "오직 너희를 위하여 보물을 하늘에 쌓아 두라"고 명하셨다. 즉 보물이 있는 하늘나라에 마음을 두라는 것이다. 예수님은 이 사실에 대해서 보다 명료하게 말씀하셨다: "그런즉 너희는 먼저 그의 나라와 그의 의를 구하라"(마 6:32). 하나님의 나라를 추구하는 사람은 세상의 삶에 크게 동요되거나 영향을 받지 않는다.

저자는 2000년대 초에 다시 미국으로 가족과 함께 가게 되어 그곳에서 정착하고 살다가 필자만 한국에 귀국해서 백석대학교에서 2010년까지 교수로 만 6년을 일했다. 방학이 되면 미국에서 가족들과 지내는 생활을 했다. 일 때문에 학기 중에 몸은 한국에 있었지만 저자의 마음은 가족이 있는 곳에 있었다. 그러나 보니 한국에서 일어나는 상황에 크게 영향을 받지 않는 자신을 발견할 수 있었다. 아파트 값이 뛰고 전세가 오르고 하는 것이 저자에게는 거의 영향을 주지 않았다. 왜냐하면 저자의 마음은 가족이 있는 곳에 있었고 한국 땅에 있지 않았기 때문이었다. 성도가 이 땅을 살아가는 원리도 마찬가지다. 성도의 마음은 하늘나라에 가 있어야 이 세상의 영향에 압도되지 않을 수 있다.

땅에 마음을 두면 우리는 불안하고 두려울 수밖에 없다. 환율이 올라갈까봐 또는 떨어질까봐 불안하고, 아파트값이 올라갈까봐 불안하고, 정치 경제가 불안하고, 아이들이 좋은 대학교에 못 갈까봐 아이가 초등학생인데도 염려하고 걱정하게 된다. 좋은 직장을 얻지 못할까봐 불안하고, 결혼적령기를 넘길까봐 두려워하게 된다.

지금은 고인이 되신 한신교회 담임목사였던 이중표 목사님이 외쳤던 '별세신앙'은 이 세상에서 성도들이 느끼는 염려와 불안과 두려움을 극복하게 하는 탁월한 치료제다. 이 세상에 우리가 살고 있지만 예수 그리스도와 함께 이미 죽은 자로서 살고 있다는 신앙을 견지하면 바울이 고백했듯이 이 세상의 "환난이나 곤고나 박해나 기근이나 적신이나 위험이나 칼"(롬 8:35)조차도 우리를 그리스도의 사랑에서 끊어낼 수 없다는 담대한 신앙을 가지고 용기 있게 살 수 있다.

애착하는 만큼 우리는 영향을 받는다. 슬픔도 마찬가지다. 애착하지 않았던 사람이나 물건은 잃어도 슬프지 않다. 우리가 진정으로 애착해야 할 대상은 하나님이며 하나님의 나라다. 세상에서 좀 잃어도, 실패해도 성도는 크게 상심하지 않는다. 수능점수 몇 점이 떨어졌다고 좌절하고 아파트에서 뛰어내리는 수험생들을 보면서 우리는 그들이 어리석다고 안타까워할 줄 안다. 그러나 이 세상에서 잃었다고, 실패했다고 우울해하면서 좌절하는 우리 자신의 모습을 제대로 보지 못할 때가 있다.

염려하지 않으려면, 불안과 두려움을 극복하려면 우리의 시선을 땅에서 하늘로 향하여 들어야 한다. 환경을 보기보다 환경 너머에서 인류 역사를 주관하시며 우리의 개인적인 삶까지도 세밀하게 돌보시며 간섭하시는 하나님을 향하여 고정하는 것이다. 눈이 중요하다: "눈은 몸의 등불이니 그러므로 네 눈이 성하면 온 몸이 밝을 것이요 눈이 나쁘면 온 몸이 어두울 것이니 그러므로 네게 있는 빛이 어두우면 그 어둠이 얼마나 더하겠느냐"(마 6:22-23). 삼위 하나님이 어떤 분이시며 무엇을 하셨고, 하시고 계시며, 하실 것인지를 분명히 아는 '눈' 또는 '관점'이 있어야 불안과 두려움이 사라질 수 있다. 참으로 하나님 아버지가 우리의 생사화복을 주관하시며 온 우주의 주재가 되신다는 사실을 바라볼 때 우리를 엄습하는 거친 파도를 보고 두려워하며 물에 빠지지 않을 수 있다. 풍랑 가운데서도 예수님을 바라보며 믿음으로 발을 디뎠던 베드로는 물 위를 걸을 수 있었다.

존 번연이 쓴 신앙소설『천로역정』에 보면 주인공 크리스천이 천성 길을 가는 여정에 반드시 그 길을 지나야 하는데 사자 두 마리가 길 양 옆에서 으르렁 거리고 있는 장면이 등장한다. 크리스천은 두려워서 길을 통과하지 못하고 주저하고 있을 때 길 저편에서 한 사람이 두려워하지 말고 자신만 바라보고 곧장 오라고 말해주었다. 그러면서 그 사자들은 으르렁거리기는 해도 발목에 사슬이 채워져 있어서 길까지는 접근할 수 없다고 말해주었다. 자세히 보니 으르렁 거리며 위협하지만 해할 수 없는 상태에 있다는 것을 알고 크리스천은 용기를 내어 그 길을 통과한다. 마귀는 성도들에게 이 사자들과 같다. 으르렁거리며 위협하지만 실제는 하나님의 자녀에게 위협을 가할 수 없다.

하나님에 대한 올바른 눈은 첫째, 하나님이 '우리의 하늘 아버지' 라는 사실을 아는 눈이다. 산상보훈에는 '하늘에 계신 너희 아버지' 또는 '너희 아버지' 라는 표현이 여러 번 사용된 것이 특징적이다.[12] 우리는 아버지가 없는 고아가 아니다. 우리를 이 땅에 태어나게 하시고 지금까지 붙들고 계시며 하늘나라로 인도하실 하나님 아버지가 있다는 사실을 늘 인식해야 한다. 특히 성령 하나님의 내주하심과 동행하심을 믿을 때 염려와 두려움이 물러갈 수 있다.

둘째, 그 하늘에 계신 아버지는 "은밀한 중에 계시며 은밀한 중에 보시는" 분이다(마 6:4). 그분은 '갚으시며' (마 6:6), "구하기 전에 우리에게 있어야 할 것을 아시는"(6:8) 분이다. "구하는 자에게 좋은 것으로 주시는"(마 7:11) 분이다. 뿐만 아니라 우리를 기르시며 입히시는 분이다: "너희 하늘 아버지께서 기르시나니"(마 6:26). 즉 결국 믿음의 문제다. 누가 공중의 새들에게 다 밥을 줄 수 있겠는가? 누가 넓은 땅에 물을 댈 수 있겠는가? 하나님이 비를 주지 않으시면 댐과 저수지가 무용지물이다. 불안과 두려움을 극복하는 핵심문제는 하나님과 연결되어 있다. 만물이 다 주께로부터 온 것이기 때문이다.

예수님은 염려와 불안으로 힘들어하는 성도들에게 논박하신다: "너희는 이것들보다 귀하지 아니하냐"; "하물며 너희일까보냐 믿음이 작은 자들아." 우리의 믿음이 작은 것이 문제다. 두려움에 대처하는 우리의 핵심문제는 우리의 믿음이 작은 것이다. 우리가 하나님의 자녀이며, 우

---

12) 5:58, 6:1, 6:4, 6:6, 6:8, 6:9, 6:13, 1:14, 6:15, 6:18(2번), 6:26, 6:32, 7:11, 총 14번.

리가 귀하다는 사실을 알면 이 세상에서 우리의 목숨을 좌지우지하는 것처럼 보이는 사람들이나 재물과 권력을 두려워하지 않을 수 있다. 왜냐하면 우리에게 일용할 양식을 공급하시는 분이 하나님이시기 때문이다. 우리의 생사화복을 주관하시는 분은 하늘에 계신 우리의 아버지이시기 때문이다. 하나님만 의지하고 믿으면 우리는 이 세상에서도 두려워하지 않고 살 수 있다. 하나님의 전능하심과 주권성을 우리가 참으로 우리의 삶에 연결하며 의식화할 때, 우리는 다니엘의 세 친구들처럼, 에스더처럼 "죽으면 죽으리이다"라고 결단할 수 있다. 우리는 이 중요한 사실에 대해서 '연결짓기'를 하지 못하고 '구별짓기'를 하는 어리석음을 범할 때가 참 많다. "하나님도 이 문제는 해결하지 못하실거야!"라고 생각한다.

주기도문은 '먼저 하나님의 나라와 그의 의를 구하는 기도'와 다음에 '우리의 필요를 구하는 기도'로 이루어져 있으며 마지막에 다시 하나님의 나라를 구하는 기도로 끝난다. 특히 "오늘 우리에게 일용할 양식을 주옵시고"라는 기도가 포함된 것을 보면 예수님께서 먹을 것에 대한 우리의 필요를 하나님께 아뢰는 것 자체를 정죄하지 않으셨음을 알 수 있다. 염려가 되고 불안할 때마다 우리는 우리의 힘으로 그것을 해결하려고 하기에 앞서 주님 앞에 내려놓고 "주님 염려가 생깁니다, 불안합니다, 두렵습니다!"라고 기도하는 것이 하나님의 주권을 인정하는 태도일 것이다.

3. 분노 상담[13]

> 미련한 자는 분노를 당장에 나타내거니와 슬기로운 자는 수욕을 참느니
> 라(잠 12:16).

잠언 기자는 전반적으로 볼 때 분노의 부정적인 측면을 지적한다. '슬기로운 자' 또는 '신중한 자'는 '미련한 자' 또는 '충동적인 자'와 대조적으로 모욕을 참거나 간과할 수 있는 능력이 있다.[14] 미련한 자는 모욕 받았다고 생각하면 당장에 표현하는 자다. 김정우는 분노를 '나타 낸다'는 동사는 '분노를 폭발시켜' 드러내는 것을 말한다고 지적하였 다.[15]

한 문장으로 분노 표현의 건강성과 역기능성을 언급하기란 무리다. 실제적으로는 신중한 자와 미련한 자가 보이는 행동이 극단적이 되면 역기능적인 증상이 되기 때문이다. 모욕을 받아도 항상 참고 간과하면 상대방이 계속 모욕하는 행동을 반복하게 할 가능성이 높다. 모욕을 받 았을 때 느끼는 분노감을 억압하면 억압된 분노가 다른 사람들에게 표 출될 위험성이 있다.

---

13) 분노 상담 부분은 이미 필자의 책 『성경과 분노심리』에서 구체적으로 다룬 바 있기 때문에 간략하게 언급만 함을 양해 바란다.

14) 롱맨은 이 본문은 원리적으로 많은 말보다는 침묵을 가치 있게 본 다른 잠언의 말씀 과 비슷하다고 주석하였다: "지혜로운 자는 지식을 간직하거니와 미련한 자의 입은 멸망에 가까우니라"(10:14); "입을 지키는 자는 자기의 생명을 보전하나 입술을 크 게 벌리는 자에게는 멸망이 오느니라"(13:3); "무릇 슬기로운 자는 지식으로 행하거 니와 미련한 자는 자기의 미련한 것을 나타내느니라"(13:16); "말을 아끼는 자는 지 식이 있고 성품이 냉철한 자는 명철하니라"(17:27); "미련한 자라도 잠잠하면 지혜 로운 자로 여겨지고 그의 입술을 닫으면 슬기로운 자로 여겨지느니라"(17:28). Longman, *Proverbs*, 276.

15) 잠 14:17, 21:19, 29:11 참조. 김정우, 『성서주석: 잠언』, 400.

때로는 적절한 범위 내에서 화가 났을 때 화가 났음을 현장에서 당사자에게 잘 표현하는 것이 필요하며 유익하다. 너무 신중하면 감정표현의 적절한 타이밍을 놓칠 위험성이 있다. 충동적이면 분노조절을 하지 못해 과도하게 표현하여 후회할 위험성이 있다.

심리적으로 미성숙한 사람은 분노를 통제할 수 있는 힘이 약하다. 따라서 충동적으로 분노를 폭발시킨다. 반면에 성숙한 사람은 모욕을 받는 상황에서도 필요하다면 참아낼 수 있는 힘이 있다. 큰 그림을 보고 상대방의 모욕을 최소화시켜 분노를 처리하는 방법을 사용할 줄 안다. 그리고 이성적이며 합리적인 판단을 할 수 있는 뇌 발달이 잘 되어 있다.

기독교상담사는 내담자에게 분노에 대한 성경적이며 균형 잡힌 이해와 태도와 방법을 갖도록 상담과정 중에 도와야 한다. 대부분의 내담자들은 분노와 관련된 이슈들과 씨름하는 이들이다. 분노에 대한 잘못된 성경적인 관점 때문에 분노표현을 거의 못하는 것은 어리석은 것이다. 반면에 분노를 조절하지 못해 자주 후회하는 삶을 사는 것 또한 어리석은 것이다.

4. 심인병 상담

이것이 네 몸에 양약이 되어 네 골수로 윤택하게 하리라(잠 3:8); 평온한 마음은 육신의 생명이나 시기는 뼈를 썩게 하느니라(잠 14:30).

3장 8절의 '몸'은 '배꼽'을 뜻하는 단어인데 '골수' 또는 '뼈'와 연결되어 몸과 마음을 포함하는 전인적인 삶을 의미한다.[16] '양약'은 '보약,' '음식,' '다과' 등으로 번역될 수 있다. 본문을 전체적으로 해석한다면 "하나님과 올바른 관계를 가지며 그의 말씀을 따를 때, 질병을 물리칠 뿐 아니라 온 몸과 마음이 건강해지는 효과를 경험할 것이다"라고 이해할 수 있다.[17]

14장 30절의 '육신'은 '살'(besarim, 복수형)을 의미하는데 '뼈'와 쌍을 이루어 나타나는데 "'살'은 사람에게 있어서 가장 부드러운 부분이며, '뼈'는 가장 강한 부분이다."[18] 시기심 또는 질투심은 "인간의 가장 강한 부분까지도 치명적으로 상하게 한다."[19] 평온한 마음과 질투하는 마음은 모두 몸과 뼈에 직접적인 영향을 끼친다는 것은 성경적이며 과학적인 사실이다.

하나님과의 관계를 맺으며 살아가는 사람은 결과적으로 풍성한 삶을 약속 받는다. 하나님과 이웃에 대한 사랑과 신실성을 실천하며 살아가는 사람은 전인적인 건강을 누릴 수 있다. 사랑을 실천하는 사람은 그렇지 않은 사람에 비해 부정적인 감정을 덜 경험하며 기쁨과 행복감을 더 경험한다. 긍정적인 감정을 경험하는 사람은 몸이 건강하다. 웃음치료를 통해서 암세포까지 죽이는 경우에서 이 사실을 잘 발견할 수 있다.

하나님에 대한 신앙은 마음에 생기는 불안을 사라지게 하는 치료약이다. 빌립보서에서는 이 현상을 다음과 같이 표현하였다: "아무 것도 염려하지 말고 오직 모든 일에 기도와 간구로 너희 구할 것을 감사함으로

---

16) 김정우, 『성서주석: 잠언』, 165–66.
17) 김정우, 『성서주석: 잠언』, 166.
18) 김정우, 『성서주석: 잠언』, 449.
19) 김정우, 『성서주석: 잠언』, 449.

하나님께 아뢰라 그리하면 모든 지각에 뛰어난 하나님의 평강이 그리스도 예수 안에서 너희 마음과 생각을 지키시리라"(빌 4:6-7). 마음의 평화와 기쁨은 류머티스 관절염과 같은 병을 예방하며 치료할 수 있다.

5. 성 상담

> 내 눈을 돌이켜 허탄한 것을 보지 말게 하시고 주의 길에서 나를 살아나게 하소서(시 119:37).

이 본문은 36절과 짝을 이루는 말씀이다: "내 마음을 주의 증거들에게 향하게 하시고 탐욕으로 향하지 말게 하소서." 적극적으로 눈이 향해야 할 부분은 하나님의 말씀이다. 마음과 눈이 향하지 말아야 할 부분은 탐욕과 '허탄한 것'(worthless things)이다.[20] 신원하는 정욕을 피하는 소극적인 방법은 피하는 것이라고 잘 지적하였다:

> 정욕을 극복하는 가장 우선적인 방법은 피하는 것이다. 수도사 카시아누스는 수도사들이 부단히 자신의 몸과 마음을 다스리고 훈련하여 탁월한 덕목을 갖춘다고 해도 몸의 욕망을 완전히 제거하는 것을 불가능하다고 보았다. 따라서 정욕의 유혹을 받을 만한 여건과 환경에 들어가지 않아야 하고, 그러한 상황에 부딪혔을 경우 피하는 것이 최선의 방책이라고 말했다. 부딪혀 이기려고 하기보다는 우선 피해야 한다는 것이다. 보디발의 집에 총무로 있었던 요셉 이야기는

---

20) 김정우는 '허탄한 것'은 바로 앞 절의 탐욕과 연결되며 "항구적인 가치가 없는 것'으로서 궁극적으로는 '우상'을 가리킨다(24:4; 31:6; 렘 18:15)"고 주석하였다. 김정우, 『시편주석 III』, 475.

이 교훈을 단적으로 설명하는 예다. 집요하게 그를 유혹하던 주인의 아내가 아무도 없는 공간에서 몸으로 달려드는 상황에서, 요셉은 겉옷을 벗어던지면서까지 자리를 박차고 도망쳐 나왔다. 구약 성경을 보면, 욥은 젊은 여인을 아예 쳐다보지 않기로 마음을 먹었다고 말한다. "내가 내 눈과 약속하였나니, 어찌 처녀에게 주목하랴"(욥 31:1). 아름다운 여인을 보면 정욕이 일어나기 마련이기에 그 원인을 제거하겠다는 의미다. 잠언 기자는 남의 아내를 만지는 것조차 피해야 한다고 말했고(잠 6:29), 바울은 음행과 관련된 부도덕한 것들은 그 이름조차도 부르지 말라고 권고했다(엡 5:3).[21]

그러나 적극적인 대안책이 없는 상태에서 소극적으로 부정적인 행동을 소거하는 것은 장기적인 변화를 가져오는데 한계가 있다. 탐욕과 가치 없는 것을 피할 수 있는 적극적인 방법은 하나님의 말씀에 시선을 고정하는 것이다. 상담학에서는 이와 같은 변화를 '탈습관화'(dehabituation)과 '재습관화'(rehabituation) 또는 '신습관화'(new habituation)라는 용어로 표현한다.

눈이 있으면 보게 된다. 눈이 없으면 보는 죄를 범하지는 않는다. 눈이 있으면 무엇인가를 보게 될 수밖에 없다. 이 때 보아야 할 것을 보고 보지 말아야 할 것을 보지 않는 것이 중요하다. 보지 말아야 할 것을 보지 않을 수 있는 힘은 보아야 할 것을 보는데서 생긴다. 하나님의 말씀을 보는데서 기쁨을 누리면 다른 것을 보는데서 기쁨을 누리지 않는다. 지옥에서의 영원한 심판의 광경을 직접 본다면 보는 것으로 죄를 지으라고 해도 죄를 짓지 않게 될 것이다.

오늘날 시각적으로 우리를 자극하는 것들이 너무 많다. 시각적으로

---

21) 신원하, 『죽음에 이르는 7가지 죄』, 194-95.

자극하여 죄를 짓게 하는 것들이 우리가 살고 있는 세상에 너무 많다. 이것은 분명히 무가치 하며 죄를 짓게 만드는 것이다. 이같은 자극들에 대하여 의식적으로 피하는 것이 매우 중요하다. 허탄한 것임을 알면서도 보는 것은 중독성이 있기 때문이다. 탐욕(selfish gain)과 허탄한 것으로 눈이 가게 되면 멸망에 이른다는 사실을 깨닫고 과감하게 눈길을 주지 않는 결단과 행동을 해야 한다. 또 그렇게 할 수 있도록 도우시는 성령의 은혜를 구해야 한다. 눈이 범죄할 때 범죄한 눈을 빼어버리라고 말씀하신 예수님의 말씀을 기억하고 과감하게 'No'라고 거절해야 한다(막 9:47 참조). 탐욕과 허탄한 것 뒤에서 역사하는 마귀의 궤계를 볼 수 있는 영적인 눈이 열려 있어야 한다. 그래야 허탄한 것을 보고 즐거움과 쾌감을 느끼는 대신 혐오감과 두려움을 느낄 것이다.

C. S. 루이스의 『나니아 연대기』에 보면 주인공 중의 하나인 에드먼드는 여왕으로 변신한 마귀의 실체를 알아차리지 못하고 그녀가 가지고 있는 마법의 약물이 떨어질 때 생긴 '터키 과자'를 먹고 싶어 자기의 형과 누나와 여동생을 여왕에게 데려오겠다고 약조를 하는 장면이 나온다. 여왕은 그에게 형과 자매들을 데려오면 그를 왕으로 삼겠다고 거짓으로 약속한다. 그런데 에드먼드는 그녀의 진의를 알아차리지 못한다. 탐심과 명예욕에 그의 눈이 어두워짐으로써 그는 여왕의 궤계를 알아차리지 못한다. 그 여왕이 마귀라는 사실조차 알지 못하고 마침내 마귀의 버림을 받아 감옥에 갇히는 신세가 된다.

아담과 하와는 보기도 좋고 먹기에도 맛있게 보이는 선악과를 바라보았고 뱀의 유혹을 받아들여 뱀의 말에 순종했다. 하나님의 말씀을 기억하고 생각했더라면 탐욕과 가치 없는 것을 적극적으로 피할 수 있었을 것이다.

예수님은 아담과 하와와 대조적으로 하나님의 말씀으로 마귀의 유혹을 물리쳤다. 마귀는 먹는 것과 명예심을 가지고 유혹했다. 그러나 예수님은 마귀의 본심을 아셨다. 그리고 하나님의 말씀에 시선을 고정함으로써 마귀의 유혹을 이기셨다.

40절에서 "내가 주의 법도를 사모하였사오니 주의 의로 나를 살아나게 하소서"라는 대칭절이 등장한다. NIV는 "나의 생명을 보존하소서"(preserve my life)라고 번역하였다. 죽음과 파멸의 길에 빠지지 않는 길은 하나님의 말씀에 눈을 고정하고 말씀을 사모하는 것이다.

기독교상담사는 내담자가 무엇을 '보고' 있는지, 시선이 주로 어디를 향하고 있는지를 주목하여 평가하는 지혜를 갖고 있어야 한다. 보지 말아야 할 것을 자꾸 봄으로써 죄를 짓는 내담자가 있다면 시선을 거두고 하나님의 말씀에 시선을 고정하도록 도와야 할 것이다. 뿐만 아니라 내담자의 마음을 아름답게 하며 치유하며 회복하는데 도움이 되는 것들을 많이 볼 수 있도록 격려해야 할 것이다. 좋은 책을 보는 것은 심리적으로나 영적으로 도움을 준다. 반대로 성적으로 저급한 책을 본다든지 포르노물을 보는 것은 분명히 심리적으로나 영적으로 마이너스가 된다. 더 나아가 영원한 심판을 자초하는 일이다.

행동주의의 관점에서 본다면 긍정적인 행동을 '강화'(reinforcement)해서 그 행동이 반복되어 좋은 습관이 되도록 하는 것이 치료의 중요한 요소이다. 하나님의 말씀을 가까이 할 때 기쁨과 즐거움을 느낀다면 더 읽고 순종하고 싶은 마음이 생길 것이다. 역으로, 부정적인 행동은 '처벌'(punishment)을 통해서 행동의 소거가 일어나도록 할 필요가 있다. 탐욕을 부리거나 가치 없는 것에 시선을 두는 것에 대한 당장의 처벌은 쉽지 않을 것이다. 그러나 참으로 영원한 지옥 형벌에 대해서 내담자가

진지하게 받아들일 수 있도록 연상시킨다면 그와 같은 죄짓는 행동을 소거하는데 도움을 줄 수 있을 것이다.

인터넷의 포르노그래피에 중독되어 있는 어느 목회자가 있었다. 습관적으로 보다가 어느 날 사모에게 발각이 되고 말았다. 사모는 충격을 받았고 남편의 행동에 대해서 직면해서 이야기했지만 오히려 남편인 목회자는 자신의 행동을 합리화하여 고칠 의사를 보이질 않았다. 사모는 이러지도 저러지도 못하고 고통스러워했다. 마침내 그 행동을 그만두지 않으면 이혼하겠다고 최후통첩까지 했을 때 일시적으로 자신의 잘못을 뉘우치고 변화하겠다는 약속을 했다. 그러나 사모는 남편이 며칠이 못가서 다시 이전 행동으로 되돌아가는 모습을 보고 또다시 충격을 받아야 했다. 그 목회자는 나중에는 포르노물을 보는 것이 자신의 목회나 가정생활에 악영향을 끼치는 것은 아니라고 자신의 행동을 합리화하는 상태에까지 이르렀다. 안타까운 일이다.

이 목회자의 성중독 현상은 여러 심리적 문제의 상징일 수 있다. 부부관계의 문제를 상징하는 것일 수 있다. 더 나아가 포르노물에 대한 중독성의 문제일 수 있다. 그러나 더 심각한 것은 목회자의 삶과 가정과 교회를 파괴적으로 이끌어가기를 기뻐하는 마귀의 역사일 수 있다는 사실이다. 자신의 삶과 아내의 삶 그리고 자녀들의 삶, 더 나아가 교회공동체에 심각한 상처를 입힐 수도 있음에도 불구하고 마귀는 포르노그래피를 보는 것을 심각하게 여기지 않도록 합리화와 부인의 방어기제를 사용하도록 역동적으로 영향을 끼칠 수 있다. 그렇게 되면 당사자는 문제의 심각성을 인식하지 못하게 되는 안타까운 상황에 빠진다. 유혹에 빠진 것이다. 더욱 심각한 문제는 이런 삶을 살면서도 그런 목회자도 강단에 서면 하나님의 말씀을 '용감하게' 전한다는 사실이다.

이것은 거의 '해리'(dissociation) 수준의 삶이다. 마귀는 이 해리된 삶에 대해서 갈등을 느끼지 못하도록 마취시킬 수 있다.

최근 한국교회 성도들에게 팔리는 책들 중에 『내가 너에게 불세례를 주노라』라는 책은 지옥 체험을 한 성도들과 목사의 체험담을 담고 있다.[22] 내용 자체가 유치한 면이 있고 신학적으로 문제가 있는 책이다. 어느 학생이 필자에게 그 책을 세트로 보내주어서 어떤 책인지 훑어보았다. 그 책이 갖고 있는 신학적인 문제는 차치하고서라도 그 책은 지옥 형벌의 처참함과 지옥의 실제에 대하여 경각심을 갖게 했다는 점에서 필자에게 도전을 주었다. 지옥은 절대 가서는 안 될 곳이다. 지옥은 영원히 고통을 당하는 곳이다. 지옥의 고통을 묘사한 장면들을 치명적인 중독에 빠져 헤어 나오지 못하는 크리스천들이 읽게 된다면 큰 도전을 받을 것이다.

중독이 약속하는 잠시의 쾌감과 즐거움을 맛보기 위해서 영원한 고통을 택하는 것은 참으로 어리석인 일이다. 죄를 짓는 인간은 부인과 합리화라는 방어기제를 사용하기 때문에 죄가 된다는 사실을 알면서도 죄짓는 행동을 반복하는 특성이 있다. 기독교상담사는 이 역동성을 잘 이해하고 중독과 씨름하는 이들을 상담해야 한다.

그러나 지옥의 영원한 고통에 대한 인식조차 삶의 변화를 이끌어내는데 도움을 주지 못할 가능성에 대해서 C. S. 루이스는 다음과 같이 지적하였다:

대부분의 경우, 내세에 대한 믿음은 하나님을 생각의 중심에 둔 상

---

22) 김용두, 『내가 너에게 불 세례를 주노라』 (예찬사, 2005), 이 책은 시리즈물로 1권부터 5권까지 출간되었다.

태에서만 확고하게 유지됩니다. 하나님을 마음에 두지 않은 채 '천국' 소망을 하나의 보상으로 사용하려 할 때는 (사별과 같이 가장 순수하고 자연적인 불행에 대한 보상인 경우에도) 쉽게 허물어져 버리고 맙니다. 그런 믿음은 억지로 상상력을 동원해 무던히 애를 써야 비로소 유지될 수 있습니다. 우리는 그런 상상이 인위적이라는 사실을 스스로 잘 압니다. 지옥의 경우도 그렇습니다. 과거 성직자들의 '지옥불 설교'를 읽어 보면, 그들은 지옥의 끔찍한 광경을 생생하게 묘사하기 위해 엄청난 수고를 기울였음을 알 수 있습니다. 또 그토록 공포심을 유발했음에도 불구하고 사람들이 전과 다름없이 안일하게 살아가는 모습을 보고 심히 놀라워했다는 사실을 알게 됩니다. 사실 놀랄 일이 아니었는데도 말입니다. 그 성직자들은 인간의 자기중심적인 신중함과 자기 중심적인 공포심에 호소를 한 것으로, 사실 그런 수준에서 생겨나는 믿음은 우리의 행동에 항구적인 영향을 미칠 수 없습니다. 흥분이 지속되는 몇 분 혹은 몇 시간 정도는 효과가 있을 수 있겠지만 말입니다.[23]

6. 외도상담

1) 외도의 특징

지혜가 또 너를 음녀에게서, 말로 호리는 이방 계집에게서 구원하리니 그는 소시의 짝을 버리며 그 하나님의 언약을 잊어버린 자라(잠 2:16-17); 이것이 너를 지켜서 악한 계집에게, 이방 계집의 혀로 호리는 말에 빠지지 않게 하리라(잠 6:24).

---

23) C. S. 루이스, 이종태 역, 『시편 사색』(홍성사, 2004), 64.

두 본문에 등장하는 음녀(adulteress) 또는 이방계집(wayward wife)은 간음을 행하는 여성을 의미한다. '이방계집'으로 번역된 'wayward'는 방탕하고 성적으로 충동적인 성향을 가진 것을 의미한다. '악한 계집'을 NIV 성경은 'immoral woman'으로 번역했다. 이방계집은 원문에서 '외국인'(alien, foreign)의 의미를 갖고 있다.[24] 따라서 솔로몬 자신이 수많은 외국 여성들과 결혼을 함으로써 겪었던 영적 타락을 뼈저리게 느꼈기 때문에 신앙이 다른 외국 여성들을 멀리하라고 아들 르호보암에게 경계한 것으로 해석할 수도 있다.[25]

'음녀'라는 표현은 남성 중심적 관점에서 사용되었지만 남성이나 여성 모두에게 적용될 수 있다. 남편이나 아내 모두 제 7계명인 '간음하지 말지니라'는 계명을 지키는 것이 지혜로운 것이다. 결혼한 이후에 배우자에게 정절을 지키는 것은 하나님의 뜻이다. 이 계명은 결혼의 행복과 자녀들의 행복, 영적 순수성을 유지하도록 주신 신성한 계명이다.

하나님과 사람들 앞에서 맺은 결혼 언약을 되새기며 기억하면 성적 유혹에 빠지는 것과 간음 관계에서 헤어 나올 수 있다. '신전의식'이 실제적으로 작동하지 않게 될 때 간음은 은밀하게 진행되며 치명적인 결과를 가져오게 된다.

요셉은 하나님을 경외하는 마음과 태도를 견지했기 때문에 혈기왕성한 청년으로서 보디발의 아내의 성적인 유혹을 뿌리칠 수 있었다. 반면 삼손은 자신의 취약함을 인식하지 못한 채 블레셋 여인의 유혹에 자신

---

24) Michael D. Coogan (ed.), *The New Oxford Annotated Bible*, 3rd Edition (Oxford University Press, 2001), 907.
25) 김정우는 '이방 계집'에서 '이방'은 이 문맥에서 '인종적인 뜻'으로 사용되기 보다는 "도덕적, 윤리적, 관습적 제약 밖에 있는 자"라는 뜻으로 사용되고 있다고 주석하였다. 김정우, 『성서주석: 잠언』, 152.

의 비밀을 누설하여 두 눈이 뽑히는 수모를 당하였다. 예수님은 "우리를 시험에 들지 말게 하옵시고 다만 악에서 구하여 주옵소서"라는 기도를 가르쳐주셨다. 그만큼 우리는 유혹에 취약하며 유혹으로 인하여 사망의 길에 설 수 있는 위험성이 높기 때문이다. 특히 성적인 유혹은 그 어떤 유혹의 역동성보다 강하기 때문에 웬만한 자아(ego)의 힘으로는 감당하기가 어렵다.

결혼을 했음에도 불구하고 다른 이성에게 성적으로 관심을 갖고 접근하는 것은 경계선을 넘는 행동이다. '말로 호리는' 이방 계집이라는 표현 역시 남성이나 여성 모두에게 적용된다.[26] 일반적으로 여성들이 약한 것은 '유혹적인 말'이며 '청각적'인 유혹이다. 반면 남성들이 약한 것은 '시각적'인 유혹이다. 김정우는 그의 주석에서 다음과 같이 이 사실을 표현하였다: "남자들은 유혹에 약할 뿐 아니라 아첨에 약하며, 여인의 아름다움에 약할 뿐 아니라 허영에도 약하다."[27] 그러나 기혼자들의 경우에는 모두 '대화가 통하는' 사람들에게 유혹되기 쉽다. 결혼 관계에서 잘 되지 않던 대화가 다른 이성과 된다고 느낄 때 성적인 경계선까지 넘어갈 위험성이 높아진다. 배우자에게서 듣지 못했던 칭찬이나 인정, 관심과 배려를 표현하는 말을 들을 때 그 말은 '유혹적인 말'이 되어 이성을 잃게 만드는 것이다. 브로데릭(Broderick)은 외도의 역동성에서 이 사실을 다음과 같이 표현하였다:

---

26) 김정우는 '말로 호린다'는 것은 원 의미에서 '미끄러운 말'인데 '말이 미끄럽다'는 의미는 대부분 '속이다'는 의미로 사용된다고 보았다. 단지 '아첨하는 말'의 뜻이 아니라 "유혹적인 말로 속여서 결국은 파탄에 떨어뜨리는 폭탄과 같음을 시사하여 [시사해] 준다." 김정우, 『성서주석: 잠언』, 152.

27) 김정우, 『성서주석: 잠언』, 246.

보다 많은 사람들이 어떤 이기적 동기를 통해서 보다도 공감과 관심과 동정을 통해 외도의 고통에 빠진다고 나는 확신한다. 세상은 공감할 수 있는 귀와 기대고 울부짖을 수 있는 어깨와 굶주리고 외롭고 쉽게 상처받는 사람들로 가득하다...조그만 도움으로 시작된 동정심이 다정함으로 자연스럽게 이끌려가고 그 다정함이 사생활의 필요를 채워주고 그 사생활이 육체의 위안을 주게 되고 그 위안이 곧바로 외도에 빠지게 한다.[28]

김정우는 음녀의 '성적인 유혹'과 대화를 통한 '언어'는 서로 밀접한 관계가 있음을 지적하면서 뉴썸(Newsom)의 글을 그의 주석에서 인용하였다: "성적인 것은 본질적으로 대화적이다. 그것은 성교(intercourse)라는 단어가 잘 시사해 주는 바와 같다. 문화적으로 보면, 그것은 언어와 밀접하게 연관되어 있다. 따라서 그것은 구애언어, 유혹언어, 사랑의 노래, 속삭이는 다정한 말들과 같이 모두 언어로 이루어진다."[29]

6장에서는 '부드러운 말' 또는 '부드러운 혀'(the smooth tongue)라는 표현이 사용되었다. 우선 듣기에 좋은 말에 귀를 기울이는 것은 '감언이설'(甘言利說)에 속는 것과 같은 결과를 가져온다. 말세의 인간상의 한 모습은 "귀가 가려워서 자기의 사욕을 좇을 스승을 많이 두고 또 그 귀를 진리에서 돌이켜 허탄한 이야기를 좇는" 것이다(딤후 4:3-4). 영적 삶에서의 혼탁한 모습과 성적으로 문란해지는 현대 사회의 모

---

28) Carlfred Broderick, *Couples* (New York: Simon and Schuster, 1979), 163; 헨리 버클러, 김의식 역, 『외도상담』(두란노, 1997), 51에서 재인용.

29) 김정우, 『성서주석: 잠언』, 209 재인용; Carol A. Newsom, "Woman and the Discourse of Patriarchal Wisdom: A Study of Proverbs 1-9," in *Gender and Difference in Ancient Israel*, P. L. Day (ed.) (Minneapolis, MN: Fortress, 1989), 153.

습은 상관관계성이 높다. 자기의 사욕을 좇는다는 것은 현대인들이 점점 자기애성 성격장애화되어 갈 가능성이 높다는 것을 말해준다. 성적인 문란과 간음에서도 자기중심성이 두드러진다. 자신의 쾌락과 이익을 위해서 다른 사람들을 이용하거나 가족들에게 상처를 입힌다는 점에서 성적 문란과 간음은 자기중심적인 행동이다.

본문에서 '이방 계집'으로 번역된 계집은 NIV 성경에서는 '아내'로 번역되었다. 성적으로 문란한 아내나 남편, 즉 외도하는 배우자는 이미 결혼생활을 해본 경험 속에서 상대방의 취약한 부분에 대해서 잘 알 수 있다. 그래서 공감적인 표현과 이해하는 말로 이야기하면 외도의 대상자에게 유혹적일 수 있다.

솔로몬은 음녀의 유혹적인 말과 태도에 대해서 잠언 7장에서 마치 영화를 보여주듯이 묘사했다. 그녀는 "내가 화목제를 드려서 서원한 것을 오늘날 갚았노라"라고 신앙적인 표현으로 상대방 청년을 무장 해제시킨다. 음녀가 반드시 세속적이며 비신앙적인 사람은 아닐 수 있음을 여기서 알 수 있다. 음녀는 신앙적인 용어를 사용하며 실제 행했는지는 분명치 않지만 서원하며 화목제까지 드렸다는 표현을 쓰고 있다. 이 표현은 신앙인의 삶을 산다고 하면서도 성적인 부분의 죄는 발생하며 진행될 수 있음을 암시한다. 이것은 특히 크리스천들 사이에서 외도가 일어날 때 신앙적인 합리화가 일어나는 것과 연결될 수 있는 표현이다. "내가 너를 맞으려고 나와서 네 얼굴을 찾다가 너를 만났도다"(15절)라고 음녀는 상대방에 대한 관심과 인정, 칭찬을 하면서 이 잘못된 만남을 마치 하나님의 섭리 속에서 만난 것처럼 왜곡하여 표현한다. 음녀는 적극적으로 성적인 유혹을 한다: "내 침상에는 화문 요와 애굽의 문채 있는 이불을 폈고 몰약과 침향과 계피를 뿌렸노라"(16–17절).

시각적이며 후각적인 묘사를 통해서 상대방을 유혹한다. 그리고 "오라 우리가 아침까지 흡족하게 서로 사랑하며 사랑함으로 희락하자" (18절)고 말한다. 이 음녀는 유부녀임을 스스로 드러낸다: "남편은 집을 떠나 먼 길을 갔는데 은주머니를 가졌은즉 보름에나 집에 돌아오리라"(20절).

본문에서 상대방 청년이 기혼자인지 미혼자인지 정확하게 표현되지는 않았다. 가정해서 미혼자일 경우에 유부녀의 유혹은 정신분석학적으로 볼 때 청년이 갖고 있는 해결되지 않은 '오이디푸스 콤플렉스' (Oedipus complex)의 역동성을 건드리는 것이다. 나이 어린 남자 청년에게 있어서 유부녀는 엄마와 같은 푸근함을 제공하는 대상(object)이다. 그리고 유부녀의 가슴은 오래 전에 잃어버렸던 엄마의 가슴을 무의식적으로 연상시키는 것이다. 솔로몬은 음녀의 행동에 대해서 21절에서 "여러 가지 고운 말로 혹하게 하며 입술의 호리는 말로 유혹했다"고 표현했다.

솔로몬이 음녀에 대해서 잠언에서 강하게 경고하고 훈계한 것은 정신분석학적으로 볼 때 두 가지의 역동성으로 이해할 수 있다. 솔로몬 자신이 수많은 음녀들에게 유혹을 받고 성적으로 문란했던 모습에서 자신의 아들에게 '역전이'의 이슈를 갖고 '투사동일시'(projective identification)를 한 것으로 이해될 수 있다.[30] 솔로몬 자신이 경험했던 것을 아들이 경험할 위험성이 있어 보일 때 솔로몬은 자신의 경험을 통하여 아들을 이해하려고 했다고 볼 수 있는데 이것은 역전이의 역동성 때문이다. 전이 또는 역전이는 일종의 '평행과정'(parallel process)이

---

30) 투사와 투사동일시는 차이가 있는데 투사동일시라는 기제는 아이들의 발달단계에서 투사라는 방어기제보다는 좀 더 발달한 기제이다.

다.[31] 솔로몬이 자신의 이슈를 아들, 또는 잠언을 읽는 사람들에게 투사하여 권면하였다고 이해할 수 있다. 동시에 그 투사된 모습 속에서 자신의 모습을 아울러 인식하였다는 점에서 투사동일시의 역동성이 있다고 말할 수 있다. 어떤 의미에서는 솔로몬은 자신의 삶의 시행착오를 통해서 후대의 신앙인들에게 경고하며 격려하는 '상처 입은 치료자'였다.

"젊은 시절의 짝[32]을 버리며 그 하나님의 언약을 잊어버린 자라"라는 말씀에서 '조강지처'(糟糠之妻)라는 사자성어가 연결된다. 음녀나 음남에게 빠지면 조강지처 또는 조강지남을 헌신짝 버리듯이 버릴 가능성이 높아진다. 음녀가 조강지처보다 더 나아 보이기 때문에 잘못 선택하는 것이다.

어린 아이들은 전체를 보고 판단할 수 있는 능력이 충분히 발달되어 있지 않다. 그래서 새로운 것이 좋아 보이면 이미 갖고 있던 것을 내려놓고 새로운 것을 선택한다. 마찬가지로 젊은 시절의 짝을 버리는 행동을 하는 사람은 심리적으로 미성숙한 성인아이들이다. 이들은 조강지처의 마음의 중심을 보고 소중히 여기는 태도를 갖지 못한다. 반면 음녀의 외모나 유혹하는 말에 미혹되어 소중한 것을 포기한다.

이스라엘은 하나님의 신부였다. 그들은 하나님보다 더 멋있어 보이는 이방 신들을 좇았으며 음녀같이 음란하게 우상 숭배하였다. 예레미

---

31) 평행과정이란 한 과정의 역동성과 다른 과정의 역동성이 같거나 유사한 것을 의미한다. 수퍼비전이론에서 이 용어를 자주 사용하는데 수퍼바이저와 수퍼바이지의 관계는 수퍼바이지가 내담자와 맺는 관계와 같거나 유사할 경우가 많다. 이런 경우 평행과정이 일어나고 있다고 말한다.
32) '소시의 짝'에서 '짝'('allup)은 '가장 가까운 친구'를 의미한다(미 7:5, 시 55:13, 렘 3:4 참조). 김정우, 『성서주석: 잠언』, 153.

야는 멸망을 앞둔 유다의 모습을 다음과 같이 진단하였다: "너는 광야에 익숙한 들 암나귀가 그 성욕이 동하므로 헐떡거림 같았도다 그 성욕의 때에 누가 그것을 막으리요"(렘 2:24); "네 발을 제어하여 벗은 발이 되게 말며 목을 갈하게 말라 하였으나 오직 너는 말하기를 아니라 이는 헛된 말이라 내가 이방 신을 사랑하였은즉 그를 따라 가겠노라 하도다" (렘 2:25).

"그 하나님의 언약을 잊어버린 자라"는 표현을 NIV 성경은 "하나님 앞에서 이전에 맺었던 언약을 무시했다"라는 의미로 번역하였다. 결혼식을 할 때 하나님 앞에서, 그리고 많은 증인들 앞에서 성경에 손을 얹고 아내를 또는 남편을 배우자로 맞아 평생 어떤 환경에서도 사랑하며 부부의 정절을 지키겠다고 서약한 사실을 되새기는 것은 외도를 방지하는 중요한 예방책이다. 그런데 본문의 음녀는 결혼 서약을 무시하거나 기억하지 못하고 십계명의 7계명을 무시한 것이다.[33]

2) 외도의 역동성

> 이것이 너를 지켜 악한 여인에게, 이방 여인의 혀로 호리는 말에 빠지지
> 않게 하리라 네 마음에 그의 아름다움을 탐하지 말며 그 눈꺼풀에 홀리
> 지 말라(잠 6:24-25).

본문의 '아름다움'은 하나님을 경외하는 여성이 드러내는 '내면적인 아름다움'(잠 31:30 참조)이 아니라 '관능적이며 육체적인' 아름다움이다.[34] 그리고 "그 눈꺼풀에 홀리지 말라"는 금지 명령에서 눈과의 접촉

---

33) 칠계명과 분노의 역동성과의 관계에 대해서는 이관직, 『성경과 분노심리』, 67-70을 참조할 것.
34) 김정우, 『성서주석: 잠언』, 246.

은 성적인 욕구를 촉발시킬 수 있는 자극제가 됨을 알 수 있다. 김정우는 여성의 유혹에서 가장 강렬한 것인 '눈'이라고 하면서 "눈길에 빨려 들어가는 것을 조심"해야 한다고 주석하였다.[35]

인간은 아름다움을 좋아한다. 많은 남성들은 외모가 아름다운 여성들을 좋아한다. 하지만 외도의 역동성의 경우에는 반드시 외모의 아름다움이 유혹하는 요소가 되지는 않는다. 오히려 심리적인 편안함을 주는 대상에게 마음이 끌려서 성적인 관계까지 이어지는 경우가 많다.

본문은 능동태와 수동태의 문장으로 같은 의미의 경고를 하고 있다. 능동적으로 외모의 아름다움만을 보고 정욕을 품지 말라는 경고를 한다. 수동적으로 유혹적인 눈빛에 포로가 되지 않도록 하라는 경고를 한다.

특히 '눈빛'은 정신분석학적인 역동성으로 이해될 수 있다. 성적 유혹의 과정을 외부 대상 이미지가 무의식화된 내부 대상 이미지를 깨우는 과정으로 이해할 수 있다. 아름다운 외부 대상과 유혹적인 눈빛과 '부드러운 말'(6:24)은 어린 시절 아기로서 경험했던 엄마 대상 이미지 혹은 환상으로 그렸던 내부대상 이미지와 동일시되는 것으로 분석해볼 수 있다. 아름다운 대상의 눈빛은 엄마가 어릴 때 아기에게 보여주었던 시선으로서 '자기애적인' 욕구를 만족시켜주고 '미러링'(mirroring) 해주었던 눈빛으로 전이되는 것이다. 이와 같은 정신역동성이 미성숙한 한 사람의 삶을 파멸로 이끌 수 있다. 그러나 이 역동성이 유혹을 받는 사람의 책임성을 경감시키지 않는다. 오히려 무의식적으로 일어나는 과정을 인식하지 못함으로써 성적인 유혹에 넘어진 책임이 있다.

외도의 역동성은 이상화(idealization)와 가치절하(devaluation)가

---

35) 김정우, 『성서주석: 잠언』, 246.

특징적인 경계선 성격장애의 역동성과 매우 유사하다. 외도의 대상이 되는 사람을 이상화하는 동시에 자신의 배우자를 가치절하하기 때문이다. 이것은 자아의 기능이 미숙하거나 퇴행되어 연결하며 구별하는 능력이 매우 떨어지기 때문이다. 심리적으로 퇴행하여 연결짓기와 구별하기의 기능이 제대로 발휘되지 않기 때문이다. 외도가 일어나면 자신의 배우자와 외도 대상의 가치를 제대로 구별하며 분별하는 능력이 작동하지 않는다. 아울러 자신의 배우자와의 대상관계가 그동안 어떻게 맺어져 왔는지에 대한 전체적이며 통합적인 시각을 갖지 못하고 주로 부정적인 대상관계 경험만 인식하게 된다.

3) 외도의 치명적 결과와 외도상담

> 음녀의 입은 깊은 함정이라 여호와의 노를 당한 자는 거기 빠지리라
> (잠 22:14).

잠언 1-9장에서 음녀에 대한 경계 교훈이 많이 나오고 본문 22:14절과 23:27절에서만 '음녀' 라는 단어가 등장한다.[36] 김정우는 22:14절에 나오는 '음녀' 는 복수형으로 사용된 것이 특징적이며 따라서 "한 음녀가 많은 젊은이들을 구렁텅이에 빠뜨렸다면, '많은 음녀들' 의 희생자는 셀 수 없을 것이다"라고 주석하였다.[37]

---

36) 김정우, 『성서주석: 잠언』, 613.
37) 김정우, 『성서주석: 잠언』, 613. 현대 한국 사회에서 유흥업소와 접객업소에 종사하는 여성들만 수십만 명에 이른다고 하는 통설에 따르면 그 수십만 명의 여성들이 경제적인 활동이 될 만큼 그들과 성적으로 관계를 맺은 남성들의 숫자가 얼마나 될 것인가는 쉽게 추론이 될 수 있다. 수백만 명 아니 천만 명이 넘는 남성들이 평생에 최소한 한번 이상 접촉할 것이라는 것을 추론한다면 비록 은밀하게 진행되고 드러나

간음의 관계는 잠정적으로는 그 열매가 달지만 장기적으로는 그 열매가 매우 쓰다. 음녀의 입은 유혹적이며 꿀을 흘리는 것 같지만 그 입은 죽이는 입이요 함몰시키는 함정이다.[38] 자연계에서도 겉으로는 유혹적이지만 가까이 가면 독을 발사하거나 혀로 빨아당겨 먹이를 포획하는 식물이나 곤충 또는 물고기가 있다. 자연계시를 통해서 하나님은 우리에게 성적 타락의 위험성을 경고하신다.

로마서 기자는 "그러므로 하나님께서 그들을 마음의 정욕대로 더러움에 내버려 두사 그들의 몸을 서로 욕되게 하게 하셨으니"(롬 1:24)라고 하나님의 방임적인 심판을 표현한다. 26절에서는 "이 때문에 하나님께서 그들을 부끄러운 욕심에 내버려 두셨으니"라고 반복해서 표현한다. 정욕대로 행하는 것은 당장 즐거울 수 있지만 그것은 더러운 행동이라고 규정한다. 그리고 그들의 행동은 하나님이 창조하신 몸을 서로 욕되게 하는 것이라고 말한다.

성적으로 타락하는 함정에 빠진 사람들은 웬만해서는 헤어나오기가 어렵다. 왜냐하면 그 과정은 중독적이기 때문이다. 자신이 병식을 갖고 있어도 빠져나오기가 어렵다.

지 않았다고 하더라도 영적으로 구렁텅이에 빠져 있는 백성들이 너무 많다고 볼 수 있다. 이것은 남성들의 경우이며 이보다는 적지만 직업적인 여성들 이외에도 혼외관계로 성적인 죄를 범하는 숫자가 적지 않을 것이다.

38) 롱맨은 음녀의 입은 젊은이에게 유혹적인데 그 이유는 키스와 같은 행동뿐만 아니라 남자의 허영심을 부추기는 말에 있다고 주석하면서 잠언 5:3, 6:24, 7:5절에서도 잘 나타난다고 주석하였다. Longman, *Proverbs*, 408. "대저 음녀의 입술은 꿀을 떨어뜨리며 그의 입은 기름보다 미끄러우나 나중은 쑥 같이 쓰고 두 날 가진 칼 같이 날카로우며"(5:3-4); "이것이 너를 지켜 악한 여인에게 이방 여인의 혀로 호리는 말에 빠지지 않게 하라"(6:24); "그리하면 이것이 너를 음녀에게, 말로 호리는 이방 여인에게 빠지지 않게 하리라"(7:5). 김정우는 본문의 '입'과 '함정'은 유사성을 가지며 입은 성기에 대한 은유일 수 있다고 주석하였다. 김정우, 『성서주석: 잠언』, 613.

성적인 죄를 지속하는 자는 현재는 설령 순간적인 쾌락을 누리며 살수 있다고 할지라도 그와 같은 삶은 '파멸에 이르는 치명적인 병'에 걸린 삶이다. 즉 유예기간은 있지만 사형선고를 이미 받은 삶이다. 이들은 천국의 유업을 받지 못한다: "너희도 정녕 이것을 알거니와 음행하는 자나 더러운 자나 탐하는 자 곧 우상 숭배자는 다 그리스도와 하나님의 나라에서 기업을 얻지 못하리니 누구든지 헛된 말로 너희를 속이지 못하게 하라 이로 말미암아 하나님의 진노가 불순종의 아들들에게 임하나니"(엡 5:5-6).

> 그 집은 사망으로, 그 길은 음부로 기울어졌나니 누구든지 그에게로 가는 자는 돌아오지 못하며 또 생명 길을 얻지 못하느니라"(잠 2:18-19): "대저 그가 많은 사람을 상하여 엎드러지게 하였나니 그에게 죽은 자가 허다하니라 그 집은 음부의 길이라 사망의 방으로 내려가느니라 (잠 7:26-27).

김정우는 본문 잠언 2장에 나오는 음녀는 자기 집을 가지고 있으며 (잠 9:14, 18 참조) 많은 손님들을 자기 집으로 초대한다고 주석하였다. 문제는 초대받은 자들은 "진정한 생명의 잔치에 초대 받은 것이 아니라, 죽음에 초대되었기 때문에 스올에 떨어지게 된다"는 것이다.[39] '그에게로 가는 자'는 '그에게로 들어가는 자'라는 의미인데 이것은 성적인 암시를 담고 있다고 보았다.[40]

잠언 7장 본문에 대해서 김정우는 "그에게 죽은 자가 허다하니라"는 개역개정판의 번역보다는 "강한 자들이 많이 죽임을 당하였다"고 읽을

---

39) 김정우, 『성서주석: 잠언』, 154.
40) 창 6:4, 16:2 참조. 김정우, 『성서주석: 잠언』, 154-55.

것을 제안하였다. 즉 음녀는 "힘과 지략에 있어서 감히 덤빌 수 없는 장군들과 용사들조차 쉽게 죽였다"는 의미로 해석될 수 있다는 것이다.[41] 대표적인 성경인물로서 삼손을 들 수 있다. 삼손을 감당할 수 있는 사람은 아무도 없었지만 그가 취약했던 대상은 여성들이었다. 그는 들릴라의 유혹하는 말과 보채는 말에 나실인의 비밀을 알려주고 말았다.

위의 두 본문은 음녀와 관계할 때 따라오는 결과를 경고한다. '그 집'(her house)은 음녀의 집을 말한다. 즉 간음을 행하는 배우자가 있는 가정은 죽음과 파멸로 이어질 가능성이 높다는 것이다.

배우자의 부정이 있는 가정은 부부관계가 깨어짐으로써 부부 사이에 심리적으로 죽음을 경험한다. 배우자의 부정은 상대방에게 심리적으로 살인하는 것과 같기 때문이다. 외도가 있는 가정에서 자라나는 자녀들은 또한 죽음에 맞먹는 심리적 충격을 경험한다. 아빠나 엄마에 대한 신뢰감을 상실한다. 외도로 인하여 부모가 갈등하며 다툴 때 불안과 분노, 혼란, 충격, 우울을 경험한다. 특히 외도로 인하여 이혼으로 이어질 때 그 가정은 사망신고를 하는 것과 같다. 자녀들은 예기치 않게 부모로부터 신체적으로 감정적으로, 정신적으로 버림을 받는 경험을 하는 것이다. 이 모든 역동성을 잘 알고 계시는 하나님은 십계명에 "간음하지 말지니라"는 계명을 주셔서 행복한 가정생활을 영위하기를 원하신다. 간음을 금지한 것은 성적 억압을 위해서가 아니라 가정의 행복을 지키기 위한 적극적인 뜻이 있기 때문이다.

음녀에게 가는 자는 누구든지 돌아오지 못한다는 표현은 강한 경고를 담고 있다. 다른 죄와 달리 간음(외도)은 다른 인격체와 하나가 되는 경험을 하는 것이다. 관계적으로, 성적으로 중독이 되기 때문에 웬만한

---

41) 김정우, 『성서주석: 잠언』, 277.

경우에는 그 관계에서 빠져나오기가 어렵다. 바울은 "창기와 합하는 자는 저와 한 몸인 줄을 알지 못하느냐 일렀으되 둘이 한 육체가 된다 하셨나니"라고 간음의 역동성을 잘 지적하였다(고전 6:16). 탕자의 비유에서도 알 수 있듯이 외도자는 모든 것을 잃고, 빈손이 되기 전에는 제정신이 들어 원래의 가정으로 돌아오려는 결단을 하기가 어렵다. 성적인 죄의 뒤에서 역사 하는 마귀는 한번 잡은 포로를 웬만해서는 놓아주지 않는다. 다른 죄들의 역동성에서도 마찬가지이지만 애굽의 바로가 이스라엘을 포로생활에서 놓아주기까지는 아홉 번이나 약속을 번복했다는 사실은 죄의 중독성을 잘 드러낸다.

"생명 길을 얻지 못하느니라"는 말씀에서 음행의 종착역은 사망의 역이며 지옥이라는 사실을 경고한다. 김정우는 7장 본문에 나오는 '사망의 방'에서 '방'은 외부세계와 차단된 방이며 큰 집에서 여러 방들로 둘러싸인 '안방'을 뜻하며 따라서 "이 여인의 안방으로 들어간 사람은 결코 나올 수 없다"고 주석하였다.[42] 본문의 음행이 반복되고 간음이 계속 진행될 때 그 사람은 영적으로 하나님과 회복하기가 어렵다. 현재의 간음의 관계를 유지하기 위하여 영원한 생명을 포기하는 어리석은 자가 된다. 갈라디아서에서는 육체의 현저한 일에 대해서 언급하면서 "음행과 더러운 것과 호색"을 앞부분에서 지적하면서 "이런 일을 하는 자들은 하나님의 나라를 유업으로 받지 못할 것이요"라고 분명히 밝힌다(갈 5:19-21 참조).

잠언 6장에서는 성적으로 유혹을 받아 음녀에게 들어가는 청년의 결과에 대해서 비유적으로 묘사하였다: "소년이 곧 그를 따랐으니 소가 푸주로 가는 것 같고 미련한 자가 벌을 받으려고 쇠사슬에 매이러 가는

---

42) 김정우, 『성서주석: 잠언』, 277.

것과 일반이라"(6:22); "필경은 살이 그 간을 뚫기까지에 이를 것이라 새가 빨리 그물로 들어가되 그 생명을 잃어버릴 줄을 알지 못함과 일반이니라"(6:23). 단기적인 만족을 위해서 장기적인 파멸을 선택하는 것은 비합리적인 것이라고 심리학에서도 지적한다. 잠시 잠깐의 성적인 만족을 위해서 자신의 영혼을 팔며, 가족들에게 상처를 주는 사람은 참으로 어리석다. 이 세상의 어떤 즐거움도 우리를 영원히 만족시킬 수 없다. 이 세상의 어떤 인간과의 관계도 우리에게 진정한 기쁨과 만족을 제공할 수 없다. 이 기본적인 진리를 철저하게 인식하는 사람만이 간음과 음란의 죄로부터 벗어날 수 있다.

솔로몬은 전도서에서 자신의 삶을 통하여 간증하였다: "무엇이든지 내 눈이 원하는 것을 내가 금하지 아니하며 무엇이든지 내 마음이 즐거워하는 것을 내가 막지 아니하였으니… 그 후에 본즉 내 손으로 한 모든 일과 수고한 모든 수고가 다 헛되어 바람을 잡으려는 것이며 해 아래서 무익한 것이로다"(전 2:10-11); "만물의 피곤함을 사람이 말로 다 할 수 없나니 눈은 보아도 족함이 없고 귀는 들어도 차지 아니 하는도다"(1:8). 안타깝게도 많은 사람들은 다른 사람들의 간접 경험을 통해서 배울 수 있음에도 불구하고 자신이 직접 시행착오를 겪지 않고는 배우지 못하는 '고집스러움'(stubbornness)과 '곧은 목'(stiff neck)을 갖고 있다.

> 대저 음녀의 입술은 꿀을 떨어뜨리며 그의 입은 기름보다 미끄러우나 나중은 쑥같이 쓰고 두 날 가진 칼같이 날카로우며 그 발은 사지로 내려가며 그 걸음은 스올로 나아가나니 그는 생명의 평탄한 길을 찾지 못하며 자기 길이 든든하지 못하여도 그것을 깨닫지 못하느니라(잠 5:3-6).

음녀의 집은 사람을 삼키는 집이다. 그 집에 들어가는 자는 사망의 길에 들어서는 것이며 누구든지 돌이키는 것이 매우 어렵기 때문이다. 왜냐하면 음녀의 입술은 꿀을 떨어뜨릴 정도로 매혹적이며[43] 그 입이 기름보다 미끄러워 헤어 나오기가 어렵기 때문이다. 중독적인 요소가 있기 때문에 한번 음녀와 애착하면 하나님의 은혜가 아니고서는 빠져 나오기가 어렵다.

간음의 결과는 쑥과 같이 쓰다(bitter)는 사실을 예상하는 것이 지혜롭다. 당장에는 꿀처럼 달지만 얼마 가지 않아 인생의 쓴 맛을 보게 된다. 성경의 능력을 표현할 때 "두 날 가진 칼처럼 날카롭다"고 표현했는데(히 4:12) 흥미롭게 음녀의 말 또한 양날 가진 칼처럼 날카로워 음행한 자의 생명을 사지(死地), 즉 스올로 끌고 간다. "좌우에 날선 어떤 검보다도 예리"한 하나님의 말씀은 생명을 살리는 칼이지만(히 4:12) 음녀의 말은 생명을 앗아가는 좌우에 날 선 칼이다.

간음하는 자들이나 성적으로 부적합한 관계를 맺는 이들은 자신과 상대방, 그리고 타인들, 더 나아가 하나님에 대한 인지가 왜곡될 가능성이 매우 높다. 하나님까지도 자기중심적으로 이해하며 하나님의 뜻에 자신을 맞추는 대신 자신의 뜻에 하나님의 뜻을 끼워 맞추려는 사고를 하기 때문이다. 자신의 태도와 관점, 감정, 관계가 왜곡되어 있으며 병적이라는 사실을 인식하지 못하기 때문에 주변에서 아무리 객관적인 이야기로 직면을 해도 수용하는 힘이 매우 약할 가능성이 높다. 5장 6절의 본문인 "자기 길이 든든하지 못하여도 그것을 깨닫지 못하느니라"는 말씀이 이 사실을 말해준다.

---

43) 김정우는 "달콤한 꿀이 '비가 쏟아지듯이' 뚝뚝 떨어지고 있다"고 실감 있게 주석하였다(사 5:4, 시 68:9, 요1 29:22, 욜 4:18 참조). 김정우, 『성서주석: 잠언』, 210.

따라서 기독교상담사는 외도 과정에 있는 내담자들의 인지 왜곡에 대해서 관심을 갖고 접근할 필요가 있다. 외도란 일종의 '미침' (craziness)의 과정이기 때문에 현실 이해과 검증 능력이 떨어져 있음을 알고 내담자의 왜곡된 인지가 정상으로 회복되기까지 시간이 요할 수 있다는 사실을 깨닫고 인내하면서 상담해야 할 것이다.

> 여인과 간음하는 자는 무지한 자라 이것을 행하는 자는 자기의 영혼을 망하게 하며 상함과 능욕을 받고 부끄러움을 씻을 수 없게 되나니 남편 이 투기로 분노하여 원수 갚는 날에 용서하지 아니하고 어떤 보상도 받 지 아니하며 많은 선물을 줄지라도 듣지 아니하리라(잠 6:32-35).

본문의 '여인'은 남편이 있는 여인이다. 김정우는 이 본문을 다음과 같이 주석하였다: "구약의 법에서 일부다처(출 21:10, 음행(출 22:16, 17), 매음(레 21:9)은 허용되었지만, '유부녀와의 간음'은 그 성질이 전혀 다른 것이었다. 이런 관계는 치명적이며, 이런 사람은 정신적으로 바보이다. 자신을 스스로 파멸시키는 자이다(5:22-23)."[44] 즉 다른 형태의 성적 행위들도 죄가 되지만 유부녀(유부남)와의 간음은 훨씬 더 심각한 결과를 가져오는 죄라고 볼 수 있다. 왜냐하면 자신의 배우자와 상대방의 배우자에게 치명적인 상처를 입히며, 자기의 자녀들과 부모와 상대방의 자녀들과 부모, 더 나아가 관련된 모든 자들에게 치명적인 상처를 주는 행위이기 때문이다.

본문의 '무지한 자'를 NIV 성경에서는 '판단력이 부족한 자'라고 번역하였다. 자기파괴적이며 자기패배적인 행동을 하고 있음을 판단하지 못하는 자가 간음하는 자라는 것이다. 세상에서도 상함과 능욕과 수치

---

44) 김정우, 『성서주석: 잠언』, 251.

를 당할 뿐 아니라 자신의 영혼을 영원한 심판에 맡기는 어리석은 자이다. 바울 사도는 음행의 파괴적 결과를 경고하였다: "너희도 정녕 이것을 알거니와 음행하는 자나 더러운 자나 탐하는 자 곧 우상 숭배자는 다 그리스도와 하나님의 나라에서 기업을 얻지 못하리니 누구든지 헛된 말로 너희를 속이지 못하게 하라 이로 말미암아 하나님의 진노가 불순종의 아들들에게 임하나니"(엡 5:5-6). 성경은 음행하는 자를 우상 숭배자라고 규정한다.

예수님은 여자를 보고 음욕을 품는 자마다 이미 그 마음에 간음하였다고 말씀하셨다(마 5:28 참조). 외적 행위보다 내적 동기와 내적 행위를 더 관심 있게 보시는 하나님 앞에서 간음죄를 범하지 않은 사람들이 과연 누가 있을까? 내면의 성적 역동성에 대해서 잘 인식하고 마음으로라도 범죄 하지 않도록 해야 할 것이다.

간음하는 자는 외도과정에서 오는 잠정적인 즐거움과 쾌락과 외도 후에 찾아오는 항구적인 고통과 슬픔을 연결해서 생각하는 능력이 떨어지는 특징을 갖고 있다. 본문에서는 이런 사람을 '무지한 자'(lacks judgment)라고 표현하였다. 판단력이 부족한 것이다. 그리고 간음하는 자는 인지가 왜곡되어 장기적인 만족 대신에 단기적인 만족을 선택한다. 장기적인 파멸과 단기적인 만족과 연결할 줄 모른다. "자신의 영혼을 망하게 하며 상함과 능욕을 받고" 씻을 수 없는 수치심을 당하게 될 것을 내다보지 못한다. 더 나아가 자신의 삶이 파멸에 이르며 자신의 가족까지 파멸에 이르며 자신과 관계하는 사람들에게까지 고통을 준다는 사실을 제대로 인식하지 못한다.

외도상담을 할 때 기독교상담사는 이와 같은 역동성과 사실에 대하여 알려주어 내담자의 인식의 지평을 넓히도록 도와야 할 것이다.

단기적인 만족에 애착하려는 내담자의 마음을 공감해주는 동시에 보다 객관적인 그림을 볼 수 있는 인지치료적인 접근을 시도할 필요가 있다.

> 만일 내 마음이 여인에게 유혹되어 이웃의 문45)을 엿보아 문에서 숨어 기다렸다면 내 아내가 타인의 맷돌을 돌리며 타인과 더불어 동침하기를 바라노라 그것은 참으로 음란한 일이니 재판에 회부할 죄악이요 멸망하도록 사르는 불이니 나의 모든 소출을 뿌리째 뽑기를 바라노라(욥 31:9-12).

욥은 음욕이나 간음의 역동성을 잘 이해하고 있었다. 간음이 인간의 삶을 치명적인 상태까지 끌고 갈 수 있는 죄라는 사실을 잘 인식하고 있었다. 욥이 잘 이해하였듯이 외도 또는 간음은 관련된 모든 사람들은 파멸에 이끌 수 있는 위험한 것이다. 저자가 아는 한 신앙인은 외도 관계를 맺다가 그 관계를 청산하고자 했다. 안타깝게도 거절당한 사람이 분노와 질투심 때문에 그 사람의 집에 불을 지르는 바람에 불에 함께 타죽고 말았다.

욥은 간음죄가 "소출을 뿌리째" 뽑는 심각한 경제적인 손실까지 가져올 수 있다는 점을 잘 지적한다. 여기에서 '소출'은 자녀들을 의미할 수 있는데46) 간음죄로 인하여 자녀들까지 피해를 볼 수 있음을 잘 말해준다.

---

45) 하틀리는 본문에서 '문'은 이중적 의미를 담고 있을 수 있는데 하나는 이웃 집에 들어가는 문이며 다른 하나는 이웃 집 아내의 자궁에 들어가는 문이라는 의미를 갖고 있다고 주석하였다. Hartley, *The Book of Job*, 413.

46) Robert L. Alden, *Job*, The New American Commentary, Vol. 11 (Broadman & Holman Publishers, 1993), 302.

간음죄를 예방할 수 있는 방법의 하나는 간음이 사실로 밝혀졌을 때 당해야 할 수치심의 정도와 실제적인 처벌과 관련된 가족과 주변사람들에게 끼쳐질 고통과 충격을 미리 그려보는 것이다. 더 나아가 이것이 하나님이 미워하시는 중죄라는 사실을 경각심을 갖고 미리 인식하는 것이다. '불'이라는 메타포로 표현되었듯이 성적인 욕구와 관련된 외도나 간음은 작은 불이 큰 숲을 태우듯이 엄청난 결과를 가져올 수 있는 것임을 예견하는 것이 중요하다.

4) 외도 예방법

> 너는 네 우물에서 물을 마시며 네 샘에서 흐르는 물을 마시라 어찌하여 네 샘물을 집 밖으로 넘치게 하겠으며 네 도랑물을 거리로 흘러가게 하겠느냐 그 물로 네게만 있게 하고 타인으로 더불어 그것을 나누지 말라 네 샘으로 복되게 하라 네가 젊어서 취한 아내를 즐거워하라 그는 사랑스러운 암사슴 같고 아름다운 암노루 같으니 너는 그 품을 항상 족하게 여기며 그의 사랑을 항상 연모하라(잠 5:15-19).

김정우는 본문에서 '우물'과 '물,' '샘,' 그리고 '흐르는 물'은 모두 성적인 암시를 한다고 보았다. '마신다'는 동사도 성적인 기쁨을 가리키는 은유라고 이해하였다(잠 9:17 참조).[47] "아내는 흐르는 물을 분출하고 있는 우물이며, 이 물은 신선하여 남편의 뜨거운 욕망을 식혀 준다(아 4:15)"고 주석하였다.[48]

결혼관계에서 남편과 아내가 나누는 샘물은 타인이 공유할 수 없는 배타적인(exclusive) 샘물이다. 타국의 배타수역에 허락 없이 다른 나

---

47) 김정우, 『성서주석: 잠언』, 218-19.
48) 김정우, 『성서주석: 잠언』, 219.

라 배가 들어가는 것은 금지되어 있다. 결혼관계도 마찬가지다. 결혼관계의 경계선은 유연성이 있는(flexible) 경계선이 아니다. 이 경계선이 흐려지면 타인이 개입하거나 타인과 나누는 '삼각관계'(triangle)가 형성되며 죄를 짓게 된다. 결과적으로 온 가정이 역기능적이 된다. 부부 사이만 역기능적이 될 뿐 아니라 자녀들까지 역기능적이 된다.

이 경계선을 지키는 적극적인 방법은 자신의 샘물에 대하여 자족하는 것이다. '항상' 그 품을 족하게 여기는 것이 외도를 막는 적극적인 예방책이다. 그리고 이 샘물이 끊임없이 솟아날 수 있도록 결혼관계를 건강하게 유지하는 것이다. 샘물이 고갈되면 다른 샘물을 마시고 싶은 갈증을 느끼게 될 위험성이 높아진다.

7. 가족 상담

1) 남편 아내의 관계

> 어진 여인은 그 지아비의 면류관이나 욕을 끼치는 여인은 그 지아비의 뼈가 썩음 같게 하느니라(잠 12:4); 아내를 얻는 자는 복을 얻고 여호와께 은총을 받는 자니라(잠 18:22); 집과 재물은 조상에게서 상속하거니와 슬기로운 아내는 여호와께로서 말미암느니라(잠 19:14); 누가 현숙한 여인을 찾아 얻겠느냐 그의 값은 진주보다 더 하니라(잠 31:10); 네 헛된 평생의 모든 날 곧 하나님이 해 아래에서 네게 주신 모든 헛된 날에 네가 사랑하는 아내와 함께 즐겁게 살지어다 그것이 네가 평생에 해 아래에서 수고하고 얻은 네 몫이니라(전 9:9).

잠언 본문은 아내를 중심으로 남편과의 관계를 표현했지만 남편이 아내에게 어떤 존재가 될 수 있는지에 대해서 동일하게 적용할 수 있다. '어진 여인'을 NIV 성경은 'a wife of noble character'로 번역한다. 즉 어진 여인은 고상한 성격, 성숙한 성품을 가진 아내라고 이해할 수 있다.

성숙한 품성을 지닌 남편이나 아내는 상대방 배우자에게 기쁨을 주며 힘을 실어줄 수 있는 심리적 여유가 있다. 사소한 일로 다투거나 목숨 걸지 않는다. '욕을 끼치는'(disgraceful)의 표현은 여러 의미를 담을 수 있겠지만 앞의 '어진'이란 표현과 대조되는 것으로 이해한다면 '미성숙한'의 의미로 볼 수 있다. 그렇다면 욕을 끼치는 배우자는 성격발달이 덜 된 성격장애를 가진 배우자로 이해할 수 있다.

성격장애가 심각한 남편이나 아내는 상대방 배우자에게 상처를 주며 근심을 야기하며 평생에 짐이 된다. 뼈가 썩을 정도로 심리적인 고통을 가져다줄 수 있다. 하나님이 허락하신 생명력이 단축되어 일찍 사망하게 만들거나 화병으로 고통받는 배우자로 만들 수 있다. 이와 같은 삶은 "이웃을 네 몸과 같이 사랑하라"는 계명의 정신을 실천하지 못하는 삶이다. 그리고 어떤 의미에서는 상대방 배우자를 점진적으로 살해하는 삶이다.[49] 기독교상담사는 부부상담 과정에서 이 사실을 각자가 인식할 수 있도록 도와야 한다.

NIV 성경은 잠언 31:10의 본문에서 '현숙한 여인'은 앞에서 언급된 '어진 여인'과 같은 단어로 번역한다. 잠언 31장에는 현숙한 아내 상(像)에 대해서 구체적으로 표현하는데 당시의 상황에서의 아내 상과 오늘의 아내 상 사이에는 차이가 있겠지만 핵심적인 정신은 여전히 유효

---

49) 이것은 마치 흡연을 지속함으로써 폐암을 유발하여 생명을 단축시키는 것을 점진적인 자살로 볼 수 있는 것과 마찬가지이다.

하다. "그의 값은 진주보다 더 하니라"는 말씀은 고매한 성품을 가진 아내를 만난다는 것은 매우 소중하며 만나기가 어렵다는 뜻으로 해석할 수 있다. 성숙한 아내나 성숙한 남편을 만나기가 어렵다는 의미이다. 현실적으로 볼 때 고상한 성품과 성숙한 성격을 가진 사람을 배우자로 만나기란 쉽지 않은 것이 사실이다. 고린도전서 13장에 나타난 사랑의 속성을 골고루 갖춘 배우자를 만나기란 매우 어렵다고 표현해도 과언이 아닐 것이다.[50]

어떤 의미에서는 성숙한 인격과 품성은 결혼이라는 관계를 통해서 발달하는 것이라고 말할 수 있다. 미완성품의 남편과 아내가 만나 서로를 다듬어가며 성장을 경험할 때 고매한 남편, 고상한 아내로 성장하게 될 것이다. 따라서 어떻게 하면 성숙한 사람을 배우자로 맞을 수 있을까 라는 것도 중요하지만 각자가 이런 배우자가 되도록 노력하는 것이 더 중요하다. 그렇게 할 때 함께 살게 될 배우자와 자녀들이 혜택을 보게 될 것이다.

전도서의 본문은 남편의 관점에서 주신 말씀이지만 아내에게도 동일하게 적용되는 말씀이다. 이 세상에 사는 동안 사랑하는 배우자와 함께 즐겁게 사는 것이 하나님이 기뻐하시는 뜻이며 각자에게 주신 분복이다.

> 그런 자의 남편의 마음은 그를 믿나니 산업이 핍절하지 아니하겠으며(잠 31:11).

---

50) 보통 결혼 적령기를 20대 또는 30대 초반으로 볼 때 이 연령대의 청년으로서 성격발달이 전반적으로 건강하게 된 이들이 드물다고 표현해도 과언이 아닐 것이다. 진단받을 정도는 아니라 할지라도 성격장애들의 증상들을 가지고 있는 것이 보통이다. 특히 대학입시가 인생의 최대 목표인 것처럼 경쟁하는 한국에서 중고등학교 시절을 보낸 이들이 심리적으로 성숙한 청년이 된다는 것은 기적에 가까운 일이다.

배우자에 대한 전적인 신뢰감(full trust or confidence)을 갖는 것은 가정의 안정성을 유지함에 중요한 요소이다. 서로 믿어주며 자신감을 갖도록 격려할 때 부부관계는 건강성을 유지할 수 있다. 반대의 경우에는 의처증이나 의부증과 같은 증상이 싹틀 수 있다.[51] 믿고 맡기지 못할 때 상대방 배우자는 의존성을 발달시키며 스스로 결정을 내릴 수 없고 불안을 자주 느끼게 된다. 믿지 못하는 배우자는 상대방이 제대로 일 처리하지 못하는 부분에 대해서 염려하고 간섭하고 통제하는 행동을 드러내게 될 것이다.

"산업이 핍절하지 아니하겠으며"라는 표현에서 가정에서의 경제적인 관리 이슈를 생각해볼 수 있다. 충동적이며 과소비적인 사람들이 있다. 계획성이 떨어지고 수입과 지출을 맞추지 못해 가정에 어려움을 가져오는 사람이다. 요즘과 같은 세상에서는 신용카드를 마음대로 사용하는 바람에 빚이 눈덩이처럼 늘어나는 경우를 본다. 충동적인 구매가 증상 중의 하나인 경계선 성격장애적 요소를 가진 배우자와 살게 되면 경제적 파탄으로 이어질 수 있어서 가정이 위태롭게 된다. 실제로 적지 않은 가정이 경제적 파탄으로 인해 이혼으로 이어지는 것을 볼 수 있다. 조증의 증상을 가진 배우자들의 경우에는 무모한 투자를 함으로써 가족들에게 고통을 가져다주는 결과를 가져올 위험성이 있다. 이와 같은 사실을 볼 때 심리적으로 건강한 배우자가 되며 배우자를 만나는 것

---

51) 의처증 또는 의부증은 편집성 성격장애에 해당하는 증상이다. 편집성 성격장애에 해당되는 증상이 일곱 개가 있는데 그 중에 맨 마지막 증상이 "근거 없이 배우자나 성적 파트너의 정절을 의심한다"이다. 편집성 성격장애의 특징은 다른 사람들의 행동을 의도적으로 악의가 있는 것으로 또는 위협적인 것으로 해석하는 것이다. 『정신질환의 진단 및 통계편람 제5판』, 708 참조. 상담 과정에서 상담의 효과가 잘 나타나지 않는 내담자들 중의 하나가 의처증 또는 의부증을 가진 내담자이다. 인지적인 왜곡이 성격화되어 있어 쉽게 변화하지 않는다.

이 결혼생활에서 안정성과 건강성을 유지하는데 매우 중요하다는 점을 알 수 있다.

> 그런 자는 살아 있는 동안에 그의 남편 (아내)에게 선을 행하고 악을 행하지 아니하느니라(잠 31:12).

부부간에 평생 살아가면서 서로에게 한 번도 상처를 주지 않기란 불가능할 것이다. 그러나 전반적으로 '대상항상성'을 유지하며 안정된 대상관계를 유지함으로써 비교적 좋은 대상으로서 좋은 영향을 끼치며 배우자에게 힘을 실어주는 대상이 되는 것은 가능한 일이며 그렇게 되어야 한다.[52] 가장 가까운 이웃인 아내와 남편에게 선을 행하는 것은 하나님의 선하신 뜻이다. 크리스천들은 "누구든지 자기 친족 특히 자기 가족을 돌보지 아니하면 믿음을 배반한 자요 불신자보다 더 악한 자니라"(딤전 5:8)는 말씀을 기억할 필요가 있다. 결혼식 때 서약한 약속에 따라 어떤 환경에 처하더라도 상대방 배우자를 향하여 신실성을 지키며 배우자에게 선을 행함으로써 상호적으로 선을 주고받아야 한다. 이렇게 시너지(synergy) 효과가 발휘되는 가정을 만들어갈 때 안정된 대

---

52) '대상 항상성'은 정신분석학의 한 흐름인 대상관계이론에서 나온 용어이다. 유아가 발달하는 과정에서 초기에는 통합하며 분별하는 심리적 기능이 약하기 때문에 '좋은 대상 이미지'와 '나쁜 대상 이미지'를 '분열'(splitting) 시킨다. 그러나 유아가 좀 더 성숙하게 되면 부모가 완벽하지 않고 좋은 대상 이미지와 나쁜 대상 이미지를 함께 갖고 있는 대상이라는 것을 통합할 수 있게 된다고 보는 것이다. 그래서 아빠나 엄마가 비록 잠시 화내거나 좌절시키더라도 그 부분적 경험을 전체로 왜곡하지 않고 통합하여 소화하며 안정된 대상관계를 맺을 수 있는 것이다. '대상 항상성'이 있는 아이는 심리적으로 건강하다고 본다. 유아들과 평행적으로 성인들의 경우에도 심리적으로 미성숙한 사람들은 '대상 항상성'을 갖고 있지 않으며 유지할 수 없다. 대상 항상성에서 가장 어려움을 겪는 이들이 경계선 성격장애자들이다. '이상화'와 '가치절하'라는 양극단성을 오가며 대상관계를 하는 것이 특징이다.

상관계가 특징인 대상 항상성이 유지될 수 있다. 이런 가정에서 태어나 자라는 자녀는 참으로 행복한 자녀가 될 것이며 비교적 성숙한 성격을 가진 성인으로 성장할 수 있다.

역으로 배우자에게 평생 짐이 되며 상처를 주는 사람들도 적지 않다. 알코올 중독이나 가정폭력 같은 증상을 가진 남편과 결혼한 아내에게 결혼이란 지옥과 같은 것이며 평생 애굽의 종살이하는 삶과 같을 것이다. '원수' 같은 남편을 버릴 수도 없고 어쩔 수 없이 체념과 한숨으로 살아가는 아내들이 이 땅에 적지 않다. 이런 동반 의존적 관계를 유지하며 살아가는 크리스천 가정들이 많이 있다. 이런 가정에서 가해자가 되는 남편이나 아내가 사망하게 될 때 그 스트레스 치수는 홈스와 레이히(Holmes & Rahe)가 개발한 스트레스 치수에서 100이 아니라 20-30이 될 것이다.

> 입을 열어 지혜를 베풀며 그의 혀로 인애의 법을 말하며(잠 31:26).

NIV 성경은 "She speaks with wisdom"이라고 번역한다. 이 표현으로부터 부부간의 의사소통의 중요성을 살펴볼 수 있다. 남편이나 아내 모두 언어로 의사소통 할 때 이용 가능한 지혜를 최대한 사용할 필요가 있다.

말해야 할 때와 말하지 말아야 할 때를 구별할 줄 아는 것은 지혜이며 이 지혜는 성숙한 인품에서 나온다. 부부간에 불안이 가중되며 때로는 분노를 표현해야 할 때 회피하거나 억압하지 않고 자기 절제를 하면서도 적절하게 의사표현을 분명히 하는 것이 지혜롭다. 그렇지 않고 분노를 쌓아두다가 폭발시키거나 심한 언어폭력을 행사하는 것은 지혜롭지 않을 뿐 아니라 상대방에게 깊은 상처를 입힐 수 있고 결혼관계를 취약하게 만들 수 있다.

지혜롭게 말하려면 공감하는 법을 배워야 한다. 잘 공감하려면 먼저 자신이 공감 받은 경험이 필요하다. 역기능가정에서 성장한 성인아이들은 적절한 공감체험이 없는 경우가 대부분이다. 이런 성인아이가 결혼을 하게 될 때 배우자에게 공감하며 공감을 제대로 표현하기란 쉽지 않다. 공감경험이 없는 경우에라도 공감하는 방법을 차근차근 연습할 필요가 있다. 상대방의 말을 경청하고 "사람마다 듣기는 속히 하고 말하기는 더디 하며 성내기도 더디 하라"(약 1:19)는 가르침을 명심하는 것이 필요하다. 상대방의 의도하는 핵심 의미와 핵심 감정을 이해하려고 할 때 의사소통은 보다 원활해질 수 있다. 표면적인 말에 신경을 쓰거나 말꼬리를 잡거나 하게 되면 의사소통이 어렵게 되며 서로의 마음을 이해하지 못함으로써 관계가 교착상태에 빠질 수 있다. 특히 남성과 여성의 의사소통 방식의 차이점을 잘 이해해서 상대방의 의미를 잘 파악하고 새겨들을 수 있는 지혜로운 귀를 갖는 것은 지혜로운 혀를 갖는 일 만큼이나 중요하다. 건강한 가정을 유지하기 위해서 의사소통과 관련된 책들을 구입해서 읽고 적용하는 지혜가 필요하다. 『화성에서 온 남자, 금성에서 온 여자』와 같은 책을 읽어보면 남성과 여성의 언어 표현방식과 의미가 서로 차이가 많음을 깨닫게 된다.[53] 이와 같이 성경 밖에서라도 크리스천의 가정생활을 건강하게 이끄는데 도움을 주는 보편적인 지혜를 담은 자원들이 많이 있음을 깨닫고 적절하게 활용하는 지혜가 필요하다.

부부간에 건강한 관계를 유지하는 방법은 의사소통에 있어서 진실을 말하며 거짓말을 하지 않는 것이다. 거짓말을 하는 것은 불안한 상황을

---

53) 존 그레이, 김경숙 역, 『화성에서 온 남자 금성에서 온 여자』 (친구 미디어, 1993) 참조.

일시적으로 모면하며 회피하기 위함일 때가 많다. 불안에 대처하는 방식으로서 부인과 거짓말이라는 방어기제를 사용하게 되면 부부관계의 신뢰감이 무너지는 증상이 동반된다. 부부는 서로 유기적인 지체이며 함께 기뻐하고 함께 슬퍼하는 공동체적 관계이기도 하다. 거짓을 말하면서 회피하던 옛 자기(old self)를 벗어버리고 진실에 직면하는 새 자기(new self)를 날마다 입는 작업을 하게 될 때 부부관계는 더욱 기초가 든든하게 되며 행복해질 수 있다.

부부관계에서나 부모 자녀 관계에서 분노처리는 매우 중요하다. 분을 내지 않고 자꾸 억압하거나 사소한 일에도 크게 분노하는 것 모두 미성숙한 사람에게서 나타나는 모습이다. 분을 표현하되 죄는 짓지 말라는 말이 절묘한 표현이다. 분노를 느끼거나 표현하는 것 자체가 죄가 되는 것은 아니다. 죄가 되는 것은 분노를 마음에 품으며 보복하려고 하는 것이다. 대표적인 예를 든다면, 가인은 분노처리를 잘 하지 못함으로써 마침내 친동생인 아벨을 살인하는 결과를 가져오고 말았다. 분노를 억압하거나 담아두게 되면 자주 무의식화되며 마귀가 발판을 삼을 빌미를 제공한다. 예기치 않게 터져 나오는 분노는 살인적인 분노가 될 수 있으며 하나님의 영광을 가릴 수 있다.[54]

기독교상담사는 가족상담을 할 때 가족 구성원들의 의사소통 방식을 잘 파악하고 그 역기능성을 가족들이 인식할 수 있도록 도와야 한다. 대안적인 의사소통 방식을 구체적으로 차근차근 설명하며 연습시키는 것이 필요하다. 상대방의 이야기가 끝날 때까지 듣게 하고 상대방의 말

---

54) 극심한 분노 표현은 경계선 성격장애자들에게서 자주 나타나는 증상이다. 영적 전투라는 관점에서 이해한다면 경계선 성격장애를 가진 사람들은 분노를 잘 다스리지 못해 마귀에게 발판을 제공할 수 있는 취약한 성격구조를 갖고 있다고 설명할 수 있다.

을 간단하게 요약해서 반응하도록 하는 것도 기본적으로 가르칠 수 있는 의사소통 방법이다. 무엇보다도 대화할 때 각자의 불안을 인식하도록 하고 불안 때문에 대화를 회피하지 않도록 도와야 할 것이다.

> 미움은 다툼을 일으켜도 사랑은 모든 허물을 가리느니라(잠 10:12).

롱맨은 잠언에서 '다툼'(conflict)이라는 히브리어 단어 madon은 거의 잠언에서만 등장하는 단어라고 지적하였다. 그리고 이 단어가 부부 간의 갈등을 나타내는 상황에서 여러 차례 사용되었다고 주석하였다. 예를 들어, 19:13절의 "다투는 아내는 이어 떨어지는 물방울이니라," 21:9절의 "다투는 여인과 함께 큰 집에 사는 것보다 움막에서 사는 것이 나으니라," 21:19절의 "다투며 성내는 여인과 함께 사는 것보다 광야에서 사는 것이 나으니라"에서 볼 수 있듯이 남편의 관점에서 갈등을 야기하는 아내를 부정적으로 평가하는 것처럼 보이는 말씀에서 사용되었다.[55] 이와 같은 갈등에 대한 부정적 태도는 솔로몬의 성격과 그의 결혼생활과 무관하지 않을 것이다.[56] 자신을 힘들게 했던 이슈를 아들

---

55) "다투는 여인과 함께 큰 집에서 사는 것보다 움막에서 혼자 사는 것이 나으니라"(잠 25:24); "다투는 여자는 비 오는 날에 이어 떨어지는 물방울이라"(잠 27:15). Longman, *Proverbs*, 234.

56) "솔로몬 왕이 바로의 딸 외에 이방의 많은 여인을 사랑하였으니 곧 모압과 암몬과 에돔과 시돈과 헷 여인이라"(열상 11:1); "왕은 후궁이 칠백 명이요 첩이 삼백 명이라 그의 여인들이 왕의 마음을 돌아서게 하였더라"(열상 11:3). 여러 아내와 수많은 후궁들과 첩들 사이에서 남편으로서 역할을 할 때 그의 결혼관계는 갈등으로부터 결코 자유롭지 않았을 것이다. 다윗이 지어준 솔로몬이라는 이름 자체가 '평화로운'이란 뜻을 가졌고 아버지 다윗과는 달리 그는 전쟁을 하지 않았던 왕이었다. 전쟁으로 인하여 피를 흘리지 않아도 될 만큼 부강한 나라의 왕으로서 삶을 살았다. 그러나 내면적인 갈등과 가정적인 갈등으로부터 결코 평화롭지 않은 삶을 살아야 했다.

이 반복하지 않기를 바라는 마음에서 여러 차례 이와 같은 말씀을 했다고 이해할 수 있다.

솔로몬이 이해한 다툼은 부정적인 면만 있는 것이다. 다툼은 긍정적인 면을 갖고 있다. 갈등은 서로 다르다는 것을 알려주는 증상이며 상징이기 때문이다. 서로 다른 것이 반드시 부정적인 것은 아니다. 정신분석학이 이해했던 것처럼 인간은 내면에서 갈등하는 존재로 살아간다. 이 갈등을 잘 인식하고 처리할 수 있을 때 인간은 심리적으로 성장할 수 있다.

부부간의 갈등은 부부가 성숙으로 나아갈 수 있는 긍정적인 요소를 갖고 있다. 솔로몬이 이해했던 것처럼 갈등은 소외와 별거와 이혼으로 이어질 수 있는 부정적인 요소를 갖고 있는 것이 사실이다. 그러나 부부관계에서 미움이 있다는 것은 그 이면에 사랑이 있다는 것을 의미한다. 사랑이 없는 곳에는 미움이 존재하지 않는다.

더 나아가 인간은 양가감정(ambivalent feelings)을 느낄 수 있는 존재다. 사랑하지만 미움이 생기고, 밉지만 동시에 사랑의 감정이 함께 흐를 수 있다. 사람이 좀 더 성숙하려면 상반된 감정의 어느 하나를 억압함으로써 인식하지 않으려는 방어기제를 극복해야 한다. 미움의 감정도 자신의 감정의 일부로 인식하고 수용할 때 대인관계에서 통합된 인식이 가능하고 보다 안정된 관계를 유지할 수 있다.

증오는 다툼과 싸움을 악순환적으로 증폭시킨다. 반면에 사랑은 상대방의 잘못과 허물을 선순환적으로 감소시킨다.

상담과정에서 내담자는 인식하지 못했던 갈등을 인식하는 치료적 경험을 할 수 있다. 더 나아가 갈등을 긍정적으로 받아들일 수 있는 힘을 갖게 될 수 있다. 갈등에 수반되는 불안을 다스릴 수 있는 심리적 성숙이 일어나면서 갈등을 유익한 에너지로 변환시킬 수 있는 지혜를 갖게 될 수 있다.

2) 자녀와의 관계

> 매를 아끼는 자는 그의 자식을 미워함이라 자식을 사랑하는 자는 근실히 징계하느니라(잠 13:24); 마땅히 행할 길을 아이에게 가르치라 그리하면 늙어도 그것을 떠나지 아니하리라(잠 22:6).

롱맨은 본문에서 의미하는 '징계'(discipline)는 본문의 '매'가 의미하듯이 신체적인 것이라고 주석하였다. 그는 자녀들에 대한 징계가 신체적인 폭행으로 비화될 수 있는 위험성이 있는 시대에서 '가혹하거나' '지나친' 체벌이 되지 않도록 하는 것이 필요함을 강조하였다. 아울러 전혀 체벌을 하지 않는 양육의 위험성에 대해서도 균형 있게 지적하였다.[57] 김정우도 이 잠언이 자녀 학대에 대한 성경적인 근거로 오용되어서는 안 된다고 잘 주석하였다.[58]

아무튼 위의 본문은 매를 아끼는 것이 자식을 사랑하는 것이 아니라는 메시지를 담고 있다. 즉, 자식을 사랑한다면 매를 적절하게 사용하라는 것이다. NIV 성경은 "근실히 징계하느니라"를 "징계함에 있어서 주의를 기울인다"라고 번역하였다. 징계하되 지혜롭게 하는 것이 중요하다. 부모는 자녀의 발달단계에 맞는 적합한 징계 방법들을 사용할 줄 알아야 한다. 자녀를 훈계함에 있어서 극단적인 행동은 비효과적이며 비성경적이다. 훈계를 전혀 하지 않거나 훈계를 한답시고 어리석게 신

---

57) Longman, *Proverbs*, 291–92.
58) 김정우, 『성서주석: 잠언』, 428.

체적 폭행 수준으로 때리는 것은 극단적이다. 적절한 수준과 적절한 타이밍을 고려해서 훈계하는 것이 아이의 발달과정에 효과적이며 유익하다. 지혜롭게 훈계하면 자녀가 신앙적인 삶을 사는데 장기적으로 유익하다.[59)]

그리고 징계의 목적을 분명히 인식하며 적절한 수준에서 징계하는 법을 알아야 한다. 이것이 자녀 사랑이다. 칭찬과 격려, 함께 놀아주기, 경청하기의 양육 방법과 아울러 아이의 발달 수준에 맞게 '안 돼' 라는 양육 방법을 병행할 때 아이는 자아와 초자아가 균형 있게 발달할 수 있게 될 것이다.

"우리 아이가 달라졌어요"는 아동들의 여러 형태의 문제 행동을 효과적으로 수정하고 치료하는 공영 텔레비전 프로그램이다. 이 프로그램에 소개되는 아동들의 문제 행동은 거의 대부분의 경우 부모의 훈육 방법이 너무 강압적이거나[60)] 불안을 야기하거나 일관성이 없거나 너무 방임적인 것에서 생긴 것임을 잘 보여준다.[61)] 매를 들 때 아이에게 허

---

59) 데이비스도 '시의적절한 처벌'(timely punishment)하며 '지혜롭게 시행'(wisely administered)할 때 무익한 굴욕감으로부터 아이를 보호할 수 있다고 주석하였다. Davis, *Proverbs*, 127.

60) 데이비스는 그의 주석에서 앨리스 밀러(Alice Miller)의 책 *For Your Own Good*에서 언급한 한 연구결과를 인용하였다. 밀러는 나찌가 저질렀던 대학살 사건에 기여했던 한 요인은 20세기 초에 독일에서 유행했던 자녀양육이론과 관련이 있었다고 주장하였다. 그 이론의 핵심은 아이가 두 살이 되기 전에 아이의 의지를 꺾어야 부모에게 절대 대들지 않는다는 것이었다. 그러나 그 이론이 고려하지 않았던 부분은 아이가 겪은 분노가 치환(displacement)이 되어 결국 누군가 다른 사람에게 폭력적으로 표출될 수 있다는 사실을 그 이론이 간과했다고 지적하였다. Davis, *Proverbs*, 87-88 재인용.

61) 롱맨은 '매' 라는 단어가 사용되었기 때문에 이 본문에서 연결될 수 있는 훈육은 신체적인 것이라고 주석하였다. 하지만 이 신체적인 훈육이 심각할 정도의 훈육으로 오해해서는 안 된다고 보았다. 그는 말로나 신체적으로 행동을 수정하기 위한 훈육을 시행하는 것을 힘들어 하는 것은 지나치게 훈육하는 것 못지않은 악영향을 줄 수 있다고 지적하였다. Longman, *Proverbs*, 292.

용되는 것과 허용되지 않는 것이 있음을 부모에게 인식시키며 아이의 행동을 수정하는 것을 볼 수 있다. 부모가 소아정신과의사 오은영의 코칭을 받아 아이에게 일관성 있게 징계하는 법을 배워 실행에 옮길 때 얼마 가지 않아 공격적이며 통제 불능인 아동들조차 놀랍게 변화하는 것을 보여주는 유익한 프로그램이다.

하나님은 인간에게 방임 수준의 자유를 허락하지 않으셨다. 인간이 누려야 할 자유는 '제한된 자유'(limited freedom)다. 제한된 자유가 있을 때 인간은 피조물로서 인간다운 삶을 살 수 있다. 무정부 수준의 자유는 인간의 삶을 이기적이며 동물적인 삶으로 이끌 것이다.

완벽하게 자녀 양육을 하려고 하는 부모는 오히려 자녀 양육의 발달을 저해할 수 있다. 긍정적 경험과 좋은 경험들을 적절한 수준의 부정적 경험과 좌절 경험과 통합할 수 있는 능력이 생길 때 자녀는 대상 항상성을 유지할 수 있는 심리적 단계로 성장할 수 있다. 따라서 자녀가 잘못해도 무조건 야단치지 않거나 혼내지 못하는 부모는 자녀의 초자아 발달을 저해하는 것이다.

아픔과 고통을 느낄 수 있도록 혼내되 나이에 맞게, 발달단계에 맞게, 아이의 수준과 상태에 맞게 처방된 '사랑의 매'는 심리적 성장을 촉진시킨다. 반대 경우의 매는 비효과적이다.

자신이 적절한 수준에서 적합한 방식으로 부모에게 매를 맞아본 사람은 자신의 자녀에게 건강하게 매를 들 수 있다. 반면에 어릴 때 부모로부터 억울할 정도로, 또는 충격적인 방식으로 매를 맞은 사람은 부모가 되었을 때 극단적인 양육방식을 취할 가능성이 있다. 즉, 지나치게 방임적이 되거나 자신이 경험했던 것처럼 자녀들에게 반복하는 훈육을 할 위험성이 높다.

어린 자녀를 양육하는 과정에서 적절한 관심과 공감과 지지가 있는 '품어주는 환경'을 제공하는 것은 매우 중요하며 필요하다. '비교적 괜찮은 대상'(good enough object)으로 자리매김할 수 있는 부모는 자녀에게 때때로 적절하게 좌절 경험을 겪게 하며 나쁜 대상 경험과 좋은 대상 경험이 통합될 수 있도록 기회를 제공할 수 있다. 아이에게 매를 드는 것은 아이에게는 나쁜 대상 경험이 될 수 있다. 그러나 사랑과 관심의 기본적인 틀이 제대로 형성되어 있다면 아이는 이 경험을 통합시킬 수 있으며 자신의 잘못을 깨닫고 행동을 수정하며 성격을 발달시킬 수 있다. 지나치게 공감하거나 지나치게 보호하여 전혀 아이로 하여금 좌절 경험이 없이 자라게 하거나 옳고 그른 것에 대한 경계선을 그어 주지 않는 부모들이 있다. 이런 부모 밑에서 자란 자녀는 초자아가 제대로 발달되지 않으며 자기중심적인 인간으로 자라게 되어 나중에 자기애성 성격장애자가 될 가능성이 높다.

건강한 부모는 자녀의 잘못에 대해서 벌을 줄 때에 '조심스럽게'(carefully) 그리고 '지혜롭게'(wisely) 할 수 있는 힘을 갖고 있다. 충동적으로 회초리를 들거나 자신의 분노감정을 조절하지 못해서 폭행적으로 체벌하면 아이는 신체적 상처뿐만 아니라 심리적으로 상처를 깊게 입을 수 있다. 부모는 지나친 체벌이 자녀에게 '정신적 외상'(trauma)을 줄 수 있음을 인식해야 한다. 초달을 아끼지 말라는 성경 말씀대로 순종한다고 해서 지혜롭지 못하게 시시비비도 가리지 않고 때리거나, 아이가 감내할 수 있는 능력 이상으로 때리거나, 아이가 분별력이 없는 어린 시절부터 회초리를 들게 되면, 아이는 부모를 무서워하게 되며 눈치를 보며 불안에 민감하게 될 것이다. 심한 경우에는 부모에 대하여 분노를 느끼며 공격성을 표현할 수 있다. "아비들아 너희 자녀를 노엽게 하지 말고 오직 주의 교훈과 훈계로 양육하라"(엡 6:4)의 말씀을 기억해야 한다. 아이가 수치심을 느끼는 방식으로 체벌하는 것은 상처만 남길 가능성이 높다는 사실을 깨닫고 지혜롭게 벌을 주는 것이 중요하다.

부모가 인식하지 못하면 부모 자신의 성장과정에서의 체벌 경험을 무의식적으로 재반복할 가능성이 높다. 체벌 경험은 '내적 대상관계'로 내면화되기 때문에 체벌 경험이 있는 부모의 자신의 정신세계 속에서 무의식적으로, 역동적으로 작용할 수 있다. '평행과정'으로서 부모에게 받았던 역기능적 양육방식을 자녀에게 재반복하는 것은 지혜로운 것이 아닐뿐더러 파괴적인 것이다.

강박성 성격장애적 증상을 가진 부모는 자녀의 사소한 잘못도 용납하지 못하며 온유하지 못하여 자녀들로 하여금 눈치를 보며 완벽주의적인 행동을 하게끔 만들 수 있다. 이런 자녀는 겉과 속이 다른 아이로 자라게 된다. 그리고 경계선 성격장애적 증상을 가진 부모 밑에서 자녀가 자라면 부모의 충동적이며 조절되지 못하는 극심한 분노의 희생양이 될 가능성이 매우 높다. 말이나 폭력으로 아이에게 분노를 표출하며 아이를 완전히 밟아버리고 이어서 후회와 죄책감으로 아이에게 용서를 비는 부모가 되면 아이는 거절감과 유기감, 혼란감과 분노감에 시달리며 불안정한 정서와 불안정한 정체성을 갖게 된다. 그래서 성장한 후에 부모와 마찬가지로 경계선 성격장애자가 될 가능성이 높다.

상처를 주는 배우자가 있는 가정에서 자녀들은 부모로부터 건강한 사랑을 받을 수가 없다. 상처를 받는 배우자는 자녀들을 과잉보호하거나 정서적으로 유기할 가능성이 높다. 따라서 아이들은 적절한 양육을 받고 자랄 수가 없다. 아이들에게까지 손찌검과 언어폭력, 정서적 폭력, 성폭행, 과도한 신체폭력을 행사하는 아버지나 어머니가 있다. 이런 환경에서 적어도 10년 또는 20년 동안 자라게 될 때 자녀들은 열등감과 수치심, 불안과 분노로 마음이 제대로 발달하며 성장할 수 없고 성인아이로 자랄 가능성이 매우 높다.

자신뿐만 아니라 배우자와 자녀들에게 해를 끼치는 것은 마귀적이라고 필자는 감히 말하고 싶다. 마귀는 '악'(evil)의 속성을 지니며 파괴적인 힘을 행사하기 때문이다. 마귀가 역사할 때 가정이 회복되고 치료되는 경우란 없다. 하나님의 형상으로 지음받은 배우자나 자녀들이 그들을 향한 하나님의 뜻과 계획이 이루어지지 못하도록 방해하는 것은 마귀적이기 때문이다. 그런 의미에서 파괴적인 힘을 행사하는 배우자의 이면에 보이지 않는 마귀의 역사가 있을 수도 있다는 사실을 인식하는 것이 필요하다. 특히 크리스천들의 가정에서의 삶이 영적 전투의 현장에 놓이게 될 수 있음을 인식하는 분별심이 필요하다.

기독교상담사는 아동이나 청소년 자녀와의 관계에서 훈육 문제로 갈등하는 부모를 상담할 때 성경적인 진리로 잘 설명해주며 심리학적인 이해를 잘 사용할 수 있도록 도와야 한다. 성장기에 적절한 훈육을 받지 못한 채 부모가 된 이들이 너무 많다. 그래서 극단적인 양육 방법을 사용할 위험성이 높다. 더 나아가 아빠와 엄마의 훈육 방법이 너무 차이가 있고 일관성이 없어서 자녀들이 고통을 겪는 경우가 많다. 성경적인 원리를 따르되 구체적인 적용에서는 보편적인 지혜와 방법들을 각 자녀의 특성과 발달단계에 맞게 적용하는 민감성과 유연성을 갖추도록 부모를 코칭하는 것이 가족상담의 중요한 영역이 될 것이다.

3) 부모와의 관계

> 지혜로운 아들은 아비를 기쁘게 하거니와 미련한 아들은 어미의 근심이
> 니라(잠 10:1); 손자는 노인의 면류관이요 아비는 자식의 영화니라(잠
> 17:6); 아비를 구박하고 어미를 쫓아내는 자는 부끄러움을 끼치며 능욕을
> 부르는 자식이니라(잠 19:26); 자기의 아비나 어미를 저주하는 자는 그의
> 등불이 흑암 중에 꺼짐을 당하리라(잠 20:20); 너를 낳은 아비에게 청종
> 하고 네 늙은 어미를 경히 여기지 말지니라(잠 23:22); 아비를 저주하며
> 어미를 축복하지 아니하는 무리가 있느니라(잠 30:11); 아비를 조롱하며
> 어미 순종하기를 싫어하는 자의 눈은 골짜기의 까마귀에게 쪼이고 독수
> 리 새끼에게 먹히리라(잠 30:17).

부모는 하나님이 정하신 권위자이며 하나님의 대리자 역할을 맡았
으며 양육의 일차적인 책임을 진 자들이다. 자녀에게 부모는 하나님과
같은 존재이며 심리적 성숙 과정에서도 지대한 영향을 끼치는 대상이
다. 하지만 완벽한 부모는 이 땅에 존재하지 않는다. 부모가 항상 잘해
주기 때문에 순종하는 것이 아니라 하나님께 순종하듯 부모에게 순종
하는 것이 필요하다. 종들이 주인에게 취해야 할 태도에 대해서 바울
사도는 "그리스도의 종들처럼 마음으로 하나님의 뜻을 행하고 기쁜 마
음으로 섬기기를 주께 하듯 하고 사람들에게 하듯 하지 말라"(엡 6:6-
7)고 권면하였는데 자녀가 부모에게 취해야 할 태도도 같은 태도여야
한다. 그러나 '주안에서' 순종하라는 한계가 그어져 있는 말씀임을 기
억할 필요가 있다. 육신의 부모는 영원한 하나님 아버지와 그 권위가
비교될 수 없는 존재이며 영원한 대상도 아니다. 부모가 하나님 신앙을
가진 자녀를 핍박할 때 그 가르침에 순종할 필요는 없다는 점을 인식해
야 한다.

자라면서 부모로부터 받은 상처가 너무 깊어 아파하는 자녀들이 있다. 이들에게 어버이날은 고통스러운 날이다. 교회에서 대부분의 목사님들은 어버이날에 "네 부모를 공경하라"는 제 오계명의 말씀으로 설교하지만 설교를 듣는 성도들 중에는 그 설교를 들으면 분노가 치밀어 오르는 것을 느끼는 이들이 적지 않음을 목사님들은 기억할 필요가 있다. 이것은 마치 "아내들이여 자기 남편에게 복종하기를 주께 하듯 하라" (엡 5:22)를 설교하면서 연결된 말씀인 "그리스도를 경외함으로 피차 복종하라"(엡 5:21)는 말씀과 "남편들아 아내 사랑하기를 그리스도께서 교회를 사랑하시고 그 교회를 위하여 자신을 주심과 같이 하라"(엡 5:25)는 말씀을 아울러 강조하지 않을 때 여성들이 느끼는 감정과 같다. 바울 사도는 에베소서 6장 1-3절에서 부모에 대하여 공경할 것을 말씀하신 후에 똑같은 패턴으로 "또 아비들아 너희 자녀를 노엽게 하지 말고 오직 주의 교훈과 훈계로 양육하라"(엡 6:4)고 균형 있게 강조하는 것을 잊지 않았다. 부모가 자녀에게 가져야 할 태도와 자녀가 부모에게 가져야 할 성경적인 태도를 균형 있게 강조하여 설교할 때 부모를 용서할 수 있는 마음의 여유가 생겨날 수 있을 것이다.[62]

바울 사도는 믿는 자들이 부모에게 효를 행할 것을 권면하였다: "만일 어떤 과부에게 자녀나 손자들이 있거든 그들로 먼저 자기 집에서 효를 행하여 부모에게 보답하기를 배우게 하라 이것이 하나님 앞에 받으실 만한 것이니라"(딤전 5:4). 이 내용은 당시 교회의 상황 속에서 고아와 과부들을 구제하며 돌보는 일에 대한 원칙을 제시하는 말씀으로 이해할 수 있다. 교회가 모든 짐을 지기보다는 자녀나 손자가 있을 경우

---

62) 바울은 골 3:18-21절에서 비슷한 표현의 권면을 반복하였다.

에는 그들이 일차적인 부모에 대한 양육 책임을 행하도록 권면한 것이다. NIV 성경에서는 "these should learn first of all to practice their religion into practice by caring for their own family and so repaying their parents and grandparents"라고 번역하는데 여기서 자녀들이나 손자들은 믿는 자들을 의미한다.[63] 즉 자녀들이 과부가 된 어머니나 할머니를 돌봄으로써 실천하는 신앙생활을 할 것을 명령한 것이다. 말로만 "고르반"하고 부모를 돌보는 책임을 비켜가지 않도록 한 것이다. 여기서 '보답한다'는 동사가 등장하는데 부모가 자녀를 양육할 때에 언젠가 보답하기를 바라는 마음으로 양육하는 것은 건강한 양육법이 아닐 것이다. 그러나 양육을 받은 자녀들은 나이 들고 경제적인 능력이 약한 부모에게 보답하고 돌보는 것이 "부모를 공경하라"는 제5계명에 순종하는 것이다. 크리스천들 중에서도 부모가 어려운 상태에서 사는데도 불구하고 서로 책임을 전가하며 돌보지 않는 이들이 있다. 이것은 하나님을 노엽게 하는 일이다. 이것은 말과 행동이 불일치한 것이며 신앙과 삶이 불일치한 것임을 깨달아야 한다.

부모의 입장에서는 자녀들에게 돌봄을 받는 것을 당연시(sense of entitlement)하고 고마워하지 않는 것은 균형을 잃은 것이다. 심지어 어떤 부모들은 자녀들을 양육할 때에는 제대로 해준 것이 없으면서 자녀들에게 너무 의존하거나 자녀들의 가정에 간섭하거나 과도한 요구를 하기까지 한다. 이것은 또다른 극단성이다. 이런 행동은 무례한 것이다. 자녀들에게 무거운 빚만 남기고 떠나는 부모들도 간혹 있다. 이런 경우에는 자녀들에게 두고두고 상처가 될 것이다.

---

63) 이 사실은 "practice their religion"에서 추론할 수 있다.

나가는 글

저자는 이 장에서 기독교상담의 실제에서 고려해야 할 몇 가지를 간략하게 다루었다. 첫째, 일반상담과 구별되는 좋은 자원을 기독교상담사들이 갖고 있다는 점이다. 대표적인 자원으로서 성경말씀과 기도를 다루었다. 말씀과 기도는 성도가 문제 상황을 하나님의 관점에서 바라보고 극복할 수 있도록 비상하는데 꼭 필요한 독수리의 양 날개와 같은 것이다. 다음으로, 인간이 공통적으로 씨름하는 핵심 문제인 불안과 분노를 다루었다. 그 다음으로는 심인병의 의미를 다루었고 현대인들이 씨름하는 성문제를 다루었다. 그 다음에는 현대인들의 삶에서 적지 않게 일어나고 있는 외도를 어떻게 성경적으로, 상담학적으로 이해하며 다룰 수 있을지를 살펴보았다. 그리고 가족상담에서 핵심적인 세 관계에 초점을 맞추어 말씀과 연결해보았다. 즉 부부관계, 자녀관계, 그리고 부모관계이다.

상담의 실제를 마무리하면서 기독교상담사는 건강한 가정이라는 틀을 염두에 두고 상담하면 좋을 것이다. 잠언 교사는 "마른 떡 한 조각만 있고도 화목하는 것이 제육이 집에 가득하고도 다투는 것보다 나으니라"(잠 17:1)고 교훈한다. 의식주의 걱정이 없이 윤택하게 살면서 가정에 평화까지 깃든다면 그야말로 '금상첨화' 격의 가정일 것이다. 그러나 의식주의 걱정이 없이 부유하게 살지라도 마음의 평화가 없고 관계상의 다툼과 갈등이 이어진다면 불행한 가정일 것이다. 의식주는 가난하다고 할지라도 가족 간에 우애와 사랑이 넘치며 평화가 있는 가정이 훨씬 낫다는 말씀이다. 예수님은 "사람이 떡으로만 살 것이 아니요 하나님의 입으로부터 나오는 모든 말씀으로 살 것이라"(마 4:4)고 신명기 말씀(신 8:3)을 인용하심으로써 마귀의 첫 번째 시험을 물리치셨다. 예수님 말씀처럼 인간은 더 중요한 것이 해결되어야 삶의 의미와 보람을 갖는 존재다.

오늘의 한국 사회에서 경제적 성장과 더불어 많은 가정들이 좋은 아파트에 살고 있고 경제적으로 윤택한 삶을 살고 있지만 가정 내부로 들어가면 갈등과 아픔 속에서 살고 있다. 크리스천 가정들도 예외가 아니다. 이것은 적지 않은 한국의 현대인들의 슬픈 자화상이다.

반석위에 세운 집과 모래 위에 세운 집은 가정을 이해하는데 좋은 메타포다. 평상시에는 별 차이가 없어 보이며 오히려 모래 위에 세운 집은 더 짓기 쉽고 비용도 적게 들지만 위기가 닥쳐올 때 그 진면목이 드러난다. 상담학적으로 말할 때 비기독교인 가정들도 크게 두 종류의 집으로 분류할 수 있다. 하나는 부부관계와 부모자녀 관계의 기초가 든든하여 웬만한 위기 앞에서는 견뎌내며 더 성숙해진다. 반면에 가족 구성원들이 심리적으로 미성숙하거나 영적으로 미성숙한 가정이 위기를 겪게 될 때 그 구조가 취약하여 쉽게 무너지며 깨어진다. 현재 한국 사회는 조그만 갈등에도 견뎌내지 못하고 회피하는 방법으로 별거하며 이혼을 하는 가정들이 점점 많아지고 있는 실정이다. 성도들의 가정도 예외는 아니다. 하지만 가정이 위기 속에서도 살아남고 성숙해지려면 구성원들의 심리적 성숙도 중요하지만 무엇보다도 하나님을 믿는 신앙이 건강하며 성숙해야 한다. 소년이라도 피곤하며 장정이라도 넘어지며 자빠지지만 오직 여호와를 앙망하는 가정에게는 하나님께서 새 힘을 주시고 독수리가 하늘을 향해 비상하듯이 날아오르며 멀리 바라보며 현재를 해석할 수 있는 눈이 열리기 때문이다(사 40:30-31).

하나님은 인격적인 분이시며 크리스천 개인의 삶에서 이같은 인격적인 모습이 드러나기를 원하신다. 더 나아가 가정에서 부부 사이에 성령의 열매가 맺히기를 원하신다. 서로 사랑하며 주 안에서 기뻐하며 서로 평화를 누리며 서로 참아주며 자비를 베풀며, 선한 일을 도모하며, 신실하며, 마음을 넓히며, 자기를 절제하는 가정은 주님을 기쁘시게 하며 건강하게 성숙해갈 수 있다. 성령의 열매는 하루아침에 다 맺히는 것이 아님을 깨닫고 실망하지 말고 성장해가는 지혜가 필요하다.

Chapter 8

위기상담

위기는 위태할 위(危)자에 기회 기(機)자로 이루어진 단어이다. 에덴
동산에서 축출된 인간은 타락한 세상에서 살면서 크고 작은 위기를 겪
으며 살아간다. 예측할 수 있는 위기도 있지만 예측하지 못하는 위기도
있다. 인간의 발달과정에서 겪는 예측할 수 있는 위기도 어떤 이들에게
는 극복하기 쉽지 않다. 예측하지 못하는 위기는 두려움을 야기한다.
위기를 통해 성장하며 기회를 삼는 이들이 있다. 반면 위기를 겪을 때
퇴행하거나 심지어 삶을 종결하는 이들도 있다.

위기는 믿는 사람이나 믿지 않는 사람에게 찾아온다. 성도라고 해서
위기로부터 면제받은 것이 아니다. 오히려 성도들에게 더 위기가 많이
찾아올 수 있다. 예수님이 타고 가던 배에도 폭풍은 찾아왔다. 그런데
예수님이 타고 가는 배에는 폭풍이 찾아오면 안 되는 것처럼 생각하는
이들이 간혹 있다. 실제로 그 배는 거의 물에 잠기게 될 정도였고 제자
들은 두려움에 떨어야 했다(막 4:35-41 참조). 그러나 그 위기 사건은
분명히 의미가 있었다. 복음서에 기록될 만큼 제자들과 이후의 성도들

에게 의미가 있었다. 제자들에게 예수님의 신성에 대해서 신학적인 질문을 던지게 된 사건이 되었다: "그들이 심히 두려워하여 서로 말하되 그가 누구이기에 바람과 바다도 순종하는가 하였더라"(막 4:41).

믿음 장이라고 불리는 히브리서 11장에는 위기를 겪었고 그 위기를 기회로 삼았던 신앙의 인물들이 소개되어 있다. 아벨은 제사를 드림으로써 형으로부터 시기를 받아 죽었다. 노아는 모든 사람과 생물이 죽는 홍수를 겪었다. 아브라함은 갈 바를 알지 못하고 미지의 땅으로 부름을 받았다. 사라는 나이가 많을 때까지 불임의 고통을 겪었다. 아브라함은 이삭을 번제로 드려야 하는 위기를 겪었다. 모세는 출생에서부터 위기를 겪었으며 불가능해 보이는 출애굽의 위기를 믿음으로 극복했다. 이스라엘 백성들은 진퇴양난 상황에서 홍해를 건넜다. 기생 라합은 목숨을 걸고 정탐꾼을 영접함으로 구원을 받았다. 무명의 성도들이 겪었던 위기와 고통을 히브리서 기자는 다음과 같이 마무리하였다:

> 어떤 이들은 더 좋은 부활을 얻고자 하여 심한 고문을 받되 구차히 풀려나기를 원하지 아니하였으며 또 어떤 이들은 조롱과 채찍질뿐 아니라 결박과 옥에 갇히는 시련을 받았으며 돌로 치는 것과 톱으로 켜는 것과 시험과 칼로 죽임을 당하고 양과 염소의 가죽을 입고 유리하여 궁핍과 환난과 학대를 받았으니 이런 사람은 세상이 감당하지 못하느니라 그들이 광야와 산과 동굴과 토굴에 유리하였느니라(히 11:35-38).

1. 위기의 특성

위기가 갖는 특성들을 이해하는 것은 위기상담사들에게 기본이다.

특성들을 이해할 때 위기에 처한 내담자들이나 성도들을 이해하고 공감하고 적절하게 도울 수 있다. 첫째, 위기는 예측할 수 없는 경우가 대부분이다. 둘째, 위기는 심각한 수준의 불안을 야기한다. 셋째, 대부분의 위기는 상실을 동반한다. 넷째, 위기는 남녀노소, 신자 불신자를 가리지 않고 보편적이다. 다섯째, 위기는 기회가 될 수 있는 순기능성을 갖고 있다. 마지막으로 위기는 잠정적이다.

1) 예측하지 못함

> 형통한 날에는 기뻐하고 곤고한 날에는 되돌아보아라 이 두 가지를 하나님이 병행하게 하사 사람이 그의 장래 일을 능히 헤아려 알지 못하게 하셨느니라(전 7:14)

롱맨은 9장 본문에서 다루어지는 인생의 불확실성과 불예측성은 분명히 죽음과 관련된 것이라고 보았다. 그리고 코헬렛이 야생동물 세계에서 일어나는 일을 비유하여 인생의 죽음의 '급작성'(suddenness)에 대해서 표현하였다고 주석하였다.[1] 2011년 3월 11일 일본에서는 초대형 지진으로 말미암아 쓰나미 현상이 생겨 수천 명의 사람들이 죽고 원전이 폭발하는 참사까지 이어지는 일이 일어났다. 일본 역사상 가장 큰 지진으로 기록되는 진도 8.8의 지진으로 인하여 수많은 일본인들이 죽었고 트라우마를 겪어야 했다.

역설적으로 인간의 실존은 미래에 어떤 일이 일어날지를 모르고 산다는데 의미가 있다. 내일을 예측할 수 없기 때문에 인간은 하나님을 믿지 않으면 근본적인 불안을 해결할 수 없다. 죽음에 대한 실존적인

---

1) Longman, *The Book of Ecclesiastes*, 233.

불안과 씨름할 때 하나님을 만날 가능성이 높아진다. 전도자는 형통한 날에는 기뻐하는 삶을 살라고 권면한다. 아울러 곤고한 날, 위기의 시기에는 생각하고 되돌아 보라고 권면한다. 우리의 눈에는 위기와 곤고는 아름답게 보이지 않는다. 그러나 "범사에 기한이 있고 천하만사가 다 때가 있"(전 3:1)게 하시는 하나님은 "때를 따라 아름답게 하"시는 분임을 믿어야 한다. 기쁨과 눈물, 사랑과 미움, 평화와 전쟁 등의 상반된 인생들이 교차하면서 씨줄과 날줄이 오가게 될 때 각 사람의 삶의 이야기에 맞는 아름다운 직조물이 생기게 하시는 하나님을 믿어야 한다.

위기는 '홀연히' 올 때가 대부분이다. 예기치 않은 순간에 불청객처럼 찾아오는 것이다. 그래서 우리를 깜짝 놀라게 한다. 깜짝 놀라게 하는 경험이라는 점에서는 하나님이 우리를 가장 가까이 찾아오시는 경험의 특징인 '놀람'(surprise!)과 닮았다. 임의로 부는 바람처럼 성령 하나님이 우리에게 역사하실 때 우리는 깜짝 놀라게 된다. 그런 점에서 하나님은 '홀연히' 임하는 위기를 통해서 우리에게 찾아오셔서 우리의 귀에 대고 메가폰으로 분명하게 말씀하실 수도 있다는 점을 염두에 두어야 한다.

2) 위기와 불안

> 내 영혼아 네가 어찌하여 낙심하며 어찌하여 네 속에서 불안해 하는가 너는 하나님께 소망을 두라 그가 나타나 도우심으로 말미암아 내가 여전히 찬송하리로다(시 42:5, 11; 43:5).

위기는 일반적으로 삶의 항상성(homeostasis)을 깨뜨리며 큰 강도의 불안을 야기하는 것이 특징이다. 그래서 위기는 지금까지의 일상적인 삶을 위협하며 새로운 삶에서 항상성을 유지하게 될 때까지 고통을 야기할 수 있다. 어떤 이들은 새로운 항상성을 유지하는 삶으로 성장하지 못하고 퇴행하거나 고착되거나 완전히 망가진 삶을 살게 된다. 정신적으로 와해되며 심한 경우에는 자살을 하기도 한다. 위기 중에서 특히 재난은 사람들의 생명을 위협하거나 순식간에 수많은 생명을 쓸어가는 파괴적인 엄청난 힘을 행사한다.

위기는 기회가 될 수 있기도 하지만 일차적으로는 위험한 경험이다. 따라서 성도의 삶을 위협한다. 위협받을 때 느끼는 불안으로부터 성도는 완전히 자유롭지 않다. 불안을 느끼며 인식하되 하나님께 토로하며 하나님께 소망을 둘 때 불안은 잦아든다. 하나님의 도우심이 있을 것을 소망으로 기다릴 수 있다.

3) 위기와 상실

> 주께서 나의 슬픔을 변하여 내게 춤이 되게 하시며 나의 베옷을 벗기고
> 기쁨으로 띠 띠우셨나이다(시 30:11).

울 때가 있으면 웃을 때가 있다. 슬플 때가 있으면 웃을 때가 있다. 전도서 기자도 이 사실을 확인하였다: "울 때가 있고 웃을 때가 있으며 슬퍼할 때가 있고 춤출 때가 있으며"(전 3:4). 하나님은 슬픔의 과정을 직면하고 통과한 자에게 춤을 출 수 있는 때가 오게 하신다. 베옷을 '벗기시고' 기쁨의 새 옷과 띠를 '입히신다.'

애도 과정에서 내담자는 보통 충격감과 무감각의 단계를 지나 분노의 단계를 경험한다. 타협의 단계와 우울의 단계를 거쳐서 상실했다는

것을 인정하고 수용하는 단계에 이를 때 애도 과정은 종결될 수 있다. 떠나는 사람이나 떠나보내는 사람 모두 애통의 과정을 겪는다. 하나님은 이 과정이 인간에게 자연스러운 과정임을 잘 아신다.

'베옷'은 슬픔과 상실, 또는 회개를 상징하는 성경적 메타포다. 회개와 연결한다면 상담 과정에서 내담자가 회개를 해야 할 때 베옷을 입어야 한다. 회개할 때 여전히 좋은 옷, 익숙한 옷을 입고 있으면 진정한 회개가 될 수 없다. 평소에 입던 옷은 벗고, 방어기제를 내려놓고, 슬픔과 고통을 상징하는 옷을 입어야 한다. 한동안 베옷을 입을 때 용서와 새 삶의 기쁨을 체험할 수 있다.

> 거기서는 악한 자가 소요를 그치며 거기서는 피곤한 자가 쉼을 얻으며 거기서는 갇힌 자가 다 함께 평안히 있어 감독자의 호통 소리를 듣지 아니하며 거기서는 작은 자와 큰 자나 함께 있고 종이 상전에게서 놓이느니라(욥 3:17-19).

욥은 그의 심각한 고통 가운데 죽음을 희구하였다. 현재의 고통을 통해서 죽음이 갖는 평온함과 자유함을 볼 수 있었던 것이다. 현재의 삶이 행복한 사람은 죽음을 생각하고 싶어하지 않는다. 그러나 현재의 삶이 너무 고통스러운 사람은 상대적으로 죽음이 주는 자유함을 생각하며 희구하게 된다. 그래서 사람들이 자살까지 하는 것이다. 욥의 관점에서 본다면 죽음은 '힐링'이다. 피곤한 자가 쉼을 얻을 수 있기 때문이다. 종이 상전으로부터 자유케 되기 때문이다. 감독자의 호통소리를 더 이상 듣지 않아도 되기 때문이다. 특히 성도들에게 죽음은 하나님의 나라에 들어가는 '통과의례'(a rite of passage)다. 죽음은 죄로부터 놓이는 것이다. 다양한 병의 고통으로부터 해방되는 것이다. 영원한 하나님

나라에 입국하는 것이며 본향으로 되돌아가는 것이다.

인간의 삶에서 죽음은 가장 큰 상실을 경험하게 한다. 특히 사랑하는 사람의 죽음은 고통스럽다. 혼자 남겨진 느낌을 주며 복합적인 감정을 겪게 한다. 사랑하는 가족의 죽음으로 인하여 애통하는 과정을 겪는 이들을 상담의 현장에서 만날 때가 많다. 내담자의 슬픔과 고통을 공감하며 그들이 슬퍼할 수 있는 공간과 시간을 제공하는 것이 매우 중요하다.

애도 상담의 과정에서 어떤 내담자들은 병들어 죽어가는 가족의 치유와 회복을 위해서 믿음을 갖고 기도했음에도 불구하고 죽음으로 이어진 경우에 대한 혼란감으로 고통스러워한다. "할 수 있거든이 무슨 말이냐 믿는 자에게는 능히 하지 못할 일이 없느니라"(막 9:23)는 예수님의 말씀을 의지하고 기도했지만 원하는 결과의 응답이 되지 않고 죽을 때 기도한 가족들은 신앙의 혼란과 회의를 경험할 수 있다. 어떤 사람들은 기도해서 기적적으로 나았다고 간증하는 이들이 있는 반면에 자신의 기도에는 기적이 일어나지 않을 때 기도가 무슨 의미가 있었는지에 대해서 회의가 들 수 있다. 심지어 하나님에 대한 분노감까지 느낄 수 있다.

저자의 경우에도 미국에서 임상수련과정에서 백혈병으로 죽어가는 한국인 여집사님을 만나는 과정에서 치유를 위한 기도의 의미가 무엇인지에 대해서 혼란스러웠던 경험이 있었다. 남편은 크리스천으로서 마취과의사였는데 그의 아내는 치료를 위해 이미 여러 번 입원했던 환자였다. 한국인이 많지 않은 도시에서 한국인으로 입원한 그 집사님을 위해서 저자는 특별히 관심을 갖고 방문하며 위로하였다. 어느 날 방문했을 때 담당의사가 나오면서 저자에게 이번에는 살아서 나가지 못한다고 하면서 며칠 안에 죽게 될 것이라는 이야기를 해주었다. 그 이야기가 귀에 쟁쟁한데 그 집사님은 나에게 여느 때처럼 자신의 치유를 위해서 기도해달라고 해서 마음에 갈등이 일어났지만 집사님이 원하는 대로 기도하고 병실을 나왔다. 개인 수퍼비전 시간에 수퍼바이저에게 그 상황에서 내가 의사의 말을 염두에 두고 가족들과 남은 며칠의 시간을 의미있게 보내도록 직면해야 했을지 아니면 여전히 끝까지 생명을 주관하시는 하나님의 능력을 믿고 치유적인 기도를 해야 할지 질문하였다. 그때 수퍼바이저가 저자에게 던진 질문은 잊혀지지 않는다; "관직, 너는 치유라는 개념을 왜 신체적으로 병이 낫는 것으로만 생각하고 있지? 백혈병으로 여러 번 입원하며 치료하는 과정에서 겪는 고통으로부터 놓여나는 죽음 자체를 치유라고 볼 수는 없을까?" 수퍼바이저의 피드백은 그때까지 저자가 미처 생각하지 못했던 관점을 가질 수 있는 계기를 마련해주었다. 그렇다. 기독교적인 관점에서 볼 때 당장에 죽음은 슬픔이며 고통이지만 역설적으로 이 세상의 수고로부터 놓임과 자유함을 얻는 의미 있는 경험이라는 점은 죽음을 재해석하는데 매우 중요하다. 영원한 생명으로 나아가는 과정에서 반드시 겪어야 하는 절차이며 불완전한 세상에서 겪는 모든 책임과 아픔, 슬픔과 고통으로부터 영원히 해방되는 경험이 죽음인 것이다.

죽음 저 너머에서는 더 이상 악인의 영향을 받지 않으며 더 이상 상처받을 일이 없다. 참으로 천국에서는 눈물을 흘릴 일이 없다: "모든 눈물을 그 눈에서 닦아 주시니 다시는 사망이 없고 애통하는 것이나 곡하는 것이나 아픈 것이 다시 있지 아니하리니 처음 것들이 다 지나갔음이러라"(계 21:4). 그곳에서는 상담사가 더 이상 필요하지 않다. 정신과 의사도 필요하지 않다. 본문의 말씀처럼 거기서는 피곤한 자가 안식을 얻는다. 종의 삶을 살던 자가 더 이상 종으로 살지 않는다. 그래서 노예 생활을 했던 흑인들은 그들의 영가(靈歌)를 통해 천국을 희구하는 마음을 다음과 같이 표현하였다: "저 하늘에는 눈물이 없네 거기는 기쁨만 있네."

애도하는 과정에서 내담자에게 죽음의 치료적 기능과 역설적인 복에 대해서 시각을 열어준다면 내담자의 감정이 빨리 긍정적으로 바뀔 수 있다. 하지만 주의할 점은 아직 충격감, 분노감, 우울감의 단계를 어느 정도 겪기 전에 너무 빨리 죽음의 역설적인 복을 이야기하는 것은 반치료적이 될 위험성이 높다는 사실이다. "죄 많은 이 세상에 사는 것보다 하나님의 영원한 품에 사시는 것이 얼마나 좋은 일인가요?"라고 쉽게 이야기하는 것은 인간으로서 상실감을 겪는 내담자의 마음을 공감하지 못하는 말이다. 오히려 상처를 입힐 수 있다. 오히려 애도 과정을 어느 정도 겪은 후에 내담자 스스로가 죽음을 재해석할 수 있도록 촉진시키는 상담이 효과적이다.

역설적으로 인간에게 최고의 두려움을 야기하는 것은 죽음이다. 성경에서는 사망이 죄의 결과라고 말한다. 인간이 죄인임을 증거하는 것이 죽음이다. 모든 인간은 죽는다는 만고불변의 진리 앞에서 살고 있다. 문제는 이 죽음을 대부분의 사람들은 직면하기를 두려워한다는 것이다. 특히 기독교신앙이 없는 이들에게 죽음은 끝이기 때문에 죽지 않으려고 온갖 노력을 한다. 죽음에 대해서 생각하는 것조차 싫어한다.

불안장애를 호소하는 현대인들이 점점 많아지고 있다. 불안장애의 핵심적인 이슈는 결국 죽음에 대한 실존적인 두려움이다. 죽지 않으려고 애쓰다보니까 염려와 걱정, 근심이 삶을 영위하기 힘들 정도로 고통스럽게 하는 것이다.

4) 위기의 보편성

> 의인은 고난이 많으나 여호와께서 그의 모든 고난에서 건지시는도다(시 34:19); 재난은 티끌에서 일어나는 것이 아니며 고생은 흙에서 나는 것이 아니니라 사람은 고생을 위하여 났으니 불꽃이 위로 날아가는 것 같으니라(욥 5:6-7).

일반적으로 사람들은 고난이 죄 때문에 오는 것이라고 생각한다. 맞는 말이다. 인류는 아담의 죄 이후로 고난을 겪게 되었다. 그런 의미에서 고난은 보편적이다. 믿는 자나 믿지 않는 자 모두 이 세상에서 살 때 고난을 겪을 수 있다. 개인의 특정한 죄 때문에 고난을 야기할 수 있다. 그러나 항상 그런 것이 아니라는 점을 인식해야 한다. 단순한 인과관계로 설명하기에는 우리가 살고 있는 세상은 복합적이며 한 개인의 삶도 복합적이다. 누구의 죄 때문이라고 규명할 수 없는 상태에서 고난을 겪을 수 있다. 맹인으로 태어난 자를 보고 제자들은 부모의 죄 때문인지 아니면 맹인 자신의 죄 때문인지 예수님께 질문하였다. 예수님은 그 어느 누구의 죄 때문도 아니라 하나님의 영광을 위하여 그가 맹인으로 태어났다고 창의적인 관점을 제시하셨다(요 9:1-3 참조). 데만 사람 엘리바스는 욥기 본문에서 불꽃이 당연히 위로 날아가는 것처럼 인생은 당연히 고난을 겪는다고 표현했다. 위기와 고난의 보편성을 잘 표현한 것이다.

위의 시편 본문은 일반적인 태도와는 달리 "의인에게 고난이 많을 수 있다"고 지적한다. 의인의 삶은 만사형통해야 할 것 같은데 그렇지 않다는 것이다. 오히려 성경에서는 악인의 삶이 만사형통한 경우에 대해서 의문을 제기하는 선지자들의 고백을 담고 있다.[2] 사람들의 생각과 달리 의인의 삶이 고난과 고통으로 점철될 수 있다는 사실을 깨달을 때 우리는 함부로 판단하거나 정죄하는 죄를 범하지 않을 수 있다.

의인의 고난은 결코 무의미하지 않다. 그 고난은 허용된 것이며 하나님은 그 고난 경험들을 창의적으로 활용하셔서 의인의 삶에서 궁극적으로 플러스를 만들어내시는 분이다. 이 사실을 믿음으로 받아들일 때 성도들은 고난 가운데서도 감사하며 찬송할 수 있다. 이것이 세상 사람들의 반응 양식과 다른 점이다.

세상 사람들은 고난 가운데서 힘들어 하며 우울해지며 심하면 자살하는 것이 일반적이다. 그러나 믿음의 사람들은 고난 속에서도 의미를 찾으며 고난까지도 빚으셔서 아름다움을 만들어내시는 하나님에게 시선을 고정하며 감사할 수 있다. 범사에 감사하며 쉬지 않고 기도하며 항상 기뻐하라는 하나님의 뜻에 순종할 수 있다(살전 5:16-18 참조). 바울과 실라가 빌립보 감옥에서 보여준 태도가 바로 이런 것이었다. 무고하게 매를 많이 맞은 후에 감옥에 갇혔을 때 그들은 한밤중에 기도하고 하나님을 찬송하였다(행 16:22-25 참조). 하나님은 큰 지진을 통하

---

2) 예를 들면, 아삽은 다음과 같은 시를 남겼다: "하나님이 참으로 이스라엘 중 마음이 정결한 자에게 선을 행하시나 나는 거의 넘어질 뻔하였고 나의 걸음이 미끄러질 뻔하였으니 이는 내가 악인의 형통함을 보고 오만한 자를 질투하였음이로다 그들은 죽을 때에도 고통이 없고 그 힘이 강건하며 사람들이 당하는 고난이 그들에게는 없고 사람들이 당하는 재앙도 그들에게는 없나니...볼지어다 이들은 악인들이라도 항상 평안하고 재물은 더욱 불어나도다"(시 73:1-12). 아삽은 이해할 수 없는 상황에 대한 해답을 다음과 같이 노래하였다: "내가 어쩌면 이를 알까 하여 생각한즉 그것이 내게 심한 고통이 되었더니 하나님의 성소에 들어갈 때에야 그들의 종말을 내가 깨달았나이다. 주께서 참으로 그들을 미끄러운 곳에 두시며 파멸에 던지시니 그들이 어찌하여 그리 갑자기 황폐되었는가 놀랄 정도로 그들은 전멸하였나이다"(시 73:16-19).

여 건져주시고 더 나아가 간수의 온 가족이 "주 예수를 믿으라 그리하면 너와 네 집이 구원을 받으리라"는 말씀을 듣고 예수님을 믿고 세례를 받는 역사가 일어나게끔 인도하셨다. 성경에는 이와 같은 사건들이 수없이 기록되어 있다. 도저히 빠져 나올 수 없는 수렁에 빠진 상황에서조차 하나님은 건지심(deliverance)의 역사를 이루시며 의인의 발을 견고한 반석 위에 딛게 하시는 분이시다.[3]

상담과정에서 만나는 내담자들은 다양한 양상의 '고난'(troubles)과 씨름하는 자들이다. 자기 패배적인 행동으로 인하여 야기한 고난과 씨름하는 이들이 있다. 도저히 이해하며 설명할 수 없는 고난과 씨름하는 이들도 있다. 기독교상담자들은 어느 경우에 있어서도 쉽게 정죄하는 태도를 취할 것이 아니라 고난 속에 있는 그들의 심정을 공감해주어야 한다. 비록 자신의 연약함과 죄성으로 야기한 고난이라고 할지라도 고통 중에 있는 그들의 마음을 헤아려주며 긍휼히 여기는 마음을 가져야 한다. 그래야 내담자는 수용되는 느낌을 받을 수 있다. 그래야 변화를 시도하고 싶은 강한 욕구를 가질 수 있다.

피학적인 경우를 제외하고 스스로 고통을 받기 위해 고통을 야기하거나 고통을 당할 때 희열을 느끼는 경우는 없다. 고통과 고난은 그 자체로 힘든 것이 분명하다. 아플 때 아프다고 말할 수 있는 공간과 대상이 필요하다.

> 이는 그가 너를 새 사냥꾼의 올무에서와 심한 전염병에서 건지실 것임이
> 로다 그가 너를 그의 깃으로 덮으시리니 네가 그의 날개 아래에 피하리
> 로다 그의 진실함은 방패와 손방패가 되시나니 너는 밤에 찾아오는 공포

---

3) "나를 기가 막힐 웅덩이와 수렁에서 끌어올리시고 내 발을 반석 위에 두사 내 걸음을 견고하게 하셨도다"(시 40:2).

와 낮에 날아드는 화살과 어두울 때 퍼지는 전염병과 밝을 때 닥쳐오는 재앙을 두려워하지 아니하리로다 천 명이 네 왼쪽에서 만 명이 네 오른쪽에서 엎드러지나 이 재앙이 네게 가까이 하지 못하리로다....네가 말하기를 여호와는 나의 피난처시라 하고 지존자를 너의 거처로 삼았으므로 화가 네게 미치지 못하며 재앙이 네 장막에 가까이 오지 못하리니 그가 너를 위하여 그의 천사들을 명령하사 네 모든 길에서 너를 지키게 하심이라 그들이 그들의 손으로 너를 붙들어 발이 돌에 부딪히지 아니하게 하시리로다(시 91:3-12).

김성수는 시편 91편을 오해할 수 있는 성도들의 시각을 잘 교정한다:

이 시편을 모든 위험을 막아주는 부적처럼 읽어서는 안 된다. 특별히 11-12절을 하나님의 자녀들 한 사람 한 사람을 지키는 수호천사를 가리키는 것으로 해석해서는 곤란하다. 이 구절들은 결코 하나님의 백성들은 어떤 고난도 당하지 않는다고 말하지 않는다. 이 구절을 가지고(마 4:7; 눅 4:10-12) 마귀는 예수님을 성전 꼭대기에서 뛰어내려 보라고 시험한다. 하지만 이 구절은 마귀의 의도와는 거리가 멀다. 하나님이 당신의 성도들을 어떤 위험에서도 보호하시지만, 그렇다고 성도들이 의도적으로 위험을 초래하는 것은 하나님을 시험하고 하나님의 능력을 불신하는 행위다.[4]

서론 부분에서 언급한 바와 같이 성도들의 삶에도 위기는 찾아올 수 있다. 원인을 규명할 수 없는 위기들이 찾아올 수 있다. 성경은 이런 위기들에 대하여 그 원인이 무엇인지 정확하게 대답하지 않고 침묵한다. 잊지 말아야 할 사실은 하나님의 주권성으로부터 벗어난 그 어떤 위기

---

4) 김성수, "시 91편: 여호와를 거처 삼은 자의 안전," 『시편 3: 어떻게 설교할 것인가』, 100-101.

도 없다는 것이며 하나님은 선하신 분이라는 것이다. 하나님의 뜻은 성도들이 위기를 직면하여 극복하며 앞으로 나아가는 것이다. 하나님은 또한 위기 중에 동행하시며 감당할 수 있는 능력을 주신다. 때로는 위기를 피할 길을 허락하시지만 때로는 위기의 바람을 그냥 맞도록 허용하신다.

노아의 홍수 사건부터 시작해서 오늘에 이르기까지 인류는 많은 재난을 겪으면서 살아왔다. 노아의 홍수 사건은 노아의 식구를 제외한 전 인류적인 참사이자 재난이었다는 점에서 전무후무한 대재난이었다. 노아의 홍수 사건과는 비교가 되지 않지만 초대형 혹은 대형 재난과 재해가 과거에도 있었고 현재에도 일어나고 있고 앞으로도 있을 것이다. 예수님께서 말씀하신 종말의 징조들 중의 하나도 재난이다(마 24:7-8 참조). 현대 과학문명이 발달하면서 자연재해에 대응하기 위한 예방조치와 복구대책은 이전 세대보다 훨씬 양호하지만 자연재해를 완전히 예방한다는 것은 불가능한 일이다.

몇 년 전에 인도네시아에서 일어났던 쓰나미 참사나 아이티에서 발생한 지진과 같은 재난은 심각한 수준이었음에도 불구하고 한국민들에게 어느 정도는 먼 나라의 일처럼 여겨졌다. 그러나 2011년에 일본열도에서 발생한 지진과 이어진 쓰나미 재난과 원전 사고는 일본에 가장 가까이 위치한 한국의 국민들에게 불안과 경각심을 더해주었다. 한국도 지진으로부터 자유롭지 않다는 보고를 접하고 있는 것이 우리의 현실이다.

재난은 인간의 생명과 실존을 위협하기 때문에 불안을 야기한다. 불안을 심하게 느끼는 이들은 불안장애라는 정신적 질환까지 겪을 수 있다. 특히 강도가 높은 지진은 나라 전체를 공포에 몰아넣을 수 있을 만큼 위협적이다. 만약 우리나라에 대형지진이 발생한다고 가정하면 그 결과는 상상하는 것조차 끔찍하다.

재난(災難)은 태풍이나 홍수, 폭풍, 쓰나미, 지진, 폭설, 가뭄, 냉해, 우박, 병충해, 구제역과 같은 자연현상과 관련된 인명 또는 재산상의 피해를 의미하는 단어이다. 그러나 대형 사고나 유조선 기름누출, 비행기 추락과 같은 인위적인 사고로 인한 피해를 의미하기도 한다. 예를 들면, 수련회를 마치고 교회버스를 타고 귀가하던 청소년들이 예기치 않은 교통사고로 사망하는 일이 발생한다면 그 사건은 교회의 존립을 뒤흔들 만큼 충격적인 재난이 될 수 있다.

대부분의 재난은 전혀 예측치 못한 순간에 찾아오는 것이 특징이다. 그런 점에서 위기와 그 역동성이 비슷하다. 위기는 예견할 수 있는 위기와 예측하지 못한 위기로 구별해서 이해될 수 있다. 예측하지 못한 위기는 개인과 가정, 교회, 사회, 혹은 국가의 존립을 위협할 수 있는 위험한 사건 경험이다.

5) 위기의 순기능성

> 배들을 바다에 띄우며 큰 물에서 일을 하는 자는 여호와께서 행하신 일들과 그의 기이한 일들을 깊은 바다에서 보나니 여호와께서 명령하신즉 광풍이 일어나 바다 물결을 일으키는도다 그들이 하늘로 솟구쳤다가 깊은 곳으로 내려가나니 그 위험 때문에 그들의 영혼이 녹는도다 그들이 이리저리 구르며 취한 자 같이 비틀거리니 그들의 모든 지각이 혼돈 속에 빠지는도다 이에 그들이 그들의 고통 때문에 여호와께 부르짖으매 그가 그들의 고통에서 그들을 인도하여 내시고 광풍을 고요하게 하사 물결도 잔잔하게 하시는도다 그들이 평온함으로 말미암아 기뻐하는 중에 여호와께서 그들이 바라는 항구로 인도하시는도다 여호와의 인자하심과 인생에게 행하신 기적으로 말미암아 그를 찬송할지로다(시 107:23-31).

이 시편의 내용은 실제로 예수님과 그의 제자들이 갈릴리 호수에서 풍랑을 만났을 때 성취되었다. 배가 거의 잠기게 되는 위기 상황에 처했을 때 제자들은 고물에서 베개를 베고 주무시는 예수님을 찾았다. "선생님이여 우리가 죽게 된 것을 돌보지 아니하시나이까"라고 외쳤고 예수님은 바람을 꾸짖으시며 바다에게 "잠잠하라 고요하라"고 명하셨다. 놀랍게도 "바람이 그치고 아주 잔잔"해졌다(막 4:39). 제자들에게 이 큰 광풍 사건은 의미가 있었다. 예수님의 정체성에 대해서 신학적인 질문을 던질 수 있는 기회가 되었기 때문이다: "그가 누구이기에 바람과 바다도 순종하는가"(마 4:41).

구약에서는 요나가 탄 배에 찾아온 큰 폭풍은 의미가 있었다. 요나의 불순종으로 말미암아 배에 탄 모든 사람들이 고통을 당했다. 배에 실었던 화물들을 바다에 버려야 하는 손실을 겪었고 배도 거의 깨어질 위기에 처했다. 제비가 뽑힌 요나를 마침내 바다에 던졌을 때 놀랍게 "바다가 뛰노는 것이 곧 그쳤다"(욘 1:15). 배에 탄 사람들은 "여호와를 크게 두려워하여 여호와께 제물을 드리고 서원을" 하는 함으로써 하나님이 어떤 분이신지를 드러내는 의미 있는 사건이 되었다. 요나에게는 하나님의 말씀에 순종하는 기회가 되었다.

바울을 호송하던 백부장과 군인들이 바울의 말을 듣지 않고 선주의 말을 듣다가 유라굴로라는 광풍을 만나 고생한 위기 사건이 사도행전 끝부분에 등장한다. 바울에게 이 위기 사건은 하나님의 위대하심을 배에 탄 모든 사람에게 전하는 기회가 되었다: "내가 속한 바 곧 내가 섬기는 하나님의 사자가 어제 밤에 내 곁에 서서 말하되 바울아 두려워하지 말라 네가 가이사 앞에 서야 하겠고 또 하나님께서 너와 함께 항해하는 자를 다 네게 주셨다 하였으니 그러므로 여러분이여 안심하라 나는 내게 말씀하신 그대로 되리라고 하나님을 믿노라"(행 27:23-25).

이와 같이 위기는 위험하기도 하지만 기회가 된다. 위기에 처한 사람은 위험한 것을 먼저 인식한다. 기회가 될 수 있음을 인식하지 못한다. 불안에 취약한 뇌는 위험한 것에 대해서 먼저 정보를 처리하기 때문이다. 상담사는 위기에 처한 내담자가 위험한 것을 먼저 인식하는 것을 일단 공감해주는 것이 필요하다. 공감을 받으면 불안이 감소하면서 뇌가 좀더 합리적으로 기능할 수 있다. 그렇게 되면 내담자는 위기가 기회가 될 수 있음을 서서히 인식하고 위기를 극복하려고 노력하게 된다. 내담자는 아직 준비가 되지 않았는데 상담사가 기회적인 측면을 강조하면 역효과가 날 가능성이 있다. 민감한 접근이 필요하다.

위기는 종종 새로운 변화와 질서를 가져오는 순기능성을 갖고 있다. 위기를 통해 국가가 뭉치며 국론이 통일되기 때문이다. 가정적으로는 위기 경험을 통해 가정이 회복될 수도 있다. 교회적으로 위기는 성도들의 신앙생활에 도전을 줄 수 있다. 예를 들면, 사사기에서 하나님은 영적 타락을 보이는 이스라엘 백성들을 기근과 전쟁과 같은 재난을 통해 깨닫게 하시며 회복하도록 하셨다.

6) 위기의 잠정성

그의 노염은 잠깐이요 그의 은총은 평생이로다 저녁에는 울음이 깃들일 지라도 아침에는 기쁨이 오리로다(시 30:5).

위기가 반드시 개인의 잘못이나 죄 때문에 발생하는 것은 아니다. 앞에서 언급한 것처럼 위기는 믿는 자나 믿지 않는 자에게 예측할 수 있게 또는 예측할 수 없게 찾아올 수 있다. 우리가 살고 있는 세상이 완벽하지 않기 때문에 여러 가지 원인들에 의해 위기는 발생할 수 있다. 위기를 당한 것을 보니 죄를 지은 것이라고 쉽게 판단하는 것은 욥의 친구들이 가진 관점과 같이 제한된 것이다.

물론 죄에 대한 징계로 오는 위기가 있다. 위의 본문의 경우에 시인 다윗은 하나님의 진노하심으로 징계를 받았다. 우리아의 아내 밧세바와 간음하고 우리아를 살인한 것에 대한 징계로서 태어난 아기가 죽는 징계를 받았다. 압살롬의 반역으로 고통을 당해야 했다. 인구조사로 인하여 백성들이 염병으로 죽는 징계를 받았다.

성도들에게 주어지는 징계적인 위기는 하나님의 의도가 있다. 그리고 이 징계는 잠정적이다. 이 세상에서의 하나님의 징계와 심판은 잠정적이다. 바이저는 이 본문을 주석하면서 하나님이 분노하시는 목적은 파괴함에 있지 않고 교육하는데 있다고 보았다.[5] 분노하신 후에 베푸시는 그의 은총은 평생에 걸쳐서 베풀어지며 영원까지 이어진다. 저녁이 지나고 밤이 깊으면 새벽이 가까운 것이다. 울음이 평생 지속되지는 않는다. 새벽이 오며 기쁜 때가 다가온다.

저 세상에서 베푸시는 하나님의 분노와 징계는 영원하다. 지옥은 잠시 고통을 당하고 끝나는 곳이 아니다. 지옥의 심판은 영원하다. 이 사실을 깨달을 때 인간은 경성할 수 있으며 죄를 짓지 않을 수 있게 된다. 이 사실을 알 때 이 세상에서 고난을 당해도 위로를 받는다. 영원한 천국의 기쁨이 기다리고 있다는 사실을 확신할 때 고난의 기간을 견딜 수 있다.

내담자들이 현재의 슬픔이나 고통으로 힘들어 할 때 막연한 희망이

---

5) Weiser, *The Psalms*, 270.

아니라 분명한 소망이 있다는 사실을 확인하는 것은 큰 힘이 된다. 소망은 현재의 고통을 회피하기 위하여 환상처럼 자신의 고통을 마취시키는 것이 아니다. 고통을 느끼지만 믿음의 눈으로 미래의 이야기를 바라보는 것이다. 바울 사도는 이 사실을 그의 경험을 통하여 확신있게 드러내었다. 그 자신이 "사방으로 우겨쌈을 당하여도 싸이지 아니하며 답답한 일을 당하여도 낙심하지 아니하며 박해를 받아도 버린 바 되지 아니하며 거꾸러뜨림을 당하여도 망하지 아니"(고후 4:8-9)할 수 있었던 것은 "심히 큰 능력은 하나님께 있고 우리에게 있지 아니함"을 잘 알고 있었기 때문이다(고후 4:7). 그는 자신이 당하는 고통을 "잠시 받는 환난의 경한 것"이라고 표현했다. 그 이유는 그 고통과 위기가 "지극히 크고 영원한 영광의 중한 것"을 성취할 것임을 믿었기 때문이다. 그는 "우리가 주목하는 것은 보이는 것이 아니요 보이지 않는 것이니 보이는 것은 '잠깐'이요 보이지 않는 것은 '영원'함이라"고 위기에 처한 성도들에게 시선을 보이지 않는 하나님과 보이지 않는 하나님 나라의 영광에 고정할 것을 권면하였다(고후 4:17-18).

> 악을 행하는 자들 때문에 불평하지 말며 불의를 행하는 자들을 시기하지
> 말지어다 그들은 풀과 같이 속히 베임을 당할 것이며 푸른 채소같이 쇠
> 잔할 것임이로다(시 37:1-2).

본문에 나오는 악과 불의를 행하는 자들을 향하여 불평하며 시기하는 이유는 그들의 '길이 형통하며' 그들의 길이 성공적이기 때문이다(7절 참조). 시인 다윗은 7절에서는 "여호와 앞에 잠잠하고 참고 기다리라"고 권면한다. "분을 그치고 노를 버리며 불평하지 말라"고 아울러 권면하는데 그 이유는 "오히려 악을 만들 뿐"이기 때문이라는 것이다(8

절 참조). 시인은 자신의 삶을 통해서 이 사실을 분명히 경험했기 때문에 믿음의 후배들에게 권면한 것이다. 근시안적인 시각으로 보면 불평과 시기와 분노가 생길 수 있다. 왜냐하면 불의를 행하는 자는 반드시 보응을 받아야 하는데 오히려 더 형통하고 성공적이기 때문이다. 이럴 때 원시안적인 시각이 필요하다.

시인은 "그들은 풀과 같이 속히 베임을 당할 것이며 푸른 채소같이 쇠잔할 것임이로다"라고 노래한다. 악을 행하는 자의 겉으로 보이는 웰빙은 잠정적이며 유효기간이 정해져 있기 때문이다. 그들은 '속히' 그리고 '분명히' 멸망할 것이기 때문이다. "진실로 악을 행하는 자는 끊어질 것"이다(9절). "잠시 후에는 악인이 없어지리니 네가 그 곳을 자세히 살필지라도 없으리로다"라고 다윗은 노래한다. "악인들은 멸망하고 여호와의 원수들은 어린 양의 기름 같이 타서 연기가 되어 없어지리로다"(20절)라고 그들의 최후를 내다보며 기다리는 것이다. "여호와 앞에 잠잠하고 참고 기다리라"(7절)는 말씀을 믿고 의지하면 불평과 시기와 분노는 상대적으로 줄어든다.

악인의 잠정적인 웰빙은 영원한 웰빙을 막을 수 있는 걸림돌이다. 걸림돌을 보고 부러워하거나 시기할 필요가 없다. 악을 행하는 자의 잠정적인 웰빙을 '재해석'(reframing)하면 성공과 형통에 취해 사는 악행자들을 오히려 불쌍한 눈으로 볼 수 있다. 왜냐하면 그들은 불행한 자들이기 때문이다. 잠시의 웰빙을 맛보다가 영원한 심판과 고통을 경험하게 될 행악자는 불행하다. 영원한 고통을 앞두고 죄악의 잠정적인 쾌락과 형통을 맛보는 것은 그들에게 약간의 위로가 될 수 있다. 마치 사형집행을 앞둔 사형수에게 그가 평소에 먹고 싶었던 음식을 마음껏 먹도록 진수성찬을 차려준다고 해서 그 진수성찬을 부러워하거나 분노할 필요는 없는 것과 마찬가지이다. 영원한 고통과 잠시의 기쁨과 형통함을 비교해서 잘 선택하는 자가 지혜자이다. 안타깝게도 악과 불의를 행하는 자들은 이와 같은 지혜가 없는 자들이다.

상담과정에서 악을 행하는 자들에 의하여 상처를 입고 분노하는 내담자들을 보게 된다. 상처를 주고도 잘 살고 있으며 세상적으로 더 형통하게 살아가는 모습을 볼 때 하나님께 원망과 분노마저 느낄 수 있다. 이런 내담자들을 상담할 때 먼저 이와 같은 불평과 분노를 표현할 수 있도록 하며 인식하도록 돕는 것이 중요하다. 상한 감정들을 공감하며 충분히 토설할 수 있도록 기다려주는 것이 필요하다. 미숙한 상담사는 너무 빨리 해답을 제시할 위험성이 높다. 마음이 상해 있는데 가해자의 삶은 분명히 결과가 좋지 않을 것이며 하나님이 징계하실 것이라고 이야기한다면 상처 표면에 약을 발라주는 수준 밖에 되지 않는다. 상한 감정을 인식하며 표현할 수 있는 공간을 제공해줄 때 현실을 새롭게 재해석할 수 있는 눈이 열리게 될 것이다.

2. 위기의 의미

여호와여 어찌하여 멀리 서시며 어찌하여 환난 때에 숨으시나이까(시 10:1).

환난이나 위기 상황에서 내담자는 하나님의 부재나 무관심을 경험할 수 있다. 하나님의 임재를 가장 필요로 하는 시기에 오히려 하나님이 관망하시는 느낌, 또는 심지어 하나님이 전혀 응답하시지 않는 느낌으로 고통을 겪을 수 있다. 시편의 기자의 고백을 통해서 이런 경험이 신앙인들에게 일어날 수 있다는 사실을 말해준다.[6] 이 사실 자체가 위로가 된다.

> 내 하나님이여 내 하나님이여 어찌 나를 버리셨나이까 어찌 나를 멀리하여 돕지 아니 하시오며 내 신음 소리를 듣지 아니하시나이까 내 하나님이여 내가 낮에도 부르짖고 밤에도 잠잠하지 아니하오나 응답하지 아니하시나이다(시 22:1-2).

"엘리 엘리 라마 사박다니"(막 15:34)라고 외치셨던 예수님의 말씀은 바로 시편의 본문 말씀을 인용한 것이다. 하나님으로부터 버림받는 경험은 가장 고통스러운 경험이다. 돕지 않으실 뿐 아니라 신음하는 소리를 듣지 않으시는 것 같은 하나님의 침묵은 성도에게 고통스러운 경험이 아닐 수 없다. 그러나 예수님의 십자가 사건을 통해서 알 수 있듯이 하나님은 자녀들의 '작은 신음 소리'에도 듣고 응답하시는 분이다.

시편 기자는 밤낮을 가리지 않고 하나님께 호소하고 있다. 밤에도 잠을 잘 수 없을 만큼 고통스러운 환경 속에서 하나님께 부르짖고 있다. 하나님은 당장 응답하지 않으신 것이다. 이 시편은 성도들의 경험을 잘 대변하고 있다. 이 사실 자체가 위로다. 시편 기자의 경험에 동참하고 있는 것이다.

> 고난 당하기 전에는 내가 그릇 행하였더니 이제는 주의 말씀을 지키나이다(시 119:67); 고난 당한 것이 내게 유익이라 이로 말미암아 내가 주의 율례들을 배우게 되었나이다(시 119:71).

---

6) 하나님이 멀리 떨어져 계신 모습으로 묘사되는 표현은 시편의 애가에서 계속 등장한다(13:1, 22:1, 35:22, 38:21, 42:9, 43:2, 71:12, 88:14). 김정우, 『시편주석 I』, 350.

고난 당하는 것을 원하는 사람은 거의 없다. 피학적으로 고통 당하는 것을 기뻐하는 사람들 외에는 고난을 당하는 것을 원하는 사람은 없다. 믿지 않는 사람들 중에도 고난을 당한 후에 더 심리적으로 성숙해지는 경우가 있다. 특히 믿는 자들이 고난을 당한 후에 하나님의 말씀을 지키는 능력과 습관이 생긴다면 그 고난은 의미가 있다. 자신이 그릇 행한 것에 대한 결과나 징계로서 고난을 당한다면 그 고난은 유익하다. 이 고난(affliction)을 징계(discipline)라는 관점에서 본다면 히브리서 기자의 권면과 연결될 수 있다:

> 내 아들의 주의 징계하심을 경히 여기지 말며 그에게 꾸지람을 받을 때에 낙심하지 말라 주께서 그 사랑하시는 자를 징계하시고 그가 받아들이시는 아들마다 채찍질하심이라 하였으니 너희가 참음은 징계를 받기 위함이라 하나님이 아들과 같이 너희를 대우하시나니 어찌 아버지가 징계하시 않는 아들이 있으리요 징계는 다 받는 것이거늘 너희에게 없으면 사생자요 친아들이 아니니라 또 우리 육신의 아버지가 우리를 징계하여도 공경하였거든 하물며 모든 영의 아버지께 더욱 복종하며 살려 하지 않겠느냐 그들은 잠시 자기의 뜻대로 우리를 징계하였거니와 오직 하나님은 우리의 유익을 위하여 그의 거룩하심에 참여하게 하시느니라 무릇 징계가 당시에는 즐거워 보이지 않고 슬퍼 보이나 후에 그로 말미암아 연단 받은 자들은 의와 평강의 열매를 맺느니라(히 12:5-11).

히브리서 본문은 첫째, 믿는 자가 그릇 행할 때 징계가 없다면 그는 친아들이 아닌 증거라고 볼 수 있다고 말한다. 둘째, 하나님은 오직 성도의 유익을 위하여 징계하신다는 것이다. 셋째, 징계의 목적은 하나님의 거룩하심에 참여하게 하시는데 있다는 것이다. 마지막으로, 고난을 통해 연단 받은 자들은 의와 평강의 열매를 맺게 된다는 것이다.

고난을 당하지 않고서도 하나님의 말씀을 지키며 배우면 더 좋은 일이다. 고난을 당한 후에야 깨닫는 것은 수준이 떨어지는 것이다. 신약 성도들의 경우에는 이미 성경 인물들의 삶을 통해서 반면교사를 삼을 수 있는 혜택을 누리고 있다. 말씀을 통해 미리 깨닫고 그릇된 길로 가지 않고 말씀을 순종하는 삶이 더 복되다.

아무튼 고난을 당함으로써 죄짓는 것을 두려워하며 죄를 혐오하는 학습 경험이 뇌에 입력이 된다면 고난은 분명히 가치와 의미가 있다. 고난당한 것을 유익한 것으로 받아들일 수 있다면 그 고난은 고생한 것으로만 끝나지 않기 때문이다. 고난을 통해서 하나님의 말씀의 의미를 더 깊이 깨닫게 된다면 의미가 있다. 고난의 때에 버팀목 역할을 하는 것이 하나님의 말씀이다. 성경을 가까이 하는 삶이 체질화되도록 하는 것은 고난이 가져다주는 변장된 선물이다.

많은 내담자들은 삶의 고통과 고난 경험으로 인하여 상담사를 찾는다. 따라서 고난이라는 증상이 가진 의미와 상징을 함께 찾아가는 것은 상담의 주요 과정이 된다. 고난을 회피하는 방법을 가르치기보다는 고난을 직면하게 하며 고난이 가져다주는 의미를 탐색해가는 것이 내담자의 성장을 촉진시키는 방법이다. 무엇보다도 고난을 통하여 내담자가 하나님을 더 깊이 신뢰하는 법을 배우는 것은 의미가 있다. 그리고 하나님의 말씀을 배우며 지키는 거룩한 삶을 살 수 있게 되는 것은 장기적인 유익이다.

그러나 내가 가는 길을 그가 아시나니 그가 나를 단련하신 후에는 내가 순금 같이 되어 나오리라(욥 23:10); 도가니는 은을, 풀무는 금을 연단하거니와 여호와는 마음을 연단하시느니라(잠 17:3).

도가니와 풀무의 존재 목적은 금이나 은과 같은 보물을 얻기 위하여 광석을 제련하는데 있다. 생활용품이나 예술품으로 사용하기 위해서는 토기를 빚은 후에 도가니에서 뜨거운 불로 그릇을 굽는 과정을 거쳐야 한다. 광석이나 토기의 입장에서는 뜨거운 열기를 견뎌야 한다는 것이 너무 고통스러울 것이다. 그러나 그 과정을 반드시 거쳐야만 가치 있고 순도가 높은 금이나 은이 탄생할 수 있다. 또는 아름다운 빛깔과 무늬를 가진 그릇으로 거듭날 수 있다.

마찬가지로 하나님은 특히 하나님의 자녀들을 인생의 용광로 또는 광야 경험을 통하여 연단하신다.[7] 마음을 성결하게 하며 하나님만 바라볼 수 있는 사람으로 거듭나게 하신다. 성화의 과정을 통하여 예수님을 닮은 자녀가 되도록 하신다. 용광로의 시련과 고난을 자발적으로 원하는 자는 없다. 그러나 원치 않은 경험을 통해서 궁극적으로 우리를 변화시키며 성숙시킬 하나님의 큰 뜻을 신뢰하고 견디는 삶을 살 때 정금같은 인생으로 바뀔 수 있다.[8] 바울은 이 진실을 다음과 같이 아름답게 표현하였다: "다만 이뿐 아니라 우리가 환난 중에도 즐거워하나니 이는 환난은 인내를, 인내는 연단을, 연단은 소망을 이루는 줄 앎이로

---

7) 롱맨은 제련의 메타포를 사용하는 성경본문을 다음과 같이 소개하였다: 시 12:6, 사 1:25, 렘 9:7, 슥 13:9. "여호와의 말씀은 순결함이여 흙 도가니에 일곱 번 단련한 은 같도다"(시 12:6); "내가 또 내 손을 네게 돌려 네 찌꺼기를 잿물로 씻듯이 녹여 청결하게 하며 네 혼잡물을 다 제하여 버리고"(사 1:25); "내가 내 딸 백성을 어떻게 처치할꼬 그들을 녹이고 연단하리라"(렘 9:7); "내가 그 삼분의 일을 불 가운데에 던져 은 같이 연단하며 금 같이 시험할 것이라"(슥 13:9). Longman, *Proverbs*, 343.

8) "잠언에서 강조한 이스라엘의 지혜의 정의와 근원 문제, 곧 '야웨를 경외하는 것이 지혜의 근본이요 거룩하신 자를 아는 것이 명철'이라는 실천신학적 정의는 잠언서의 저자가 어느 날 아침에 갑자기 하나님께로부터 계시를 받아 적은 시구 또는 경구라기보다는, 적어도 천년 이상 가나안이라는 고난의 용광로 안에서 이스라엘 백성이 시련과 연단을 거쳐 터득한 지혜요 진리요 신학이라는 사실이다." 장영일, "유대인의 지혜, 그 본질과 발전 배경,"『잠언: 어떻게 설교할 것인가』(두란노 아카데미, 2009), 54.

다"(롬 5:3-4). 이 로마서 본문에서 '연단'이란 단어를 NIV 성경에서는 '품성'(character)이라고 번역하였다. 즉 환난의 용광로 경험을 통하여 우리의 품성이 다듬어지며 성숙해진다는 의미이다.

많은 내담자들은 인생의 용광로에 들어가 있는 사람들이다. 스스로 해결책을 마련할 수 없고, 고통은 가중되고, 희망은 점점 사라지고, 용기는 점점 꺾이며, 숨이 막히며, 또는 기가 막혀 죽을 것 같은 상황에 처해 있는 이들이다. 기독교상담사는 이들에게 용광로 경험은 결코 무의미하지 않으며, 용광로 경험을 통해 마음을 변화시키며 성숙시키는 하나님의 큰 목적이 있음을 믿음의 눈으로 바라볼 수 있게 도와야 할 것이다.

3. 위기 대처 방안

> 이르되 내가 모태에서 알몸으로 나왔사온즉 또한 알몸이 그리로 돌아가 올지라 주신 이도 여호와시요 거두신 이도 여호와시오니 여호와의 이름 이 찬송을 받으실지니이다 하고 이 모든 일에 욥이 범죄하지 아니하고 하나님을 향하여 원망하지 아니하니라(욥 1:21-22); 그가 이르되 그대의 말이 한 어리석은 여자의 말 같도다 우리가 하나님께 복을 받았은즉 화 도 받지 아니하겠느냐 하고 이 모든 일에 욥이 입술로 범죄하지 아니하 니라(욥 2:10).

욥은 엄청난 위기 상황 속에서 하나님을 향한 그의 관점을 확인하였다. 그는 '주신 이'가 하나님이시며 '거두신 이'도 하나님이라고 고백하였다. 자신의 삶이 자신의 것이 아니라는 것을 고백함으로써 그는 자신에게 닥쳐온 엄청난 상실들을 재해석하였다. 그리고 크게 요동하지 않는 내면적 성숙과 믿음을 드러내었다.

욥은 자신의 실존을 '알몸'으로 표현하였다. '빈손'으로(empty-handed) 가는 인생임을 겸손히 인정한 것이다. 그는 인간의 실존을 잘 파악하였다. 알몸 인생, 빈손 인생임을 인정하면 두려울 것이 없고 무서울 것도 없다. 자랑할 것이 없고 부러워할 것도 없다.

극한 위기 상황에서 욥은 자신이 누려왔던 '모든 것들'이 다 위로부터 주어진 '은총'임을 인정하며 고백하는 놀라운 신앙을 드러냈다. 거의 모든 것들을 다 잃은 환경 가운데서 놀랍게도 그는 하나님의 이름을 찬송했다. 이 반응은 애도 과정에서 충격감이나 무감각의 단계에서 작용하는 '부인'(denial)의 방어기제에 기인한 것이 결코 아니었다.

욥은 자신의 삶에서 누려왔던 '복'과 대조적으로 '화'도 받을 수 있다는 사실을 겸손히 받아들였다. 그리고 하나님의 주권성을 인정하였다.[9] 생사화복(生死禍福)을 주관하시는 하나님이심을 인정하였다. 그는 "이 모든 일에 입술로 범죄하지" 않았다.

욥의 아내의 반응은 욥이 처한 상황에서 대부분의 사람들이 예측할 수 있는 반응이었다: "당신이 그래도 자기의 온전함을 굳게 지키느냐 하나님을 욕하고 죽으라"(2:9).[10] 그러나 욥은 오히려 아내를 호되게 꾸

---

9) 하틀리는 1장 21절 본문에서 욥이 하나님의 주권성을 확신하였으며 하나님을 '여호와'라는 개인적인 호칭으로 부른 것에서 이 사실이 더 잘 드러난다고 주석하였다. Hartley, *The Book of Job*, 21.

10) 배정훈은 70인역의 문맥 속에서 욥의 아내의 반응을 이해하는 시도가 필요하다고 보았다. 그는 일반적으로 여성은 남성에 비해서 직관적으로 결론을 내린다고 하면서 "욥의 아내는 여기에서 사실을 말하는 것이 아니라 감정을 말하고 있다. 아내의 말은 정말 욥이 여호와를 저주하고 죽을 수밖에 없다고 판단 내려야 하는 막다른 골목에 선 고백이다"라고 주석하였다. 배정훈, "신앙의 여정으로서 경험과 전통", 『욥기: 어떻게 설교할 것인가』, 두란노 How 주석 시리즈 16, 목회와 신학 편집부 편 (두란노아카데미, 2008), 76-77. 70인역의 문맥 속에서 이해된 아내의 말을 배정훈은 다음과 같이 재해석하였다: "많은 시간이 흐른 후에 욥의 아내는 말하였다. 구원

짓었다. 하틀리는 '어리석은 여자'라고 할 때 '어리석다'라는 히브리어 단어 '*nabal*'은 '바보'를 의미하는 가장 강한 표현이라는 사실에 주목하였다.[11] 따라서 하나님의 주권성을 믿지 못하고 인간 수준에서 반응하는 것은 인간의 바보스러움과 어리석음이라고 볼 수 있다. 그러나 욥의 아내의 반응을 무조건 어리석다고 이해하는 것은 인간의 심리를 잘

의 소망을 바라는 당신은 조금 더 기다리라고 하는데 정녕 얼마나 더 기다려야 합니까? 보십시오. 내가 수고하여 낳은 아이들은 이 땅에서 기억도 없이 사라졌어요. 당신은 바깥에서 밤을 지새우며 악창으로 고생하고, 나는 이곳저곳, 집집마다 일거리를 찾아 돌아다닙니다. 하루 종일 일하면서도 언제나 해가 떨어져서 이러한 수고에서 벗어나 쉬려나 기다립니다. 당신도 하나님께 무슨 말이나 한번 하고 죽으십시오." 배정훈, "신앙의 여정," 76. 배정훈은 욥 19:17절에서 "내 아내도 내 숨결을 싫어하며"라는 본문을 토대로 "자신의 숨결을 싫어해서 가슴 아프다는 것은 곧 아내가 잠자리에 곁에 있었다는 표시였다"고 이해하면서 욥의 아내가 그를 사실상 떠나지 않았다고 보았다(배정훈, "신앙의 여정," 77): "실제로 욥의 아내는 욥을 지키고 있으며(19:17), 마지막까지 욥을 지킨다"(배정훈, "신앙의 여정," 84). 안근조도 그와 같은 해석을 지지하였다: "욥의 아내가 욥을 저주하긴 했지만 욥과 결별해 떠나갔다는 보도 역시 없다. 욥의 아내는 '입술로는' 욥을 저주했지만 여전히 욥의 주변에 머물러 있었다. 욥의 '주변에' 둘러싸고 있는 모든 울타리들이 파괴된 상황에서 욥의 아내만이 남아 있었다. 그렇다면 우리는 그녀를 욥의 새로운 회복을 위한 유일한 소망의 단초로서 해석할 수 있지 않을까?" 안근조, "욥의 환난과 경건한 반응: 욥기 1-2장 주해와 적용," 『욥기: 어떻게 설교할 것인가』, 111.

11) Hartley, *The Book of Job*, 84. 아비가일은 다윗에게 자기 남편의 행동에 대해서 설득하면서 남편의 이름을 가지고 그의 미련함을 논증하였다: "원하옵나니 내 주는 이 불량한 사람 나발을 개의치 마옵소서 그의 이름이 그에게 적당하니 그의 이름이 나발이라 그는 미련한 자니이다"(삼상 25:25). 갈렙 족속이었던 나발의 부모는 좋은 이름들도 많은데 왜 하필이면 '바보'라는 이름을 그들의 아들에게 붙여주었을까? 귀여운 자녀를 부를 때 '똥강아지'라고 애칭을 부르는 것과 같은 심리였을까? 이름을 천하게 지으면 건강하고 오래 살 수 있다고 생각했을까? 아니면 자신의 낮은 자존감을 아기에게 투사하여 수치스러운 이름을 붙였을까? 나발이 태어날 때부터 바보는 아니었을텐데 말이다. 아무튼 나발은 자기에게 붙여진 이름, 즉 부모의 '삶의 대본'(script)을 따라 살다가 여호와의 치심을 받아 죽었던 '바보'였다. 이런 바보 나발이 "총명하고 용모가 아름다운" 아비가일과 결혼을 했다는 점은 역설적이다(삼상 25:3). 가족치료이론에서는 자기개별화 수준이 비슷한 사람들끼리 결혼할 가능성이 높다고 이해하지만 아비가일의 경우에는 그렇지 않았다. 나발의 입장에서는 아비가일을 아내로 얻은 것은 하나님의 큰 은총이었다. 그러나 그는 은총을 누리며 살지 못했다. 성경의 평가처럼 "완고하고 행실이 악한" 사람으로 살았다(삼상 25:3 참조).

이해하지 못하는 것일 수 있다. 열 자녀를 동시에 잃은 엄마의 정신적 충격은 이루 표현하기 어려웠을 것이다. 충격감과 극단적인 분노감, 슬픔, 우울이 점철되는 감정 상태에 처해 있었을 것이다.[12]

> 내가 환난 중에서 여호와께 아뢰며 나의 하나님께 부르짖었더니 저가 그의 성전에서 내 소리를 들으심이여 그의 앞에서 나의 부르짖음이 그 귀에 들렸도다(시 18:6); 이 곤고한 자가 부르짖으매 여호와께서 들으시고 그의 모든 환난에서 구원하셨도다(시 34:6); 여호와의 눈은 의인을 향하시고 그의 귀는 그들의 부르짖음에 기울이시는도다(시 34:15); 의인이 부르짖으매 여호와께서 들으시고 그들의 모든 환난에서 건지셨도다(시 34:17).

위기를 극복할 수 있는 가장 좋은 자원은 기도이다. 하나님께 기도가 상달될 때 문제는 해결될 수 있다. 하나님은 능하신 분이시기 때문에 어떤 역경 속에서도 궁극적인 해결자가 되신다.

하나님은 성도가 환난을 당할 때 하나님께 부르짖는 것을 원하신다. 환난 속에서 자기의 힘을 의지하고 해결하려는 것은 하나님을 향한 절대의존의 자세가 아니다.

> 여호와께서 사람의 걸음을 정하시고 그의 길을 기뻐하시나니 그는 넘어지나 아주 엎드러지지 아니함은 여호와께서 그의 손으로 붙드심이로다(시 37:23-24); 날마다 우리 짐을 지시는 주 곧 우리의 구원이신 하나님을 찬송할지로다(시 68:19).

---

12) 앨던은 욥의 아내가 비록 신체적으로 고통을 겪은 것은 아니지만 그녀 또한 자녀와 가진 재물을 모두 잃고 고통 중에 있었다는 사실과 자신의 남편마저 잃어버릴 위험에 처해 있었다는 사실을 고려한다면 그녀를 너무 비난해서는 곤란할 것이라고 주석하였다. Alden, *Job*, 66.

NIV 성경은 "만약 하나님이 어떤 사람의 길을 기뻐하신다면 그의 걸음을 견고케 하실 것이다"라고 번역하였다. 반면 개역개정판 성경은 하나님이 각 사람의 걸음을 결정하시고 그의 길을 기뻐하신다고 번역하였다. NIV 성경의 번역을 따른다면 하나님은 그가 기뻐하는 자의 삶의 여정에서 한 걸음 한 걸음을 주목하시며 붙드시는 분이다. 돌부리에 걸려서 휘청거릴 수는 있겠지만 완전히 쓰러지지는 않을 것이라고 하나님은 약속하신다. 그가 기뻐하는 자는 "영원히 보호를 받으나 악인의 자손은 끊어지리로다"라고 약속하신다(28절).

목회적 돌봄의 중요한 기능 중의 하나는 '지탱하기'(sustaining)이다. 하나님은 성도를 그의 삶의 여정에서 완전히 넘어지거나 무너지지 않도록 붙들고 계신다. 바울이 표현한 것처럼 "우리가 사방으로 우겨쌈을 당하여도 싸이지 아니하며 답답한 일을 당하여도 낙심하지 아니하며 박해를 받아도 버린 바 되지 아니하며 거꾸러뜨림을 당하여도 망하지 아니"한다(고후 4:8-9). 하나님이 그의 강하신 팔과 손으로 성도들을 붙들고 있다는 사실을 기억하면 두려움과 불안이 사라진다. 부모의 손을 잡고 가는 아이는 불안할 필요가 없다. 어떤 상황에서도 부모가 자신을 보호해줄 것이라고 확신하기 때문이다.

기독교상담사는 내담자의 삶의 여정에서 일정한 기간 동안 동행하며 그의 손을 붙잡아주는 역할을 한다. 특히 위기상담의 경우에 지탱하는 역할을 한다. 내담자가 무너지지 않도록 격려하며 용기를 북돋아주며 힘을 실어주는 역할을 한다. 그럴 때 내담자는 상담자의 돌봄을 통하여 하나님이 자신을 붙들고 있음을 경험할 수 있다.

더 나아가 하나님은 성도의 짐을 대신 지시며, 나누어지신다. 그리고 '날마다' 지신다. 김정우는 '날마다 우리 짐을 지시는 분'이라는 하나님의 은유가 '참으로 아름다운 은유'라고 표현하면서 그 의미를 다음과 같이 부연하여 주석하였다: "바벨론의 제사장들은 마르둑의 무거운 신상을 어깨에 지고 간다(사 46:17; 63:9 참조). 그러나 하나님은 우리의 짐을 대신 지고 가신다."[13] 이방 신들은 오히려 인간에게 오히려 무거운 짐이 되지만 하나님은 인간의 짐을 대신 지시는 분이다. 참으로 예수 그리스도는 우리의 죄짐을 대신 지시고 골고다 언덕에 오르셨다. 우리의 죄짐이 굴러가도록 십자가에 오르셔서 고난당하시고 죽으셨다. 이 이미지는 『천로역정』에서 죄짐을 지고 가던 주인공 크리스천이 십자가에 가까이 다가갔을 때 그의 어깨에 있던 죄짐이 저절로 떨어져 십자가 뒤로 굴러가버리는 장면에서 잘 묘사되었다.

　기독교상담사는 내담자의 짐을 대신 질 수 있는 사람은 아니다. 그러나 마음의 짐을 덜어놓고 갈 수 있는 대상이 될 수 있다. 내담자가 그/그녀의 삶에서 짓누르던 수치의 이야기들, 트라우마 이야기들을 털어놓을 때 내담자는 마음의 짐을 내려놓을 수 있다. 기독교상담사는 내담자의 이야기를 마음에 담고 평생 비밀을 지켜주며 가야 한다는 점에서는 짐을 나누어질 수 있는 대상이다.

4. 위기상담 방법

　　두 사람이 한 사람보다 나음은 그들이 수고함으로 좋은 상을 얻을 것임이라 혹시 그들이 넘어지면 하나가 그 동무를 붙들어 일으키려니와 홀로 있어 넘어지고 붙들어 일으킬 자가 없는 자에게는 화가 있으리라 또 두

---

13) 김정우, 『시편주석 II』, 376.

사람이 함께 누우면 따뜻하거니와 한 사람이면 어찌 따뜻하랴 한 사람이
면 패하겠거니와 두 사람이면 맞설 수 있나니 세 겹 줄은 쉽게 끊어지지
아니하느니라(전 4:9-12).

전도서 본문은 일반적인 상담의 유용성 뿐 아니라 위기 상담의 유용
성을 잘 표현하는 귀한 말씀이다. 상담은 한자어로 '서로 相' 자에 '말
씀 談' 자이다. 두 사람 이상의 사람들이 언어를 사용하여 도움을 주고
받는 과정이 상담이다. 위기에 처한 사람에게 누군가 신뢰할 수 있는
사람이 붙들어주는 것은 크게 힘이 된다. 최소한 무너지지 않도록 지탱
해주는 것이 위기상담의 중요한 역할이다. 혼자서 위기를 만나면 패할
가능성이 있지만 두 사람이 팀이 되면 맞설 수 있다. 위기상담사는 버
팀목 역할을 할 수 있다.

기독교상담사는 위기에 처한 내담자를 대할 때 다음의 몇 가지 변수
를 인식하고 내담자를 돌보는 것이 필요하다. 먼저 위기를 당한 내담자
의 과거 위기경험들이 무엇이었는지를 탐색하는 것이다. 과거에 위기경
험들을 잘 극복한 삶의 이야기를 기억해내도록 하는 것은 중요하다. 반
면 위기경험이 전혀 없었던 내담자의 경우에 현재의 위기는 큰 충격으
로 다가올 수 있다는 점을 이해해야 할 것이다. 해결되지 않은 위기경험
들이 누적되어 오다가 새로운 위기를 만남으로 인해 감당할 수 있는 힘
을 넘어섬으로써 힘들어할 수도 있다. 이미 재난을 겪었던 사람들의 경
우에는 외상후 스트레스장애와 같은 증상을 이미 갖고 있을 가능성이
있다. 이런 사람들에게 새로운 위기나 충격은 가중적(accumulative)
이다.

둘째, 내담자에게 사회적 지지망이 있는지 없는지를 파악하도록 한

다. 주변에 도울 수 있는 가족이나 친구, 또는 경제적 자원과 같은 지지망이 든든할수록 위기를 잘 극복할 수 있다.

셋째, 내담자의 영적, 심리적, 신체적 건강성이라는 변수를 고려하는 것이다. 정서적으로 약하거나 건강상태가 좋지 못하거나 현실감이 부족하거나 영적으로 침체 상태에 있을수록 위기상황에서 취약해질 수 있다. 이 사실을 인식할 때 상담사는 재난을 당한 내담자에게 전인격적인 돌봄을 제공할 수 있을 것이다.

넷째, 위기에 대한 의미발견과 해석능력이라는 변수를 고려하는 것이다. 위기상황에서 의미를 붙잡고 있는 한 무너지지 않는다. 마지막으로, 위기의 강도와 빈번도이다. 여기에서 재난 피해자가 주관적으로 인식하는 위기의 강도를 공감하고 이해할 필요가 있다. 객관적으로는 충격을 그렇게 받지 않을 것 같은 위기상황에서 어떤 이들은 심한 충격을 받을 수 있기 때문이다. 개인적인 차이와 변수가 있다는 점을 항상 명심하고 접근하는 것이 필요하다.

일본에서 발생한 지진과 원전사고는 수많은 생명들을 앗아갔다.[14] 방사능이 누출된 지역에 살고 있던 많은 사람들이 삶의 터전을 잃었다. 다시는 그 땅에서 살 수 없을 수 없는 큰 상실을 겪었다.

재난과 재해를 겪은 사람들은 이전 삶으로 다시는 되돌아갈 수 없을 때가 많다. 때로는 모든 것을 상실할 수 있다. 최근에 일본에서 일어난 지진과 쓰나미 현상은 피해를 입은 지역의 많은 사람들에게 거의 모든 것을 앗아갔다. 트라우마 상담을 할 수 있는 기본적인 이해와 기술이

---

14) 인간의 기본적이며 중요한 욕구 중의 하나인 안전감(sense of security)을 뒤흔드는 지진 경험은 모든 인간의 핵심감정이라고 말할 수 있는 불안을 야기하며 두려움과 공포감을 갖게 한다.

기독교상담사들에게 필요하다. 기독교상담사들은 트라우마가 수반하는 상실이 사람들로 하여금 애도 과정을 겪게 한다는 점을 잘 인식하고 그 과정을 잘 이해하고 대응해야 할 것이다. 충격감과 무감각, 슬픔, 분노감, 우울감의 단계를 거치면서 수용의 단계까지 이르는 오랜 과정을 이해하고 공감해주어야 한다.

외상후 스트레스장애는 심한 감정적 스트레스를 경험했을 때 나타나는 장애로서 "전쟁, 자동차, 기차, 비행기 등 교통수단으로 인한 사고와 산업 현장에서의 사고, 개인적 피해를 끼치는 폭행, 강간, 테러 및 폭동, 때로는 홍수, 폭풍, 지진, 화산폭발 등 생명을 위협하는 재난이 발생했을 때 당시에 받은 충격에 의한 발병"으로 인한 장애다.[15] 위협적이었던 사건에 대한 반복적인 플래시백이나 악몽, 외상을 연상시키는 것에 대한 회피반응, 제한된 범위의 감정인식이나 표현, 그리고 지속적인 과민상태가 전형적인 증상들이다. 이같은 증상들이 3개월 이상 지속될 때 만성적인 장애로 진단되는데 외상 경험 후에 적어도 6개월 이후에 증상이 시작하는 경우도 있다. 외상을 겪는다고 모든 이들이 다 이 장애를 겪는 것은 아니다. 재난의 경우에 상황에 따라 5퍼센트에서 75퍼센트에 이르는 사람들 중에서 이 장애를 겪을 수 있다.[16] 주로 약물치료와 단기정신치료를 병행하며 심한 경우에는 입원치료와 재활치료를 한다.

외상후 스트레스장애는 여러 다른 정신적 질환을 야기할 수 있다. 이

---

15) 민성길, 『최신정신의학』, 제 3개정판 (일조각, 1995), 254. 외상후 스트레스장애는 다양한 임상적 발현이 특징적이다. 공포에 기반을 둔 재경험, 무감동 또는 불쾌감 및 부정적 인지, 각성, 해리 등의 증상이 독립적으로 또는 혼합적으로 나타날 수 있다. APA, 『정신질환의 진단 및 통계편람 제 5판』, 292–93.

16) 민성길, 『최신정신의학』, 254–57.

장애와 씨름하는 이들은 수면장애, 우울증, 알코올중독 및 다른 형태의 중독 등의 장애들을 공병(共病) 현상으로 갖게 될 수 있다. 불안 및 분노에 취약한 성격으로 변할 수도 있다.

재난의 경우에는 일차적으로 개인 상담사의 접근보다는 교회 공동체 전체의 접근이 효과적이라고 볼 수 있다. 목회자를 중심으로 해서 성도들이 네트워킹을 해서 돕는 방법이 덜 지치고 더 효과적이다.

따라서 교회 공동체가 재난을 당한 성도를 구체적으로 도울 수 있는 방안에 대해서 몇 가지로 언급하고자 한다. 첫째, 하나님의 임재와 도우심을 경험할 수 있도록 가능한 한 빨리 방문하고 목회자와 교회공동체의 관심을 표현하는 것이 중요하다. 재난을 당한 성도의 입장에서는 목회자의 따뜻한 관심이 큰 힘이 된다. 가능하면 빠른 시간 안에 개입하며 중재하는 것은 위기상황으로부터 회복되는데 있어서 매우 중요하다. 재난이 발생한 후 며칠이 지나서야 목회자가 찾아오거나 교회에서 관심을 표현한다면 재난을 당한 성도는 섭섭함과 분노감으로 마음을 닫았을 가능성이 높다. 따라서 비상연락망이나 당직제도와 같은 틀을 통하여 재난에 민첩하게 목회적 돌봄을 제공할 수 있는 시스템을 평소에 갖추고 운용하는 것이 필요하다.

둘째, 재난을 겪은 이야기(narratives)를 반복해서 이야기할 수 있도록 함으로써 그 이야기에 담긴 감정들을 정화할 수 있도록 돕는 것이다. 이렇게 하기 위해서는 기본적인 위기상담 기술을 습득할 필요가 있다. 기본적으로 상대방의 말을 경청하고 공감할 수 있어야 재난당한 성도는 안심하고 속마음을 표현할 수 있을 것이다. 혼란감, 충격감, 분노감, 두려움, 무력감, 절망감과 같은 감정과 씨름할 때 그 감정들을 명료화시켜주고 받아줌으로써 신앙적이며 합리적인 사고를 점점 해나갈 수 있도록 도울 수 있어야 한다.

셋째, 상담자로서 목회자 자신의 불안과 두려움을 잘 인식하고 재난을 당한 성도의 감정을 회피하거나 무시하지 않는 것이다. 목회자도 인간이기 때문에 자신이 재난에 대해 불안이나 두려움을 가질 수 있다. 특히 성장기에 겪었던 심리적 외상 경험으로 인하여 목회자 자신이 직접 방문하거나 개입하는 것을 의식적으로 혹은 무의식적으로 피할 수 있다. 그래서 담임목사가 목회적 돌봄의 책임을 맡아 앞장서지 않고 부교역자들을 보냄으로써 그 상황에 직면하는 것을 회피할 수 있다.

넷째, 스트레스에 대응하는 자원을 늘이는 것이다. 재난을 당한 성도가 겪는 스트레스 자체를 통제하기란 쉽지 않다. 그러나 스트레스에 대응하는 자원을 다양한 채널을 통해 늘일 수 있다. 위기상담에서 사용하는 공식인 스트레스를 합한 분자의 값을 대응하는 자원들의 합의 분모 값으로 나누었을 때 그 값이 1 이하로 나오도록 하는 것이 중요하다. 무너지지 않도록 지탱하며 지지하는 기능이 재난을 당한 성도를 위한 목회적 돌봄에서 가장 중요한 기능이다. 스트레스에 대응할 수 있는 자원의 합을 늘여가는 것이 중요하다. 교회공동체가 가지고 있는 다양한 자원을 활용하되 예배, 기도, 찬송, 의식(rituals)과 같은 신앙적 자원을 활용하도록 한다. 더 나아가 각 지역교회, 또는 노회나 총회가 유기적으로 대응하면서 가지고 있는 자원을 운용할 때 재난을 겪은 이들이 새 힘을 얻고 일어설 수 있을 것이다.

다섯째, 교회 공동체 전체가 죄를 회개하며 영적 각성하는 기회로 삼도록 하는 것이다. 지진과 같은 자연재해를 연상케 하는 상황이 이사야서에 현실적으로 묘사되었다:

땅의 주민아 두려움과 함정과 올무가 네게 이르렀나니 두려운 소리
로 말미암아 도망하는 자는 함정에 빠지겠고 함정 속에서 올라오는
자는 올무에 걸리리니 이는 위에 있는 문이 열리고 땅의 기초가 진
동함이라 땅이 깨지고 깨지며 땅이 갈라지고 갈라지며 땅이 흔들리
고 흔들리며 땅이 취한 자같이 비틀비틀하며 원두막 같이 흔들리며
그 위의 죄악이 중하므로 떨어져서 다시는 일어나지 못하리라(사
24:17-20).

이 말씀에서 땅을 벌하시는 하나님의 모습을 볼 수 있다. 땅을 벌하
는 것은 사실상 그 땅에 거하는 주민들을 벌하는 것이다. 하나님은 죄
를 범하는 자들과 백성들을 회개시키기 위하여 '쓴 약'을 처방하실 수
있다는 사실을 인식할 때 자연재해를 통해서도 성도들은 경각심을 갖
게 된다. 필자는 하나님의 징계성 분노 표현에 대해서 "징계를 받을 때
일찍 깨닫고 회개하면 파국적인 상황까지는 가지 않는다. 그러나 어리
석게도 계속 목을 곧게 하고 반항하면 하나님은 징계의 수준을 대폭 증
가시키는 것이다"라고 지적한 바 있다.[17) 재난을 자연주의적인 세계관
으로만 해석하는 것은 한계가 있다. 초자연주의적인 세계관을 통해서
재난을 해석하는 지혜도 아울러 필요하다. 저자는 이 사실에 대해서 다
음과 같이 말한 적이 있다:

우리는 우연히 일어나는 것처럼 보이는 자연재해나 사고들 중에는
하나님의 징계와 심판으로 인한 것임을 알 수 있다[것들도 있다]. 하
나님의 주권적인 섭리 속에서 사실상 우연이란 없다....세상의 모든
일과 삶은 하나님이 허용하시든지 아니면 직접 명하셔서 일어나는

---

17) 이관직, 『성경과 분노심리』, 23-24.

것이다. 우리의 지혜로 다 이해할 수 없을 따름이다.[18]

여섯째, 단기적인 충격완화와 장기적인 변화를 시도하게끔 돕는 것이다. 위기상담은 응급의학의 접근과 비슷하다. 위험상황을 극복하는 것을 주목표로 하되 위기상황을 극복함으로써 장기적으로 삶의 전반에서 긍정적인 변화가 일어나도록 한다면 위기 경험은 의미가 있다. 특히 신앙적으로 도약하는 발판을 삼도록 돕는다면 다른 위기상담자가 도울 수 없는 부분에서 기여하는 것이다.

일곱째, 위기가 기회가 될 수 있다는 시각의 전환을 시도하는 것이다. 동일한 사건이지만 어떤 관점에서 '재해석'하느냐에 따라 의미가 달라질 수 있다. 재난사건에 대한 해석과 신념이 중요하다.

여덟째, 신체화 증상으로 심리적 이슈들을 표출하는 분들에게 전문 상담이 필요하며 유익한 것을 설득하는 것이다. 심리적 충격이나 갈등을 잘 표현하지 못함으로써 신체적인 고통을 호소하는 성도들의 경우에는 전문 기독교상담사를 통하여 심리적 치료를 경험하도록 의뢰하는 지혜가 필요하다.

아홉째, 재난을 당한 성도의 시각을 열어 하나님의 주권을 바라보도록 하는 것이다. 그리고 보이는 현상 너머에서 그 성도의 상황을 보고 계시며 알고 계시는 하나님에 대해서 확신할 수 있도록 돕는 것이다. 무엇보다도 정죄감, 수치감, 소외감으로 시달리는 성도에게는 하나님의 사랑의 견고성과 안정성을 확신시켜주어야 할 것이다: "누가 우리를 그리스도의 사랑에서 끊으리요 환난이나 곤고나 박해나 기근이나 적신

---

18) 이관직, 『성경과 분노심리』, 31.

이나 위험이나 칼이랴....그러나 이 모든 일에 우리를 사랑하시는 이로 말미암아 우리가 넉넉히 이기느니라"(롬 8:35-37).

열번째, 평소에 재난에 대처하는 예방적인 노력을 하는 것이 중요하다. 설교나 세미나, 개인상담을 통하여 믿는 자들에게도 위기는 예고 없이 찾아올 수 있음을 교육할 필요가 있다. 위기로부터 면제받는 사람은 없다는 사실을 평소에 인식시키는 것은 위기 상황을 대처할 때 도움이 된다. 크리스천이라고 해서 위기가 피해가는 것은 아니기 때문이다. 죄로 인하여 깨어진 세상 속에서 살아가는 인간에게 있어서 위기는 씨줄과 날줄로 엮여져가는 삶의 일부라고 말할 수 있다: "울 때가 있고 웃을 때가 있으며 슬퍼할 때가 있고 춤출 때가 있으며"(전 3:4).

열한번째, 트라우마를 겪은 성도의 상태에 대하여 일차적으로 공감하고 이해하는 태도를 갖는 것이다. 위기를 당한 성도가 보이는 일시적인 증상들을 정상적인 것으로 해석해주는 것이 필요하다. 혼란스러워하는 성도들에게 일정한 기간의 충격과 슬픔 과정은 필요하며 자연스러운 것이다. 따라서 증상들을 회복하는데 거쳐야 하는 과정으로 재해석해줄 필요가 있다. 그러나 애도 과정이 너무 길어지거나 우울증이 심해질 때에는 전문적인 돌봄을 받을 수 있도록 권하는 것이 필요하다.

열두번째, 재난이 가지고 있는 상징적 의미와 영적 의미를 발견할 수 있도록 돕는 것이다. 재난은 교회 공동체가 영적으로 각성하는 계기와 기회가 될 수 있다. 종말론적으로 성도들을 잠에서 깨어나게끔 하는 영적 경보 기능을 갖고 있다. 따라서 재난 경험을 삶을 새롭게 재구성할 수 있는 기회로 삼는 것이 필요하다. 예수님의 재림이 가까웠음을 알리는 처처에서 들려오는 재난의 소식은 단지 두려움을 가져다주는 우연한 사건으로 지나치지 않아야 할 것이다(마 24:3-8 참조). 더 나아가 두려움 속에서 생사화복을 주관하시는 하나님께 삶의 통제권을 맡기는 자가 경험할 수 있는 내적 평안을 역설해야 할 것이다: "하나님은 우리의 피난처시오 힘이시니 환난 중에 만날 큰 도움이시라 그러므로 땅이 변하든지 산이 흔들려 바다 가운데서 빠지든지 바닷물이 솟아나고 뛰놀든지 그것이 넘침으로 산이 흔들릴지라도 우리는 두려워하지 아니하리로다"(시 46:1-3).

끝으로 저자는 교회는 재난이라는 강도를 만난 성도들의 이웃이 되어야 한다는 점을 새삼 강조하고자 한다. 스스로의 힘으로 일어나기 힘든 성도들에게 긍휼심과 자비심을 갖고 다가서는 목회적 돌봄을 제공해야 한다. 상처를 싸매고 기름과 포도주로 응급조치를 하며 주막에 데려가서 전문적인 도움을 받게 하며 지속적인 관심(follow-up)을 보여야 할 것이다(눅 10:29-37 참조).

나가는 글

위기를 원하는 사람은 거의 없다. 파도를 즐기며 써핑하는 사람들, 위험한 상황을 만들고 묘기를 부리는 사람들, 롤러코스터를 타는 것을 즐기는 사람들과 같은 일부의 사람들은 쾌감과 성취감을 맛보기 위해서 위험한 상황에 자발적으로 뛰어든다. 그러나 대부분의 사람들은 위험한 상황을 피하고 안정된 삶을 살고 싶어하는 마음을 갖고 산다. 문제는 위기가 예측할 수 없게 성도의 삶이나 불신자의 삶을 가리지 않고 찾아온다는데 있다. 가벼운 위기는 쉽게 넘어갈 수 있지만 중대한 위기는 우리의 삶을 엄몰시킬 만큼 위협적이다.

위기의 궁극적인 이유에 대해서 성경은 침묵한다. 특히 욥기는 위기를 당한 신앙인 욥의 고난을 통하여 위기를 겪는 신앙인들에게 무너지지 않고 견딜 수 있게 하는 생명력 있는 말씀이 되어 왔다. 욥기에서도 하나님은 욥의 고난의 궁극적인 이유에 대해서는 언급하지 않으셨다. 중요한 사실은 하나님이 보고 계시며 듣고 계시며 알고 계신다는 것이며 하나님은 주권을 행사하시며 선하신 창조주와 섭리주가 되신다는 것이다. 모든 것을 빚으시며 선을 이루시는 능력을 가지신 분이라는 것이다.

저자는 이 장에서 위기의 특성, 위기의 의미, 위기에 대한 대처방안, 위기상담 방법의 네 가지 범주로 나누어 살펴보았다. 먼저, 위기의 특성을 여섯 가지 소주제들로 다루었다. 예측하지 못함, 불안, 상실, 보편성, 순기능성, 그리고 잠정성이다. 첫째, 예측할 수 있는 위기도 대처하기 쉬운 것이 아니지만 예측하지 못했던 위기는 대처하기가 어렵다는 것이다. 둘째, 위기는 인간의 핵심 문제인 불안을 자극한다는 것이다.

셋째, 대부분의 경우 위기는 무엇인가를 잃게 하는 상실 경험을 유발하며 따라서 위기를 당한 사람은 슬픔의 과정을 겪게 된다는 것이다. 넷째, 위기는 특정한 사람만 겪는 것이 아니라 신자의 삶에도 경험되며 많은 사람들이 겪는다는 점에서 보편적이라는 것이다. 다섯째, 위기는 위험한 경험이기도 하지만 성숙과 변화로 나아갈 수 있는 기회가 될 수 있다는 점에서 순기능성을 갖고 있다는 점이다. 여섯째, 위기는 평생 지속되는 경우는 거의 없고 유효기간이 정해져 있다는 것이다. 설령 평생 지속되는 위기라 할지라도 영원성의 세계관 속에서 보면 참으로 밤의 한 경점처럼 짧은 잠정성을 갖고 있다는 점이다. 문제는 역설적으로 위기를 겪는 대부분의 사람들은 하루가 일년처럼 느껴진다는 점이다.

나머지 세 범주들은 위기의 의미, 대처방안, 그리고 위기상담방법이었다. 기독교상담사가 위기의 특성과 의미, 그리고 구체 대처 방안과 상담방법을 잘 알고 상담한다면 위기에 처한 내담자들을 잘 이해하고 공감하면서도 구체적인 도움을 줄 수 있을 것이다. 목회자들과 모든 성도들은 위기를 당한 자들을 도울 수 있는 기본적인 상담기술과 위기 대처 매뉴얼을 갖추는 것이 꼭 필요하다. 심폐소생술과 같은 기본적인 기술을 익혀둘 때 죽어가는 한 사람의 생명을 살릴 수 있는 것과 마찬가지이다.

Chapter 9

심리체계적 접근

하나님은 성경에서 개인과 언약을 맺으시며 개인을 구원하시는 분으로 자신을 계시하셨다. 아울러 이스라엘 공동체를 형성하시고 공동체에 율법을 주시며 공동체와 언약을 맺으신 분으로 자신을 계시하셨다. 예수 그리스도께서도 개인을 불러 회개시키는 사역을 하신 동시에 성령을 보내셔서 교회공동체를 형성하게 하시고 교회를 통해서 머리와 몸, 몸과 지체의 유기적인 관계를 맺으셨다. 성령 하나님은 개인의 마음에 친히 내주하시는 동시에 예수 그리스도의 이름으로 모이는 지체와 공동체에 내주하시며 임재하신다.

성도들은 이 세상에 속하여 살며 세상에 영향을 끼치며 아울러 세상의 영향을 받고 살아간다. 개인이 복음을 통해 거듭나며 성화되는 것이 가장 중요하다. 그러나 그 개인이 속해 있는 가정과 가정보다 큰 시스템들의 변화와 성화도 중요하다. 성도에게는 세상에서 소금과 빛의 사명이 있다. 하나님의 뜻이 하늘에서 이루어진 것 같이 성도가 살고 있는 삶의 현장에서 이루어져야 한다.

기독교상담사가 단지 개인 내담자만을 변화시키려고 한다면 한계에 부딪힐 것이다. 한 개인이 변화하는 것을 저해하며 방해하는 시스템적인 영향들에 대해서도 인식하는 관점이 필요하다. 죄로 타락한 세상에 대한 정확한 인식과 역기능적인 가족시스템과 역기능적인 사회 및 국가 시스템에 대한 정확한 인식을 갖고 있어야 내담자를 효과적으로 도울 수 있다. 목회자도 마찬가지다. 개인의 마음에서 일어나는 변화에게 초점을 맞춘다면 한계가 있다.

그렇다고 해서 시스템과 환경에만 초점을 맞추는 접근은 극단적이며 비성경적이다. 성경은 먼저 사람의 마음에 관심을 갖는다. 마음의 변화가 선결되지 않으면 외적인 변화나 환경적인 변화는 근본적인 변화를 이룰 수 없기 때문이다. 사회사업이나 사회복지는 좀더 시스템에 관점을 갖는 특성과 장점을 갖는다. 그러나 상담은 좀더 개인에 관심을 갖는 특성과 장점을 갖는다. 개인구원에만 초점을 두는 복음주의자들이나 사회구원에만 초점을 두는 사회복음주의자들은 둘 다 균형을 잃은 것이다. 저자는 기독교상담이 좀더 균형을 유지하려면 개인중심적인 접근을 우선적으로 견지하면서도 사회중심적인 접근을 보완하는 것이 필요하다고 생각한다.

욥기와 시편 그리고 잠언은 놀랍게도 이런 접근을 함에 있어서 성경적인 가르침과 통찰을 풍부하게 제공한다.[1] 저자는 이 장에서 그 내용

---

1) 욥기에 나타난 심리체계적 통찰에 대해서 이관직, 『개혁주의 목회상담학』, 제 19장 "욥기와 목회상담"에서 소주제로 간략하게 다룬바 있다(547-49). 목회상담에 있어서 심리체계적 접근이 무엇이며 어떻게 하는 것인지에 대해서는 같은 책의 제 10장 "심리체계적 목회상담"과 제 11장 "교회내 성폭력의 역동성 이해와 심리체계적 접근"을 참조하기 바란다(215-59). 목회상담에서 심리체계적 접근에 대한 학문적인 접근을 저술한 학자는 Larry Graham이다. 저자는 박사과정 중에 그의 책 *Care of Persons, Care of Worlds: A Psychosystemic Approach to Pastoral Care and Counseling* (Nashville, TN: Abingdon, 1992)에서 도전과 통찰을 얻을 수 있었다. 그의 진보적인 신학적 입장과 시스템적 접근의 근거로서 사용하는 해방신학과 여성주의신학에 대해서는 동의하지 않는다. 그의 책을 읽을 때 비판적인 시각이 필요하다. 대해서는 동의하지 않는다. 그의 책을 읽을 때 비판적인 시각이 필요하다.

을 지면의 한계상 다 다루지는 못했지만 몇 가지를 다루어 강조하고자 한다.

1. 정의와 자유

> 억눌린 사람들을 위해 정의로 심판하시며 주린 자들에게 먹을 것을 주시는 이시로다 여호와께서 갇힌 자들에게 자유를 주시는도다 여호와께서 맹인들의 눈을 여시며 여호와께서 비굴한 자들을 일으키시며 여호와께서 의인들을 사랑하시며 여호와께서 나그네들을 보호하시며 고아와 과부를 붙드시고 악인들의 길은 굽게 하시는도다(시 146:7-9).

이 본문은 이사야 61:1절을 연상하게 한다: "주 여호와의 영이 내게 내리셨으니 이는 여호와께서 내게 기름을 부으사 가난한 자에게 아름다운 소식을 전하게 하려 하심이라 나를 보내사 마음이 상한 자를 고치며 포로된 자에게 자유를 갇힌 자에게 놓임을 선포하며." 예수님께서는 그의 공생애를 시작하면서 나사렛 회당에서 이 이사야의 본문을 읽으셨다(눅 4:18 참조). 그리고 "이 글이 오늘 너희 귀에 응하였느니라"라고 말씀하셨다. 김정우는 시편에서 "약자들이 총망라되어 모두 등장하는 곳은 오직 여기뿐이다"라고 주석하였다.[2] 이들은 사회적으로 소외된 자들이었다.

하나님은 그의 사랑의 속성에 따라 역사하신다. 억눌린 자들의 억울함을 풀어주시기 위하여 정의로 심판하는 재판장이 되신다. 배고픈 자들에게는 먹을 것을 공급하신다. 억울하게 감옥에 갇혀 있는 자들에게

---

2) 김정우, 『시편주석 III』, 769.

그들의 억울함을 풀어주시고 자유의 몸이 되게 하신다. 특히 죄의 사슬에 매여 있는 자들에게 해방과 자유를 선포하신다. 심리적인 감옥에 갇혀 있는 자들에게 틀을 깨고 밖으로 나올 수 있게 하며 자유로운 삶을 살 수 있게 하신다. 죄에 매인 자, 여러 형태의 중독에 사로잡힌 자를 자유롭게 하신다. 맹인들의 눈을 뜨게 하신다. 실제로 예수님께서 이 세상에 계실 때 많은 맹인들의 눈을 뜨게 해주셨다. 영적으로 눈이 어두워져 있는 사람들에게 눈을 열어 주셔서 하나님을 믿게 하신다. 삶의 밑바닥에 내려간 사람을 회복시키신다. 의인은 사랑하시며 악인의 계획은 좌절시키신다. 나그네를 보호하시며 고아와 과부를 지탱하시며 격려하신다.

다윗은 하나님의 궁극적인 개입과 악과 불의의 잠정적인 유효성에 대해서 다음과 같이 잘 표현하였다:

> 악을 행하는 자들 때문에 불평하지 말며 불의를 행하는 자들을 시기하지 말지어다 그들은 풀과 같이 속히 베임을 당할 것이며 푸른 채소 같이 쇠잔할 것임이로다....여호와 앞에 잠잠하고 참고 기다리라 자기 길이 형통하며 악한 꾀를 이루는 자 때문에 불평하지 말지어다 분을 그치고 노를 버리며 불평하지 말라 오히려 악을 만들 뿐이라 진실로 악을 행하는 자들은 끊어질 것이나 여호와를 소망하는 자들은 땅을 차지하리로다 잠시 후에는 악인이 없어지리니 네가 그 곳을 자세히 살필지라도 없으리로다(시 37:1-10).

하나님의 나라의 관점에서 볼 때 악은 잠시 흥하게 보이며 강하게 보일 수 있지만 분명히 정의가 실현되며 악행하는 자들은 끊어질 것이다. 이 사실을 기억할 때 결코 좌절하거나 절망하지 않을 수 있다. 사회정의를 위하여 분노할 때에도 큰 그림을 보면서 균형 있게 분노함으로써 악행 하는 자들을 닮지 않을 수 있다.

인간은 환경과 지속적으로 상호작용하기 때문에 환경을 변화시키려는 노력을 아울러 해야 상담이 효과적일 수 있다. 사회적인 정의를 적극적으로 구현하는 것은 하나님의 뜻이다. 한 개인의 문제에만 시각을 제한하는 개인상담은 한계가 있을 수밖에 없다. 기독교상담사는 하나님의 나라의 뜻과 윤리와 정의가 이 땅 위의 가정과 교회와 사회, 문화, 국가에 구현될 수 있도록 노력하는데 관심을 가져야 할 것이다. 이것은 상담사 개인의 노력으로는 거의 불가능한 일이다. 따라서 뜻을 같이 하는 상담자들과 연대하며 교회나 사회단체들과도 연대하는 노력을 통해서 장기적으로 내담자들이 기능적인 시스템 속에서 살 수 있도록 할 때 기독교적인 정체성을 부각하는 상담을 할 수 있다.

기독교상담사는 하나님이 하셨던 일을 하면 내담자에게 도움을 줄 수 있다. 내담자의 필요와 욕구를 잘 파악하여 채워주는 기본적인 도움을 주어야 한다. 내담자가 그동안 익숙하게 입어왔던 옷을 벗고, 덜 익숙하지만 새로운 옷을 입도록 도와야 한다. 그리고 주 안에서 자유롭게 살 수 있도록 도와야 한다. 자신과 타인을 바라보는 새로운 눈을 열고 하나님을 새로운 눈으로 바라볼 수 있도록 도와야 한다. 그리고 내담자 자신보다 더 약자의 입장에 있는 사람들을 공감하며 도울 수 있는 '상처 입은 치유자' 가 될 수 있도록 도와야 한다.

2. 약자를 옹호하기

> 가난한 자와 고아를 위하여 판단하며 곤란한 자와 빈궁한 자에게 공의를
> 베풀지며 가난한 자와 궁핍한 자를 구원하여 악인들의 손에서 건질지니
> 라 하시는도다(시 82:3-4); 귀를 막고 가난한 자가 부르짖는 소리를 듣
> 지 아니하면 자기가 부르짖을 때에도 들을 자가 없으리라(잠 21:13).

시편 82편은 하나님이 재판장으로서 심판하는 내용으로 표현된다. 심판의 대상은 세상의 군왕들이며 지도자들이며 더 나아가 부유한 자들이라고 볼 수 있다. 김정우는 가난한 자와 고아, 곤란한 자와 빈궁한 자에 대한 정의가 이스라엘 공동체에서 시행되지 못했던 것에 대해서 선지자들이 고발한 내용을 연결하여 주석하였다:

> "이스라엘의 서너 가지 죄"는 "은을 받고 의인을 팔며 신 한 켤레를
> 받고 궁핍한 자를 팔며, 가난한 자의 머리에 있는 티끌을 탐내는 것"
> 이었습니다(암 2:6 이하). "너희는 진실한 재판을 행하며 피차에 인
> 애와 긍휼을 베풀며 과부와 고아와 나그네와 궁핍한 자를 압제하지
> 말며 남을 해하려 하여 심중에 도모하지 말라" 하였습니다(슥 7:9 이
> 하). 주님께서 재판장들을 세우신 이유는 이들을 돌보는데 있었습니
> 다. 주님은 지도자들이 사회 속에 있는 소외계층과 변두리 계층을
> 돌볼 것을 요구하고 계십니다.[3]

이와 같이 하나님은 가난한 자와 고아 또는 억압받는 자에 대한 특별

---

3) 김정우, 『시편강해 III』, 422. 김정우는 '곤란한 자와 빈궁한 자' 와 '가난한 자와 궁
   핍한 자' 라는 표현은 중언법(重言法)으로서 '가난에 찌들린 자' 를 반복적으로 표현
   하는 것으로 이해하였다. 김정우, 『시편주석 II』, 644.

한 관심을 표현하셨다. 구약 시대에도 그랬지만 현대 사회에서도 일반적으로 법을 판결하며 집행하는 기구나 사람들이 약자보다는 강자의 편에 설 때가 많다. 돈이 없으면 소송을 하기가 어렵다. 억울하게 소송을 당해도 변호할 길이 없을 때가 많다. 현대 사회 속에서 이와 같은 자들을 옹호하며 무료로 변호해주거나 도와주는 분들이 있다. 귀한 이들이다.

하나님은 본문의 앞 절인 2절에서 "너희가 불공평한 판단을 하며 악인의 낯 보기를 언제까지 하려느냐"고 직면하신다. 사회 정의가 제대로 실현되지 않을 때 하나님은 분노하신다. 정의를 실현해야 하는 법관이나 검사가 '악인의 낯'을 보고 눈을 감아준다든지 판결을 굽게 하는 것은 하나님의 심판을 자초하는 일이다. 경찰이 돈을 받고 피해자와 가해자를 바꿔치기한다든지 권력을 잡은 자가 부자들의 이익을 위하여 가난한 자들의 권익이 무시되는 것을 살피지 않는다면 이것 또한 하나님의 분노를 불붙게 만드는 것이다.

기독교상담사가 사회적 관심과 사회적 정의 영역까지 다루며 관심을 갖는다는 것은 매우 힘든 일이다. 개인적으로 압도되는(overwhelmed) 느낌을 받으며 심지어 무력감을 느끼는 것이 사실이다. 마치 달걀로 바위를 치는 것처럼 느낄 수 있다. 그럼에도 불구하고 자신에게 도움을 요청한 내담자를 '위하여 판단하며' '옹호하는' 태도를 취해야 한다.

그러나 기독교상담사 개인이 사회에서 일어나는 모든 불의와 억압을 해결하는데 뛰어든다는 것은 사실상 불가능한 일이다. 상담사로서 자신의 한계를 겸손하게 인정하는 것이 필요하다. 그리고 이 영역에서 적극적인 사회복지사들이나 사회운동가들의 활동을 지원하며 연대적인 노력을 하는데 미력하나마 힘을 보태는 자세를 가져야 할 것이다. 저자의 경우에 이 영역에서 매우 부족함을 잘 인식하고 있다. 중요성은 인식하고 피력도 하지만 실제적으로 가난한 자들과 억압받는 자들을 위하여 구체적인 노력을 하지 않았다는 점에서 하나님 앞에서 죄송스러운 마음이다.

기독교상담사는 약자의 입장에 서기 쉬운 내담자들의 권리와 유익을 위하여 불의에 대하여 분노할 수 있는 능력이 필요하다. 그들을 옹호하기 위하여 선지자적인 목소리를 내어야 할 것이다. '악한 자들의 손에서 구원하기' 위한 노력을 해야 할 것이다. 역기능적인 가정 시스템에서 무력하게 피해만 입고 있는 내담자가 있다면 그를 보호할 수 있는 대책을 강구해야 할 것이다.

> 여호와여 주는 겸손한 자의 소원을 들으셨사오니 그들의 마음을 준비하
> 시며 귀를 기울여 들으시고 고아와 압박 당하는 자를 위하여 심판하사
> 세상에 속한 자가 다시는 위협하지 못하게 하시리이다(시 10:17-18).

시인은 하나님이 하시는 사역을 세 가지 동사를 사용하여 표현하였다. 경청하는 것과 격려하는 것 그리고 옹호하는 것이다. 기독교상담사도 이 사역을 해야 한다. 내담자의 부르짖음에 귀를 기울여 경청하는 것이다. 상처 입은 자를 위로하며 격려하는 것이다. 그리고 권리가 박탈당하며 피해를 입은 자를 옹호하며 그의 편에서 힘을 실어주는 것이다.

> 가난한 사람을 학대하는 자는 그를 지으신 이를 멸시하는 자요 궁핍한
> 사람을 불쌍히 여기는 자는 주를 공경하는 자니라(잠 14:31); 가난한 자
> 를 조롱하는 자는 그를 지으신 주를 멸시하는 자요 사람의 재앙을 기뻐
> 하는 자는 형벌을 면치 못할 자니라(잠 17:5); 가난한 자와 부한 자가 함

께 살거니와 그 모두를 지으신 이는 여호와시니라(잠 22:2); 악한 자를
그가 악하다고 탈취하지 말며 곤고한 자를 성문에서 압제하지 말라 대저
여호와께서 신원하여 주시고 또 그를 노략하는 자의 생명을 빼앗으시리
라(잠 22:22-23).

본문은 도움이 필요한 사람에게 자비를 베풀기는커녕 적극적으로
억압하고 학대하고 착취하는 자들의 죄를 고발한다. 구약 율법은 고아
와 과부에 대한 특별한 관심을 가질 것을 말씀한다. 구약 성경은 고아
와 과부를 착취하며 학대한 자들에 대한 고발과 심판의 내용들을 담고
있다.[4]

놀랍게도 본문은 가난한 자와 동일시하시는 하나님에 대해서 표현한
다. 도움이 필요한 자와 가난한 자를 학대하며 억압하는 자는 가난한
자를 만드신 자, 즉 하나님을 멸시하는 것이다. 그리고 가난한 자에게
친절과 자비를 베푸는 자는 하나님을 공경하는 자이다.[5] 예수님께서도

---

4) 아모스서에서만 예를 들면, "여호와께서 이와 같이 말씀하시되 이스라엘의 서너 가
지 죄로 말미암아 내가 그 벌을 돌이키지 아니하리니 이는 그들이 은을 받고 의인을
팔며 신 한 켤레를 받고 가난한 자를 팔며 힘없는 자의 머리를 티끌 먼지 속에 발로
밟고 연약한 자의 길을 굽게 하며(deny justice to the oppressed)"(암 2:6-7); "너희
가 힘없는 자를 밟고 그에게서 밀의 부당한 세를 거두었은즉"(암 5:11); "너희는 의인
을 학대하며 뇌물을 받고 성문에서 가난한 자를 억울하게 하는 자로다"(암 5:12); "가
난한 자를 삼키며 땅의 힘없는 자를 망하게 하려는 자들이 이 말을 들으라... 은으로
힘없는 자를 사며 신 한 켤레로 가난한 자를 사며 찌꺼기 밀을 팔자 하는도다 여호와
께서 야곱의 영광을 두고 맹세하시되 내가 그들의 모든 행위를 절대로 잊지 아니하
리라 하셨나니"(암 8:4-7).
5) 김정우는 이 본문에 대해서 주석하면서 "구약의 경건은 예배에 제한되지 않고, 사회
생활에서 약자를 돌보는 차원까지 확대하며, 약자에 대한 사랑이 주님을 사회생활에
서 높이는 것임을 가르친다"고 말했다. 김정우, 『성서주석: 잠언』, 450. 특히 야고보
사도는 이같은 경건의 삶을 강조하였다: "하나님 아버지 앞에서 정결하고 더러움이
없는 경건은 곧 고아와 과부를 그 환난 중에 돌보고 또 자기를 지켜 세속에 물들지
아니하는 그것이니라"(약 1:27).

이 사실을 지적하셨다: "내가 주릴 때에 너희가 먹을 것을 주었고 목마를 때에 마시게 하였고 나그네 되었을 때에 영접하였고 헐벗었을 때에 옷을 입혔고 병들었을 때에 돌보았고 옥에 갇혔을 때에 와서 보았느니라"(마 25:35-36). 주릴 때, 목마를 때, 나그네 되었을 때, 헐벗었을 때, 병들었을 때, 그리고 옥에 갇혔을 때는 모두 도움이 절실히 필요한 때를 의미한다. 예수님은 "너희가 여기 내 형제 중에 지극히 작은 자 하나에게 한 것이 곧 내게 한 것이니라"라고 말씀하시며 "이 지극히 작은 자 하나에게 하지 아니한 것이 곧 내게 하지 아니한 것이니라"라고 말씀하셨다(마 25:40, 45). 그리고 자비를 베풀지 않은 자들은 영벌에, 자비를 베푼 자들은 영생에 들어갈 것이라고 말씀하셨다.

가난한 자나 도움이 필요한 자는 신체적으로나 심리적으로 상처 입은 자를 의미할 수 있다. 신체적으로 배고프거나 목마르거나 나그네가 되거나 헐벗거나 병들거나 옥에 갇힌 자들만 아니라 심리적인 상태에서 그런 사람들을 포함한다. 상담의 현장에서 만나는 내담자들은 대부분 이런 사람들이다. 첫째, 심리적으로 배고파 견딜 수 없는 사람이다. 심리적인 영양소 공급을 제대로 받지 못하고 자랐거나 현재 결핍 상태에 있는 사람이다. 정서적 탱크에 연료가 다 떨어진 사람이다. 영적으로 기근 상태에 있는 사람이다. 하늘의 양식이 결핍된 사람이다. 설교를 통해서 풍성한 꼴을 먹지 못하는 채 배고파하는 자이다. 기독교상담사는 이런 내담자의 배고픔을 공감해주며 필요한 심리적 영양소들을 공급하며 적합한 성경 본문들을 내담자 수준에 맞게 먹기 좋게 상담사가 잘 씹어서 공급해주어야 한다.

둘째, 심리적으로 목마른 사람이다. 영적으로 목마른 사람이다. 목마른 사슴이 시냇물을 찾기에 갈급함 같이 하나님을 찾기에 갈급한 내담자들이 있다(시 42:1 참조). 영원한 생수이신 예수님을 인격적으로 만나지 못해 다른 종교나 잠정적인 대상으로 갈증을 채우려는 내담자들이 있다. 수가의 사마리아 여인처럼 여러 남자들에게서 심리적 욕구를 채우려는 내담자들이 있다. 마셔도 곧 갈증을 일으키는 탄산수를 찾아 헤매는 이들이 있다. 심리적 갈증이 심해서 인정과 관심을 갈구하는 연극성 성격장애 증상을 가진 내담자들이 있다. 각종 중독 현상은 심리적이자 영적인 목마름 때문에 생긴다. 기독교상담사는 갈증 때문에 여러 형태의 의존성을 보이는 내담자들의 '동반의존성'을 인식하도록 도와야 한다. 그리고 예수님을 통해 이 동반의존성으로부터 자유해지며 독립성과 자신감을 갖고 살 수 있도록 도와야 할 것이다.

셋째, 심리적으로 나그네(stranger), 이방인(alien), 또는 외국인(foreigner)으로서 고통 하는 내담자들이 있다. 소속감을 느끼지 못하거나 왕따를 당하거나 차별당하는 이들이 있다. 경제적으로, 사회적으로, 지식적으로, 정치적으로 소외되거나 유기된 사람들이 있다. 원치 않게 이혼을 당해 버림받은 자들과 그들의 버려진 자녀들이 있다. 다문화가정에서 생활하면서 언어의 어려움과 얼굴 생김새와 피부색의 차이로 인하여 편견과 차별을 느끼며 살아가는 외국인들이 있다. 영적으로 하나님과 이방인이 된 수많은 사람들이 있다. 길 잃은 양처럼 이리 저리 헤매는 이들이 있다. 하나님의 나라 백성이 아니라 '외인(foreigners)과 나그네(aliens)'로 살아가는 이들이 있다(엡 2:19 참조). 기독교상담사는 외로움과 소외감을 호소하는 내담자에게 함께 울어줄 수 있는 친구이자 대상이 되어야 한다. 그에게 힘을 실어주며 하나님의 권속임을 확인시켜줌으로써 흔들리지 않는 내적 정체감을 갖고 살아가도록 도와야 할 것이다.

넷째, 심리적으로 헐벗은 자들이 있다. 신체적으로 추위를 견디게 도와주는 겉옷조차 없어 힘들어하는 노숙자들이 있다. 기본적인 의식주가 해결되지 않아 인간다운 삶을 영위하기가 힘든 이들이 있다. 신체적옷보다 더 중요한 '심리적인 옷'을 필요로 하는 자들이 있다. 허물과 잘못이 덮여지지 않고 노출됨으로써 수치심과 싸우는 이들이 있다. 노출되지 않더라도 내면적으로 수치스러워 하는 이들이 있다. 신경증적인죄책감이 해결되지 않아 진정한 용서 경험을 하지 못한 채 고통하는 이들이 있다. 영적으로 헐벗은 자들이 있다. 라오디게아 교회 성도들처럼부족한 것이 없다고 생각하고 자신의 벌거벗은 모습을 인식하지 못하는 이들이 있다(계 3:17 참조). "흰 옷을 사서 입어 벌거벗은 수치를 보이지 않게" 해야 할 내담자들이 있다. "심령이 새롭게 되어 하나님을 따라 의와 진리의 거룩함으로 지으심을 받은 새 사람을" 옷 입어야 할 사람들이 있다(엡 4:23-24). "유혹의 욕심을 따라 썩어져 가는 구습을 따르는 옛 사람"을 벗어 버려야 할 사람이 있다(엡 4:22).

기독교상담사는 신체적으로 헐벗은 자들을 찾아다니며 옷 입히는 사람은 아니다. 그것은 기독교사회복지사들에게 보다 적합한 영역이다. 기독교상담사는 내담자가 수치스러워 하는 영역에 대해서 말할 수 있는 '안전한 심리적 공간'을 제공해주어야 한다. 그들이 그리스도 안에 있는 자임을 깨닫도록 하며 은총의 옷을 입혀 주어야 한다. 그리고 마귀와의 영적 전투를 감당할 수 있도록 전신갑주를 입혀주는 역할을 해야 한다(엡 6:13-17 참조).

다섯째, 심리적으로 병든 사람들이 있다. 고질적이며 치명적인 병으로 고통하는 이들이 있다. 고질화된 우울증이나 정신분열증으로 고통하는 자들과 그들의 가족이 있다. 같은 병명으로 진단받아도 각기 독특한 내용을 나타내는 정신질환을 가진 자들이 있다. 태어나면서부터 지적 능력이 한계가 있는 정신지체를 가진 자들이 있다. 성장하면서 생긴 다양한 성격장애를 가진 이들이 있다. 영적으로 병든 자들이 있다. 하나님과의 관계에서 영적 활력(vitality)을 잃어버린 자들이 있다. 마귀의 시험에 유혹을 받는 자들이 있다. 교회 출석을 중단한 자들이 있다. 교회에서 상처를 입고 분노하는 자들이 있다. 이단의 가르침에 미혹된 자들이 있다. 이와 같은 자들을 내담자로 만나는 기독교상담사는 그들을 '돌보는'(look after) 역할을 하고 있음을 인식해야 할 것이다. 적극적으로 병든 자들을 치유해야 할 것이다.[6]

여섯째, 심리적으로 옥에 갇힌 자들이 있다. 옥에 갇힌 사람은 매우 제한된 자유만 누릴 수 있다. 옥에 갇힌 자는 '매인 자'다. 사슬에 매여 있으며 자신이 원치 않는 삶을 산다. 심리적으로 옥에 갇힌 자의 대표적인 예는 중독자의 모습에서 찾을 수 있다. 중독자는 거의 자유가 없다. 자신을 통제할 수 있는 자율성이 없다. 충동과 욕구에 포로가 된 사람이다. 심리적인 건강성의 중요한 지표 중의 하나는 자유롭게 결정하며 행동할 수 있는 능력인데 중독자에게는 그 능력이 결여되어 있다.

영적으로 옥에 갇힌 자들이 있다. 넓은 의미에서 예수 그리스도 안에 있지 않는 모든 자는 사망의 권세 아래에서 종노릇하는 자다. 이미 지옥(地獄)에 살고 있으며 장차 영원한 지옥에 갇혀서 영원히 자유를 박탈당한 채 고통을 당하게 될 것이다.

기독교상담사는 심리적인 감옥에 갇혀 자유가 없이 어둠 가운데 살

---

6) 이스라엘의 병든 목자들 역시 염소의 무리와 같이 도움이 필요한 양들을 돌보지 않았던 자들이었다: "너희가 그 연약한 자를 강하게 아니하며 병든 자를 고치지 아니하며 상한 자를 싸매 주지 아니하며 쫓기는 자를 돌아오게 하지 아니하며 잃어버린 자를 찾지 아니하고"(겔 34:4).

아가며 여러 중독에 매여 살아가는 자들을 해방하며 자유하게 하는 사명을 띠고 있다. "진리를 알지니 진리가 너희를 자유롭게 하리라"(요 8:31)는 말씀을 의지하여 내담자에게 예수 그리스도만이 참 진리임을 깨닫게 하며 그가 구원받지 않으면 영원한 지옥에 갇혀 고통하게 될 것임을 깨닫게 해야 한다. 기독교상담은 영적 전투 과정이다. 혹시라도 내담자와 그의 가족들이 여전히 마귀의 권세 아래 있고 심리적으로나 영적으로 강박적이며 중독적인 삶을 살고 있지 않은지 잘 분별하여 옥에서 끌어내어야 할 것이다.

마태복음에서 "옥에 갇혔을 때 와서 보았다"는 말씀의 본 의미는 선지자들이나 제자들이 복음을 위하여 옥에 갇힐 때 관심을 갖고 방문하고 먹을 것과 입을 것을 공급하며 위해서 기도하는 사역의 중요성을 강조하는데 있다고 볼 수 있다. 바울은 실제로 그가 투옥 생활 중에 그를 위하여 관심을 표했던 자들에 대해서 감사한 마음을 표시하였다. 특히 오네시모는 그의 투옥 생활 중에 "그는 내 심복이라"(He is my heart)고 표현할 만큼 바울을 돌보았다: "그를 내게 머물러 있게 하여 내 복음을 위하여 갇힌 중에서 네 대신 나를 섬기게 하고자 하나"(몬 1:13).

한국 국가의 독특한 정치적 맥락에서 옥에 갇힌 자의 의미를 확장해 볼 수 있다. 공산 정권의 치하에서 약 70년의 세월이 지나도록 자유가 없이 폐쇄된 환경에서 살고 있는 북한 동포들과 그 중에서도 비인간적인 학대가 자행되는 정치범 수용소에 갇혀서 기본적인 인권마저 유린당하는 채 살고 있는 동포들은 '옥에 갇힌 자'들이다. 그들을 위하여 목숨을 걸고 앞장서서 헌신하는 분들이 있다. 그들의 수고와 노력을 주님은 분명히 보고 계시며 기억하신다. '착하고 충성된 종'이라고 칭찬하시며 보상하실 때가 분명히 올 것이다. 필자 자신부터 북한 동포들을

'옥에 갇힌 자'로서 바라보며 안타까워하며 공감하는 마음이 부족함을 솔직히 고백한다. 한국교회와 기독교상담 및 목회상담 관련 협회 및 상담사들이 조국의 평화통일과 북한 동포들의 인권 회복에 관심을 기울여야 할 것이다.[7]

예수님께서 가버나움 회당에서 그의 사역의 비전선언문과 같은 본문으로 읽으셨던 이사야서로부터 인용된 글에서 나타난 첫 번째 비전이 옥에 갇힌 자에 대한 자유를 선포한 것이었다: "나를 보내사 포로된 자에게 자유(freedom for the prisoners)를 눈 먼 자에게 다시 보게 함을 전파하며 눌린 자를 자유롭게 하고 주의 은혜의 해를 전파하게 하려 하심이라"(눅 4:18). 예수님은 참으로 여러 형태로 포로된 자들에게 자유를 선포하시기 위해 이 땅에 오셨다. 첫째, 마귀에게 포로된 자들을 자유하게 하신다. 둘째, 죽음의 공포에 포로된 자들에게 부활과 영생의 소망을 주심으로 실존적인 불안으로부터 해방하신다. 셋째, 여러 죄와 중독에 포로된 자들에게 성령을 통하여 은혜를 베푸심으로 치유와 회복을 베푸신다. 넷째, 심리적인 장애의 틀에 갇혀 무력화된 자들에게 주님으로부터의 용서와 인격적인 관계를 통해 자유인으로 당당하게 살아가게 하신다. 그러나 우리는 여전히 완전한 자유와 해방은 대망해야 하는 존재다. 하지만 이미 그 자유와 해방을 누리고 있다.

가난한 자 또는 도움이 필요한 자에게 자비를 베푸는 자는 곧 주님을 공경하는(honor) 것이라는 점을 기독교상담사는 명심해야 한다. 주님

---

7) 저자가 한동안 신학위원으로 참여했던 북방선교방송(Trans World Radio)은 단파방송을 통하여 북한에 있는 성도들에게 신학교육을 제공하고 있다. 각 과목을 교수들이 자원봉사로 강의하고 녹음된 것을 괌에 있는 송출소에서 송출하고 있다. 주중에는 밤 12시에서 새벽 1시 30분까지 주말과 주일은 밤 12시에서 새벽 2시까지 방송이 진행된다. http://www.twrk.or.kr 참조.

을 섬기며 영화롭게 하듯이 도움을 필요로 하는 내담자들을 대해야 할 것이다. 복음을 위하며 주를 위하여 지극히 작은 자 하나에게 표현한 관심과 자비를 주님은 잊지 않고 기억하신다. 누구든지 제자의 이름으로 소자에게 냉수 한 그릇이라도 대접하는 자는 결코 상을 잃지 않을 것이라고 주님이 말씀하셨다(마 10:42 참조). 보상을 기대하는 것이 주동기가 되는 이기심이 아니라 주님이 이 땅에 보내신 인간을 사랑하며 긍휼히 여기는 것이 주동기가 되는 성경적인 이타심으로 내담자들을 대할 때 주님이 기뻐하시며 영광을 받으실 것이다.

> 가난한 자를 불쌍히 여기는 것은 여호와께 꾸어 드리는 것이니 그의 선행을 그에게 갚아 주시리라(잠 19:17); 귀를 막고 가난한 자가 부르짖는 소리를 듣지 아니하면 자기가 부르짖을 때에도 들을 자가 없으리라(잠 21:13).

잠언 19장에서 가난한 자에 대한 언급은 "가난하여도 성실하게 행하는 자는 입술이 패역하고 미련한 자보다 나으니라"(1절)는 말씀과 "가난한 자는 그의 형제들에게도 미움을 받거든 하물며 친구야 그를 멀리하지 아니하겠느냐 따라가며 말하려 할지라도 그들이 없어졌으리라"(7절)는 말씀, 그리고 "가난한 자는 거짓말하는 자보다 나으니라"(22절)에서 나타난다. 1절의 경우에는 하나님 앞에서 의롭게 살아가는 가난한 자에 대해서 긍정적으로 표현되어 있다. 7절은 가난한 자의 부정적인 측면을 부각시킨다. 22절은 가난한 자를 거짓말하는 자와 비교해서 낫다고 표현한다. 이와 같이 여러 종류의 가난한 자들이 있는데 19장 17절과 21장 13절에 나타난 가난한 자는 하나님이 관심을 갖고 있는 가난한 자다.

이 가난한 자는 "게으름이 사람으로 깊이 잠들게 하나니 태만한 사람은 주릴 것이니라"(잠 19:15)는 말씀처럼 게으름으로 인하여 가난한 자가 아니다. 부자의 억압과 탈취로 가난하게 된 자다. 야고보 사도는 이 사실을 다음과 같이 고발하였다: "너희가 말세에 재물을 쌓았도다 보라 너희 밭에서 추수한 품꾼에게 주지 아니한 삯이 소리 지르며 그 추수한 자의 우는 소리가 만군의 주의 귀에 들렸느니라"(약 5:3-4); "너희는 도리어 가난한 자를 업신여겼도다 부자는 너희를 억압하며 법정으로 끌고 가지 아니하느냐"(약 2:6). 그러나 성경은 게을러서 가난하게 살아가는 자들을 옹호하지 않는다. 잠언에서 솔로몬은 게으른 자에 대해서 여러 차례 지적하였다.[8] 신약에서 바울 사도는 게으른 자들을 꾸짖었다: "누구든지 일하기 싫어하거든 먹지도 말게 하라 하였더니 우리가 들은 즉 너희 가운데 게으르게 행하여 도무지 일하지 아니하고 일을 만들기만 하는 자들이 있다 하니 이런 자들에게 우리가 명하고 주 예수 그리스도 안에서 권하기를 조용히 일하여 자기 양식을 먹으라 하노라"(살후 3:10-12).

가난한 자를 불쌍히 여기는 것은 믿음을 동반한 행위라고 야고보 사도는 지적하였다: "만일 형제나 자매가 헐벗고 일용할 양식이 없는데 너희 중에 누구든지 그에게 이르되 평안히 가라, 덥게 하라, 배부르게

---

8) "게으른 자여 개미에게 가서 그가 하는 것을 보고 지혜를 얻으라...게으른 자여 네가 어느 때까지 누워 있겠느냐 네게 어느 때에 잠이 깨어 일어나겠느냐 좀더 자자, 좀더 졸자, 손을 모으고 좀더 누워 있자 하면 네 빈궁이 강도 같이 오며 네 곤핍이 군사 같이 이르리라"(잠 6:6-11); "손을 게으르게 놀리는 자는 가난하게 되고 손이 부지런한 자는 부하게 되느니라 여름에 거두는 자는 지혜로운 아들이나 추수 때에 자는 자는 부끄러움을 끼치는 아들이니라"(잠 10:4-5); "부지런한 자의 손은 사람을 다스리게 되어도 게으른 자는 부림을 받느니라"(잠 12:25); "게으른 자의 욕망이 자기를 죽이나니 이는 자기의 손으로 일하기를 싫어함이니라"(잠 21:25).

하라 하며 그 몸에 쓸 것을 주지 아니하면 무슨 유익이 있으리요 이와 같이 행함이 없는 믿음은 그 자체가 죽은 것이니라"(약 2:15-17). 야고보는 경건을 가난한 자들에 대한 돌봄과 관심과 동일시하였다: "하나님 아버지 앞에서 정결하고 더러움이 없는 경건은 곧 고아와 과부를 그 환난 중에서 돌보고 또 자기를 지켜 세속에 물들지 아니하는 그것이니라"(약 1:27).

잠언 본문은 가난한 자들을 너그럽게 대하고 관심을 갖는 것은 하나님께 돈을 빌려주는 것이라고 표현한다. 하나님이 빚으로 생각하고 갚아주신다고 표현한다. 크리스천 부자들은 가난한 자들을 돌볼 책임이 있다. 바울 사도는 이 점을 다음과 같이 지적하였다: "네가 이 세대에서 부한 자들을 명하여 마음을 높이지 말고 정함이 없는 재물에 소망을 두지 말고 오직 우리에게 모든 것을 후히 주사 누리게 하시는 하나님께 두며 선을 행하고 선한 사업을 많이 하고 나누어 주기를 좋아하며 너그러운 자가 되게 하라"(딤전 6:17-18).

상담에서 가난한 자들은 누구일까? 그들에게 어떻게 관심을 표현할 수 있을까? 사회복지사들의 활동과 상담사의 활동은 어떻게 구별할 수 있을까? 상담사는 한계를 어디까지 그어야 할 것인가? 가난과 사회정의와 관련해서 상담학적으로 말할 수 있는 부분이 많을 것이다. 이 주제를 다 다루려고 하는 것은 이 책의 범위를 넘어서는 것이다.

지엽적인 부분에서 이야기하자면, 가난한 자들도 상담의 혜택을 누릴 수 있어야 한다. 상담료가 걸림돌이 되어 상담을 받을 수 없다면 그것은 하나님의 뜻이 아니다. 전문적인 상담은 가난한 자들이 접근하기에 문턱이 턱없이 높은 것이 현실이다. 이 현실 속에서 특히 기독교상담사들은 가난한 자들이 상담을 받을 수 있도록 배려하는 노력을 기울여야 한다. 무료 상담을 제공하거나 내담자의 경제적 수준에 맞추어서 가능한 최소한의 상담료를 내도록 하는 것이 바람직하다. 십일조의 정신을 살려 수입의 십분의 일에 해당하는 금액만큼 가난한 자들이 무료나 최소한의 비용으로 상담을 받을 수 있도록 배려할 수 있다. 무료보다는 최소한의 비용을 부담하게 하는 것이 내담자에게 상담 효과 면에서 도움이 되며 인간으로서의 기본적인 품위를 유지하는데 유익하다.[9]

가난한 자들에게 무료나 저렴한 상담료로 상담하는 것을 하나님은 보고 계시며 '은밀한 구제'를 인정해주실 것이다. 은밀한 중에 행한 구제를 '은밀한 중에 보시는' 하늘 아버지께서 갚아주실 것이다(마 6:4 참조).

> 의인은 가난한 자의 사정을 알아주나 악인은 알아 줄 지식이 없느니라
> (잠 29:7).

김정우는 이 본문을 주석하면서 "가난한 사람의 아픔을 모른다면, 그는 아무 것도 아는 것이 없는 자이며 따라서 어리석은 자이다"라고 말했다.[10] 악인은 자기중심적이다. 그래서 약자의 아픔과 고통을 공감할 줄 모른다. 소극적으로 돕지 않는 정도가 아니라 적극적으로 약자의 것을 탈취하며 억압하는 싸이코패스적인 악인의 모습과 그로부터 고통당

---

9) 저자가 협동상담목사로 섬기는 남서울교회 상담실은 2016년 1월 첫주부터 유료상담을 실시하고 있다. 교회내 성도들인 내담자들은 외부의 상담료에 비해 저렴하면서도 그의 경제적 형편에 따라 조정 가능한 상담료를 낸다. 저소득층의 내담자는 원하면 무료상담을 받을 수 있다. 외부 성도들도 상담을 받을 수 있다. 특히 외부의 개척교회 목회자, 신학생, 선교사, 탈북자 및 그의 가족들은 50분에 1만원의 상담료를 내면 전문적인 상담을 받을 수 있다. 대표전화는 02)2023-5678이며 홈페이지 주소는 http://counseling.namseoul.org이다.
10) 김정우, 『성서주석: 잠언』, 756.

하는 약자의 실상을 욥은 다음과 같이 잘 고발하였다:

어떤 사람은 땅의 경계표를 옮기며 양 떼를 빼앗아 기르며 고아의 나귀를 몰아가며 과부의 소를 볼모 잡으며 가난한 자를 길에서 몰아내나니 세상에서 학대받는 자가 다 스스로 숨는구나 그들은 거친 광야의 들나귀 같아서 나가서 일하며 먹을 것을 부지런히 구하니 빈 들이 그들의 자식을 위하여 그에게 음식을 내는구나 밭에서 남의 꼴을 베며 악인이 남겨 둔 포도를 따며 의복이 없어 벗은 몸으로 밤을 지내며 추워도 덮을 것이 없으며 산중에서 만난 소나기에 젖으며 가릴 것이 없어 바위를 안고 있느니라 어떤 사람은 고아를 어머니의 품에서 빼앗으며 가난한 자의 옷을 볼모 잡으므로 그들이 옷이 없어 벌거벗고 다니며 곡식 이삭을 나르나 굶주리고 그 사람들의 담 사이에서 기름을 짜며 목말라 하면서 술틀을 밟느니라 성 중에서 죽어가는 사람들이 신음하며 상한 자가 부르짖으나 하나님이 그들의 참상을 보지 아니하시느니라(욥 24:2-12).

무한경쟁과 이기주의가 특성인 현대 사회와 현대 기업들의 모습과 최저 임금도 보장받지 못하는 노동자들 또는 단기 계약직 노동자들의 모습은 이 본문에 묘사된 악인과 가난한 자의 모습과 닮아 있다는 점에서 성도들은 자각해야 한다. 욥의 표현처럼 마치 하나님이 이 참상을 보고 계시지 않는 것처럼 느껴지는 사회적 불의가 이 사회에 있다는 점을 인식해야 한다. 물론 노동자들의 권익을 앞세운다는 미명으로 자신들의 이기적인 욕구만 채우려는 노동계의 현실도 잘못된 것이다.

욥은 이들의 모습과 정반대의 삶을 살고자 했던 자였다. 그는 고아와 과부와 같은 사회적 약자에 대한 공감과 관심을 행동으로 표현한 자였다:

내가 언제 가난한 자의 소원을 막았거나 과부의 눈으로 하여금 실망하게 하였던가 나만 혼자 내 떡덩이를 먹고 고아에게 그 조각을 먹이지 아니하였던가 실상은 내가 젊었을 때부터 고아 기르기를 그의 아비처럼 하였으며 내가 어렸을 때부터 과부를 인도하였노라 만일 내가 사람이 의복이 없이 죽어가는 것이나 가난한 자가 덮을 것이 없는 것을 못본 체 했다면 만일 나의 양털로 그의 몸을 따뜻하게 입혀서 그의 허리가 나를 위하여 복을 빌게 하지 아니하였다면 만일 나를 도와 주는 자가 성문에 있음을 보고 내가 주먹을 들어 고아를 향해 휘둘렀다면 내 팔이 어깨 뼈에서 떨어지고 내 팔 뼈가 그 자리에서 부스러지기를 바라노라 나는 하나님의 재앙을 심히 두려워하고 그의 위엄으로 말미암아 그런 일을 할 수 없느니라(욥 31:16–23).

욥은 개인적인 성품이나 자질로도 약자의 고통을 공감하며 도왔던 사람이라고 볼 수 있다.[11] 그러나 그는 하나님을 경외하는 사람이었다. 하나님이 미워하시는 일을 하는 것을 그는 두려워할 줄 아는 자였다. 아울러 그는 자신의 부유함과 풍부함 속에서 자기중심적으로 신앙생활 했던 사람이 아니었다. 수직적으로 하나님 앞에서만 의롭게 살려고 했던 자가 아니었다. 수평적으로 그가 속한 사회와 시스템이 어떤 모습을 갖고 있었는지를 정확하게 보고 있었던 자였다. 가난한 자들의 아픔과 실상을 구체적이면서도 정확하게 보고 그들을 공감했던 상담사였다.

---

11) 욥이 구체적으로 사람들을 어떻게 도왔는지를 욥기 29장에서 스스로 다음과 같이 말했다: "무리는 내 말을 듣고 희망을 걸었으며 내가 가르칠 때에 잠잠하였노라 내가 말한 후에는 그들이 말을 거듭하지 못하였나니 나의 말이 그들에게 스며들었음이라 그들은 비를 기다리듯이 나를 기다렸으며 봄비를 맞이하듯 입을 벌렸느니라 그들이 의지 없을 때에 내가 미소하면 그들이 나의 얼굴 빛을 무색하게 아니하였느니라 내가 그들의 길을 택하여 주고 으뜸되는 자리에 앉았나니 왕이 군대 중에 있는 것과도 같았고 애곡하는 자를 위로하는 사람과도 같았느니라"(욥 29:21–25).

욥이 스스로 말한 다음의 말씀에서 그가 개인을 돌보면서도 시스템을 돌보는 관점에서 접근한 탁월한 상담사였음을 확인할 수 있다:

> 그 때에는 내가 나가서 성문에 이르기도 하며 내 자리를 거리에 마련하기도 하였느니라....이는 부르짖는 빈민과 도와 줄 자 없는 고아를 내가 건졌음이라 망하게 된 자도 나를 위하여 복을 빌었으며 과부의 마음이 나로 말미암아 기뻐 노래하였느니라 내가 의를 옷으로 삼아 입었으며 나의 정의는 겉옷과 모자 같았느니라 나는 맹인의 눈도 되고 다리 저는 사람의 발도 되고 빈궁한 자의 아버지도 되며 내가 모르는 사람의 송사를 돌보아 주었으며 불의한 자의 턱뼈를 부수고 노획한 물건을 그 잇새에서 빼내었느니라(욥 29:12-17).

기독교상담사는 내담자가 하나님과 어떤 관계에 있는가에 초점을 맞추는 동시에 그가 수평적으로 어떤 가족시스템에서 살고 있는지, 어떤 사회시스템, 정치시스템에서 살아가는지를 보고 공감하며 진단하고 처방할 수 있는 눈이 있어야 할 것이다.

> 가난한 자를 보살피는 자에게 복이 있음이요[12] 재앙의 날에 여호와께서 그를 건지시리로다(시 41:1).

하나님은 약자에 대하여 관심을 갖고 계신다. 하나님의 백성들은 고아와 과부, 그리고 나그네로 대표되는 약자들을 향하여 관심을 가져야

---

12) 시편 41편은 시편 전체가 5권으로 이루어져 있는 중에 제 1권의 마지막 시편이며 시편 1편 1절에서 언급한 '복 있는 자'를 의미하는 '아쉬레'로 시작해서 41편 1절에서 '아쉬레'로 끝맺고 있다. 이성훈은 제 1권의 주제는 "누가 복 있는 자이며, 어떻게 하는 것이 복된 삶인가"에 있다고 보았다. 그리고 1편에서는 하나님과의 관계에서 복 있는 자를 조명했다면 41편에서는 대인관계 측면에서 복있는 자를 조명하는 점이 대조적이라고 지적하였다. 이성훈, "시편 41편: 영원히 찬송 받으셔야 할 존재," 『시편 1: 어떻게 설교할 것인가』(두란노 아카데미, 2008), 333-34.

할 것이라고 율법을 통하여 명하셨다.[13] 더 나아가 하나님은 약자들을 향하여 관심 있게 돌보는 자들을 관심 있게 보시는 분이다.[14] 돌보는 자들이 어려운 상황에 빠졌을 때 그들을 건지실 것이라고 하나님은 약속하신다. 약자를 돌보는 자가 복이 있다고 시편 기자는 선언하였다.

많은 내담자들은 약자며 주변인이다. 그들은 마음이 약해져 있으며 힘이 없어 자주 넘어지고 쓰러지는 자들이다(살전 5:14 참조). 실패감과 좌절감, 그리고 무능감을 호소하는 이들이다. 내담자들 중에는 강도를 만난 사람처럼 거의 죽게 된 상황에서 상담에 마지막 희망을 걸고 '살려달라' 고 외치는 이들도 있다.

약자의 입장에 서 있는 내담자들에게 관심을 갖는 기독교상담사는 복이 있는 자이다. 세상은 일반적으로 약자를 무시한다. 오히려 강자에게 관심을 갖는다. 더 나아가 강자로부터 인정받으려고 한다. 그러나 교회는 다르다. 교회는 달라야 한다. 기독교상담사는 다르다. 기독교상담사는 달라야 한다.

기독교상담사는 각 내담자를 만날 때 내담자 속에 내주하신 예수 그

---

13) "땅에는 언제든지 가난한 자가 그치지 아니하겠으므로 내가 네게 명령하여 이르노니 너는 반드시 네 땅 안에 네 형제 중 곤란한 자와 궁핍한 자에게 네 손을 펼지니라"(신 15:11); "네가 네 포도원의 포도를 딴 후에 그 남은 것을 다시 따지 말고 객과 고아와 과부를 위하여 남겨두라"(신 24:21).

14) 종말론적인 심판 때에 임금이 모든 민족을 양과 염소를 구분하는 것처럼 구분했던 기준은 약자에 대한 관심 여부였다(마 25:31-46 참조). 의인들은 "주여 우리가 어느 때에 주께서 주리신 것을 보고 음식을 대접하였으며 목마르신 것을 보고 마시게 하였나이까 어느 때에 나그네 되신 것을 보고 영접하였으며 헐벗으신 것을 보고 옷 입혔나이까 어느 때에 병드신 것이나 옥에 갇히신 것을 보고 가서 뵈었나이까"라고 반문할 때 임금은 "내가 진실로 너희에게 이르노니 너희가 여기 내 형제 중에 지극히 작은 자 하나에게 한 것이 곧 내게 한 것이니라"고 대답하였다. 주릴 때, 목마를 때, 나그네 되었을 때, 헐벗었을 때, 병들었을 때, 옥에 갇혔을 때는 약자의 삶의 모습이며 위기에 처한 자의 모습이다. 이런 상황에 처한 자를 도우는 행동을 "은밀한 중에 보시는" 하늘 아버지가 분명히 갚으시며 인정하신다(마 6:4).

리스도의 영을 인식해야 한다. 겉모습으로만 보고 판단하고 일상적인 만남으로 지나쳐서는 안된다. 목마른 모습으로 헐벗은 모습으로 병든 모습으로 찾아오시는 예수 그리스도의 모습을 볼 수 있는 영적인 안목이 있어야 한다.

야고보 사도가 비판했듯이 기독교상담사는 내담자를 외모에 따라 판단하거나 차별해서는 안 된다. "네 이웃을 네 몸과 같이 하라 하신 최고의 법을 지키면 잘하는 것"이다(약2:8). 야고보 사도가 말하는 이웃은 약자이다. 예수님은 자비를 베푼 자가 약자의 이웃이라고 말씀하셨다(눅 10:36-37 참조). 약자는 믿는 자의 이웃이며 믿는 자는 약자의 이웃이다. 약자는 긍휼과 자비를 필요로 한다.

약한 자들과 가난한 자들에게는 긍휼심이 필요하다. 수치를 느끼게 하는 긍휼심이 아닌 인간 존재에 대한 가치와 존중심이 담긴 긍휼한 마음이 필요하다. 그들의 눈높이와 가슴높이에서 공감하는 긍휼심이 필요하다. 기독교상담사는 이 긍휼심을 가져야 한다. 이런 상담사는 복 있는 자다. 예수님이 팔복 강론에서 말씀하셨듯이 "긍휼히 여기는 자는 복이 있나니 저희가 긍휼히 여김을 받을 것"이기 때문이다(마 5:7 참조). 기독교상담사들은 "긍휼을 행하지 아니하는 자에게는 긍휼 없는 심판이 있으리라"(약 2:13)는 성경 말씀을 기억해야 한다.

3. 생태학적 관심

> 의인은 자기의 가축의 생명을 돌보나 악인의 긍휼은 잔인이니라(잠 12:10).

개인과 시스템 그리고 더 나아가 생태학적 환경까지 돌보는 것이 목회적 돌봄(pastoral care)이다. 생태학적 환경에 대한 돌봄은 하나님이 창조주임을 인식함에서 출발한다. 동물들조차 하나님이 창조하셨고 하나님이 보시기에 좋았던 존재라는 인식이 필요하다: "하나님이 땅의 짐승을 그 종류대로, 가축을 그 종류대로, 땅의 기는 모든 것을 그 종류대로 만드시니 하나님이 보시기에 좋았더라"(창 1:25). 하나님은 하나님의 형상으로 창조한 인간에게 "모든 생물을 다스리라"는 명령을 하셨다. 하나님이 명령하신 '다스림'(rule over)은 폭력적이며 착취적인 다스림이 아니다. 오히려 돌보며 가꾸며 관심을 갖는 다스림을 의미한다. 수퍼비전과 감독(overseeing)의 의미가 있는 다스림이다. 베드로는 장로들의 역할에 대해서 "너희의 돌봄을 받는 하나님의 양무리를 치는 목자가 되라"고 권면하였다(벧전 5:2). "맡은 자들에게 주장하는 자세를 하지 말고"(not lording it over those who entrusted to you) 본이 되라고 권면하였다(벧전 5:4). 베드로가 장로들에게 권면한 '다스림'의 의미가 인간이 다른 생태계를 향한 돌봄에 적용될 수 있다. 생태계에 공존하는 생물들은 하나님이 인간에게 '맡긴'(entrusted) 존재들이라는 인식을 가질 때 그들의 소중성을 공감할 수 있다. 그리고 그들을 '지배하며' 착취하며 이용하는 자세를 버리고 그들을 잘 돌보는 것은 하나님의 창조시의 명령을 순종하는 것이다.

가축들과 동물들을 키우거나 돌볼 때 이와 같은 창조 신학적인 관점을 갖고 대하는 것이 성경적인 정신이다. 참새 한 마리의 생명도 귀하게 여기시는 하나님의 심정을 가져야 회복된 하나님의 형상을 가진 인간으로 변화해갈 것이다. 일하는 소에게 망을 씌우지 말라는 율법의 말씀도 동물에 대한 최소한의 관심과 돌봄을 요구하는 것이다(신 25:4 참조).[15] 십계명 중에 안식일에 대한 계명을 주실 때 안식의 대상 속에 '가축'까지 포함되었다는 사실을 우리는 기억할 필요가 있다(출 20:10 참조). 김정우는 짐승에 대한 하나님의 관심에 대해서 다음과 같이 잘 주석하였다:

> 창조주 하나님께서도 짐승들에 대하여 연민을 느끼고 돌보시며(신 11:15; 시 36:6; 104:14, 17, 욘 4:11), 이스라엘 백성에게 안식일에는 짐승들도 쉬도록 율법으로 제정하셨기 때문이다(출 20:10; 23:11-12; 레 25:1-7). 신명기 25:4에 따르면, 일하는 소는 모든 일하는 사람들을 상징해 준다(고전 9:9-10 참조). 만약 의인이 연약한 짐승들을 돌보아 줄 줄 안다면, 연약한 사람들도 돌볼 수 있을 것이다. 바로 이런 이유 때문에, 잠언은 가난한 사람들을 돌보아야 하는 의무에 대하여 자주 언급하고 있다. 즉, 지혜자는 이 세상의 약자의 관점과 입장에 서서 사물과 사태를 바라본다.[16]

약자의 입장에서 바라볼 수 있는 눈과 귀가 열린 사람은 공감할 수 있다. 하나님은 공감하시는 분이다. 강자의 입장에서 피조물을 바라보면 공감할 수 없다. 그렇게 되면 인간은 긍휼심이 결여된 자기애성 성

---

15) 바울 사도는 "곡식을 떠는 소에게 망을 씌우지 말지니라"는 신명기 25장 4절의 말씀을 인용하면서 복음 사역자들이 수고한 것에 대해 보수를 받는 것이 성경적으로 타당한 것이라고 말씀하면서 이 신명기 말씀이 소들을 위해서 기록된 말씀이라기보다 사역자들을 위한 말씀이라고 재해석하였다: "모세의 율법에 곡식을 밟아 떠는 소에게 망을 씌우지 말라 기록하였으니 하나님께서 어찌 소들을 위하여 염려하심이냐 오로지 우리를 위하여 말씀하심이 아니냐 과연 우리를 위하여 기록된 것이니 밭 가는 자는 소망을 가지고 갈며 곡식 떠는 자는 함께 얻을 소망을 가지고 떠는 것이라"(고전 9:9-10). 그럼에도 불구하고 신명기 25장의 문맥에서 볼 때 하나님은 가축에 대해서도 민감하게 관심을 표하셨음이 분명하다.

16) 김정우, 『성서주석: 잠언』, 396.

격장애적 삶을 살게 된다. 이것은 하나님 앞에서 죄다. 말세에 고통하는 때의 인간상이 '자기를 사랑' 하는 인간상이다(딤후 3:2 참조).

4. 병리적인 시스템 치유하기

> 내가 성내에서 강포와 분쟁을 보았사오니 주여 그들을 멸하소서 그들의 혀를 잘라버리소서 그들이 주야로 성벽 위에 두루 다니니 성중에는 죄악과 재난이 있으며 악독이 그 중에 있고 압박과 속임수가 그 거리를 떠나지 않도다(시 55:9-11).

시편 55편은 다윗이 압살롬의 반역으로 인하여 예루살렘성에서 도망한 상황에서 예루살렘성을 차지한 압살롬과 모반군을 그리고 있는 것으로 보인다. 신실하던 성읍이 한 순간에 반역의 성으로 바뀌는 모습을 보고 다윗은 안타까워하는 마음으로 이 시편을 썼을 것이다.

일순간에 예루살렘 성은 병리적이며 역기능적인 증상들을 드러내는 시스템이 되었다. '강포와 분쟁'(violence and strife)이 가득 차게 된 것이다. 여러 형태의 폭력이 존재하며 다툼과 갈등이 존재하는 시스템이 되고 말았다. 신체폭력, 정서적 폭력, 성폭력, 그리고 영적 폭력이 이루어졌던 시스템이 된 것이다. 유다 왕국의 말기로 갈수록 예루살렘 성은 고아와 과부의 송사를 들어주지 않고 무시하는 사회적 폭력이 자행되는 시스템이 되었다. 이런 시스템의 특징은 '죄악과 재난' 이 그 속에 있다는 것이다. NIV 성경에서는 '악의와 남용'(malice and abuse)으로 번역하였다. 역기능 시스템에서는 힘의 남용, 정서적 남용, 성적 남용, 또는 영적 남용이 일어날 수 있다. 압살롬의 경우에 그는 아히도벨의 조언을 받아들여 대낮에 천막을 치고 성안의 백성들이 쳐다보는 가운데 아버지 다윗의 후궁들이었던 10명의 비빈들과 성적인 관계를 맺었다(삼하 15:16, 16:22 참조). 이것은 아비의 침상에 올라가는 반율법적인 죄이자 성폭행이었다.[17]

위의 본문에서 시인은 "그들의 혀를 잘라버리소서"라고 기도하였다. NIV 성경에서는 "그들의 말을 혼란케 하소서"(confound their speech)라고 번역하였다. 김정우는 이것을 바벨탑 사건에 대한 암시로 이해하였다(창 11:5-9 참조).[18] 실제로 이 기도는 시인 다윗이 자신의 아들 압살롬의 반역으로 쫓겨났을 때 아히도벨의 계책과 후새의 조언 사이에서 혼란을 느꼈던 압살롬과 그의 추종자들에게 성취되었다. 압살롬은 다윗의 충신인 후새에게 속아서 아히도벨의 계책을 받아들이지 않았고 아히도벨은 자기 고향으로 돌아가 자살하고 말았다(삼하 17:23 참조). 결과적으로 압살롬의 반역은 성공하지 못했다.

역기능 시스템의 특징이 "악독이 그 중에 있고"(Destructive forces are at work in the city, NIV)(11절)라는 표현에서 잘 나타난다. 역기능 시스템은 파괴적인 힘이 주로 작용하는 시스템이다. 치유적이며 회복적인 힘이 아니라 파괴적이며 악한 힘이 행사되는 시스템이다. 그 시스템에 들어가면 누구나 상처를 입는다. 그 시스템의 일부가 되면 무력하게 되며 탈진된다. 물론 그 시스템에서 파괴적인 힘을 행사하는 구성원들이 있다. 역기능적인 가정이나 교회에는 파괴적인 힘을 행사하는 부모나 목사나 장로들이 있다. 에스겔 34장에서 표현된 이스라엘의 병

---

17) "네 어머니의 하체는 곧 네 아버지의 하체이니 너는 범하지 말라 그는 네 어머니인즉 너는 그의 하체를 범하지 말지니라 너는 네 아버지의 아내의 하체를 범하지 말라 이는 네 아버지의 하체니라"(레 18:7-8).
18) 김정우, 『시편주석 II』, 217.

리적인 목자들과 같은 사람들이다. 이들은 크리스천 정신과의사 스코트 펙이 지적한 '거짓의 사람들'의 특징을 지닌다. 책임을 질 줄 모르며 다른 사람들을 탓하며 교묘히 조종하며 극단적인 자기중심성을 갖고 있다. 병리적인 목자들은 '자기만 돌보며' '연약한 자를 강하게 아니하며,' '병든 자를 고치지 아니하며,' '상한 자를 싸매 주지 아니하며,' '쫓기는 자를 돌아오게 하지 아니하며,' '잃어버린 자를 찾지 아니하고,' '다만 포악으로' (harshly and brutally) 다스렸다(겔 34:2-4). 병리적인 목자들은 양들의 힘을 빼앗고, 고치기는커녕 병들게 하며, 싸매주기는커녕 상처를 입히며, 회복시키기는커녕 쫓아내며, 찾기는커녕 소외시켰다. 위협적이며 폭력적으로 다스렸다.

기독교상담사는 개인을 이해하는 눈과 시스템을 이해하는 눈을 아울러 가져야 한다. 개인의 책임성과 시스템의 책임성을 균형 있게 구분할 수 있어야 한다. 시스템의 영향이 개인에게 어떻게 끼쳐지고 있는지를 분별하며 진단하며 치료할 수 있는 능력을 가져야 한다. 더 나아가 역기능적인 시스템이 순기능적인 시스템으로 바뀔 수 있는 방안을 모색하기 위하여 연대하는 노력을 해야 한다. 최소한 내담자가 상담과정을 통하여 자신이 역기능적인 시스템의 일원으로서 가해자 또는 피해자라는 사실을 인식할 수 있도록 의식화시켜야 할 것이다. 자신이 역기능시스템에서 영향을 계속 받고 있음에 대하여 '병식'을 가져야 변화를 위한 노력을 하게 될 것이기 때문이다.

영적인 의미에서 모든 인간은 '깨어진 세상,' '죄 많은 세상,' '역기능적인 환경'에서 호흡하고 있다는 사실을 인식해야 한다. 우리가 살고 있는 세상은 백퍼센트의 순기능성을 가진 환경이 절대 아니다. 그렇다고 해서 백퍼센트 역기능성만 가지고 있는 환경도 절대 아니다. 이미

하나님의 구원과 회복의 역사가 일어나고 있는 환경이며 일반은총을 통하여 '깨어짐 가운데도 여전히 건강한 부분이 남아있는' 환경이다. 죄성이나 역기능성의 수준은 개인별로 가정별로, 사회별로, 또는 국가별로 차이가 있다. 물론 모든 인간은 모태에서부터 죄의 바이러스를 가진 채 출생한 죄인이다. 동시에 모든 인간은 어느 정도의 역기능성을 갖고 있는 환경 속에서 자랐으며 생활하고 있다. 기독교적이며 심리체계적인 치료는 내담자가 자신의 죄와 책임성을 깨닫고 역기능적인 환경 속에서도 순기능으로 나아가며, 하나님의 뜻이 자신이 속한 역기능 시스템 속에서 점점 더 이루어지도록 적극적으로 노력하는 삶을 살도록 돕는 과정이다.

역기능적인 면이 우세한 시스템은 마귀와 그의 군대들이 활동하기에 좋은 환경이다. 심리적으로, 관계적으로, 가정적으로, 사회적으로, 국가적으로 정의보다는 불의가, 사랑보다는 무관심과 폭력이 더 자행될 때 마귀는 기뻐한다. 마귀는 처음부터 파괴적이며 폭력적이었다. 마귀는 생명력을 빼앗는 자다.

성경적인 예를 찾아본다면, 모세가 태어난 국가 시스템은 악한 동시에 역기능적이었다. 이스라엘은 독립적인 부족 국가로서의 지위를 인정받지 못했다. 이스라엘 백성들은 애굽에서 종살이를 하고 있었다. 더 나아가 애굽 왕 바로는 이스라엘이 점점 강성해지는 것을 경계하여 새롭게 태어난 남자 아이는 모두 죽이라는 법령을 선포하고 시행하였다(출 1:16 참조). 모세는 파괴적이며 폭력적이며 위협적인 환경 속에서 출생했다. 하나님은 아기 모세가 더 이상 생명을 부지할 수 없는 환경 속에서도 그를 '물에서 건져 올리게' 만드시고 그가 생존할 수 있게 하셨다. 그는 애굽의 왕자로서 하나님의 백성을 핍박하는 역기능적인 국가 시스템의 핵심 파워로서 기능하기를 포기하고 하나님의 백성들과 고난 받는 것을 선택하였다(히 11:24-26 참조). 그는 40년 동안 미디안 광야에서 무명인으로서의 세월을 보낸 후에 하나님의 부르심을 받았다. 그는 이스라엘 백성들을 악하고 마귀적이며 역기능적인 애굽 국가 시스템으로부터 해방시키는데 핵심적으로 쓰임을 받는 인물이 되었다. 그의 이야기는 오늘날도 역기능적인 시스템에서 살아가는 사람들을 상담현장으로 불러내며 그들을 성경적인 관점으로 의식화시키고 변화와 회복의 욕구를 불러일으키는데 도움이 되는 하나님의 메타내러티브다.

나가는 글

노아는 죄악이 관영한 옛 세상에서 살면서 당대에 의로운 자로서 삶을 살았다. 그는 단지 자신만 의롭게 살지 않고 그의 여섯 가족과 함께 의로운 삶을 견지했다. 그는 삶으로 의를 전파하는 삶을 살았고 그 악한 시스템 속에서 건짐을 받았다: "옛 세상을 용서하지 아니하시고 오직 의를 전파하는 노아와 그 일곱 식구를 보존하시고 경건하지 아니한 자들의 세상에 홍수를 내리셨으며"(벧후 2:5). 비록 의를 전파하는 삶의 모습은 효과가 없었지만 노아는 분명히 시스템에 영향을 끼치는 삶을 살았던 신앙의 인물이었다.

그러나 같은 본문의 맥락에 등장하는 롯은 의인이었지만 그는 소돔과 고모라의 영향을 받고 고통만 했던 자였다. 그는 "그들 중에 거하여 날마다 저 불법한 행실을 보고 들음으로 그 의로운 심령이 상"하는 삶을 살았다(벧후 2:8). 그러나 그는 소돔에 거의 영향을 끼치지 못했다.

그 소돔으로부터 자발적으로 빠져나오지도 못했다. 예비 사위들조차 그의 경고의 말을 농담으로 받아들였고 그의 아내는 천사가 금지한 명령을 어기고 뒤를 돌아봄으로써 돌기둥이 되고 말았다. 하나님은 은혜를 베푸사 "무법한 자들의 음란한 행실로 말미암아 고통 당하는 의로운 롯을 건지셨"다(벧후 2:7). 그의 두 딸은 자손을 얻기 위해 인본적인 방식을 선택하여 아버지와 동침하여 자식을 낳는 불신앙적인 행동을 했다. 그 자신은 동굴 속에서 폐인처럼 삶을 살았다. 그의 후손은 아브라함의 후손과 원수가 되는 암몬과 모압을 형성했다. 그는 비록 아브라함의 집에서 하나님의 언약을 받고 의롭다고 칭함을 받은 자였지만 그의 삶은 악한 시스템의 영향을 주로 받고 영향력을 행사하지 못했던 삶이었다. 그래함의 표현을 사용한다면 그는 '수용력'(receptive power)은 컸지만 '행사력'(agential power)은 매우 약했던 신앙인이었다.

본 장에서는 심리체계적 접근을 염두에 두는 기독교상담사에게 필요한 네 가지 범주들에 대해서 다루고자 했다. 첫째는 정의와 자유다. 기독교상담사는 상담과정을 통해 내담자의 삶에서 정의와 자유가 구현되는데 관심을 가져야 한다. 불의한 시스템이 내담자에게 파괴적인 힘을 행사하는 것을 규명하며 내담자에게 이 사실을 인식시키는 것이 필요하다. 역기능적인 시스템 속에서 내담자의 창의성이 거의 발현되지 못하고 있음을 파악한다면 내담자의 삶에서 새로운 변화를 창의적으로 시도할 수 있도록 내담자에게 힘을 실어줄 필요가 있다.

둘째는 약자를 옹호하는 것이다. 지나친 것을 문제가 되지만 기독교상담사는 약자의 이야기에 좀더 힘을 실어주며 약자의 목소리를 옹호하며 대변하는 사람이 되어야 한다. 힘이 지나치게 강자의 편에 가 있는 상황 속에서 내담자가 강자에 의하여 엄몰 당하지 않도록 그 편이 되는 것은 고아와 과부에 대한 관심을 표현하신 하나님의 뜻과 일치한다.

셋째는 생태학적인 관심을 갖는 것이다. 인간뿐만 아니라 인간을 둘러싸고 있는 하나님의 각종 피조물들을 잘 돌보며 다스리는 마음을 가질 수 있도록 내담자의 관심의 영역을 확장하는 것이 성경적으로 타당하다. 상담사 역시 생태학적인 관심을 가질 필요가 있다. 이웃사랑의 영역에 다른 피조물들까지 포함될 수 있다면 인간의 마음은 좀더 하나님의 형상이 회복되어가는 마음으로 변화할 것이다.

마지막으로 병리적인 시스템을 치유하는 것이다. 한 개인만을 치유하는 것은 한계가 있다. 그 개인이 속한 시스템의 병리성을 파악하고 구체적인 치유 방안을 위해서 노력하는 것이 필요하다. 상담사 혼자의 힘으로는 거의 불가능하다. 상담사가 속한 협회나 몇몇 동료상담사들과 연대해서 병든 시스템에 대해서 목소리를 높일 때 변화의 가능성은 높아질 것이다. 전도서의 말씀처럼 한 사람이면 패할 수 있지만 두 사람이면 맞설 수 있으며 세 겹 줄은 쉽게 끊어지지 않기 때문이다(전 4:12 참조).

성경으로 본 기독교상담

초 판 1쇄 발행 2016년 3월 2일
수정판 4쇄 발행 2023년 2월 10일

지은이   이관직
발행인   문희경
발행처   도서출판 지혜와 사랑

출판등록   제 2015-000007호
등록일자   2015년 04월 14일
주소   경기도 구리시 건원대로 56 303-401호
문의   070-8879-7731
E-mail   headnheart@naver.com
까페   http://cafe.daum.net/headnheart
총판   비전북(031-907-3927)

ISBN 979-11-957392-0-2

값 20,000원

이 책은 저작권법에 의해 보호받는 저작물이므로 무단 전재와 무단 복제를 금지하며 이 책 내용의 전부 또는 일부를 인용하거나 발췌하려면 반드시 저작권자와 도서출판 지혜와 사랑의 서면 동의를 받아야 합니다.

이 도서의 국립중앙도서관 출판예정도서목록(CIP)은 서지정보유통지원시스템 홈페이지(http://seoji.nl.go.kr)와 국가자료공동목록시스템(http://www.nl.go.kr/kolisnet)에서 이용하실 수 있습니다. (CIP제어번호: 2016005053)